유니티 2D 디펜스 게임은
이렇게 만든다

유니티 2D 디펜스 게임은 이렇게 만든다

올인원 프로젝트와 연습 문제로
나만의 게임을 만들어보자

프란세스코 사피오 지음

송지연 옮김

| 지은이 소개 |

프란세스코 사피오^{Francesco Sapio}

이탈리아 로마 라 사피엔차대학^{Sapienza University of Rome}에서 컴퓨터 사이언스 및 제어 공학 학위를 받았으며, 두 학기나 조기 졸업한 수재이다. 현재 같은 대학에서 인공지능과 로봇 공학 분야 석사 과정을 밟고 있다.

유니티 3D^{Unity 3D} 및 언리얼^{Unreal} 전문가이자 숙련된 게임 디자이너며, 주요 그래픽 프로그램을 자유자재로 다루는 유저다. 고등학생을 대상으로 물리학 개념을 배우는 교육용 게임인 게임@스쿨^{Game@School}(로마 라 사피엔차 대학)과 어린이를 위한 크로스 플랫폼 시리즈인 스티커북^{Sticker Book} 시리즈(데이터웨어 게임스^{Dataware Games})를 개발했다. 또한 (성공적으로 킥스타터^{Kickstarter}로부터 투자 받은 게임인) 〈프로스페리티-이탈리아 1434^{Prosperity-Italy 1434}〉 및 이노보이스^{Innovoice}(로마 라 사피엔차 대학)라는 오픈 온라인 공동 창작 시스템의 컨설턴트로 일했다. DiGRAFDG 컨퍼런스 2016에서 논문으로 발표된 비디오 게임에서 경로 발견의 새로운 기술인 Belief-Driven Pathfinding(로마 라 사피엔차대학)과 같은 다양한 연구 프로젝트에 참여했다. perfekt.ID(로열 멜버른 공과대학교^{Royal Melbourne Institute of Technology})가 있는데, 여기에는 게임 추천 시스템 개발이 포함된다.

게임 개발에 관한 많은 책을 썼다. 팩트출판사에서 출간한 『Unity UI Cookbook』(2015)을 저술했다. 이 책은 독자에게 게임을 위한 흥미롭고 실제적인 유저 인터페이스를 유니티 내에서 개발하는 방법을 가르쳐준다. 또한 팩트출판사의 짧은 e-book 『What do you need to know about Unity』(2016)를 썼다. 『Unity 5.x 2D Game Development Blueprints』(2016)라는 책을 공동 저술했으며, 이는 비디오 버전으로 변형해 『Unity 5.x

4

Game Development Projects』(2017)로 출간됐다. 또한 『Game Physics Cookbook』
(Packt, 2017), 『Unity 5.x By Example』(에이콘, 2016), 『Unity Game Development
Scripting』(Packt, 2014)의 감수를 맡기도 했다.

음악가이자 작곡가로, 주로 단편 영화와 비디오 게임 사운드 트랙을 맡았다. 수년 동안
로마의 브란카치오 극장Tetro Brancaccio 명예의 전당 배우이자 무용수로 활동했다. 토라치아
문화 협회Associazione Culturale Torraccia에서 어린이를 위한 엔터테이너로서 자원봉사 활동을
하기도 했다. 수학과 철학, 논리, 퍼즐 풀기를 좋아하지만 무엇보다도 비디오 게임 제작
에 모든 열정을 쏟아붓고 있다.

www.francescosapio.com을 통해 그를 만날 수 있다.

이 자리를 빌어 언제나 나에게 무한한 인내와 열정, 그리고 후원을 보내주신 부
모님께 깊은 감사의 마음을 전한다. 또한 라틴어 표현인 *Ad maiora*(더 위대한 일
을 향해)와 *Per aspera ad astra*(역경을 넘어서 별까지)를 가슴에 담고 내 삶이 항상
더 나은 일을 향하도록 응원해준 가족 모두, 특히 조부모님께 감사드린다.

또한 환상적인 피드백으로 이 책의 품질을 향상시키는 데 큰 도움을 준 기술 감
수자 로렌 S. 페로Lauren S. Ferro에게 감사드린다. 그리고 빠뜨릴 수 없는 또 한 분,
콘텐츠 개발 에디터 마유르 파와니카르Mayur Pawanikar에게도 감사드린다. 책을 집
필하는 내내 이 분의 지원이 없었다면 이 책은 세상에 나오기 힘들었을 것이다.

마지막으로 내가 사랑하는 더없이 소중한 주변의 모든 분께 큰 감사의 인사를 드
린다. 특히 내 여자 친구, 모든 부족함을 채워주는 당신에게 고맙고, 사랑해.

| 기술 감수자 소개 |

로렌 S. 페로^{Lauren S. Ferro}

게임 및 게임과 유사한 애플리케이션의 게이미피케이션^{gamification} 컨설턴트이자 디자이너다. 전문 개발은 물론이고 추천 시스템 및 교육용 게임과 같은 폭넓은 분야에서 다양한 목적을 위한 전략 개발, 디자인, 컨설팅 및 구현을 맡아 왔다. 게이미피케이션, 플레이어 프로파일링 및 유저 중심의 게임 디자인 분야에서 활발한 활동을 보여주는 연구원이기도 하다. 유저 중심의 게임 및 게임과 유사한 애플리케이션을 디자인하는 데 중점을 둔 회사나 대중 모두를 대상으로 한 워크숍을 운영하고 있다. 유니티에서 게이미피케이션을 구현하는 방법에 대한 책 『Gamification with Unity 5.x』(Packt, 2016)을 저술했으며, 게임 디자인 리소스인 게이미카드^{Gamicards}의 개발자이기도 하다. 게이미카드는 게임 및 게임과 유사한 경험을 위한 종이 프로토타입 툴이다.

| 옮긴이 소개 |

송지연(jiyounie@gmail.com)

수학과를 졸업한 후 일본에서 컴퓨터 그래픽 프로그래밍을 전공했다. 15년 넘게 일본과 한국의 3D 제작, 게임, 콘텐츠 제작, 앱 제작 업체에서 프로그래머이자 엔지니어로 활동했다. 이 경험을 바탕으로 현재 IT 전문 도서 번역 및 편집자로서 새로운 기술과 생각을 알리는 데 노력하고 있다. 번역 및 편집한 도서로는 『모바일 우선주의』(웹액츄얼리코리아, 2017), 『터치를 위한 디자인하기』(웹액츄얼리코리아, 2017), 『모바일을 위한 웹디자인』(웹액츄얼리코리아, 2016), 『다카무라 제슈 스타일 슈퍼 패션 데생』(에이케이커뮤니케이션즈, 2015) 등이 있다.

이 책을 읽고 있다면 직업이 프로그래머이든, 디자이너든, 회사원이든, 학생이든, 만들기에 관심이 있는 분이 틀림없다. 만드는 것이 게임이든, 앱이든, 그림이든, 레고든 상관없이 말이다. 만들고자 하는 것이 무엇이냐에 따라 들어가는 시간과 물자는 천차만별이지만 기본적인 요소로 분류한다면 재료, 도구, 나름의 스킬 그리고 아이디어가 필요하다. 윷놀이 게임을 만든다고 생각해보자. 설날에 가족들이 모여 앉아 함께 즐길 수 있는 실물의 윷놀이 게임을 만들려면 물리적인 말판과 윷, 말을 만들고 윷놀이 게임 규칙을 세워야한다. 말판을 만들려면 재료인 종이, 도구인 연필, 말판을 삐뚤어지지 않고 보기 좋게 그리는 스킬, 말판을 동그랗게 그릴지 정사각형으로 그릴지 하는 아이디어가 필요하다. 윷과 말 역시 같은 방식으로 분류할 수 있다. 그렇다면 노트북에서 실행되는 윷놀이를 만들려면 무엇이 필요할까? 답을 금방 하는 분도 있을 것이고, 전혀 감이 오지 않는다는 분도있을 것이다. 아무것도 모르겠다는 분도 걱정하지 말라. 이 책에는 재료, 도구, 스킬, 아이디어, 이 네 가지 모두 들어 있다.

여기서 첫 번째인 재료는 흔히 리소스라고 부르는 그래픽적 요소와 처음 보는 사람에게는 외계어 같은 스크립트가 소스 그대로 들어 있다. 두 번째 도구로는 유니티가 사용된다. 유니티에 관한 글은 너무나 많이 나와 있으며, 관련 커뮤니티가 잘 돼 있기 때문에여기서는 따로 언급하지 않겠다. 세 번째인 스킬, 흔히 노하우라고도 하는 이 스킬에 있어 저자는 도가 텄다. 유니티를 잘 이해하고 사용할 수 있도록 그만의 노하우를 세심히잘 정리했을 뿐만 아니라, 산 넘어 산이라 생각하기 쉬운 스크립트에 관한 기술도 필요한만큼 설명해뒀다. 마지막인 아이디어는 기본적인 타워 디펜스 게임을 목표로 처음부터끝까지 모든 과정이 준비돼 있다.

'어? 처음부터 끝까지? 그럼 이 책도 따라 하기 책이겠군'이라고 생각하는 분도 계실 것이다. 그렇다. 우리는 지금까지 정말 많은 따라 하기 책을 봐왔다. 이런 종류의 책들의 공통점은 처음부터 끝까지 따라 하면 "짜잔! 프로젝트가 이렇게 완성됐어요!" 하고 끝난다. 그렇다면 이런 책을 보며 한번 만들어본 다음, 내가 만들고 싶은 것을 만들 수 있는 독자는 얼마나 될까? 대부분은 어디를 어떻게 고쳐야 할지조차 모르고 포기했을 것이다. 나는 이런 책이 나쁘다는 얘기를 하는 것이 아니라, 무언가를 만들고 싶은 사람에게는 맞지 않다는 것을 말하고 싶다. 왜 그럴까? 바로 연습이 없기 때문이다. 저자는 이런 점을 통감해 이 책을 한 번 읽고 따라 하고 연습한 사람은 적어도 예제를 변형해서라도 자기가 만들고 싶은 것에 조금이라도 가깝게 다가갈 힘을 기를 수 있도록 하고 싶었다고 밝힌다.

번역하면서도 연습 문제 부분은 고난이었다. 양에 압도되기도 했지만, 무엇보다 놀라운 것은 그 촘촘함이었다. 저자는 입문자부터 어느 정도 스킬이 있는 독자 모두 연습 문제를 통해 실력을 다질 수 있도록 집필했다. 어쩌면 이 연습 문제는 당신을 괴롭힐 것이다. 하지만 절대 지지 말고 되든 안 되든 자꾸 해보길 강력히 권한다. 연습 문제가 너무나 고단하다 싶은 분은 할 수 있는 데까지만 하라. 일단 처음부터 끝까지 만든 다음, 각 파라미터의 수치를 바꿔 보거나 악당이라 보기 힘든 이 책의 주인공 캐릭터인 '사악한 판다' 대신 나만의 캐릭터를 만들어 넣어 본다든가 하며 말 그대로 '가지고 놀아 보길' 권한다. 그러다 보면 어느 순간 '아! 여기가 이렇게 되는 건 이것 때문이구나'라는 생각이 들게 되고 하나씩 알아가는 즐거움에 빠져 어느새 만들고 싶었던 게임을 만들고 있는 자신을 발견하게 될 것이다.

한 번에 할 수 있는 것은 아무것도 없다. 무엇보다 중요한, 만들기를 좋아하는 당신이라면 이 책이 곁에 있는 한 문제없다. "행동은 모든 성공의 기본 열쇠다"라는 화가 피카소의 말처럼 일단 저지르고 마음껏 즐기기를 바란다.

| 차례 |

2장	컵케이크 타워 굽기	79

3장   플레이어와의 대화 – 유저 인터페이스   123

팩트출판사로부터 이 책의 집필을 제안받았을 때, 우리는 기존에 출간된 책보다 평범한 내용을 전하고자 기획했다. 글을 쓰는 동안, 선반에 꽂혀 있는 많은 책이 실제로 게임을 만들기 위한 지식을 사용하는 방법에 대한 실질적인 통찰력을 주지 않고 기본을 가르치고 있다는 사실을 깨닫게 됐다. 그래서 처음 세웠던 이 책에 관한 방침에서 살짝 벗어나기로 했다. 그 결과, 2D 게임 개발에 중점을 둔 유니티에 대한 다소 확고한 매뉴얼로 바뀌었다. 여러분이 들고 있는 (실물이든 e-book이든) 이 책은 여러분이 배운 다양한 툴의 완전성이나 실용성을 해치지 않으면서 독자가 이해하기 쉽게 만들기 위해 큰 노력을 기울인 결과다. 그러므로 많은 사용 예와 함께 자세히 설명을 달았다.

또한 나는 다른 많은 책이 독자가 자체 기술을 향상시킬 수 있는 연습 문제를 제공하는 '숙제'가 충분치 않다고 느꼈다. 실은, 이 숙제가 매우 중요하다고 생각한다. 여러분이 스스로 도전하고, 친구나 같은 수업을 듣는 이 또는 동료와 함께 책에 나와 있는 내용을 넘어선 토론을 하고 싶을 때 이 숙제가 공통 관심사가 될 수 있기 때문이다. 게임은 대개 재능 넘치고 열정적인 사람들이 모여 서로 조화를 이룬 노력의 결과이기 때문에 게임 개발 분야에서의 협업은 매우 중요하다.

곧 보게 되겠지만 컵케이크, 스프링클, 맛있는 플레이어의 케이크를 먹으려고 안달하는 단 걸 좋아하는 판다와 같은 즐겁고 달달한 테마를 얹은 타워 디펜스 게임을 구축해 다양한 툴을 배울 수 있도록 지원한다. 독자 여러분은 이 프로젝트를 통해 이 책의 내용을 더욱 쉽게 이해하고, 실질적인 기술도 개발할 수 있게 될 것이다.

지식을 갈구하는 학생, 수업에 사용할 교재를 찾고 있는 교수, 유니티를 시험해보고자 하는 (또는 유니티에 대한 이해를 넓히고자 하는) 게임 개발 전문가, 혹은 게임을 취미로 하는 열정적인 분, 누가 됐든 이 책을 즐기기 바란다.

█ 이 책의 내용

1장, 유니티의 평면 월드 유니티에서의 2D 월드에 대한 소개를 담고 있다. 프로젝트를 설정하고, 에셋을 임포트해 사용할 준비를 하는 방법을 다루고 있다. 특히 스프라이트 에디터^{Sprite Editor} 사용법에 대해 자세히 볼 것이다.

2장, 컵케이크 타워 굽기 게임 내에서 코드를 통합하는 방법을 설명한다. 유니티의 중요하고 근본적인 개념을 다룰 것이며, 구축하고자 하는 타워 디펜스 게임을 위한 컵케이크 타워의 행동 양식을 만들기 시작함으로써 게임 오브젝트를 스크립트하는 방법을 보게 될 것이다.

3장, 플레이어와의 대화-유저 인터페이스 유저 인터페이스^{UI}를 사용해 플레이어에게 피드백을 제공하는 중요한 태스크를 다룰 것이다. UI 구축 시 고려해야 하는 일반적인 원칙을 짚어 가며 디자인하는 방법을 배우고, 유니티의 UI 시스템에서 이를 구현하는 방법을 배운다.

4장, 더는 혼자가 아니다-단 걸 좋아하는 판다의 습격 플레이어의 케이크를 훔치려고 하는 단 걸 좋아하는 판다를 소개한다. 스프라이트 시트를 시작으로, 유니티 머신의 강력한 애니메이션 시스템을 사용해 캐릭터에 생명을 불어넣는 방법을 배우게 된다.

5장, 비밀 재료는 약간의 물리학 물리학의 비밀을 명확하고 쉬운 설명을 통해 깊이 있게 다룸으로써 독자 여러분은 물리학의 기초를 파악하게 될 것이다. 또한 유니티의 2D 물리 엔진을 사용하는 방법을 배운다.

6장, 스프링클 바다를 지나-인공지능 내비게이션 비디오 게임에 적용되는 인공지능의 세계를 소개한다. 2D (심지어는 3D) 게임을 위한 내비게이션 시스템의 기본 원리와 유니티에서 이를 구현하는 방법을 배우게 될 것이다. 이로써 우리는 단 걸 좋아하는 끔찍한 판다가 이동할 수 있게 만든다.

7장, 컵케이크 거래 시스템과와 케이크를 위한 궁극의 전투-게임 플레이 프로그래밍 이전까지 보고 배운 모든 것을 총망라해 타워 디펜스 게임을 마무리한다. 특히 게임의 서로 다른 파트를 이어주는 접착제 역할을 하는 게임 플레이 프로그래밍을 다룰 것이다.

8장, 케이크 너머에는 무엇이 있는가? 게임과 게임 개발의 다양한 측면에 대해 전반적으로 살펴본다. 이 책을 통해 구축한 게임을 향상시키기 위한 다양한 팁과 트릭, 제안을 살펴보면서 더 나은 게임 개발자가 되기 위한 여러분만의 기술도 한층 더 연마할 수 있을 것이다. 그런 다음 게임 그 자체의 개발과는 조금 동떨어진 듯 보이는 게임 개발 파이프라인의 각 분야를 살펴볼 것이다. 즉, 플레이 테스트, 최적화, 팀 관리 및 운영, 문서화 작업, 게임 퍼블리싱을 위한 준비 작업, 마케팅, 소셜 미디어, 게임 보호[protections], 심지어 현지화 작업에 이르는 다양한 분야를 관찰함으로써 게임 개발 전반에 대한 깊이 있는 이해를 얻게 될 것이다.

▌ 준비 사항

이 책에서 다루는 주제를 다루기 위해서는 다음의 두 가지 사항이 준비돼야 한다.

- 이 책은 유니티 5.x 버전을 기준으로 집필됐으므로 가능하면 그 범위에 있는 유니티를 준비하기 바란다. 1장, '유니티의 평면 월드'에서도 다시 언급하겠지만 유니티의 공식 웹사이트 http://www.unity3d.com에서 다운로드할 수 있다.
- 함께 게임 개발이라는 세계로 멋진 여행을 떠나기 위한 여러분의 열의와 열정이 필요하다!

▎ 이 책의 대상 독자

수업이나 강의용 자료로 쓰는 학계 교수나 교사를 비롯한 학생, 게임 애호가 등 게임에 관심 있는 모든 사람을 위한 책이다.

▎ 편집 규약

이 책에서 여러 종류의 정보 사이에 구별되는 몇 가지 텍스트 스타일을 보게 될 것이다. 여기에서 이런 형식의 예시와 그 의미를 설명한다.

텍스트, 데이터베이스 테이블 이름, 폴더 이름, 파일 이름, 파일 확장명, 경로 이름, URL, 사용자 입력 및 트위터 핸들의 키워드는 다음과 같이 표시한다. "이들 모두는 Project 폴더 안에 있는 Assets이라는 이름의 폴더에 들어 있다."

코드 블록은 다음과 같이 표기한다.

```
public AwesomeUnityDeveloper GettingStarted(Yourself you) {
  you.ReadThisBook();
  return you;
}
```

코드 부분 중 여러분이 주목해야 하는 부분은 다음과 같이 굵게 표기한다.

```
public AwesomeUnityDeveloper GettingStarted(Yourself you) {
  you.ReadThisBook();
  return you;
}
```

새로운 용어 및 중요한 단어는 굵게 표시된다. 화면에서 보는 단어, 예를 들어 메뉴나 대화창 같은 곳의 스타일은 다음과 같이 나타난다. "우선 2D와 3D 모드를 전환해야 하는 경우, **Edit ❯ Project Settings ❯ Editor**를 차례대로 선택하면 된다."[1]

 경고나 중요한 메모는 이와 같이 나타낸다.

 팁과 요령은 이와 같이 나타낸다.

▌ 독자 의견

독자 의견은 언제나 환영한다. 좋은 점 또는 고쳐야 할 점에 대한 솔직한 의견을 말해주길 바란다. 독자 의견은 우리에게 매우 중요하다. 앞으로 더 좋은 책을 발행하는 데 큰 도움이 되기 때문이다.

일반적인 의견을 보내려면 전달하고자 하는 내용에 책 제목을 달아 feedback@packtpub.com으로 이메일을 보내면 된다.

여러분이 전문 지식을 가진 주제가 있고 책을 내거나 만드는 데 기여하고 싶다면 http://www.packtpub.com/authors에서 저자 가이드를 참조하길 바란다.

---

1   이 책에서 사용되는 모든 용어 및 단어는 가능하면 유니티 한글 버전 매뉴얼에서 쉽게 찾아볼 수 있도록 정리했다. 그러다 보니 때에 따라 영어로, 영어 발음을 한글로, 혹은 완전히 한국어로 번역하기도 했다. - 옮긴이

▌ 고객 지원

독자에게 최대의 혜택을 주기 위해 몇 가지 서비스를 제공한다.

예제 코드 다운로드

이 책에서 사용된 예제 코드는 http://www.packtpub.com의 계정을 이용해 다운로드할 수 있다. 이 책을 다른 곳에서 구입했다면 http://www.packtpub.com/support를 방문해 등록하면 파일을 이메일로 직접 받을 수 있다.

다음 단계에 따라 코드 파일을 다운로드할 수 있다.

1. 이메일 주소와 암호를 사용해 웹사이트에 로그인하거나 등록한다.
2. 상단의 **SUPPORT** 탭에 마우스 포인터를 위치한다.
3. **Code Downloads&Errata**를 클릭한다.
4. **검색란**에 도서명을 입력한다.
5. 예제 코드 파일을 다운로드할 책을 선택한다.
6. 이 책을 구입한 드롭다운 메뉴에서 선택한다.
7. **코드 다운로드**를 클릭한다.

팩트출판사 웹사이트의 책 웹 페이지에서 코드 파일 버튼을 클릭해 코드 파일을 다운로드할 수도 있다. 해당 페이지는 도서명을 검색해 접근할 수 있다. 단, 팩트출판사 계정으로 반드시 로그인해야만 한다. 파일을 다운로드한 후 다음의 최신 버전의 파일 압축 응용 프로그램을 사용해 폴더 또는 파일 압축을 해제한다.

- WinRAR/7-Zip for Windows
- Zipeg/iZip/UnRarX for Mac
- 7-Zip/PeaZip for Linux

이 책의 예제 코드 모음은 GitHub 저장소에서도 다운로드할 수 있다. https://github
.com/PacktPublishing/Getting-Started-with-Unity-5.x-2D-Game-Development

또한 도서에 대한 비디오나 e-book, 기사 등을 모아둔 심화 카테고리에 다른 코드 번들
도 https://github.com/PacktPublishing/에 마련돼 있으니 확인해보길 바란다! 또한
에이콘출판사의 도서 정보 페이지인 http://acornpub.co.kr/book/start-unity5-2d-
game에서도 예제 코드를 다운로드할 수 있다.

컬러 이미지 다운로드

이 책에서 사용하는 컬러 이미지를 제공한다. 컬러 이미지는 출력 결과의 변화를 더 잘
이해하는 데 도움이 될 것이다. https://www.packtpub.com/sites/default/files/
downloads/GettingstartedwithUnity5x2DGameDevelopment_ColorImages.pdf
와 에이콘출판사 도서정보 페이지인 http://acornpub.co.kr/book/start-unity5-2d-
game에서 다운로드할 수 있다.

오탈자

오타 없이 정확하게 만들기 위한 모든 수단을 동원해 책을 만들지만 실수가 있을 수
있다. 문장이나 코드에서 문제를 발견했다면 우리에게 알려주기 바란다. 다른 독자들
의 혼란을 방지하고 차후 나올 개정판을 개선하는 데 도움이 되기 때문이다. 오류를 발
견했다면 http://www.packtpub.com/submit-errata에서 책 제목을 선택하고 Errata
Submission Form 링크를 클릭해 자세한 내용을 입력할 수 있다. 보내준 오류 내용이 확
인되면 웹사이트에 그 내용이 올라가거나 해당 서적의 정오표 부분에 그 내용이 추가될
것이다.

기존 오류 수정 내용은 https://www.packtpub.com/books/content/support 검색창
에 책 제목을 입력해보라. Errata 절 하단에 필요한 정보가 나타날 것이다.

한국어판은 에이콘출판사 도서정보 페이지 http://www.acornpub.co.kr/book/start-unity5-2d-game에서 찾아볼 수 있다.

저작권 침해

인터넷에서의 저작권 침해는 모든 매체에서 벌어지고 있는 심각한 문제다. 팩트출판사에선 저작권과 라이선스 보호를 매우 심각하게 인식하고 있다. 어떤 형태로든 팩트출판사서적의 불법 복제물을 인터넷에서 발견했다면 적절한 조치를 취할 수 있도록 해당 주소나 사이트명을 알려주길 바란다.

의심되는 불법 복제물 링크를 copyright@packtpub.com으로 보내주길 바란다. 저자를 보호하고 가치 있는 내용을 계속 만들 수 있도록 도와주는 독자 여러분의 마음에 깊은 감사의 뜻을 전한다.

질문

이 책과 관련해 어떠한 종류의 질문이라도 있다면 questions@packtpub.com으로 문의하길 바란다. 최선을 다해 질문에 답하겠다. 한국어판에 관한 질문은 이 책의 옮긴이나 에이콘출판사 편집 팀(editor@acornpub.co.kr)으로 문의해주길 바란다.

01

유니티의 평면 월드

지금부터 유니티로 2D 게임을 개발하기 위한 여행을 떠나고자 한다. 이 책은 아무런 준비가 돼 있지 않은 상태에서 2D 게임, 특히 타워 디펜스^{tower defense} 게임이 완성되기까지의 모든 과정을 구체적으로 다루고 있다.

2D 게임 개발에 중점을 두고 있지만, 최종 목표는 유니티의 사용법을 배우는 것이다. 알다시피 유니티는 3D 게임 엔진으로, 유니티의 사용 방법을 알게 된다는 말은 곧 3D를 다루는 방법을 알게 된다는 것이다. 나중에라도 3D 게임에 도전하고 싶다면 이 책 끝부분에 관련 배경 지식을 정리해두었으니 참고하기 바란다. 사실 나는 이 책에서 가능하면 상세한 내용을 전달하고자 구성에 심혈을 기울였다. 각각의 주제별로 역사적인 개요와 함께 참고 도서의 참조 문헌도 달아 놓았다.

모든 장마다 기술 향상에 도움이 되는 새로운 도전이 기다리고 있다. 또한 이 책은 (다른 책들과는 달리) '이렇게 해야 한다'라고 설명하는 것에 그치지 않고, 게임 개발을 할 때 필요한 다양한 툴과 그 사용법에 대해 다루고 있다. 따라서 다른 상황에 맞닥뜨렸을 때 응용하는 방법을 배울 수 있다. 이런 이유로 이 책은 작업 속도를 높이기 위한 레퍼런스 매뉴얼로도 사용할 수 있다. 이와 같은 목적으로 사용한다면 찾아보기에서 원하는 특정 주제를 찾아 읽어보기 바란다.

각 장 끝부분에는 '숙제'가 있다. 해당 장에서 다뤘던 주제와 관련된 몇 가지 연습을 마련해두었다. 물론 '헐, 웬 숙제!'라고 생각한다면 넘어가도 괜찮지만 기술 향상을 위해서는 하는 게 좋을 것이다.

1장에서는 유니티의 2D 월드에 대한 소개와 게임을 만드는 데 필요한 작업을 설명한다. 다음 주제를 집중적으로 살펴본다.

- 2D 게임이란 무엇인가?
- 2D 게임을 디자인하고 개발한다는 것은 무엇인가?
- 유니티와 이 책에서 사용하는 5.x 이외의 버전은 어디에서 구할 수 있는가?
- 외부에서 그래픽 패키지 다운로드하기
- 유니티에서 프로젝트 구성 방법
- 2D로 설정한 유니티 이해하기
- 스프라이트란 무엇인가?
- 스프라이트 렌더러 컴포넌트
- 스프라이트 임포트 세팅
- 스프라이트 에디터의 다양한 모드와 그 사용법
- 게임에 필요한 에셋 준비하기
- 씬^{scene}과 비율 설정하기

마지막으로 한 가지만 더 말하자면 예제를 만들거나 개념을 설명하기 위해서 플레이어나 캐릭터를 참조할 것이다. 이들을 때로는 남성, 때로는 여성인 것처럼(그리고 때로는 둘 다인 것처럼) 표현할 텐데 이는 두 성별을 차별하지 않으려는 개인적인 견해임을 밝혀둔다.

자, 이제 시작해보자!

▌ 게임 개발 배우기

게임 개발과 디자인은 가장 많은 분야를 아우르는 예술 작품 가운데 하나다. 게임에 생명을 불어넣기 위해서는 엄청난 양의 전문 지식과 기술이 필요하기 때문이다. 게임이 끝날 때 올라오는 크레딧credit을 보면 알 수 있다. 거기에는 수많은 이름과 그들이 맡은 분야가 있다. 다양한 분야의 사람들이 모여 온 힘을 다해 그 게임을 완성한 것이다.

우리가 살아가면서 배우는 많은 것처럼, 게임 개발도 연습과 반복을 통해 배울 수 있다. 게임 개발을 커다란 나무라고 생각해보자. 그중 하나의 가지에 올라서더라도 마스터해야 하는 가지들은 아직 많이 남아 있는 것이다.

그런 의미에서 유니티에 대해 어느 정도 알고 있는지 상관없이, 이 책에 제시된 각 단계를 따라오길 강력하게 권한다. 이미 알고 있는 주제라 할지라도 말이다. 진정 새로 배워야 하는 것은 언제나 있음을 알게 될 것이다!

▌ 타워 디펜스 게임

타워 디펜스 게임에도 여러 가지 스타일이 있다. 다음 스크린샷에 있는 〈디펜스 그리드: 디 어웨이크닝Defense Grid: Awakening〉과 〈언스토퍼블 고그Unstoppable Gorg〉는 둘 다 뷰포트가 위에서 아래로 향한 아이소메트릭isometric 스타일 게임이다. 하지만 이 둘은 완전히 다른 목표에 맞게 세팅된 서로 다른 월드다. 그렇다면 타워 디펜스 게임이 되기 위해서는 어떤 것이 필요할까? 크게 두 가지로 나눌 수 있다. 첫 번째는 이 두 게임 모두 건물, 자원, 무기 등 무엇이 됐든, 이것을 지켜내는 것에 주력하고 있다. 이것이 게임 장르를 정의하고 게임 플레이를 이끌어가는 주요 메커니즘이다. 두 번째로, 대부분의 타워 디펜스 게임은 재원과 자원을 관리해야 한다. 예를 들어 적이 한바탕 휩쓸고 갈 때마다 일정 금액의 게임 머니^{virtual currency}를 얻게 된다. 이 돈으로 무기나 타워 같은 새로운 방어 도구를 구매하거나 업그레이드해야 한다. 어느 쪽을 택하든 그에 따르는 장점이 있다. 지금 갖고 있는 방어 도구의 약점뿐만 아니라 다음 배틀에서 예상되는 적의 수와 병력과 같은 요인을 잘 고려해 선택해야 한다. 적의 수와 난이도는 배틀이 끝날 때마다 점점 높아지므로 플레이어가 전략적으로 자원을 관리하고 방어선을 구축하는 데 어려움을 겪게 된다. 목적은 방어력을 높이고 다가올 배틀을 견뎌내기 위한 충분한 자원을 구축하는 것에 있다. 때에 따라 플레이어는 적(혹은 상대방)이 자신들의 베이스 기지를 파괴하는 것을 저지해야만 한다.

다른 경우를 보자면, 플레이어는 뚫고 들어오는 적이 플레이어의 헬스 바^{health bar}에 데미지를 입히지 않도록 적들이 끝에 도달하지 못하도록 막아야 한다.

〈디펜스 그리드: 디 어웨이크닝〉(위)과 〈언스토퍼블 고그〉(아래)

인터넷에서 타워 디펜스 게임을 찾을 수 있는 곳은 많다. 캉그러게이트^{Kongregate}(http://www.kongregate.com/)와 뉴그라운즈^{Newgrounds}(http://www.newgrounds.com/)에는 다양한 무료 타워 디펜스 게임이 있다(예: 〈킹덤 러시^{Kingdom Rush}〉나 〈블룬즈 타워 디펜스 5^{Bloons Tower Defense 5}〉). 그 외에도 iOS(앱 스토어)나 안드로이드(플레이 스토어), 리눅스, OSX 및 PC와 같은 운영체제(예: 스팀^{Steam}), 콘솔(플레이 스테이션, Xbox) 등 운영체제에 맞는 스토어에서 쉽게 찾을 수 있다.

▌ 게임 디자인하기

컴퓨터를 켜야겠다고 생각하기 전에 게임을 먼저 디자인해야 한다. 러프한 아이디어를 머릿속에서 생각하는 것으로는 충분하지 않다. 게임을 디자인하기 위한 첫 번째 단계는 브레인스토밍이다. 안타깝게도 이 작은 절에서 이에 대해 설명하기에는 시간이 부족하지만 브레인스토밍의 최종 결과물은 수천 개의 아이디어가 적힌 엄청난 양의 종이여야 한다. 이 결과물은 예술 작품이 아니라 여러분의 게임이 만들어질 토대가 된다.

 브레인스토밍에 관한 정보는 팩트출판사에서 출간한 『Gamification with Unity』(2016)를 참조하기 바란다. URL: https://www.packtpub.com/game-development/gamification-unity-5x

그 다음 단계는 아이디어를 수정하고 필요하지 않은 것을 버리거나 (혹은 다른 프로젝트를 위해 저장해서) 일관된 형태로 구성하는 것이다.

최종 결과물은 다음과 같아야 한다.

〈판다 인베이전*PANDA INVASION*〉은 2D 타워 디펜스 게임이다. 배고픈 판다들이 플레이어가 가지고 있는 슈거(설탕)를 전부 훔쳐내기 위해 침입하고 있다. 플레이어는 컵케이크 타워를 사용해 판다를 물리쳐야 한다. 컵케이크 타워는 여러 종류가 있으며, 플레이어는 맵에 컵케이크 타워를 배치할 수 있다. 모든 레벨에는 판다가 따라가야 하는 패스*PATH*가 있을 것이다. 또한 판다들은 이 패스의 시작 지점에 무작위로 뿌려진다. 종착 지점에는 플레이어가 지켜야 하는 으리으리한 설탕으로 만들어진 성*SUGAR CASTLE*이 있다. 판다가 너무 많이 훔쳐서 슈거 미터*SUGAR-METER*가 0이 되면 플레이어는 그가 해야 하는 중요한 임무를 수행할 수 없게 된다. 반대로 플레이어가 판다를 전부 없애면 승리하게 된다. 하지만 컵케이크 타워는 무료가 아니다. 실제로 플레이어는 캔디를 사용해 컵케이크 타워를 사야 한다. 판다를 물리칠 때마다 플레이어는 일정량의 캔디를 얻게 되며, 캔디를 사용해 컵케이크 타워를 업그레이드해서 더욱 강력하게 만들 수 있다!

이 발췌문을 읽고 나니 앞으로 이 책에서 우리가 무엇을 할지 이해가 됐을 것이다. 아이디어를 적는 방법에 대해서는 기본적으로 알고 있을 것이다. 이 과정을 꼭 거칠 것을 강력하게 권한다. 개발자가 당신 혼자일지라도, 팀으로 작업할 때라도 말이다.

▌준비하기

자, 아이디어는 준비됐으니 다음으로는 유니티를 마련해야 한다. 유니티에는 개인용 Personal(무료), 플러스Plus, 전문가용Professional, 기업용Enterprise 버전이 있다. 마지막 세 개는 개인용보다 기능이 더 많다. 그러나 이 책에서 다루는 모든 주제는 무료 버전으로도 충분히 할 수 있다. 어쨌든 유니티 공식 웹사이트 www.unity3d.com에서 무료로 다운로드하거나 구입할 수 있다.

다음은 유니티 테크놀로지 웹사이트에 있는 유니티 버전 간의 차이를 비교한 화면이다.

위 화면은 유니티의 가격 정책이 최근 몇 년 사이 어떻게 변화했는지를 간략하게 정리한 요약본이다. 사실 개발자가 되기 위해서는 우리를 둘러싼 세계를 인식해야 하며 기본적인 마케팅 지식을 갖추는 것도 도움이 될 수 있다.

초창기 유니티의 가격 정책은 개발자가 무료 버전으로는 상업용 게임을 출시할 수 없었다. 또한 게임 엔진에는 프로파일러(Profiler) 또는 무비 텍스처(Movie Textures)와 같은 모든 기능이 없었다.

언리얼 엔진(Unreal Engine)을 소유한 애픽 게임즈(Epic Games)사는 2015년 3월에 게임 엔진을 무료화했다. 상업용 사용도 가격 정책을 변경했다(그러나 게임 매출 총액의 5%를 반환해야 한다).

시간이 흐른 후, 유니티 테크놀로지스(Unity Technologies)는 무료 버전일지라도 상업용 게임을 출시할 수 있도록 했지만, 워터마크가 붙어 있었다. 유니티 5.x부터 프로 버전에만 있던 기능을 무료 버전에서도 사용할 수 있게 됐다.

유니티는 2016년 초 두 가지 버전으로 나뉘었는데, 하나는 무료 버전(혹은 개인용), 다른 하나는 프로페셔널 버전이다. 프로페셔널 버전은 개인용 버전보다 더 많은 기능이 있으며, 다음에 두 가지 버전의 차이를 비교한 화면이 있다.

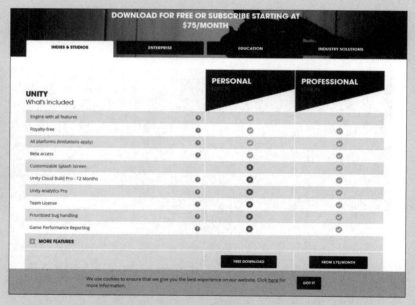

유니티는 2016년 6월에 앞서 설명한 가격 정책을 변경했다.

유니티를 설치하면 새로운 프로젝트를 만들 수 있다. 창 오른쪽 상단 모서리에 있는 **New Project** 버튼을 클릭하면 프로젝트 세부 정보를 입력할 것을 요청받는다. 이름은 Panda Invasion으로 하고, 프로젝트 파일을 저장할 대상 경로를 선택할 수 있다. 이때 주의해야 할 점이 하나 있다. 유니티는 3D 프로젝트와 2D 프로젝트 중에서 선택할 수 있다. 이 것은 언제든지 변경 가능하므로 중요한 결정이 아니다. 그러나 게임이 2D인지 3D인지 염두에 두는 것은 두고두고 유용하다. 2D 모드를 선택하면 우리가 만들고자 하는 게임에 디폴트 세팅이 적용된다. 다음 절에서 이 세팅에 관해 알아볼 것이다. 여기까지 잘 왔다면 여러분은 다음과 같은 화면을 보고 있을 것이다.

자, **Create project** 버튼을 누르면 성공적으로 프로젝트가 생성된다. 게임을 구축할 준비가 끝났다.

이 책은 유니티 인터페이스와 C# 코드를 잘 알고 있다는 가정하에 작성됐다. 잘 모르더라도 걱정하지 마라. 이 책을 계속하기 전에 배울 수 있는 방법이 여러 가지 있다. 예를 들어 내가 쓴 책 중에 유니티의 주요 인터페이스와 개념을 간략하게 정리해 무료로 배포 중인 작은 e-가이드가 있다. 이걸로 필요한 모든 것을 배울 수 있을 거라고 기대하지 마라. 그러나 시작하기에는 충분할 것이다. 이에 대한 자료는 https://www.packtpub.com/packt/free-ebook/what-you-need-know-about-unity-5에서 찾을 수 있다. 유니티에 대해 전혀 모른다면 내가 쓴 작은 e-가이드를 읽기 바란다. 그 책을 끝낼 때까지 나는 여기서 기다리고 있겠다. 돌아오면 그때 우리의 멋진 여행을 다시 시작하면 된다. 유니티의 공식 매뉴얼과 문서는 유니티 게임 개발 세계에서 큰 도움이 된다. 공식 웹사이트 https://docs.unity3d.com/Manual/index.html에서 둘 다 찾을 수 있다.

게임 개발에 필요한 그래픽을 자체적으로 만들 시간이 없으므로 유저 정의 패키지를 다운로드해야 한다. 물론 원하는 것을 마음대로 고를 수 있다. 이 책에서는 http://player26.com/product/assets-pack-sugar-mountain/에서 다운로드할 수 있는 Assets Pack: Sugar Mountain(Tower Defense Pack2) 패키지를 사용하려 한다.

 Assets Pack: Sugar Mountain(Tower Defense Pack2)은 이름난 솜털같이 하얀 프로스팅(frosting)과 다양한 색상의 스프링클(sprinkles)부터 은색 드라제(dragees)가 들어간 레몬 머랭은 말할 것도 없고 누구나 즐겨 찾는 퇴폐적인 초콜릿 칩에 이르기까지 다양한 종류의 컵케이크가 포함돼 있다. 사탕 애호가들의 고향인 슈거 캐슬(Sugar Castle)도 있다! 이 모든 달콤하고 예쁜 것들 외에도 나무, 산, 무지개 및 기타 다양한 에셋(asset)으로 달콤한 환경을 꾸밀 수 있다. 조심하라. 이 모든 것 안에 숨어 있는 위험한 판다가 있으니, 단 걸 사랑하는 도둑으로부터 당신의 은닉처를 지키기 위해서는 조심해야 한다!

패키지에는 우리가 만들고자 하는 타워 디펜스 게임에 필요한 모든 기본적인 에셋이 포함돼 있다. 상업용으로도, 크레딧이 필요한 경우에도 무료로 사용할 수 있다. 또한 다양한 스프라이트^Sprites에 사용할 수 있는 몇몇 장식^decorations과 더 많은 에셋이 포함된 프리미엄 버전도 있어, 여러분이 원하는 대로 바꿀 수 있다. 무료 버전에는 다음 사항이 포함돼 있다.

- 타워 디펜스 게임을 위해 디자인된 맵
- 악당 판다(애니메이션 포함)
- 컵케이크 타워의 세 가지 다른 업그레이드 레벨
- 패키지에 포함된 각 오브젝트^object의 멀티 아이콘
- 그 외 레벨을 풍성하게 해줄 많은 에셋

다음 스크린샷을 보면 패키지에 어떤 그래픽이 포함돼 있는지 대략 알 수 있을 것이다.

자, 그럼 다음 절로 넘어가기 전에 이 패키지를 다운로드하라.

▌미래를 구축하기 위한 과거의 기억

유니티 입문자이거나 유니티 5.x만 사용해봤다면 이 절을 넘어가거나 그냥 참고용으로 읽기 바란다.

유니티 4.x(이전 버전 4.6)를 포함한 이전 버전에서는 2D 게임을 구축하기가 다소 어려웠다. 사실 2D에서 일루전illusion을 구현하려면 다양한 기법을 사용해야 했다. 사실 모든 2D 오브젝트는 3D 오브젝트로, 2D 오브젝트에 일루전을 적용한 특정 퍼스펙티브perspective나 특정 카메라로 본 것이었다.

유니티 4.6 이후, 특히 유니티 5.x부터는 이 과정이 더는 필요하지 않게 됐다. 2D 게임용 지원이 빌트인돼 있다. 이제는 2D 오브젝트를 다루기 위한 특별 컴포넌트component가 마련돼 있으며 다음 절에서 일부를 살펴보고자 한다.

▌ 프로젝트 구성하기

유니티에서는 여러 가지 방법으로 조금 더 자유롭게 프로젝트를 구성할 수 있다. 프로젝트를 개발할 때 사용할 방법을 지금부터 소개한다.

핵심 아이디어는 에셋을 유형별로 구성하는 것이다(다른 방법과 마찬가지로, 레벨 안에서의 위치에 따른 것이 아니다).

우선 유니티가 어떻게 에셋을 구성하는지 이해해보자. 이들 모두는 Assets라는 이름의 폴더 안에 있으며 Project 폴더 안에서도 찾을 수 있다. 따라서 모든 에셋은 이 폴더 혹은 하위 폴더에 포함돼 있어야 한다. 새로운 폴더를 만들려면 Project 패널에서 우클릭한 후 Create 〉 Folder를 차례대로 선택하면 된다. 이렇게 하면 클릭한 폴더 내에 새 폴더가 만들어진다. 아직 폴더가 하나도 없기 때문에 Assets 폴더의 하위 폴더가 된다. 폴더명은 원하는 대로 바꿀 수 있다. 폴더명 설정을 놓쳤다면 폴더를 선택하고 다시 클릭하면 된다(너무 빠르게 클릭하면 더블 클릭으로 인식한 유니티가 폴더를 열게 된다). 다음 스크린샷과 같이 보일 것이다.

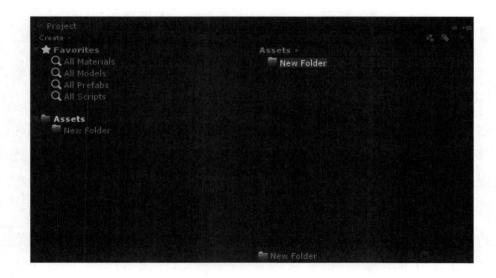

시스템 파일을 임포트하지 않기 위해 유니티는 이하의 카테고리를 무시한다는 점에 유의하라.
- 숨겨진 폴더 및 파일
- ~와 .으로 시작하는 폴더 및 파일
- cvs라는 이름의 폴더 및 파일
- 확장자가 .tmp인 파일

이하에 정리한 폴더를 만들어야 한다(다른 폴더는 사용하지 않으므로 볼드체로 표기된 폴더만 만들면 된다).

- Fonts
- Graphics
- Materials
- Animations(4장, '더 이상 혼자가 아니다−단 걸 좋아하는 판다의 습격'에서 더 자세히 다룰 것이다)
- Music and sounds
- Other assets(저장용, 예제용, .txt 에셋)
- Physical materials
- Prefabs(다음 장에서 알아볼 것이다)
- Scenes
- Scripts

 3D 게임을 만들고자 한다면 위에 정리된 폴더와 다르며 3D 모델과 텍스처와 같은 다른 종류의 에셋이 포함된다.

여기까지 끝나면 Project 패널은 다음과 같이 보일 것이다(4장, '더 이상 혼자가 아니다−단 걸 좋아하는 판다의 습격'에서 애니메이션을 다룰 때 Animation 폴더를 추가할 것이다. 하지만 원한다면 지금 바로 추가해도 괜찮다).

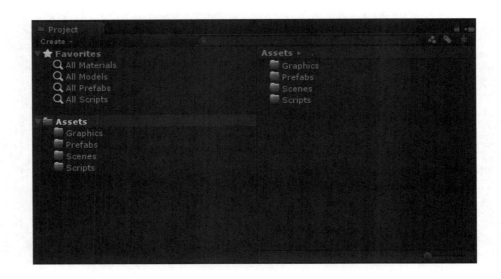

프로젝트 내에서 사용하는 폴더에 관해서 알아둬야 할 것이 있다. 특정 이름의 폴더를 만들면 유니티는 그 폴더를 특별한 방법으로 다룬다. 우리는 사용하지 않을 예정이지만 잠깐 언급할 필요는 있을 것 같다.

- Editor(또는 이 안에 있는 하위 폴더): 런타임 스크립트가 아닌 에디터 스크립트가 들어간다. 게임 과정에서 유니티에서 새로운 기능을 구현하도록 디자인돼 있으며, 퍼블리싱된 게임에는 포함되지 않는다. 따라서 에디터 폴더에 들어 있는 스크립트는 씬^{Scene} 내에서 전부 사용할 수 없다.

- Editor Default Resources: EditorGUIUtility.Load( ) 함수를 사용해 에디터 스크립트로 온디맨드^{ondemand} 로드할 수 있는 리소스가 들어간다.

- Resources(또는 이 안에 있는 하위 폴더): Resources.Load( ) 함수를 사용해 스크립트에서 필요할 때 로드할 수 있는 모든 에셋이 들어간다. 실제로 씬에 없는 에셋을 로드해야 할 수도 있다. Editor 폴더에서와 마찬가지로 프로젝트에 원하는 만큼 만들 수 있다.

- Plugins: 유니티가 제공하지 않는 타사 라이브러리, 시스템 콜 및 기타 함수에 접근할 수 있는 C/C++로 작성된 네이티브 DLL이 들어간다. 이름에서 알 수 있

듯이 플러그인을 임포트하거나 구현하는 데 사용된다.

- StreamingAssets: 메인 게임 파일에는 포함되지 않지만 스크립트에서 스트리밍 될 수 있는 에셋이 들어간다.

- WebPlayerTemplates: 타깃 플랫폼이 WebPlayer인 경우 사용되는 유저 지정 호 스트 페이지가 들어간다. 이 폴더 안에 있는 스크립트는 컴파일되지 않는다.

다시 우리 폴더로 돌아가자. 다운로드한 패키지를 임포트해야 한다. 여러 가지 방법으로 임포트할 수 있는데, 가장 쉬운 방법은 패키지의 폴더를 Graphics 폴더 안에 드래그 앤 드롭하는 것이다.

사용할 에셋을 선택해야 하는 경우 Project 패널의 왼쪽 하단 코너에 있는 슬라이더를 사용하면 편리하다. 이 슬라이더를 사용하면 Project 패널의 아이콘 크기를 크게 할 수 있다. 이 기능은 에셋이 많거나, 이름을 모르고 있거나, 아직 알지 못하는 패키지를 찾을 때 유용하다. 어디 있는지 찾기 쉽게 다음 스크린샷에 붉은색 네모로 표시해둔다.

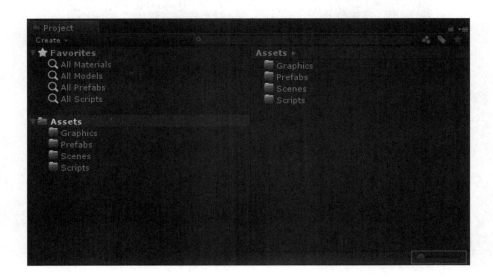

▌ 2D 월드

지금부터 설명하고자 하는 내용은 프로젝트가 2D 모드로 설정된 경우 유념해야 할 점은 거의 없다.

우선 2D와 3D 모드를 서로 전환해야 하는 경우, Edit ❯ Project Settings ❯ Editor를 차례대로 선택해 설정하는 방법이 있다. Default Behavior Mode로 가서 Mode를 변경할 수도 있으며, 다음의 그림과 같을 것이다.

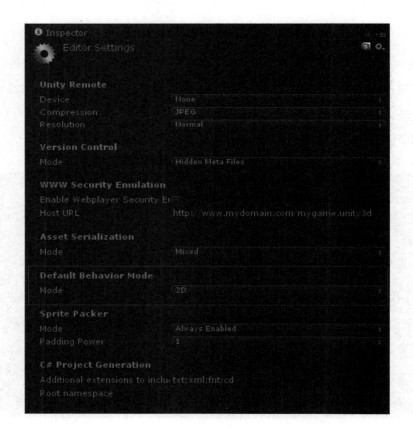

다시 메인 인터페이스로 돌아와서 2D와 3D 모드 사이에 가장 큰 장점이 무엇인지 살펴보자. 다음 스크린샷에서 보듯이 Scene 뷰는 2D로 디폴트 설정돼 있다.

이것으로 Scene 뷰는 xy 평면상으로 고정된 것이다.

 z축은 어떤 오브젝트를 먼저 렌더링할지 결정하는 데 사용된다. 어떤 오브젝트가 앞에 있고 어떤 오브젝트가 뒤에 있는지를 결정한다.

이제, 우리가 새로운 씬을 만들 때마다 그에 따르는 디폴트 카메라는 언제나 Orthographic 모드로 설정된다. 또한 3D 모드에서의 카메라 위치가 (0, 1, −10)이므로 디폴트 카메라의 위치는 (0, 0, −10)으로 설정된다. Hierarchy 패널에서 Main Camera를 선택한 후 Inspector에서 프로퍼티를 봐도 다음 스크린샷처럼 이를 확인할 수 있다.

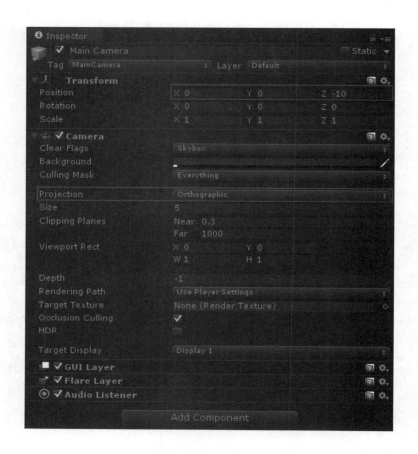

그 외 다른 점은 다음과 같다. Sprite Packer를 사용하는 옵션 또는 디폴트 오브젝트에 리얼 타임 디렉셔널 라이트directional lights가 없다. Lighting 세팅도 변경된다(Window/Lighting에서 이 설정에 액세스할 수 있다). 특히 새로운 씬에서는 Skybox가 비활성화되고 Precomputed Realtime GI, Baked GI, Auto-Building은 off로 설정된다. 또한 Ambient Source는 어두운 회색이 된다.

다음은 디폴트 Lighting 세팅의 스크린샷이다.

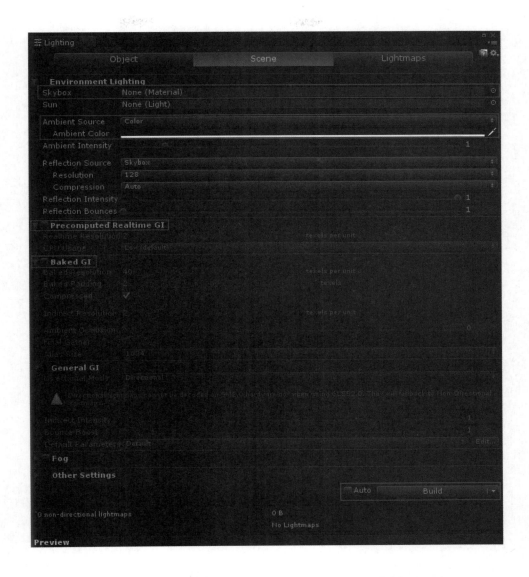

 2D 모드에서 디폴트로 설정되는 Ambient Source 색상의 RGB 코드는 (54, 58, 66)이다.

하지만 가장 중요한 차이점은 새로운 2D 에셋을 유니티에 임포트하는 방법이며 다음 절에서 자세히 설명하겠다.

▌ 스프라이트

유니티 2D 게임의 기본 요소는 스프라이트^{Sprites}다. 스프라이트를 그림^{pictures}으로 생각해도 되지만 하나씩 살펴보다 보면 그 이상의 것임을 알게 될 것이다. 사실 하나의 이미지는 하나 이상의 스프라이트를 가질 수 있다. 보통 이런 종류의 이미지를 스프라이트 시트^{Sprite Sheet}라고 부른다. 다음은 우리가 다운로드한 패키지 안에 있는 스프라이트 시트의 예다.

모든 스프라이트를 각각 따로 디스플레이하기보다 하나의 이미지로 사용하려는 데는 여러 가지 이유가 있다. 가장 중요한 이유는 효율성이다. 스크린에 무언가를 렌더링하려고 할 때마다 컴퓨터에 있는 그래픽 카드가 이 일을 수행한다. 만약 모든 스프라이트가 개별 이미지로 돼 있으면 그래픽 카드는 다량의 이미지를 처리해야 하므로 게임이 느려지게 된다.

스프라이트 시트를 사용하는 또 다른 이유는 애니메이션 때문이다. 3D 애니메이션은 3D 모델의 움직임에 따른 데이터로 만들어지지만 2D 애니메이션은 프레임frames으로 구성된다. 영화나 만화처럼 애니메이션은 다양한 이미지 또는 이 경우에는 스프라이트로 만들어진다. 각각의 스프라이트는 한 순간을 나타내며, 25/초 정도로 아주 빠르게 변경하면 움직이는 듯한 일루전을 만들 수 있다. 고유한 이미지로 모든 프레임을 관리하는 것이 효율적이면서도 체계적이다.

물론 스프라이트 시트를 사용하는 다른 이유도 있지만, 이 두 가지 이유 정도라면 스프라이트 시트가 가장 좋은 방법이라는 점에 수긍했을 것이다. 반면 감수해야 하는 단점도 있다. 게임 엔진은 하나의 이미지로 받아들이기 때문에 스프라이트 시트에 있는 각각의 스프라이트를 구별할 수 있게 해야 한다. 이에 대해서는 다음 절에서 다루겠다. 다음으로 넘어가기 전에 먼저 유니티의 스프라이트를 배우기 위한 중요한 개념을 짚고 가자.

3D 오브젝트와 마찬가지로 스프라이트에도 피벗 포인트pivot point가 있다. 일반적으로 피벗 포인트는 가운데에 있지만 스프라이트 에디터Sprite Editor에서 변경할 수 있다. 피벗 포인트는 유니티가 모든 연산을 시작하는 곳이다. 예를 들어 씬에서 스프라이트의 위치를 지정하면 유니티는 그 위치에 피벗 포인트를 놓고 이를 중심으로 스프라이트를 그린다. 피벗 포인트는 회전rotation 시에도 중요하다. 스프라이트를 회전할 때마다 피벗 포인트를 중심으로 회전하게 된다. 즉 회전하는 동안 피벗 포인트는 위치가 변경되지 않는 유일한 포인트다.

다음 스크린샷을 보면 더욱 쉽게 이해될 것이다. 화살표가 가리키는 곳이 피벗 포인트다.

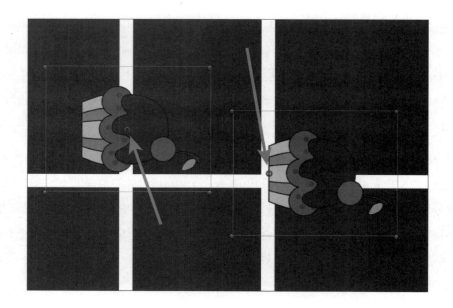

보다시피 같은 스프라이트가 시계 방향으로 90도 회전했다. 왼쪽에 있는 피벗 포인트는 중간에 있지만, 오른쪽에 있는 것은 왼쪽을 향하고 있다(파란색 동그라미가 피벗 포인트다). 물론 트랜슬레이션translation으로도 같은 결과를 만들 수 있지만, 특히 코딩할 때 원하는 바를 쉽게 달성할 수 있도록 염두에 두는 것이 중요하다.

스프라이트는 고려해야 할 또 다른 측면이 있다. 2D 게임에서는 백그라운드와 세계를 돌아다니는 캐릭터 모두 스프라이트로 간주한다. 하지만 백그라운드는 캐릭터 뒤에 렌더링돼야 하지 그 반대가 돼서는 안 된다. 이 말은 스프라이트를 렌더링하기 위해서는 어느 것을 맨 위에 놓고 렌더링할지 순서를 정해야 한다는 뜻이다.

유니티에서는 이 순서를 정하는 방법이 크게 두 가지 있다.

- Sorting Layers: 각 Sprite Render는 선택된 스프라이트를 렌더링하는 게임 오브젝트에 어태치된 컴포넌트인데, Sorting Layer소팅 레이어라 부르는 변수를 가지고 있다. 소팅 레이어는 렌더링 시 스프라이트의 전후 관계를 정의하는 레이어다. 서로 다른 소팅 레이어의 순서는 태그와 레이어 세팅에서 정할 수 있다(1장 후반

부에서 이 메뉴에 접근하는 방법을 다룰 것이다). 또한 소팅 레이어는 **Sprite Render** 컴 포넌트 안에 있는 **Order In Layer** 변수를 사용해 같은 레이어 내에 있는 스프라 이트의 내부 순서를 정할 수 있다.

- **Z-Buffering**: 2D 오브젝트의 위치를 설명하기 위해서는 두 개의 좌표(x축과 y축) 만 있으면 되기 때문에, z축으로는 깊이^{depth}를 나타낼 수 있다. 유니티는 어떤 스프라이트가 먼저 렌더링돼야 하는지 결정하는 데 이 깊이를 사용한다. z축을 깊이로써 생각해야 하므로 음수값을 사용하는 것이 이해하기 쉬울 것이다. 음수 값이 클수록 캐릭터나 오브젝트가 카메라에 더 가깝다는 뜻이 된다.

연산 효율성 측면에서 보면 이 두 가지 방법 간에 큰 차이는 없다. 따라서 둘 다 사용할 수 있다. 사실 함께 사용할 수도 있다. 일반적인 접근법은 캐릭터를 시각적으로 구조화 하기 위해 z축을 사용하는 것이다. 무기를 들고 있는 캐릭터를 생각해보자. 어느 손에 무 기를 들고 있는지, 캐릭터가 어느 방향을 향하고 있는지에 따라 무기는 캐릭터의 뒤 혹은 앞에 렌더링돼야 한다. 소팅 레이어는 백그라운드, 포어그라운드^{foreground}, 플레이어, 적 등과 같은 상위 레벨에서 스프라이트를 구성하는 데 사용된다.

그러나 Z-Buffering이 코드를 쉽게 바꿀 수 있기 때문에 이 책에서는 학습을 위해 소팅 레이어 대신 Z-Buffering만 사용할 것이다.

스프라이트 렌더러

이 컴포넌트에 언급하기 전에 이에 관해 조금 더 자세히 논하는 게 좋겠다.

이 컴포넌트는 씬에 스프라이트를 추가할 때마다 자동으로 어태치된다. 다음 스크린샷과 같아 보일 것이다.

각 파라미터를 살펴보자.

- **Sprite**: 렌더링해야 하는 스프라이트
- **Color**: 스프라이트 이미지에 곱셈 연산되는 색상이다. 셰이더^{shader}와 렌더러 ^{renderer}에 대해 조금 알고 있다면, 이것은 렌더링된 메쉬의 버텍스 컬러^{vertex} ^{color}다.
- **Flip**: 어느 축을 중심으로 스프라이트를 뒤집을지 나타내는 파라미터다. 유니티 5.3의 새로운 기능이다.
- **Material**: 유니티가 스프라이트를 렌더링할 때 사용한다. 우리가 만들고자 하는 게임에는 디폴트로도 충분하다. 셰이더에 대해 잘 알고 있는 독자를 위해 설명 을 덧붙이자면, 스프라이트를 위한 빌트인 셰이더에는 두 가지가 있다. 둘 다 심 플한 알파 브렌딩된 셰이더$^{alpha-blended\ shader}$이지만 Diffuse는 유니티 라이팅과 연동되며 정면 방향의 법선 벡터$^{normal\ vector}$(0, 0, −1)를 생성한다.
- **Sorting Layer**: 렌더링 시 스프라이트의 전후 관계를 정의하는 레이어다.
- **Order in Layer**: 특정 소팅 레이어 내에서의 순서다.

새 친구 불러오기(importing)

'준비 작업' 절에서 봤듯이 패키지를 다운로드해 임포트했다면 Project 폴더 안에 모든 파 일이 준비돼 있을 것이다. Graphics/towers 폴더로 가서 cupcake_tower_sheet−01을 선택하면 Inspector에서 다음과 같이 보일 것이다.

위의 그림은 Import Settings의 스크린샷으로, 여러 가지 옵션을 설정할 수 있다. 옵션을 변경하고 나면 하단의 Apply 버튼을 눌러 변경 사항을 확인해야 한다. 변경 사항이 마음에 들지 않을 때는 Revert 버튼을 눌러 변경했던 모든 설정을 취소할 수도 있다.

Texture Type은 Sprite(2D and UI)임을 분명히 해둔다. 2D 모드에서 유니티는 언제나 이미지 파일을 텍스처textures가 아닌 스프라이트로 임포트한다.

잘 들여다봐야 하는 중요한 파라미터 중 하나는 Sprite Mode다. 디폴트 설정은 Single이지만, Multiple이나 Polygonal(유니티 5.3 이상에서만)으로 변경할 수 있다. 이름에서 알 수 있듯이 Single은 이미지에 하나의 스프라이트만 포함돼 있는 경우 사용되고, Multiple은 둘 이상의 스프라이트로 된 스프라이트 시트일 때 사용된다. Polygonal은 유저가 정의한 수만큼의 꼭짓점을 가진 폴리곤 스프라이트polygonal Sprite를 식별하는 데 사용된다.

또한 Pixel Per Unit은 씬에서 스프라이트가 얼마나 큰지를 결정하는 파라미터다. Scene View에서 단일 길이unitary length를 유지하는 데 필요한 픽셀 수를 나타낸다. 100으로 디폴트 설정돼 있지만 에셋을 적용하고 이를 올바른 크기dimensions로 변경해야 하는 경우 이 값을 수정해야 한다. 하지만 스케일scale을 염두에 두고 있다면 그에 따라 그래픽을 만드는 것이 개발 후반부에 시간을 절약하는 데 도움이 될 것이다.

다른 설정(Packing Tag, Generate Mip Maps, Filter Mode, Max Size, Format)에 관해서는 이 책의 마지막 장에서 최적화에 대해 이야기할 때 자세하게 다루겠다.

우리가 선택한 파일에는 둘 이상의 스프라이트가 포함돼 있으므로 다음 절로 넘어가기 전에 Sprite Mode를 Multiple로 설정해두자.

스프라이트 에디터

Import Settings에 보면 Sprite Editor라는 버튼이 있다. 이 버튼을 누르면 다음 스크린샷과 같은 새로운 창이 나타난다. 이것이 Sprite Editor다.

원하는 대로 잘 풀리지 않을 때는 스프라이트 에디터의 상단 오른쪽 코너에 있는 Revert 버튼을 클릭하면 원래대로 되돌릴 수 있다. 그 옆에 변경을 선택하는 Apply 버튼이 있기 때문에 버튼을 누를 때는 조심하도록!

다음 스크린샷은 참고할 수 있도록 이 두 버튼을 눈에 잘 띄게 표시해둔 것이다.

이 두 버튼 근처에 **Sprite Editor**에서 작업할 때 도움이 되는 몇 가지 기능이 있다. 하나는 놓치기 쉬운데, 컬러 에셋(RGB 채널)에서 흑백(알파 채널)으로 전환할 수 있는 버튼이다. 나중에 윤곽선을 정의하고 이미지에 투명도transparency가 필요할 때 특히 유용하다. 여러분이 놓치고 가지 않도록 다음 스크린샷에서 네모로 표시해둔다.

이 버튼의 오른쪽에는 두 개의 슬라이더가 있는데, 줌 인^{zoom in}이나 줌 아웃^{zoom out}하거나 해상도(픽셀 수)를 늘리거나 줄일 수 있다. 다음 스크린샷을 참고하길 바란다.

Sprite Editor를 사용해 여러 가지를 할 수 있다. 단일 스프라이트의 경우에는 피벗 포인트를 변경할 수 있다. 우리의 경우처럼 스프라이트 시트라면 스프라이트 에디터를 사용해 이미지에 얼마나 많은 스프라이트가 있는지, 이미지 어디에 있는지를 유니티에게 알려줄 수 있다.

이를 위한 방법에는 여러 가지가 있으니 조금 더 자세히 살펴보자.

매뉴얼 모드

매뉴얼 모드^{Manual mode}에서는 이미지 안에 있는 각 스프라이트를 직접 선택해 유니티에게 어디에 있는지, 얼마나 큰지를 알려준다.

새로운 선택을 하기 위해서 원하는 스프라이트의 모서리를 클릭한 후 스프라이트 전체가 선택될 때까지 마우스를 드래그해야 한다. 선택 영역은 초록색 직사각형으로 표시되며 마우스를 드래그하는 동안 스프라이트가 실시간으로 어떻게 변하는지 확인할 수 있다. 마우스 버튼을 릴리스하면 초록색 직사각형은 파란색으로 변하고 유니티는 내부에 있는 모든 것을 스프라이트로 인식한다.

원하는 개수만큼 선택 영역(직사각형)을 만들 수 있다. 또한 선택 영역을 클릭하면 이미지 주위로 이동하고 크기를 변경할 수 있다. 다음은 우리의 스프라이트 시트에서 매뉴얼 모드로 선택을 한 예다.

스프라이트보다 크게 직사각형을 만들었다 해도 괜찮다. 유니티에는 이를 자를 수 있는 트림Trim 기능이 포함돼 있다. Trim 버튼은 다음 스크린샷과 같이 스프라이트 에디터의 상단 왼쪽 코너에 있다.

이 버튼은 영역이 선택된 경우에만 활성화된다. 최종 결과가 마음에 들지 않으면 언제든지 선택 영역을 수정할 수 있다.

또한 각 선택 영역의 정중앙에는 작은 파란색 원이 있다. 이것이 선택 영역의 피벗 포인트다. 이 포인트를 드래그하면 다른 위치로 옮길 수 있다. 하지만 아주 특별한 경우가 아니면 피벗 포인트를 정중앙에 두는 것이 일반적이며 유용하다. 그러니 지금은 크게 신경 쓰지 말고 그냥 그대로 정중앙에 두자.

또 한 가지 눈에 띄는 것은 직사각형의 각 모서리 가운데 네 개의 작은 초록색 정사각형이다. 이 정사각형은 9-슬라이싱 스케일링9-slice scaling에 사용되는 것이며 이후 절에서 사용법을 알아볼 것이다.

영역을 선택한 후에는 스프라이트 에디터의 하단 오른쪽 코너에 있는 메뉴를 사용해 선택 영역을 더 상세하게 수정할 수 있다. 메뉴는 다음과 같다.

이 메뉴에서 선택 영역의 이름을 수정할 수 있다. 이 이름은 스프라이트 이름에도 반영된다. 숫자 값을 입력해 크기, 위치, 선택 영역의 피벗 포인트를 정확하게 설정할 수 있다.

정리하면, 매뉴얼 모드는 스프라이트 시트에 있는 스프라이트의 모양과 크기가 다른 경우에 특히 유용하다. 디자이너가 주의를 기울여 각 스프라이트를 서로 붙지 않게 배치하더라도 오브젝트의 크기는 다를 수 있다.

오토매틱 모드

오토매틱 모드Automatic mode는 유니티가 여러분을 대신해 스프라이트를 잘라 각기 다른 선택 영역을 생성한다. 하지만 더 나은 결과를 얻으려면 이미지에 대한 정보를 제공해야 한다. 유니티가 만든 이미지용 선택 영역은 언제든지 매뉴얼 모드에서처럼 수정할 수 있다.

Sprite Editor의 상단 왼쪽 코너에 있는 Trim 버튼 옆에 Slice 버튼이 있다. 다음 스크린샷을 참고하기 바란다.

이 버튼을 클릭하면 다음과 같은 메뉴가 나타난다.

보다시피 여기서 다른 타입을 선택할 수 있다. 하나씩 살펴보자.

Automatic 타입은 유니티가 추정할 수 있는 제일 나은 선택이다. 잠시 후에 나오는 메소드^{Method}와 선택 영역의 피벗 포인트의 위치만 설정하면 된다. 유니티가 다 알아서 자동으로 모든 것을 처리하며 스프라이트의 크기가 전부 같을 필요가 없다면 꽤 괜찮은 결과물을 얻을 수 있다. 이미지에 적용된 최종 결과물은 다음과 같다.

Automatic 타입에는 세 가지 메소드가 있다.

- Delete Existing: 이미지를 자르기 전에 생성했던 선택 영역을 전부 삭제한다.
- Smart: 아직 선택 영역이 없는 스프라이트에만 선택 영역을 생성한다.
- Safe: 이전에 만든 선택 영역을 그대로 두고 새로운 선택 영역을 생성한다.

한편 **Grid By Cell Size** 타입은 이미지를 선택 영역의 그리드로 나눈다. 메뉴에서 각 그리드 셀cell 크기를 선택할 수 있다. 결과적으로 셀의 개수는 그 크기가 얼마나 큰가에 달려 있다.

Grid By Cell Count 타입도 이미지를 선택 영역의 그리드로 나눈다. 하지만 이번에는 메뉴에서 이미지에 얼마나 많은 셀을 만들지 설정할 수 있으며 셀 크기는 이에 달려 있다. 4×4 그리드로 잘린 이미지는 다음과 같다.

폴리곤 모드

폴리곤 모드Polygonal mode는 유니티 5.3부터 사용할 수 있는 스프라이트 에디터의 새로운 기능이다. 이를 사용하기 위해서는 에셋의 임포트 세팅에서 스프라이트 모드를 폴리고널Polygonal로 설정해야 한다.

이 모드에서 유니티는 스프라이트를 폴리곤polygon 즉 다각형이 되게 자른다. 스프라이트 에디터를 열면 폴리곤의 면이나 꼭짓점 개수를 설정할 수 있게 돼 있는 것을 볼 수 있을 것이다. 혹시 이 설정을 못하고 지나치더라도 스프라이트 에디터의 상단 왼쪽 코너에 있는 Chage Shape 버튼을 누르면 언제든지 사용할 수 있다. 다음 스크린샷을 참고하라.

octagon(면이 8개인 폴리곤)을 선택하면 다음과 같은 결과물을 얻게 된다.

UI-9-슬라이싱 스케일링을 위한 스프라이트 에디터

스프라이트 에디터에는 9-슬라이싱이라라 불리는 또 다른 중요한 기능이 있다. UI 요소 element가 파트에 따라 다르게 스케일링돼야 할 때 사용한다. 유니티에서의 UI 요소는 스프라이트로 간주되기 때문에 이 기능이 스프라이트 에디터에 있다.

다른 장에서 UI에 관해 살펴보겠지만 일부 UI 엘리먼트가 왜 다르게 스케일링이 돼야 하는지 그 이유부터 알아보자. 아시다시피 게임은 일반적으로 해상도resolution와 종횡비aspect ratio가 다른 다양한 화면에서 실행된다. 이로 인해 UI는 스크린에 맞게 그 크기가 조정돼야 한다. 하지만 버튼의 코너를 아주 예쁘게 둥글려서 만들어도 한 번 스케일되면 원래 디자인과는 완전히 다른 모양이 돼 버린다.

9-슬라이싱 기술은 스프라이트를 9개의 섹션으로 나눠 정의하고 각기 다르게 스케일해 이 문제를 방지한다. 특히 코너는 전혀 스케일링이 되지 않는다. 가장자리는 축 방향으로만 스케일링되고 섹션의 중앙은 모든 방향으로 스케일링된다. 다음 표를 보면 9개의 섹션이 각기 어떻게 스케일되는지 이해하는 데 도움이 될 것이다.

스케일링 안 됨	가로축 스케일링만	스케일링 안 됨
세로축 스케일링만	가로, 세로 스케일링	세로축 스케일링만
스케일링 안 됨	가로축 스케일링만	스케일링 안 됨

유니티의 스프라이트 에디터에서 9-슬라이싱 기술을 사용하는 방법을 배우기 위해 UI 이미지를 하나 가져오자. Graphics/UI 폴더에 있는 ui_blank_square_icon_pink를 선택하고 스프라이트 에디터에서 열어보자. Sprite Mode를 Multiple로 설정하지 않았기 때문에 선택 영역은 전체 이미지를 둘러싼 하나만 있다.

앞서 봤듯이, 선택 영역의 가장자리에 초록색 정사각형이 있다. 이 정사각형을 드래그하면 이미지를 9개의 섹션으로 나눌 수 있으며, 해당 스프라이트에 9-슬라이싱 기술이 적용된다. 버튼은 다음과 같이 9-슬라이싱이 수행돼야 한다.

가능한 한 중앙 섹션을 크게 남겨두고 나머지는 코너와 가장자리를 포함하는 적절한 크기로 유지돼야 한다.

지금까지 스프라이트 에디터에 대해 알아봤다. 충분히 이해했기를 바란다. 다음 절로 넘어가기 전에 스프라이트 에디터를 충분히 연습해보길 바란다. 사실 우리가 구축하고자 하는 게임에 필요한 모든 에셋을 준비하기 위해서는 지금까지 살펴본 방법을 연습해야 한다.

에셋 준비하기

이 절에서는 지금까지 배운 것을 연습한다. 사실 게임을 만들기 위해서는 에셋을 준비해야 한다.

Graphics/towers/cupcake_tower_sheet-01(앞서 사용했던 파일)을 선택해 3×3 그리드로 자르자. 그런 다음 각 스프라이트의 이름을 다시 정해야 한다.

첫 번째 가로 줄의 이름을 다음과 같이 하자(왼쪽에서 오른쪽으로).

- Sprinkles_Cupcake_Tower_0
- Sprinkles_Cupcake_Tower_1
- Sprinkles_Cupcake_Tower_2

두 번째 줄은 다음과 같이 정한다.

- ChocolateChip_Cupcake_Tower_0
- ChocolateChip_Cupcake_Tower_1
- ChocolateChip_Cupcake_Tower_2

마지막으로 세 번째 줄은 이렇게 하자.

- Lemon_Cupcake_Tower_0
- Lemon_Cupcake_Tower_1
- Lemon_Cupcake_Tower_2

Project 패널에서 그 결과를 보면 다음과 같아야만 한다.

다른 스프라이트 시트도 위와 같은 방법으로 나눠 이름을 정해 Graphics/enemies와 Graphics/UI 폴더에 저장하라. 이름은 의미 있는 것으로 정하자. 그래야 이 책의 나머지 부분에서 에셋을 참조할 때 그 이름만 봐도 알 수 있을 것이다. 여러분의 편의를 위해 사용되는 스프라이트의 원본 파일은 그 이름을 일일이 명시하겠다.

▌ 레벨로써의 씬

유니티 게임은 레벨로 생각할 수 있는 다양한 씬으로 구성된다. 모든 씬을 저장하기 위한 폴더를 Project 패널에 만드는 것이 좋다. 아직 만들지 않았다면 Project 패널을 마우스 우클릭한 다음 Create > Folder를 차례대로 눌러 폴더를 만든 후 이름을 Scenes로 바꾸자.

툴바 메뉴의 File 밑에 보면 씬을 생성, 저장, 로드할 수 있는 옵션이 있다. 현재 Scenes 폴더가 비어 있기는 하지만 File > Save Scene을 차례대로 선택해 저장하자. 다음과 같이 하면 된다.

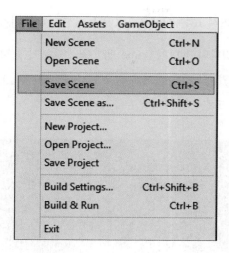

 키보드 단축키 Ctrl+S(Mac OS에서라면 Cmd+S)를 사용해도 씬을 저장할 수 있다.

유니티는 파일의 저장 위치를 물을 것이다. 방금 생성한 Scenes 폴더를 선택하고 Level_01이라는 이름으로 파일을 저장하자. 이렇게 하면 우리가 파일을 저장할 때마다 유니티는 이 파일에 씬을 저장한다.

비율 세팅

게임을 만들 때 개발하고자 하는 타깃 플랫폼에 대해 생각해봐야 한다. 물론 최대한 많은 디바이스와 플랫폼에서 게임이 돌아갈 수 있게 하고 싶을 것이다. 그렇기 때문에 게임 개발 프로세스에서 비율 세팅은 중요한 단계다.

이 책의 범위를 벗어나기 때문에 너무 자세하게 설명하지 않겠지만, 타깃 플랫폼의 스크린 비율을 확보하고 이에 맞게 게임을 개발하는 것은 중요하다. 이 책에서는 일반적인 비율인 16:9를 고수할 것이며 이것이 훗날 다른 비율을 적용하기에도 수월하다. 또한 우리가 다운로드한 패키지 역시 16:9 비율용으로 만들어졌기 때문이기도 하다.

유니티에서 비율을 변경하려면 먼저 Game 탭tab을 선택해야 한다. 상단 왼쪽 코너에 두 개의 드롭다운 메뉴가 있다. 하나는 Display(유니티 5.3 이상 사용 가능)이고 다른 하나는 비율proportion이다. 다음 스크린샷에 표시된 부분이다.

 유니티 5.5 이상은 이 설정 옆에 씬을 줌 인(zoom in), 줌 아웃(zoom out)할 수 있는 슬라이더가 있다.

사용자 지정 비율이 필요하다면 리스트 끝에 있는 + 버튼을 선택하면 다음과 같은 화면이 나타난다.

여기에서 이 해상도와 크기에 레이블을 지정할 수 있다. 일단 한 번 해상도를 추가하면 이것은 모든 프로젝트에서 공유된다.

다음 절로 넘어가기 전에 프로젝트의 해상도를 16:9로 설정하는 것을 잊지 말자.

▌ 유니티 인터페이스에 대한 상세 정보

여러분은 1장 시작 무렵 내가 추천했던 e-가이드에서 유니티 인터페이스 대해 더 많이 배워야 하지만 간단히 트릭 하나를 공유하고자 한다.

탑 바[top-bar] 메뉴에서 다음 스크린샷과 같이 Edit ❭ Preferences... 순서로 선택하라.

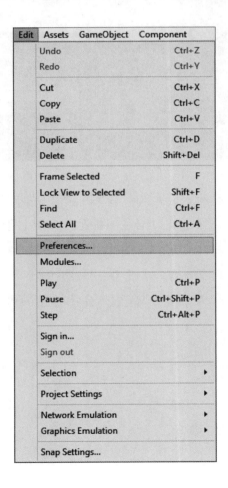

그러면 메뉴가 나타난다. 여기에서 세 번째 탭인 **Colors**를 선택하라. 다음 스크린샷에서 볼 수 있듯이 축^Axis^이나 그리드^Grid^ 등 **Scene** 뷰의 메인 그래픽 엘리먼트(또는 2장에서 다룰 Gizmos)의 색상을 변경할 수 있다.

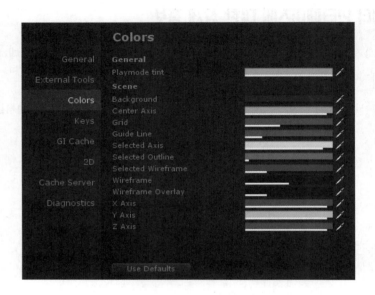

그러나 트릭은 **Playmode tint** 세팅에 있다. 이것은 게임이 실행 중일 때 인터페이스의 전체 색조^tint^를 변경할 수 있게 한다. 지금은 이게 무슨 도움이 될까 싶겠지만 파라미터를 수정하고 싶을 때 큰 도움이 된다. 그리고 여러분은 종종 플레이 모드에 있다는 것을 잊을 수도 있다. 개인적인 경험에서 보면 이 작은 트릭은 여러 상황에서 도움이 됐다. 다음 스크린샷은 파란색 색조로 된 플레이 모드에서 유니티 인터페이스가 어떻게 보이는지에 대한 예다.

▌ 숙제

1장에서는 스프라이트 에디터로 작업하는 것에 이미 많은 시간을 할애했으므로 더 많은 연습을 할 필요는 없다. 하지만 연습하고 싶다면 유니티의 에셋 저장소^Asset Store(Window ▸ Asset Store)에서 표준 에셋을 무료로 다운로드할 수 있다. 그런 다음 Standard Assets/2D/ Sprites 폴더를 임포트해서 다른 모드를 사용해 같은 결과를 얻도록 처음부터 잘라보자.

▌ 요약

1장에서는 스프라이트를 임포트해서 게임에 사용할 수 있도록 준비하는 전체 과정을 살펴봤다. 이 과정에서 스프라이트가 무엇인지, 스프라이트는 어떻게 임포트하는지, 여러 가지 스프라이트 에디터 사용법을 알아봤다. 또한 2D로 설정된 유니티가 어떤지도 살펴봤고 2D 게임 개발에 대해 개략적으로 알아봤다. 마지막에는 타깃 플랫폼에 맞는 화면 해상도로 씬을 설정하는 방법을 배웠다.

1장에서 생각보다 많은 것을 다뤘으니 잠시 휴식을 취하자. 2D 게임 스크립트에 관해 배울 2장으로 진도를 나가기 전에 커피나 컵케이크를 드시길.

02

컵케이크 타워 굽기

2 장에서부터 게임을 만들기 시작할 것이다. 어떻게 2D 공간에 오브젝트를 배치하고 가장 많이 사용되는 오브젝트를 위한 템플릿을 만드는지 살펴볼 것이다. 또한 유니티가 스크립트를 어떻게 처리하는지 관찰하고 우리 게임용 스크립트를 몇 가지 작성할 것이다.

특히 다음 주제를 중점적으로 알아보고자 한다.

- 2D 공간에 오브젝트 배치하기
- 우리 게임을 위한 맵^{map} 셋업하기
- 태그와 레이어 사용
- 프리팹^{Prefabs}(게임 오브젝트용 템플릿) 만들기
- 새로운 스크립트 만들기
- 유니티에서의 스크립트 기본 개념

- 우리 게임을 위한 두 개의 스크립트를 처음으로 작성하기

이 책의 모든 장에서와 마찬가지로 2장에도 마지막에 '숙제'가 있다. 기술을 향상시키고 다양한 기능을 게임에 구현하기 위해 필요한 연습 문제가 다양하게 준비돼 있다.

그럼 지금부터 2D 오브젝트를 씬에 배치하는 방법을 배우는 것부터 시작해보자.

▌ 2D 오브젝트

1장에서 우리는 유니티에서의 2D 오브젝트가 스프라이트라는 것을 배웠다. 하지만 씬에 임포트하는 방법에 대해서는 언급하지 않았다.

스프라이트를 씬으로 불러오는 가장 쉬운 방법은 Project 패널에서 Scene view로 드래그 앤 드롭하는 것이다. 유니티는 스프라이트와 같은 이름의 새로운 게임 오브젝트에 스프라이트 렌더러를 어태치해서 자동으로 생성한다. 스프라이트 렌더러에 관해서는 이미 1장에서 다뤘다. (1장에서 결정했듯이) 소팅 레이어를 사용하지 않으므로 씬에 새로운 스프라이트를 드래그할 때 세팅을 전혀 변경하지 않아도 된다.

씬에 스프라이트를 추가하는 또 다른 방법은 Hierarchy 패널에서 마우스 우클릭을 해서 2D Object ▶ Sprite를 차례대로 선택하는 것이다. 그러나 스프라이트 렌더러에서 어떤 스프라이트를 사용할 것인지 지정해야 한다.

Pink_Sprinkle 스프라이트를 씬에 가져오자(Graphics/projectiles 폴더 안에 있는 projectiles_sheet_01 파일에 있다). Scene 뷰에서 보면 다음과 같다.

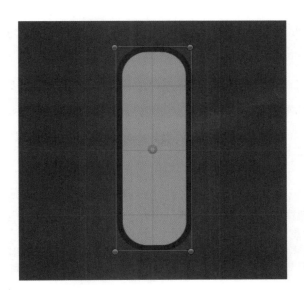

스프라이트 역시 게임 오브젝트^{GameObject}이므로 다음과 같이 **Transform** 속성에 접근할 수
있다.

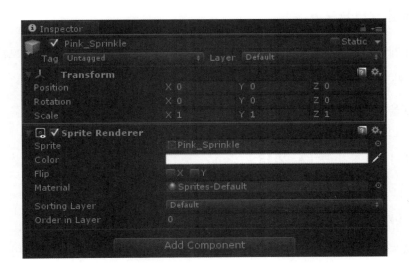

Transform 속성에 접근할 수 있다는 것은 x축과 y축을 따라 위치를 변경할 수 있다는 뜻이다. 1장에서 설명했듯이 z축은 깊이를 결정하는 데 사용된다.

Scale 파라미터를 사용하면 스프라이트를 뒤집을 수 있다. 그러나 이 스프라이트의 차일드 요소들도 함께 뒤집힌다는 것을 명심하길 바란다. 1장에서 봤듯이 유니티 5.3 이상에서 스프라이트를 뒤집기 위해서는 Sprite Renderer에 있는 Flip 변수를 사용하는 것이 좋다.

 빈(empty) 게임 오브젝트를 생성하기 위해서는 탑 바 메뉴에서 GameObject > Create Empty를 차례대로 선택하면 된다. 또는 Hirarchy 패널에서 Create를 선택한 후 Create Empty를 선택해도 만들 수 있다. 빈 게임 오브젝트를 만드는 것은 다른 게임 오브젝트의 컨테이너를 만들거나 게임 오브젝트를 처음부터 만들려는 경우에 매우 유용하다.

■ 게임 오브젝트의 부모

각각의 게임 오브젝트는 부모 요소를 가질 수 있다. 게임 오브젝트가 그것의 부모를 따라 움직이고 회전하고 스케일된다는 뜻이다.

이 개념을 여러 가지 표현을 써서 설명할 수 있지만, 비디오를 보는 것이 말로 설명하는 것보다 더 낫다. 〈하이어라키와 부모-차일드 관계The Hierarchy and Parent-Child relationships〉와 같은 비디오는 짧지만 이해하기 쉬울 것이다.

이 비디오는 https://unity3d.com/learn/tutorials/topics/interface-essentials/hierarchy-and-parent-child-relationships에 있다.

이 책을 더 읽어 내려가기 전에 이 비디오를 꼭 보길 바란다. 여기서 기다리고 있을 테니 잘 다녀오시길.

█ 월드 좌표계와 로컬 좌표계의 차이점

유니티에 있는 모든 게임 오브젝트는 위치^{position}가 있지만 위치는 좌표계가 필요하다(월드 좌표계에 관한 자세한 내용은 5장, '비밀 재료는 약간의 물리학'에서 다룬다). 특히 유니티에는 두 가지 좌표계로 그 위치를 확인(그리고 설정)한다.

- World coordinates(월드 좌표계): 게임 오브젝트가 있는 곳의 절대 좌표다(여기서 말하는 '절대'라는 것은 게임 내에서 절대적이라고 간주되는 월드 프레임을 의미한다).
- Local coordinates(로컬 좌표계): 게임 오브젝트가 그 부모를 기준으로 위치한 상대적인 좌표다.

다음 스크린샷과 같이 유니티 인터페이스 오른쪽 상단에 있는 토글을 사용해 두 좌표계를 쉽게 전환할 수 있다.

앞의 스크린샷에는 두 개의 토글이 있는데, 이 중 월드 좌표계와 로컬 좌표계 사이를 전환하는 토글은 왼쪽에 있는 것이다. 보다시피 여기서는 Global로 설정돼 있으며 이는 월드 좌표계를 뜻한다.

█ Z-버퍼링을 이용한 레이어 순서 정하기

1장에서는 소팅 레이어 대신 Z-버퍼링을 이용하기로 했지만, 게임의 어떤 요소가 다른 요소보다 포어그라운드(앞)에 있어야 하는지 결정해야 한다.

또한 카메라 설정 방법을 알아두는 것은 중요하다. 씬의 유일한 카메라인 Main Camera 를 선택해 Inspector를 보면 다음과 같아야 한다.

여기서 볼 수 있듯이 포지션^{position}의 디폴트 Z값은 −10으로 설정돼 있다. 스프라이트의 Z값은 이보다 더 큰 음수가 될 수 없다(즉, −10보다 작아야 한다). 그렇지 않으면 카메라 뒤에 놓이기 때문에 렌더링되지 않는다. −10은 우리의 의도에 부합되므로 그대로 두자.

다음으로, 갖고 있는 모든 요소에 Z값을 할당해야 한다. 맵^{map}이 백그라운드에 있어야 하므로 이것부터 배치하자. 가장 낮은 깊이(최대 Z값), 이 경우에는 0을 할당한다.

그런 다음 적들^{enemies}의 Z값을 −1로 설정할 수 있다. 적들 다음으로는 발사체와 타워는 각각 −2와 −3이 된다. 마지막으로 포어그라운드에 다른 값을 추가해야 한다. 표로 나타내면 다음과 같다.

요소	Z값(깊이)	이유
맵	0	맵은 모든 것들 뒤에 있어야 하므로 가장 낮은 값을 갖는다.
적들	−1	적들은 계속 보여야 하는 타워 뒤를 지날 수 있기 때문에 맵 다음에 렌더링된다. 발사체 또한 적들이 맞기 바로 직전에 적들 위로 보여야 한다.
발사체	−2	발사체는 타워에서 발사되므로 타워 위에 놓으면 이상하게 보일 수 있으므로 타워 뒤에 있는 것이 더 자연스럽게 보인다.
타워	−3	타워 위로는 맵 오버레이를 제외한 다른 레이어가 없다.
맵 오버레이	−9	이것은 포어그라운드에 있으므로 마지막으로 렌더링해야 한다. 다른 레이어를 추가할 수도 있기 때문에 −4 대신 −9를 선택했다. 하지만 포어그라운드는 항상 카메라에서 가장 가까이에 있는 레이어. 다음 절에서 이 레이어에 무엇이 들어가는지 알아볼 것이다.
메인 카메라	−10	디폴트 그대로다.

게임 요소용 프리팹^{Prefabs}을 만들 때 위와 같은 값을 기억해둬야 한다. 2장에서뿐만 아니라 이 책의 나머지 내용에서 중요한 역할을 한다.

 2장 후반부에서 프리팹이 무엇인지 논하겠다.

▌ 지도 펼치기

드디어 씬에 2D 맵을 놓을 수 있게 됐다.

1장에서 해상도를 16:9로 설정했기 때문에 패키지에 포함된 맵을 그대로 사용할 수 있다.

먼저 Graphics/maps 폴더에 있는 sugar_mountain_map 스프라이트를 씬에 드래그하자. 이 스프라이트를 (0,0,0)에 배치한다. z축은 0으로 설정돼 있다.

이 맵은 우리에게 딱 알맞다. 예를 들어 왼쪽에는 단 걸 좋아하는 판다가 따라갈 패스^{path}의 시작이 있다. 패스의 끝에는 플레이어가 지켜내야 하는 슈거 캐슬이 있다. 또한 3장, '플레이어와의 대화—유저 인터페이스'에서 다룰 유저 인터페이스를 구현할 수 있는 충분한 공간이 상단에 있다.

다음 단계는 카메라 설정을 수정하는 것이다. 맵 전체를 Camera 뷰에 딱 맞게 하려면 Size 속성을 다음 스크린샷에서 볼 수 있듯이 22.5로 설정하자.

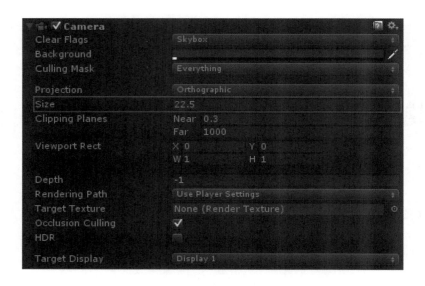

이렇게 설정하면 맵은 Camera 뷰 정중앙에 완벽하게 놓이게 된다. 카메라를 선택하고 Scene 뷰에서 보면 다음 스크린샷과 같아야 한다.

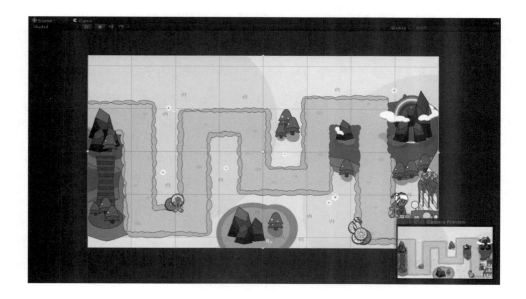

이번에는 1장에서 자른 컵케이크 타워 중 하나를 가져오자. 예를 들어 ChocolateChip_Cupcake_Tower_2가 좋겠다. 패스의 시작 부분에 드래그하면 다음과 같은 문제가 발생한다.

혹은 맵 하단에서도 같은 문제가 발생한다.

사실 컵케이크 타워는 퍼스펙티브perspective 때문에 바위 위에 있는 것이 아니라 그 뒤에 있다. 2D 월드에서 작업하고 있기 때문에 퍼스펙티브를 만들어야 한다. 다행히도 패키지에는 지도의 오버레이가 포함돼 있다. 여기에는 다음과 같이 포어그라운드에 있어야 하는 모든 에셋도 포함된다. 다음과 같다.

ℹ️ 일반적으로 모든 에셋은 서로 다른 레벨에 있으므로 위치를 우리 맘대로 정할 수 있다. 하지만 여러분의 편의를 위해 패키지에는 미리 배치돼 있으므로 시간을 낭비하지 않아도 된다.

자, 씬에 오버레이도 추가해보자. Graphics/maps 폴더에 있는 sugar_mountain_map _overlay이다. x와 y 포지션을 0으로 설정하자. 이렇게 한 다음에도 전혀 차이가 보이지 않으며 컵케이크 타워는 여전히 바위 위로 움직인다. 사실 이전 절에서 모든 z축 값을 다른 게임 요소에 할당해야 한다고 했다. 기억났으면 맵 오버레이를 위한 값 −9를 설정하자.

맵 오버레이 z축 값을 조정하고 나면 컵케이크는 우리가 원하는 대로 움직인다.

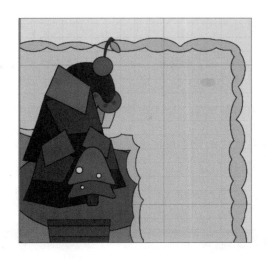

다음과 같이 여기에서도 제대로 움직이게 된다.

드디어 맵이 모두 준비됐다. 마지막으로 맵 오버레이를 맵의 차일드로 설정해야 한다. 그래야 맵을 변경하더라도 모두 같이 움직이고 스케일될 것이다.

계속 여행을 떠나기 전에 테스트를 위해 불러왔던 컵케이크 타워를 지우는 것을 잊지 말자.

▌ 레이어와 태그

무엇을 할지 이미 머릿속에 그려져 있다면 처음부터 모든 것을 세팅하는 것이 좋다. 유니티는 게임 오브젝트에 몇 가지 레이블을 붙일 수 있다. 레이어와 태그가 이에 속한다. 유니티는 이 두 속성을 사용해 특정한 종류의 게임 오브젝트를 구별한다.

이들 중 일부는 이미 디폴트로 정의돼 있지만, 우리 프로젝트용으로는 조금 더 필요하다. 툴바 메뉴에서 Edit ❯ Project Settings ❯ Tags and Layers를 차례대로 선택하면 레이어와 태그 세팅에 액세스할 수 있다. Inspector에서는 다음 스크린샷처럼 보인다.

 이 메뉴에서 2D 오브젝트를 렌더링하기 위한 소팅 레이어를 변경할 수도 있다. 하지만 앞서 말했듯이 우리는 Z-버퍼링을 사용할 것이다.

Tag 메뉴를 펼치면 다음과 같다.

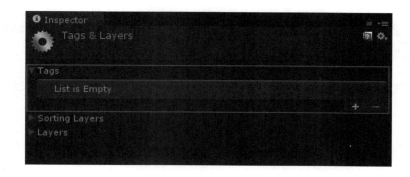

90

새로운 태그를 추가하려면 오른쪽 하단에 있는 + 버튼을 클릭하면 된다. 적과 발사체용 태그가 필요하므로 Enemy와 Projectile을 추가하면 다음 스크린샷과 같아진다.

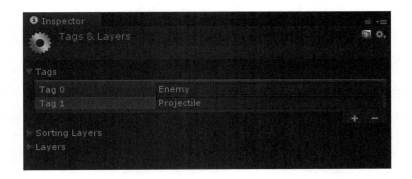

추후 게임 개발에 이 두 태그를 실제로 사용할 것이다. 컵케이크 타워가 주변 오브젝트를 검색할 때 적과 발사체를 구별하는 데 필요하다.

▌ 프리팹

씬이 오브젝트로 채워지기 시작하면 이 중 일부 오브젝트는 복잡해질 수 있다. 여기서 말하는 '복잡하다'는 뜻은 많은 컴포넌트와 차일드를 의미한다. 게임에서 이들을 많이 사용해야 하고 한꺼번에 이 모두를 변경해야 한다면 유니티가 제공하는 프리팹을 생성하는 것이 바람직하다.

이름에서 알 수 있듯이 프리팹Prefabs이란 필요한 모든 컴포넌트로 이미 조립돼 씬에 배치하기만 하면 되는 오브젝트다. 장점은 자주 재사용이 가능하고 신속하게 모든 인스턴스를 변경할 수 있다는 것이다.

 씬에 있는 오브젝트가 프리팹인 경우, 이 오브젝트의 이름은 Hierarchy 패널에 파란색으로 표시된다. 만약에 이름이 빨간색이면 레퍼런스 중 일부가 빠져 있음을 의미한다.

프로젝트를 체계적으로 정리하기 위해 Prefabs라는 이름의 폴더를 만들자. 폴더 안에서 마우스 우클릭하고 Create > Prefab을 차례대로 선택하자. 원하는 대로 이름을 지정할 수 있지만 이 책에서는 Pink_Sprinkle_Projectile_Prefab을 사용하겠다.

씬에 이미 스프링클이 있으므로 Hierarchy 패널에서 Pink_Sprinkle_Projectile_Prefab 으로 드래그하라.

씬에 있는 이전 스프링클은 더는 필요하지 않으므로 지워도 된다. 테스트 삼아 원하는 만큼 프래팹을 Scene 뷰로 드래그해서 여러 개의 스프링클을 씬에 추가해보자. 물론 다음으로 넘어가기 전에 지우는 것을 잊지 말아야 한다.

프리팹의 인스턴스인 오브젝트를 선택하면 다음 스크린샷과 같이 Inspector에 세 개의 추가 버튼이 나타난다.

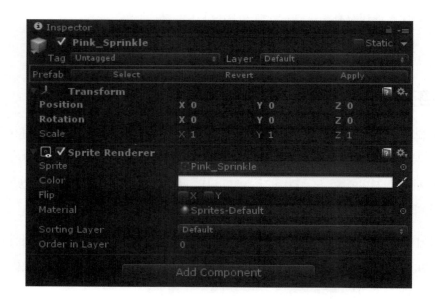

이 버튼에는 각기 다음과 같은 기능이 있다.

- Select: Project 패널에서 오브젝트의 프리팹을 신속하게 선택하는 숏컷^{shortcut} 이다.

- Revert: 프리팹(현재 선택한 오브젝트)의 인스턴스를 변경하더라도 프리팹에 영향을 주지 않는다. 이 버튼을 클릭하면 모든 변경 사항이 원본 프리팹으로 되돌아간다.

- Apply: 위와 반대로, 프리팹의 인스턴스에서 변경한 것이 마음에 들면 이 버튼을 클릭해 프리팹에 적용할 수 있다. 결과적으로 씬에 있는 다른 인스턴스 모두를 수정하게 되므로 이 기능을 사용할 때는 주의해야 한다.

▌ 게임 뷰

게임 뷰에 대해 이미 알고 있겠지만, 모르고 있는 새로운 기능이 있을 수 있으므로 간단하게 정리하고 가는 게 좋을 듯하다.

먼저 다음과 같은 아주 익숙한 세 가지 메인 버튼이 있다.

첫 번째는 플레이 버튼이며 게임을 실행할 때 쓴다. 두 번째 버튼은 게임을 일시 정지하고 세팅을 일부 조정할 수 있게 한다. 마지막은 게임을 한 프레임만 실행하게 한다.

상단 왼쪽 코너에 1장에서 다뤘던 디스플레이와 해상도 탭이 있다. 그 반대쪽 코너(상단 오른쪽)에 유용한 토글이 모여 있다. 다음 스크린샷을 참고하라.

다음은 각 토글의 기능이다.

- **Maximize on Play**: 이 토글이 켜져 있으면 재생 버튼을 누를 때마다 게임 뷰가 가능한 한 가장 큰 창으로 최대화된다. 게임을 풀스크린에 가까운 크기로 테스트하는 데 유용하지만 이때 두 번째 모니터가 없으면 값을 조정하기 약간 어려울 수 있다.
- **Mute Audio**: 이 기능을 사용하면 게임의 모든 오디오 소스audio sources를 묵음 처리한다.
- **Stats**: 이 토글이 켜져 있으면 다음 스크린샷과 같이 게임 성능에 대한 몇 가지 기본 피드백을 볼 수 있다.

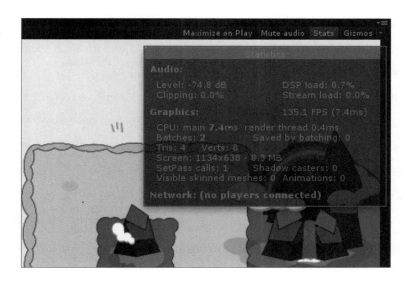

- **Gizmos**: 씬에서 오브젝트를 식별하는 데 사용된다. 자세한 내용은 6장, '스프링 클 바다를 지나 −인공지능 내비게이션'에서 알아본다.

■ 수학적 배경 지식

수학을 좋아하든 싫어하든, 수학은 게임 개발에 있어 필수다. 그러나 게임 개발을 뒷전으로 하고 수학 공부를 하기에는 시간이 부족하다. 게임 개발을 위한 완전한 툴 세트가 필요하기 때문이다. 하지만 이 절에서는 이 책의 나머지 부분에서도 유용하게 사용될 기본 개념을 소개하고자 한다. 더불어 참고가 될 만한 공식 문서 자료도 정리해두었으니 조금 더 자세히 배울 수 있을 것이다.

다음 주제 중에서 자신 있는 분야는 그냥 넘어가도 좋다.

- **벡터**Vectors: (3D나 2D) 공간을 설명하는 데 쓰이기 때문에 게임 개발에 있어 정말 중요하다. 벡터로는 위치position나 방향direction을 나타낸다. 더 자세한 내용은

https://docs.unity3d.com/Manual/VectorCookbook.html을 읽어보길 바란다. https://unity3d.com/learn/tutorials/topics/scripting/vector-maths 에 있는 비디오도 도움이 될 것이다.

- **확률**^{Probability}: 게임에 플레이어를 위한 불확실성과 기회를 넣고자 할 때 매우 중요하다. 일반적인 예는 RTS 또는 MMORPG 게임에 나오는 데미지^{damage}다. 데미지의 양은 종종 (캐릭터의 스탯에 따라 결정되는) 범위 안에 있지만 데미지의 실질적이고 현실적인 양은 난수^{random numbers}를 사용해 만들어진다. 다른 예로는 어떤 공격이 데미지를 두 배로 입을 정도로 치명적이어야 할 경우다. 2장 후반부에서 유니티에서 난수를 추출하는 방법에 관해 설명하겠지만, 확률을 공부할 수 있는 적절한 수학책 한 권 정도는 마련하더라도 그 값을 할 테니 생각해보기 바란다.

- **라디안**^{Radians}**과 디그리**^{Degrees}: 각도^{angles}를 나타내는 데는 두 가지 단위가 있다. 라디안은 대개 연산에 사용되지만 유니티에는 곱셈을 통해 라디안을 디그리로, 또는 그 반대로 변환할 수 있는 상수^{constants}가 있다. 이와 관련해서는 다음 사이트를 참고하길 바란다. https://docs.unity3d.com/ScriptReference/Mathf.Deg2Rad.html, https://docs.unity3d.com/ScriptReference/Mathf.Rad2Deg.html

- **삼각함수**^{Trigonometry}: 사인^{sine}과 코사인^{cosine} 함수는 대자연에서 일어나는 일들을 설명할 수 있는 아주 중요한 함수다. 불행히도 쉽게 터득할 수 있는 지름길이 없기 때문에 삼각함수에 대해 이해하고 잘 활용하고 싶다면 이에 관한 책을 읽어야 한다. 하지만 삼각함수 사용에 있어 가장 중요한 개념을 말하자면 -1과 $+1$ 사이에서 인수 값을 지정한다는 것이다.

- **사원수**^{Quaternions}: 이것은 복소수^{complex numbers}의 분석을 포함하기 때문에 매우 직관적이지 않은 수학 엔티티다. 그러나 유니티에서 프로그래밍할 때 (아주 특별한 경우를 제외하고) 자세한 내용을 아는 것은 중요하지 않다. 실제로 유니티가 회전^{rotation}을 저장하는 데 사용한다는 것만 알아도 충분하다. 또한 오일러 각도(가

장 직관적인 세 가지 각도)를 사원수로 변환하는 함수가 있다. 굳이 사원수로 저장하는 방법을 선택한 이유는 이 책의 범위를 벗어나지만, 오일러 각도의 수치적 불안정성 때문이다. 다음 비디오를 보면 더 많은 것을 배울 수 있다. https://unity3d.com/learn/tutorials/topics/scripting/quaternions

- Atan2( ): 이것으로 벡터의 각도를 연산할 수 있기 때문에 게임 개발에 있어 정말 중요한 함수다. 자세한 내용은 https://docs.unity3d.com/Script Reference/Mathf.Atan2.html을 참고하길 바란다.

▌ 유니티에서 스크립트 작성하기

이 절에서는 게임 개발에서 가장 어려운 주제 가운데 하나를 배울 것이다! 하지만 내가 옆에서 응원하고 있으니 너무 두려워하지 말고 많이 연습해보길 바란다. 이 절을 통해 게임의 모든 세부 사항을 마스터할 수 있을 것이다. 멋지지 않은가!

새로운 스크립트 작성하기

우선 유니티에서 새로운 스크립트를 만드는 방법을 이해해야 한다. 가장 쉬운 방법은 게임 오브젝트를 선택하고 Inspector에서 Add Component ▸ New Script를 차례대로 선택하는 것이다. 이렇게 해도 스크립트의 이름은 변경할 수 있지만, 스크립트는 Asset 폴더에 만들어진다. 또한 게임 오브젝트에 어태치할 수 없는 클래스를 생성하는 경우가 발생하게 된다.

더 나은 방법은 Project 패널에서 Scripts라는 이름의 폴더를 만드는 것이다. 이미 만들었다면 다시 만들지 않아도 된다. 그런 다음 마우스 오른쪽 버튼을 클릭해 Create ▸ C# Script를 차례대로 선택하자. 이렇게 하면 제대로 된 폴더에 스크립트가 생성되며 게임 오브젝트에 어태치할 수 없는 스크립트를 만드는 문제를 예방할 수 있다.

지금부터 만들어지는 새로운 스크립트는 전부 이 방법으로 생성되고 항상 Scripts 폴더에 있다고 생각하길 바란다.

스크립트 파일 이름은 스크립트에 있는 메인 클래스의 이름과 같아야 한다는 것을 명심하자. 이 말은 나중에 클래스 명을 바꾸면 그에 맞춰 파일 이름을 다시 지정해야 한다는 뜻이다. 그러나 이로 인해 다른 스크립트에서 수정된 클래스를 참조할 경우 제대로 찾지 못할 수 있으므로 이름을 변경할 때는 주의해야 한다.

스크립트를 더블 클릭하면 유니티가 디폴트 스크립트 에디터인 모노디벨로프 ^{MonoDevelop1}로 스크립트가 열린다. 하지만 External Tool 탭에 있는 Edit ❯ Preferences...를 차례대로 선택해 이 디폴트 세팅을 External Script Editor로 변경할 수 있다. 일반적으로 많이 사용되는 또 다른 스크립트 에디터는 비주얼 스튜디오^{Visual Studio}이며, https://www.visualstudio.com/에서 다운로드할 수 있다.

하지만 이번이 유니티에서 처음 해보는 경우라면 모노디벨로프를 사용하기를 권한다. 어쨌든 스크립트를 편집할 수만 있으면 되므로 달리 강요할 생각은 없으니 마음에 드는 것을 선택하길 바란다.

스크립트의 기초

이번이 유니티에서 처음 스크립트를 하는 것이라면 시작하기 전에 몇 가지 알려줄 것이 있다.

 유니티는 주로 C#과 자바스크립트를 지원한다. 이전 절에서 C# 스크립트를 만들었으니 앞으로도 계속 이 언어를 사용하고자 한다.

---

1   유니티가 제공하는 통합 개발 환경(IDE). IDE는 잘 알려진 텍스트 에디터의 기능 및 디버깅, 기타 프로젝트 관리 작업 등의 추가 요소를 조합해 사용할 수 있다. (출처: 유니티 매뉴얼 버전 5.3) – 옮긴이

변수

변수^{variables}에는 public, private 혹은 protected가 있다. protected에 관해서는 시간
도 없고 유니티 개발을 시작함에 있어 정말 중요한 것은 아니므로 여기서 다루지 않을 것
이다. private 변수는 스크립트 자체 내에서만 사용할 수 있다. 일반적으로 다른 컴포넌
트 간에 공유할 필요가 없는 스크립트의 내부 데이터를 저장하는 데 사용된다.

이와는 달리 public 변수는 모든 스크립트에서 액세스할 수 있으므로 사용 위치에 주의
해야 한다. 가능하면 get 함수와 set 함수를 만들어 두는 것이 좋다. 이 책에서는 많이
사용하지 않겠지만 이 함수들에 대해 https://msdn.microsoft.com/en-us/library/
w86s7x04.aspx에서 공부해두면 좋다.

또한 public 변수는 Inspector에서도 볼 수 있다. 사실 테스트 목적으로 새로운 스크립
트를 만들고 다음과 같이 정수형^{integer} 변수를 추가할 수 있다.

```
public   int testVariable;
```

이렇게 적고 스크립트를 저장하면 Inspector에서 이 값을 설정할 수 있다. 다음의 스크린
샷처럼 말이다.

그 결과, public 변수는 스크립트 내에서 그 값을 설정하지 않아도 사용할 수 있다. 대개
다른 스크립트에서 설정되지만 Inspector에서 볼 수 없기 때문에 public 변수를 만들려
한다. 유니티에서는 속성을 사용해 이 문제를 해결할 수 있다.

속성

유니티에서는 변수와 함수 앞에 속성을 넣을 수 있다. 속성attribute은 []로 둘러싸여 있으며 서로 다른 파라미터를 포함할 수 있다. 약 30개의 속성이 있으며 그 기능과 사용법이 정말 다 다르다. 이 모두를 다룰 만한 시간이 없으므로 가장 일반적으로 사용되는 것들만 보기로 하자.

- Header 속성은 [Header("string")] 형식으로 지정된다. 그 다음에 오는 변수 앞에 헤더를 만든다. 앞에서 테스트 스크립트에서 사용했던 변수에 속성을 추가하면 다음과 같다.

```
[Header("This is a heading")]
public int testVariable;
```

결과는 다음과 같다.

- HideInInspector 속성은 [HideInInspector] 형식으로 지정된다. 이 속성 다음에 오는 변수를 Inspector에서 볼 수 없게 만든다. 앞선 예에 사용하면 다음과 같다.

```
[HideInInspector]
public int testVariable;
```

결과는 다음과 같다.

- Range 속성은 [Range(minValue, maxValue)] 형식으로 지정한다. minValue와 maxValue 사이의 값을 받도록 설정한다. 다시 한 번 예제에 적용해보면,

```
[Range(-10, 10)]
public int testVariable;
```

결과는 다음과 같다.

- 마지막으로 Tooltip 속성은 [Tooltip("string")] 형식으로 지정한다. 이 속성은 툴팁(말풍선)을 생성한다. Inspector에서 변수 위로 커서가 호버할 때 툴팁이 보인다.

```
[Tooltip("This is a tooltip")]
public int testVariable;
```

결과는 이렇다(커서가 호버할 때).

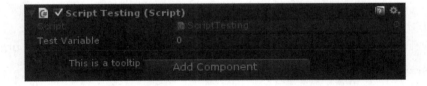

함수

Monobehaviour 클래스에서 파생된 모든 스크립트는 두 가지 메인 함수functions가 있다.

- Start( ): 게임이 시작된 순간 딱 한 번만 호출된다. 이 함수 안에서 모든 변수를 설정하고 필요한 참조를 얻으면 된다.
- Update( ): 프레임^{frame}마다 호출된다. 속도라던가 동작(비헤이비어, behavior)와 같이 리얼 타임으로 연산해야 하는 것들을 이 안에 두면 된다. 하지만 이 함수는 정말 자주 호출되므로 게임이 느려지지 않도록 이 함수 안에 코드를 작성할 때는 주의해야 한다.

구현될 수 있고 자동으로 호출되는 다른 함수도 있다. 정확하게 말하자면 60가지 이상이다!

이들 중 일부는 나중에 사용할 것이므로 여기서는 간략하게 소개하고 자세한 것은 다른 장에서 다루도록 하겠다.

- OnTriggerEnter2D( ): 콜라이더^{collider}가 게임 오브젝트에 어태치된 트리거^{trigger} 콜라이더에 들어갈 때 호출된다. 나중에 물리 부분을 다룰 때 더 자세히 설명하겠다.
- OnMouseDown( ): 플레이어가 콜라이더가 어태치돼 있는 게임 오브젝트 위에서 마우스를 클릭할 때 호출된다. 또한 Coroutine이 될 수 있으며 GUIElements와도 작동한다.
- OnEnable( ): 오브젝트가 이네이블^{enable}이고 액티브^{active}된 경우에만 호출된다.

더 자세한 내용은 https://docs.unity3d.com/ScriptReference/MonoBehaviour.html 을 참조하기 바란다.

코멘트

1장에서 말했듯이 게임 개발은 여러 단계를 거쳐야 하기 때문에 결코 쉬운 과정이 아니다. 그러므로 우리가 하는 모든 것을 문서로 만드는 것은 매우 중요하다. 문서로 만든다는 것은 퍼블리싱 내용을 쓰는 것이 아니라 자신과 팀에게 어떤 작업을 했는지 나중에라도 알 수 있도록 몇 줄 적어두는 것을 뜻한다. 사실 사람의 기억은 개념을 기억하는데는 탁월하지만 세부적인 것에는 약하다! 그렇기 때문에 이러한 간략한 문서화 작업은 스크립트를 작성하는 단계에서는 꼭 필요하다. 며칠 전에 자신이나 나머지 팀원이 무엇을 작성했는지 읽을 수 있다는 것은 매우 중요하다. 코딩할 때 코멘트를 사용하지 않으면 무수한 코드 라인 속에서 어디에 무엇이 있는지 찾기 어려워진다!

유니티는 C# 컴파일러를 사용하기 때문에 코드 안에 코멘트를 넣을 수 있다. 코멘트는 컴파일러가 무시하는(컴파일되지 않는) 라인이며, 이름에서 알 수 있듯이 코드를 읽을 사람들에게 메시지를 남길 수 있다.

C#에서 코멘트 처리하는 방법은 두 가지다. 첫 번째 방법은 라인의 맨 처음에 //를 삽입하는 것이다. // 이후 다음 줄로 넘어가기 전까지의 모든 내용은 무시된다. 두 번째는 코멘트가 두 줄 이상일 경우에 사용된다. 여는 태그인 /* 와 닫는 태그 */ 사이에 있는 모든 내용은 코멘트로 간주돼 무시된다. 다음은 그 예다.

```
// 이 줄은 코멘트 처리된다
이 줄은 코멘트 처리되지 않고
/* 여기는
다시
코멘트로 처리된다 */
```

 코멘트는 자동 문서화를 구축하고 다른 것들에 대한 마크업으로 사용되기도 한다. 하지만 이 책에서는 이에 관해 다루지 않겠다.

코딩할 때 언제나 코멘트를 다는 습관을 들이도록 꼭 노력하라. 그래야 나중에 훨씬 읽기 쉽다. 여러분의 편의를 위해 이 책에서 사용되는 모든 코드에는 어디서 무슨 일이 벌어지는지 이해하기 쉽도록 코멘트를 달아두었다.

실행 순서

실행 순서^{Execution Order}는 유니티 스크립트에 있어 중요한 개념 중 하나다. 이 개념의 핵심은 일부 스크립트나 코드의 한 부분이 다른 것들보다 먼저 실행되는 것이라 할 수 있을 것이다. 결과적으로 실행 순서는 공유 리소스가 수정되는 방식과 효율성에도 영향을 미친다.

표준 순서는 다음과 같다.

1. **에디터**^{Editor}: 특히 Reset( ) 함수
2. **씬 로드**^{Scene Load}: Awake( ), OnEnable( ), OnLevelWadLoaded( )와 같은 함수가 호출된다.
3. **첫 번째 프레임의 업데이트 전**: 스크립트 내의 모든 Start( ) 함수가 호출된다(단, 오브젝트가 활성화된 경우).
4. **프레임 사이**: OnApplicationPause( ) 함수가 돌아간다.
5. **업데이트**^{Update}: 여러 가지 모든 Update( ) 함수가 호출된다.
6. **렌더링**^{Rendering}: 특정 렌더링 함수들이 돌아간다.
7. **코루틴**^{Coroutines}: yield문이 발견되기 전까지 실행된다.
8. **오브젝트를 파기할 때**: Destroy( ) 함수가 호출된다.
9. **종료할 때**: 게임 오브젝트가 디스에이블^{disable}이거나 게임이 종료될 때 실행되는 함수가 호출된다.

물론 이것은 실행 순서의 이해를 돕기 위해 수박 겉핥기 식으로 정리된 것이다. 더 자세한 내용을 알고 싶으면 유니티 매뉴얼인 https://docs.unity3d.com/Manual/ExecutionOrder.html에서 실행 순서에 대한 자세한 설명을 확인하기 바란다.

특정 순서를 지정해야 하는 경우 유니티에서는 스크립트 내에서 실행 순서를 변경할 수도 있다. 툴바에서 Edit ❯ Project Settings ❯ Script Execution Order를 차례대로 선택하면 된다. 그러면 Inspector에 다음과 같은 윈도가 나타나고 여기서 순서를 변경할 수 있다.

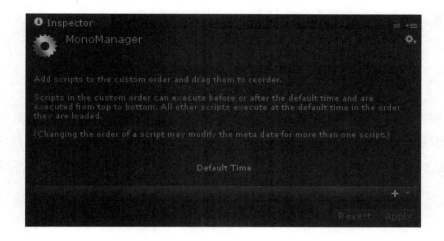

이에 대한 자세한 내용은 https://docs.unity3d.com/Manual/class-ScriptExecution.html을 참고하길 바란다. 하지만 우리가 만들고자 하는 게임에서는 실행 순서를 특별히 지정할 필요가 없으므로 세팅에 전혀 손을 대지 않을 것이다. 하지만 유니티의 잘 드러나지 않는 로직을 이 절을 통해 더 잘 이해하기 바란다. 그러니 유니티에서 스크립트를 작성하는 것에 대해 더 잘 이해하게 되면 이 절을 다시 한 번 읽어보길 바란다.

▌ 스프링클 만들기

'프리팹' 절에서 스프링클 발사체용 프리팹을 만들었다. 이 절에서는 스프링클을 2D 공간으로 이동시키는 방법을 살펴보려 한다. 특히 유니티에서 2D 게임 엘리먼트를 위한 스크립트를 생성하고 사용하는 방법을 배우고자 한다.

발사체 클래스

우리가 만들고자 하는 게임에서 단 걸 좋아하는 판다를 공격하기 위한 스프링클 이외의 다른 발사체를 만들 수도 있기 때문에 일반 클래스로 정의해야 한다. 모든 종류의 발사체는 몇 가지 일반적인 규칙을 따른다.

- 발사체는 직선으로 움직인다.
- 발사체는 적에게 얼마나 많은 데미지를 입힐지에 대한 정보를 갖고 있다.

첫 번째 규칙은 모든 발사체에 똑같이 적용되지만, 두 번째 규칙은 발사체의 종류에 따라 다르다. 따라서 우리는 템플릿을 만들어야 한다. 이 스크립트를 게임 오브젝트에 어태치하고 나면 변수를 세팅하고 동작을 조정할 수 있다. 이번 경우에 한해, 얼마나 많은 데미지가 주어지고 얼마나 빨라질지를 조정하고자 한다.

발사체의 마더 클래스 스크립팅

먼저 새로운 스크립트를 생성하고 ProjectileScript라고 이름 짓자. 다음으로는 네 개의 변수를 정의해야 한다. 첫 번째 변수는 데미지의 양, 두 번째는 속도, 세 번째로는 발사체가 어디를 향하고 있는지 알아야 하므로 발사체의 방향이다. 마지막 변수는 수명^{lifeDuration}으로, 지속 기간^{duration}을 초 단위로 저장한다. 이렇게 하면 속도 변수와 함께 발사체가 도달할 수 있는 거리도 설정할 수 있다. 실제로 발사체가 표적을 놓쳤을 때 끝도 없이 가게 되면 연산하느라 리소스가 허비될 뿐만 아니라 게임 속도도 느려지기 때문에 이 지속 기간이 지나면 파괴해야 한다. 이 모든 것을 위한 스크립트는 다음과 같다.

```
public float damage; //적이 받는 데미지의 양
public float speed = 1f; //발사체의 속도
public Vector3 direction; //발사체가 향하고 있는 방향
public float lifeDuration = 10f; //발사체가 자폭하기 전까지 살아있는 시간
```

그 다음으로 해야 할 일은 Start( ) 함수에서 위의 변수 중 일부를 세팅한다. 방향은 발사체에서 발사되는 실체에 의해 주어지기 때문에 단위 법벡터$^{\text{unit norm}}$로 돼 있다는 보장이 없다. 따라서 방향을 정규화^{normalize}해야 한다. 그런 다음 발사체(이 경우에는 스프링클)의 그래픽을 단위 법벡터에 맞춰 회전시켜야 한다. 이를 위해 Atan2( ) 함수를 사용

해 각도를 연산해야 한다. 이것을 디그리[degree]로 변환한 후 Quaternion 클래스에 있는 AngleAxis( ) 함수를 사용해 게임 오브젝트를 회전시킨다. 마지막으로 게임 오브젝트가 파기[destroy]되기 전에 타이머를 세팅해야 한다. 지금까지 말한 것이 Start( ) 함수에 들어가게 된다.

```
void Start() {
  //방향을 정규화한다
  direction = direction.normalized;
  //회전 값을 고친다
  float angle = Mathf.Atan2(-direction.y, direction.x) * Mathf.Rad2Deg;
  transform.rotation = Quaternion.AngleAxis(angle, Vector3.forward);
  //자폭용 타이머를 맞춘다
  Destroy(gameObject, lifeDuration);
}
```

Update( ) 함수에서 스프링클을 방향에 맞게 움직여야 한다. 스프링클이 판다와 같은 무엇인가에 충돌하는 경우는 5장, '비밀 재료는 약간의 물리학'에서 다루게 될 것이다. 따라서 방향과 속도에 따른 발사체의 위치를 시간 경과에 따라 업데이트해야 한다. 정리하면 다음과 같이 쓸 수 있다.

```
// 시간과 속도에 따른 발사체의 위치를 업데이트한다
void Update() {
  transform.position += direction * Time.deltaTime * speed;
}
```

여기까지 끝나면 스크립트를 저장하자. 아직 이 스크립트에 작업할 것이 많이 남아 있다. 예를 들어 방향은 Z-Buffering 방법에서 사용되므로 z축이 아닌 x와 y 축에만 있어야 한다. 하지만 지금으로써는 여기까지만 해도 괜찮고 이 이슈에 관해서는 나중에 살펴보겠다.

프리팹으로 다수의 스프링클 만들기

지금까지 발사체의 동작^{behavior}을 구현하기 위한 스크립트를 대략적으로 만들었으니 실제로 이러한 동작을 하는 스프링클의 프리팹을 만들어야 한다.

이미 스프링클 발사체용 프리팹을 만들었지만 이를 변경해야 한다. Project 패널에서 Prefabs 폴더로 이동해 Pink_Sprinkle_Projectile_Prefab을 선택하자. Inspector에서 Add Component > Script > ProjectileScript를 차례대로 선택해 방금 작성한 스크립트를 추가하자. 결과는 다음과 같을 것이다.

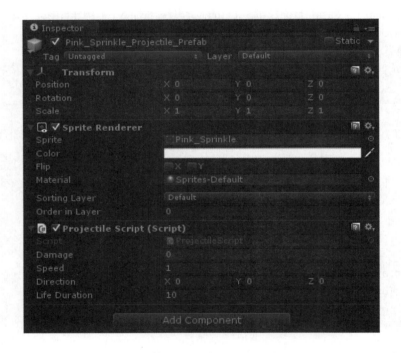

테스트 삼아 값을 조정해보면 스프링클의 움직임을 볼 수 있다. 방향에 (1,1,0)이라던가 Damage 변수에 아무 값이나 넣어 보면 다음과 같은 결과를 얻게 된다.

플레이 버튼을 누르면 방금 지정한 방향으로 스프링클이 발사되고 10초 후에 파기되는 것을 볼 수 있다.

그런 다음 프리팹에 Z값을 할당해야 한다. 이전에 만든 모든 오브젝트의 Z값을 정리한 표에 따르면 발사체는 그 값을 −2로 할당해야 한다. 또한 발사체에 태그도 지정해야 한다. 나중에 이 태그를 사용하겠지만 지금은 프리탭에 할당하는 것이 낫다.

태그를 지정하려면 Inspector 상단에 있는 게임 오브젝트 이름 바로 아래에 Tag 필드로 가야 한다. 다음 스크린샷에 빨간색 네모로 강조돼 있는 부분이 바로 Tag 필드다.

클릭하면 드롭다운 메뉴가 나타나고, 여기에는 앞서 우리가 정의한 두 가지를 포함한 여러 태그가 있다. 이 안에서 선택하면 된다.

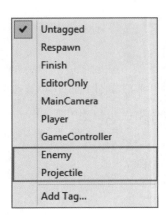

프리팹에 Projectile 태그를 할당하면 결과는 다음과 같이 보일 것이다.

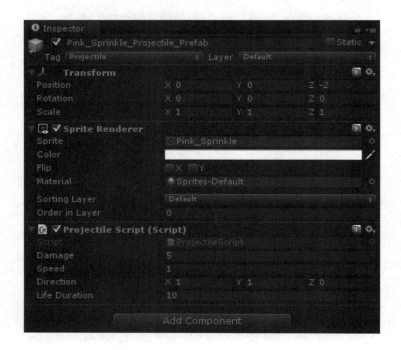

이것으로 발사체를 제작하기 위해 해야 하는 모든 일이 끝났다. 사실 이제 이 프리팹을 사용해 필요한 경우 스프링클을 스폰^{spawn}할 수 있게 됐다.

▌ 컵케이크 타워 굽기

이 절에서는 타워를 만드는 방법에 대해 살펴보겠다. 결코 쉬운 일은 아니지만 이 과정을 통해 스크립팅 기술을 많이 습득할 수 있을 것이다.

컵케이크 타워가 하는 일

맨 처음으로 할 일은 컵케이크 타워가 해야 할 것을 정확하게 정의하고 우리가 달성하고자 하는 바를 적어 보는 것이다.

달성하고자 하는 것을 분명하게 보려면 리스트로 정리하는 것이 가장 좋다.

- 컵케이크 타워는 일정 범위에 있는 판다를 감지할 수 있다.
- 컵케이크 타워는 일정 범위에 있는 판다를 향해 발사체를 발사한다. 이때, 판다에 맞선 그 유형 분류 체계에 따라 다른 종류의 발사체가 사용된다. 또한 이 범위 내의 어떤 판다를 쏠지 결정하는 방침이 있다.
- 컵케이크 타워는 재장전을 위한 시간이 필요하다.
- 컵케이크 타워는 업그레이드(더 큰 컵케이크로!)될 수 있으며, 이때 스탯이 증가하고 그 모양이 바뀐다.

컵케이크 타워 스크립트

이전 절에서 봤듯이 구현할 것이 많다. 먼저 새로운 스크립트를 만들고 CupcakeTower Script라고 이름 짓자. 발사체 스크립트에서도 이미 말했듯이, 2장에서는 주요 논리를 구현하는 것을 목표로 한다. 물론 언제나 개선할 여지가 생기지만 이 부분들은 나중에 다루겠다.

판다 사냥

아직 적들이 없긴 하지만 컵케이크 타워가 적을 공격하는 동작을 프로그래밍할 수 있다. 이 절에서는 물리를 이용해 일정 범위 안에 있는 오브젝트를 탐지하는 것에 대해 배워보고자 한다. 하지만 콜라이더에 관한 자세한 내용은 5장, '비밀 재료는 약간의 물리학'에서 알아볼 것이다.

네 가지 변수를 정의하는 것으로 시작하자. 처음 세 가지 변수는 public 변수로 Inspector 에서 세팅할 수 있다. 마지막 하나는 얼마나 시간이 지났는지를 체크하기 위해서만 사용할 것이므로 private 변수로 정의한다. 특히 앞의 세 가지 변수는 타워의 파라미터로 저장한다. 발사체 프리팹, 범위 그리고 리로드 타임이다. 코드는 다음과 같다.

```
public float rangeRadius; // 컵케이크 타워가 발사할 수 있는 최대 거리
public float reloadTime; // 다음 발사가 가능하기까지 걸리는 컵케이크 타워의 리로드 타임
public GameObject projectilePrefab; // 컵케이크 타워에서 발사되는 발사체 타입
private float elapsedTime; // 컵케이크 타워가 발사한 직후부터 흐른 시간
```

이제 Update( ) 함수에서 다시 발사하기 위한 충분한 시간이 지났는지 체크한다. if문을 사용하면 쉽게 구현할 수 있다. 어떤 경우든 마지막에 흐른 시간은 증가해야 한다.

```
void Update ( ) {
  if (elapsedTime >= reloadTime) {
    // 나머지 코드
  }
  elapsedTime += Time.deltaTime;
}
```

if문 안에서 흐른 시간을 리셋해야 다음 발사 시간까지를 측정할 수 있다. 그 다음, 범위 안에 게임 오브젝트가 있는지 체크해야 한다.

```
if (elapsedTime >= reloadTime) {
  // 흐른 시간을 리셋한다
  elapsedTime = 0;
  // 컵케이크 타워의 콜라이더 범위 안에 게임 오브젝트가 있는지 체크한다
  Collider2D[] hitColliders = Physics2D.OverlapCircleAll(transform.position,
  rangeRadius);
  // 적어도 하나 이상의 게임 오브젝트가 감지됐는지 체크한다
  if (hitColliders.Length != 0) {
```

```
    // 나머지 코드
  }
}
```

사정거리 안에 적이 있다면 타워를 향하고 있는 적 가운데 어느 것을 타깃으로 할지 결정하는 방침이 필요하다. 이를 수행하기 위한 다양한 방법과 타워가 스스로 선택할 수 있는 무수한 전략이 있다. 여기서는 타워에서 가장 가까운 적을 타깃으로 삼도록 구현하려 한다. 다른 방침이나 전략에 관해서는 이 책의 마지막 장인 8장에서 논의할 것이다.

이 방침을 구현하려면 일정 범위 내에서 찾은 모든 게임 오브젝트를 대상으로 루프^{loop}를 돌려 실제로 적인지 확인하고, 적이라면 거리를 이용해 가장 가까운 것을 골라야 한다. 이를 위해서는 위에서 작성한 if문에 다음 코드를 추가해야 한다.

```
if (hitColliders.Length != 0) {
  //모든 게임 오브젝트를 대상으로 컵케이크 타워에서 가장 가까운 곳에 있는 적을 판별하는 루프를 돌린다
  float min = int.MaxValue;
  int index = -1;
  for (int i = 0; i < hitColliders.Length; i++) {
    if (hitColliders[i].tag == "Enemy") {
        float distance = Vector2.Distance(hitColliders[i].transform.position,
        transform.position);
        if (distance < min) {
                index = i;
                min = distance;
        }
    }
  }

  if (index == -1)
  return;
  //나머지 코드
}
```

타깃을 찾게 되면 타워가 발사체를 발사하기 위한 방향을 얻어야 한다. 이를 위해서 다음 코드를 작성하자.

```
//타깃으로의 방향을 얻는다
Transform target = hitColliders[index].transform;
Vector2 direction = (target.position - transform.position).normalized;
```

마지막으로 새로운 발사체를 인스턴트화해야 하며, 다음의 코드와 같이 적을 향하도록 조정해야 한다.

```
//발사체를 생성
GameObject projectile = GameObject.Instantiate(projectilePrefab,
transform.position, Quaternion.identity) as GameObject;
projectile.GetComponent<ProjectileScript>().direction = direction;
```

게임 오브젝트의 인스턴트화는 보통 느리기 때문에 피해야 한다. 하지만 학습을 위해서 이렇게 만들어본다. 8장에서 이 인스턴트화를 없애는 최적화 기술에 대해 알아볼 것이다. 그리고 이것으로 판다 사냥을 마무리 짓겠다.

컵케이크 타워를 더 맛있게 업그레이드하기

타워를 업그레이드하기 위한 함수를 만들려면 타워의 실제 레벨을 저장하는 변수를 정의해야 한다.

```
public int upgradeLevel; //컵케이크 타워의 레벨
```

그런 다음 다음과 같이 업그레이드에 따른 모든 스프라이트의 배열을 준비한다.

```
public Sprite[] upgradeSprites; //컵케이크 타워의 레벨에 따른 스프라이트
```

세 번째는 컵케이크 타워의 업그레이드 가능 여부를 체크하기 위한 변수다. 다음과 같이
추가하자.

```
//타워의 업그레이드 가능 여부를 체크하는 Boolean
public bool isUpgradable = true;
```

마지막으로 업그레이드 함수를 만들자. 가장 먼저 해야 할 것은 타워가 실제로 업그레이
드 가능한지를 체크하고 타워의 레벨을 올린다. 그 다음에는 (그래픽이 얼마나 많은지에 따
라) 타워가 최대 레벨치에 도달했는지를 체크하고, 최대치에 도달한 경우 플레이어가 더
업그레이드하지 못하도록 IsUpgradable 변수에 false 값을 준다. 그 다음에는 그래픽을
업그레이드하고 스탯을 증가시킨다. 이 값들을 원하는 대로 마음껏 조정해보길 바란다.
하지만 새로운 스프라이트를 할당하는 것을 잊지 말도록 하자. 이 모두를 정리하면 다음
과 같다.

```
public void Upgrade( ) {
  // 타워가 업그레이드 가능한지를 체크한다
  if (!isUpgradable) {
    return;
  }

  // 타워의 레벨을 올린다
  upgradeLevel++;

  // 타워의 레벨이 최대치에 다다랐는지 체크한다
  if(upgradeLevel < upgradeSprites.Length) {
    isUpgradable = false;
  }

  // 타워의 스탯을 올린다
```

```
    rangeRadius += 1f;
    reloadTime -= 0.5f;

    // 타워의 그래픽을 변경한다
    GetComponent<SpriteRenderer>().sprite = upgradeSprites[upgradeLevel];
}
```

스크립트를 저장하면 이것으로 일단락된다. 이 책의 후반부에서 이 함수를 수정하겠지만 지금으로선 이것으로도 충분하니 컵케이크용 프리팹을 생성하자.

프리팹을 통해 애벌구이한 컵케이크 타워

스프링클에서 했던 것과 마찬가지 방법을 컵케이크 타워에도 적용한다. Project 패널에 있는 Prefabs 폴더에서 마우스 오른쪽 버튼을 클릭하고 Create ▸ Prefab을 차례로 선택해 새로운 프리팹을 생성한다. SprinklesCupcakeTower라고 이름 짓자.

Scene 뷰에서 Graphics/towers 폴더(cupcake_tower_sheet-01 파일 내)에서 Sprinkles_Cupcake_Tower_0을 드래그 앤 드롭하자. Add Component ▸ Script ▸ CupcakeTower Script를 차례대로 선택해 오브젝트에 CupcakeTowerScript를 어태치하자. Inspector에서 보면 다음과 같다.

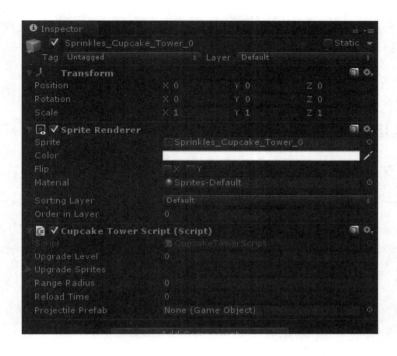

Projectile Prefab 변수에 Pink_Sprinkle_Projectile_Prefab을 할당해야 한다. 그런 다음 업그레이드용 스프라이트를 각각 할당해야 한다. Sprinkles_Cupcake_Tower_*(컵케이크 타워의 레벨을 *로 대체)는 앞에서 사용한 시트에서 가져다 쓸 수 있다. 범위 반경이나 리로드 타임과 같은 타워의 파라미터에 대해 너무 걱정하지 않아도 된다. 이후에 게임 밸런스를 유지하는 방법에 대해 알아볼 것이다. 여기까지 하면 다음과 같이 보여야 한다.

마지막 단계는 프리팹 안에 게임 오브젝트를 드래그하는 것이다. 이것으로 컵케이크 타워는 준비됐다.

■ 유니티에서 코딩하기 위한 추가 정보

진도를 계속 나가기 전에 배워둬야 할 것이 몇 가지 있다.

이 책의 후반부에서 static 변수와 상속^{inheritance}을 둘 다 사용할 것이다. 이것은 유니티보다는 C#에 연관된 주제지만 좋은 게임 프로그래머가 되기 위해서는 꼭 알아야 하는 사항이다. 지금부터 이에 관해 간략하게 설명하려 하니 C# 책을 통해 제대로 익혀두기를 권한다.

마지막은 앞서 수학 관련 주제를 다룰 때 나왔던 확률에 관한 것이며 이는 게임 개발에 있어 필수다. 확률의 기초를 알게 됐으니 유니티에서 임의의 숫자를 생성할 수 있어야 한다.

static 변수

일부 클래스(또는 컴포넌트, 유니티에서의 경우라면)에 변수가 포함돼 있다. 이 변수는 결국 Inspector에서 설정하거나 런타임에서 변경할 수 있다. 그러나 전체 클래스는 자신의 모든 인스턴스 간에 변수를 공유할 수 있다. 이러한 변수를 static 변수라고 하며 키워드인 static으로 선언된다. 일반적인 사용법은 클래스의 모든 인스턴스가 참조해야 하는 다른 컴포넌트로의 참조를 공유하는 것이다. 이 책의 후반부에서 static 변수를 사용할 때 더 구체적으로 알아볼 것이다.

상속

서로 다른 클래스가 공통된 기능을 많이 공유한다면 상속 구조를 만들 수 있다. 즉, 일반적이고 공통된 기능을 가진 부모 클래스^{parent class}를 만들고, 여기서 각각 필요한 기능을 가진 차일드 클래스^{children class}로 구현하면 된다. 피부에 와닿게 설명하기 위해 과일, 사과, 바나나 클래스를 만든다고 가정해보자. 과일은 과일이 되는 (먹을 수 있다와 같은) 모든 특성을 갖고 있기 때문에 부모 클래스가 된다. 차일드 클래스는 부모가 가지는 특징을 모두 갖고 있다(사과와 바나나는 과일이기 때문에 먹을 수 있다). 그런 다음 해당 과일의 특정 기능을 구현할 수 있다. 예를 들어 사과는 빨갛고 바나나는 노랗다. 가끔 부모 클래스는 모든 차일드 클래스들에게 물려줄 수 있는 함수(예를 들어 Eat( ))를 가질 수 있다. 차일드들이 물려받은 함수를 구현하는 방법은 abstract(추상) 메소드와 virtual(가상) 메소드로 나뉜다.

abstract 메소드는 매우 추상적이어서 부모 클래스는 구현을 제공할 수 없지만 차일드 클래스는 구현해야 한다. 반면 가상 메소드는 일반적인 기능을 제공하므로 부모 클래스에서 구현할 수 있지만 차일드 클래스는 이를 더 구체적으로 구현할 수 있도록 오버라이드^{override}할 수 있다.

7장, '컵케이크 거래 시스템과 케이크를 위한 궁극의 전투−게임 플레이 프로그래밍'에서 상속에 대해 더 자세하게 살펴볼 것이다.

유니티에서의 난수

유니티에서 난수를 생성하는 것은 비교적 쉽다. 유니티에는 Random이라는 난수를 생성하는 클래스가 있기 때문이다. 이 클래스에서 가장 많이 사용되는 함수는 최솟값과 최댓값 사이에서 난수를 생성해주는 Range( )다. 예를 보도록 하자.

```
//2와 30 사이에서 난수를 생성한다
Random.Range(2, 30);
```

Random 클래스에 관한 더 자세한 내용은 다음의 공식 문서에서 확인하기 바란다.

https://docs.unity3d.com/ScriptReference/Random.html

▌ 숙제

2장에서는 프리팹을 사용해 게임 오브젝트를 빠르게 복사하고 클론하는 방법에 대해 살펴봤다. 그러므로 3장으로 넘어가기 전에 프리팹을 사용해보는 것이 좋을 것 같아 다음을 준비했다.

이어지는 두 가지 연습은 게임을 끝까지 끝내는 데 필요하다.

1. **컵케이크 타워 무장하기(파트1)**: Graphics/Projectiles 폴더의 projectiles_sheet_01 안에는 9개의 발사체가 있는데 지금까지 우리는 Pink_Sprinkle 하나만 사용했다. 의미 있는 이름을 붙여서 나머지 8개의 프리팹을 만들어라. 모두에게 발사체 스크립트를 어태치하는 것을 잊지 마라. 나중에 게임 밸런스에 관해 다시 알아볼 예정이므로 데미지와 같이 스크립트 안에서 할당되는 값은 너무 걱정하지 마라. 하지만 올바른 Z값과 적절한 태그를 지정하는 것은 잊지 말라.

2. **컵케이크 타워 무장하기(파트2)**: Graphics/towers 폴더의 cupcake_tower_sheet-01 안에는 업그레이드 레벨이 다른 세 개의 타워가 있는데 지금까지 우리는 스프링클 컵케이크 타워만 사용해왔다. 초콜릿 컵케이크와 레몬 컵케이크 타워용 프리팹을 각각 만들어라. 이 둘에 컵케이크 타워 스크립트를 어태치하고, 각각에 맞는 발사체를 할당하고, 레벨에 따른 업그레이드용 그래픽을 할당하는 것을 잊지 마라. 다시 말하지만 범위 반경과 같은 값에 대해서는 나중에 게임 밸런스에 관해 알아볼 때 자세히 다룰 것이므로 너무 걱정하지 마라. 그러나 올바른 Z값을 할당하는 것은 잊지 말도록.

다음은 모범 사례에 익숙해지는 과정을 통해 기술을 향상시킬 수 있는 연습이다.

3. **디자이너를 위한 스크립트 포맷 지정(파트 1):** 지금까지 스크립트를 작성하면서 많은 변수를 사용했다. 이때 함수 옆에 적힌 코멘트가 함수를 이해하는 데 도움이 된다. 하지만 이러한 코멘트는 디자이너가 읽을 수 없다. 따라서 Inspector에 툴팁을 추가하는 것이 좋다. 원한다면, 툴팁용 파라미터로써 코멘트의 텍스트를 사용할 수 있다.

4. **디자이너를 위한 스크립트 포맷 지정(파트 2):** Inspector에서 스크립트 관련 부분이 나름 괜찮아 보이더라도 변수 그룹 앞에 헤딩을 추가하면 훨씬 보기 편해진다. 따라서 의미에 맞는 헤딩을 할당하고 이 헤딩에 맞게 변수를 재정렬하라.

5. **디자이너를 위한 스크립트 포맷 지정(파트 3):** 발사체 스크립트 내의 direction 변수는 컵케이크 타워 스크립트에서 변경되므로 반드시 public으로 설정한다. 하지만 Inspector에서 볼 수 없어야 한다. Inspector에서 속성을 이용해 이를 숨겨라.

6. **디자이너를 위한 스크립트 포맷 지정(파트 4):** 스크립트의 일부 변수는 숫자 입력 필드가 아닌 슬라이더로 표시하는 것이 좋다. 특히 음수를 사용할 수 없도록 지정하는 것이 좋다. 이를 위해 변수 입력을 슬라이드로 변경하고 음수 값을 입력하지 못하도록 변경하라.

7. **모범 사례(파트 1):** 컵케이크 타워 스크립트에는 UpdateLevel 변수가 있으며 이는 private이다. 그러나 그 값을 얻을 수 있도록 get 함수를 만드는 게 유용할 수 있다. 2장의 '변수' 절에서 소개한 링크를 확인한 후 그 지침에 따라 get 함수를 구현하라.

8. **모범 사례(파트 2):** 다시 컵케이크 타워 스크립트로 돌아가서, Upgrade() 함수 내에서 GetComponent() 함수는 SpriteRenderer를 얻기 위해 호출된다. 이 함수는 한 번만 호출하고 변수에 이 참조를 저장하는 것이 가장 모범적인 사용법이다. 컵케이크 타워 게임 오브젝트에 어태치된 SpriteRenderer 컴포넌트를 저장할 새 변수를 생성하라. GetComponent() 함수를 사용해 Start() 함수 내에서 해당 값을 할당하라. 그럼 다음, Upgrade() 함수에서 이 변수를 사용해 컵케이크 타

위의 그래픽을 업데이트하라.

9. **모범 사례(파트 3)**: 우리가 만들고자 하는 게임에서는 컵케이크 타워를 구분할 필요가 없기 때문에 따로 태그를 정의하지 않았지만 태그를 할당하는 것이 모범적인 사용법이다. 이렇게 해두는 이유는 나중에 게임을 확장하고 싶을 때 (예를 들어 컵케이크 타워를 피하려고 하는 적들이) 필요하게 될지도 모르기 때문이다. 따라서 새로운 컵케이크 타워 태그를 생성하고 모든 컵케이크 타워 프리팹(이 절의 첫 번째 연습에서 생성된 것을 포함해 모두 세 가지)에 할당하라.

▌ 요약

2장에서는 프리팹을 사용해 게임 오브젝트를 신속하게 복사하고 복제하는 방법을 살펴봤다. 또한 2D 오브젝트를 배치하고 Z-Buffering 메소드를 이용해 렌더링 순서를 지정하는 방법과 유니티에서 태그와 레이어를 설정하는 방법을 배웠다. 그런 다음 스크립트 몇 개를 생성, 복잡한 동작을 몇 줄의 코딩만으로 구현하는 방법을 배웠다. 유니티가 실제로 스크립트, 주요 함수와 속성, 일반적인 실행 순서를 어떻게 처리하는지에 대해서도 살펴봤다.

하지만 게임 플레이를 향상시키기 위해 2장에서 작성했던 스크립트를 나중에 개선할 것이다. 사실 2장의 목적은 스크립트에 익숙해지고 메인 로직을 정리해보는 데 있다. 따라서 개선과 조정은 이후로 남긴다.

3장에서는 UI 세계로 뛰어들어 이를 우리의 게임에 통합시키자.

03

플레이어와의 대화
– 유저 인터페이스

UI라고 줄여서 말하는 유저 인터페이스는 플레이어와 정보를 교환하는 주된 방법의 하나이기 때문에 게임에서 중요한 역할을 한다. 일반적으로 게임은 게임의 정보, 상태 또는 통계를 제공하며 플레이어는 UI를 통한 입력으로 게임과 상호작용한다.

3장에서는 UI가 게임에서 왜 중요한 역할을 맡고 있는지 그 이유와 UI를 디자인하거나 구현할 때 고려할 여러 가지 엘리먼트에 대해 설명하고자 한다. 물론 UI를 구축하는 유니티 프레임 워크에 중점을 둘 것이며, 그 사용법을 설명할 것이다.

3장 마지막 부분에서는 실제로 우리 게임 UI에 들어가는 중요한 두 가지 게임 플레이 엘리먼트를 구현함으로써 실전적인 관점에서 UI 프로그래밍을 어떻게 시작하면 좋을지 그 방법을 살펴볼 것이다. 하지만 UI 프로그래밍에 대한 자세한 내용은 게임을 더 세밀하게 조정하고 2장에서 구축한 엘리먼트를 기반으로 전체 게임 플레이를 구현하는

5장, '비밀 재료는 약간의 물리학'에서 살펴볼 예정이다.

마지막으로 UI 전용 서적을 사는 것이 좋다. 이 책을 쓰기 전에 나는 팩트출판사에서 출간된 『Unity UI Cookbook』(2015)을 집필했다. 이 책에는 바로 사용할 수 있게 준비된 완벽한 요리법 세트가 실려 있다. 또한 이 책에 언급된 모든 개념과 다른 팁, 트릭이 있다. https://www.packtpub.com/game-development/unity-ui-cookbook에서 이 책에 대한 개요를 살펴볼 수 있으며 구매도 가능하다.

3장에서는 UI를 어떻게 디자인하고 유니티에서 이를 구현하는지를 배우게 될 것이다.

- UI 디자인하기
- 각 컴포넌트를 자세하게 살펴봄으로써 UI를 구축하는 유니티 프레임워크 이해하기
- UI 요소의 조작 및 배치
- 타워 디펜스 게임을 위한 UI 디자인하기
- 우리 게임 내에 슈거 미터$^{sugar\ meter}$ 구현하기

이 책에 있는 모든 장과 마찬가지로 마지막에는 숙제가 있다. 기술을 향상시키고 다양한 기능을 게임에 구현하는 데 필요한 다양한 연습 문제가 있다. 자, 이제 UI에 대해 많은 것을 배워보자.

▌ 준비하기

2장에서 사용했던 패키지 그래픽을 사용해 UI를 구축하고자 한다. 따라서 임포트했는지, UI에 사용하기 위해 스프라이트로 이미지를 임포트했는지 확인하라.

▍유저 인터페이스 디자인

책을 읽을 때를 떠올려보자. 텍스트나 이미지는 페이지 중앙에 있고 페이지 번호는 대개 모서리에 있으며 페이지마다 연속된 번호가 매겨져 있다. 전체 과정은 매우 간단하고 번거로움이 없다. 플레이어는 게임 플레이뿐만 아니라 UI처럼 화면에 보이는 다른 요소에서도 이와 같은 경험을 기대한다. UI를 디자인할 때는 많은 것을 고려해야 한다. 예를 들어 디자인 중인 플랫폼에는 화면 크기라든가 제공되는 상호작용의 유형(터치 또는 마우스 포인터를 사용하는지?) 등의 제한 사항이 있다. 하지만 여자든 남자든 플레이어는 최종 소비자이므로 인터페이스가 그들에게 줄지도 모르는 생리학적 반응을 고려해야 한다. 실제로 명심해야 할 또 다른 사실은 어떤 사람들의 모국어로는 오른쪽에서 왼쪽으로 읽으며 UI에는 이를 반영해야 한다는 것이다.

다수의 디바이스를 위한 디자인을 할 경우 명심해야 하는 또 다른 점은 똑같은 경험을 얻을 수 있게 노력해야 한다는 것이다. 여러 애플리케이션이 멀티 플랫폼으로 사용되는 경우, 여러분은 유저에게 제공되는 한 가지 방편인 모바일 환경에 유저가 익숙해진 다음 전혀 다른 컴퓨터 버전에 로그온하는 것을 원하지는 않을 것이다. 따라서 UI를 디자인하는 동안 각 디바이스에서 어떻게 보이게 할지 정해야 한다. 모바일에서 홈 아이콘이 너무 작아 무엇인지 이해할 수 없는 것은 아닌지, 내비게이션 메뉴가 데스크톱 버전에서는 너무 큰 것은 아닌지 등을 생각해야 한다. UI가 제대로 최적화돼 있는지 확인하라. 그래야만 유저가 여러 디바이스를 바꿔가며 사용하더라도 원활하게 전환할 수 있고 디바이스에 따라 액세스하는 방법이 달라 새로이 그 방법을 파악해야 하는 사태가 벌어지지 않는다.

이 책에 있는 예제처럼, 플레이어나 애플리케이션 유저는 특정 규칙과 형식에 익숙하다. 예를 들어 집 모양 아이콘은 홈이나 메인 화면을, 이메일 아이콘은 연락처를, 오른쪽을 가리키는 화살표는 리스트의 다음 항목이나 다음 질문 등으로 계속 진행됨을 나타낸다. 따라서 쉽게 사용하고 탐색할 수 있게 하려면 디자인 과정에서 철저히 이에 따르거나 적어도 이를 염두에 두는 것이 이상적이다. 한 마디 덧붙이자면, 유저가 애플리케이션 전체를 탐색하는 방법은 매우 중요하다. 홈 화면에서 옵션으로 이동하는 길이 하나밖에 없고,

그 길이 엄청나게 많은 화면을 통과해야 한다면 전체 경험이 짜증나게 될 것이다. 따라서 경험의 각 부분을 위한 경로를 정하는 내비게이션 맵을 초기에 작성해야 한다. 특정 페이지에 도달하기 위해 유저가 여섯 개의 화면을 탐색해야 한다면 이걸 누가 얼마나 오랫동안 하겠는가?

시끄러운 소리가 사람들의 시선을 즉시 사로잡을 수 있듯이 UI 요소도 마찬가지다. 중요한 요소에 관심을 집중할 수 있도록 하자. 이때 핵심은 플레이어가 집중할 수 있도록 적은 수, 아니면 하나만의 요소를 배치하는 것이다. 이를테면 게임에서 헬스 바^{health bar}는 집중을 필요로 하는 메인 아이템으로 생각할 수 있다. 그렇다면 이것을 눈에 잘 띄는 곳에 둬야지 플레이어가 잘 보지 않는 구석에 둬서는 안 된다. 눈에 띄게 하는 한 가지 방법은 UI 요소를 배경과 대조되는 색상으로 처리하는 것이다. 배색으로 하는 것이 이상적이기는 하지만 그렇다고 주의를 산만하게 만들어서는 안 된다.

어도비 컬러^{Adobe Color}(https://color.adobe.com/) 웹사이트에서는 훌륭한 색상 구성표를 만들 수 있다. 다음 스크린샷은 이 웹사이트에서 볼 수 있는 예다.

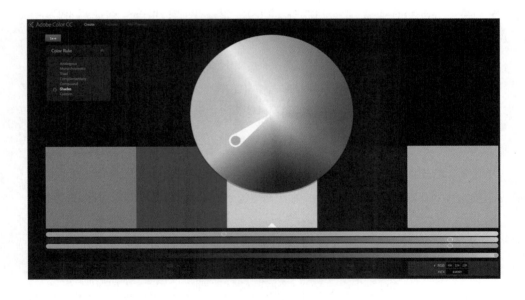

이 모든 것을 포함하되 디자인이 유저 경험에 있어 실용성을 훼손시키지 않도록 해야한다. 예를 들어 정말 아름다운 UI를 만들었지만, 이로 인해 게임하기가 정말 어려워지거나 너무 헷갈리는 일이 생길 수 있다. 특히 빠른 페이스로 진행되는 게임 플레이 중에 플레이어가 원하는 것을 찾기 위해 스무 개나 되는 온스크린 요소를 옮겨 다녀야 하는 사태를 만들고 싶지는 않을 것이다. UI를 이해하는 데 집중하기보다는 게임 플레이에 집중해서 레벨을 높여 가도록 해야 한다. 한 번에 보이는 UI 요소의 양을 제한하는 한 가지 방법은 다른 UI 요소가 있는 슬라이딩 창이나 팝업 창을 두는 것이다. 예를 들어 플레이어가 다양한 능력을 언락^{unlock}(잠금 해제)할 수 있는 옵션이 있다고 가정하자. 게임 플레이 도중에는 한 번에 하나 또는 두 가지만 사용할 수 있다면 전부 보여주는 것은 전혀 의미가 없다. 이를 위해 클릭하면 기존의 능력을 교체할 수 있는 다른 능력 모두를 보여줄 수 있는 UI 요소를 두면 UI 디자인을 최소화할 수 있다. 물론 팝업 창을 여러 개 만드는 것은 좋지 않다. 게임 내에서 세팅을 변경하는 것 자체가 퀘스트가 될 수 있기 때문이다.

UI의 많은 역할 가운데 중요한 부분 하나가 피드백이다. 피드백은 크게 두 가지로 나눌수 있다. 하나는 플레이어의 액션에 대해 응답하는 것이다. 버튼을 눌렀을 때 화면 중앙에 팝업 화면으로 무언가를 보여주거나 각 액션마다 리액션하는 등의 피드백이 이에 속한다. 다른 하나는 현재 시스템에 무슨 일이 일어나고 있는지 플레이어에게 응답하는 것이다. 경우에 따라서는 자연스러운 프로세스의 일부가 돼 굳이 플레이어에게 알리지 않고 상태 변화만 표시해도 된다. 여기에는 헬스 바와 같이 미터^{meter}가 증가/감소하는 단순한 타입이 있다. 그리고 시간에 지남에 따라 변하는 타입으로, 플레이어가 게임을 진행함에 따라 플레이어의 아바타가 변하거나 성숙해지는 것과 같은 예가 이에 속한다. 반면 그렇지 않은 경우라면 변화가 일어났거나 일어나고 있음을 플레이어에게 알려야 한다. 변경 사항을 알리는 방법 중 하나는 문제의 UI 요소에 애니메이션을 적용하는 것이다. 이때 사용되는 애니메이션은 반짝이는 효과 정도로 단순한 것이라도 괜찮다. 예를 들면 플레이어가 공격을 받을 때마다 헬스 미터^{health meter}가 빛나거나 맥박이 느려지는 효과를 넣는 것도 생각해볼 수 있다. 또 다른 방법은 사운드를 사용하는 것이다. 플레이어의 돈이 늘어날 때마다 부드러운 동전 떨어지는 소리가 나도록 하는 것이다. 오디오는 애니메이션만큼이나 효과적일 수 있지만 오디오를 기반으로 한 피드백은 놓칠 수도 있다. 가끔 있는 일인데, 플레이어가 공공장소에서 헤드폰 없이 플레이하는 경우 사운드를 무음으로 설정한다. 따라서 플레이어에게 UI에 변경이 있음을 알리는 유일한 방법으로 사운드를 사용한다면 이 점을 명심해야만 한다. 그 외에 플레이어가 하지 말아야 하는 일을 하면 경고해야 한다. 정리하자면 플레이어가 UI와 상호작용을 할 때마다 일관되고 지속적인 피드백을 줘야 한다. 그래야만 플레이어는 확신을 갖게 되고 게임에 대한 신뢰도가 높아진다. 이를 얼마나 훌륭하게 해낼지는 여러분에게 달려 있다. 다만 모든 것이 명확하고 너무 지나치지 않도록 유의하자.

이 절에서는 좋은 UI 디자인 이면에 있는 이슈를 소개하고자 한다. UI만을 다룬 서적에서 알 수 있듯이, 고려해야 할 다른 요인이 아주 많이 있다. 그 가운데 하나를 예로 들자면 현지화localization로, 이 주제를 설명하기 위해서는 한 장 전체를 쓸 수 있을 정도로 다뤄야 할 내용이 많다(8장, '케이크 너머에는 무엇이 있는가?'에서 현지화에 대해 간략하게 소개하고 있다).

진도를 나가기 전에 UI에 관한 전문 용어를 짚고 가는 것이 좋겠다. 유니티 공식 문서에도 나와 있기 때문이다. 일부 UI는 화면에 고정돼 있지 않지만, 게임 환경 내에 물리적 공간을 차지한다. 일부 디자이너는 이러한 UI를 디에제틱 UI[diegetic UI][1]이라 하고, 이에 반대되는 클래식한 인터페이스를 논디에제틱 UI[non-diegetic UI]라고 부른다. 이는 다른 학문 분야에서 빌린 용어이기 때문에 UI 분야에서 만장일치로 사용되고 있는 것은 아니다. 사실 약간의 혼란을 일으킬 수도 있다. 역사적인 배경을 조금 더 말하자면 이 용어는 diegesis라는 단어에서 유래됐다. 메리엄-웹스터 사전에는 이 단어가 다음과 같이 정의돼 있다.

---

1   플레이어에게 완벽한 몰입감을 주기 위해 UI를 게임 안에서 캐릭터가 직접 보고 듣는 것에 녹여낸 UI로, 국내에서는 몰입형 UI라고도 한다. 디에제틱 UI와 논디에제틱 UI에 관한 상세한 내용은 http://www.gamasutra.com/blogs/AnthonyStonehouse/20140227/211823/User_interface_design_in_video_games.php를 참조하기 바란다. – 옮긴이

"등장인물 간의 대화나 그들의 생각 등에 주석을 달고 줄거리 내 사건을 요약하는 해설자가 들려주는 이야기."

디에제틱 인터페이스 또는 간단하게 표현해 게임 내에 배치된 UI의 예를 들면, 〈데드 스페이스^{Dead Space}〉, 〈EA 레드우드 쇼어스^{EA Redwood Shores}〉, 현재 〈비서럴 게임즈^{Visceral Games}〉 미니맵을 들 수 있다. 다음 스크린샷을 참조하기 바란다.

▌ 유저 인터페이스 프로그래밍

이전 절에서 봤듯이 UI 디자인은 쉽지 않은 경험이 필요한 작업이다. 특히 플레이어의 심리처럼 여러분이 고려해야 하는 모든 요소를 생각한다면 더욱 그렇다. 그러나 이것은 절반에 지나지 않는다. 실제로 디자인하는 것과 이를 구현하는 것은 또 다른 문제다. 일반적으로 규모가 큰 팀은 UI를 디자인하는 아티스트와 이를 구현하는 프로그래머가 있다.

UI 프로그래밍은 뭔가 다른가? 흠, 이 질문에 대한 대답은 "아니오"이며 프로그래밍은 어디까지나 프로그래밍이다. 하지만 프로그래밍 분야 중 하나인 UI 프로그래밍은 매우 흥미로운 것이다. 게임 엔진을 처음부터 구축할 경우 입력을 처리하는 전체 시스템을 구현하는 것은 몇 시간 작업으로 완성될 수 있는 것이 아니다. 플레이어가 게임과 UI에서 행하는 모든 이벤트를 캐치하는 것은 쉬운 일이 아니며 많은 연습을 통해서만 가능한 일이다. 다행스럽게도 유니티에서는 이러한 UI용 백엔드^{backend}의 대부분이 이미 완성돼있다. 다음 절에서 살펴보겠지만 유니티는 UI용 프론트엔드^{frontend} 역시 작업할 수 있는 견고한 프레임워크를 제공하고 있다. 이 프레임워크에는 프로그래밍에 대해 전혀 모르더라도 쉽게 사용할 수 있는 다양한 컴포넌트가 포함돼 있다. 그러나 UI를 위한 유니티 프레임워크가 가진 잠재력을 정말 알고 싶다면 프레임워크를 이해해야 할 뿐만 아니라 그 안에서 프로그래밍도 할 수 있어야 한다.

유니티 내에서의 프레임워크와 같은 견고한 프레임워크를 사용할지라도 UI 프로그래밍 시 염두에 두어야 하는 요인이 여전히 많다. 큰 팀에서 이를 위한 역할 분담을 해야 할 정도로 말이다. 디자이너의 머릿속에 있는 것을 가능한 한 퍼포먼스를 떨어뜨리지 않고 정확하게 달성하는 것은 (적어도 유니티를 사용하는) UI 프로그래머가 해야 할 일 중 대부분을 차지한다.

이러한 기술을 마스터하기 위해서는 많은 시간과 인내가 필요하다. 따라서 3장에서 다루는 것은 그저 이 분야에 대한 소개 정도라고 여기고 가벼운 마음으로 읽어주길 바란다.

▌ 유저 인터페이스 시스템

자, 이제 UI를 디자인하는 방법에 대한 기본 지식을 얻었으니 유니티가 이 모든 것을 어떻게 처리하는지 배워야 할 차례다. 유니티 4.6부터 UI라 불리는 전용 UI 시스템을 사용할 수 있게 됐다. 이 절에서는 이 시스템이 어떻게 작동하는지 이해하는 것을 목표로 한다.

 버전 4.6 이전 유니티는 어땠는지 언급할 필요가 있을 듯하다. 그때는 GUI라고 불리는 오래된 시스템을 사용했다. 근래에 유니티 개발자는 이 시스템을 완전히 버리지 않고 살짝 변경해 IMGUI(Immediate Mode GUI)라는 이름으로 바꿨다. 공식 문서에서 볼 수 있듯이 IMGUI는 게임에 사용하기 위한 것이 아니라 프로그래머가 신속하게 디버깅하기 위한 것이다. 또한 스크립트로 유니티를 확장할 때 창(windows)이나 커스텀 인스펙터(custom Inspector) 등을 생성하는 데도 사용된다. 이 주제는 이 책에서 다루고자 하는 범위를 벗어나므로 따로 언급하지 않지만 더 많은 것을 알고 싶다면 공식 문서 https://docs.unity3d.com/Manual/ExtendingTheEditor.html을 읽어보기 바란다.

비디오 튜토리얼은 https://unity3d.com/learn/tutorials/topics/interface-essentials/building-custom-inspector?playlist=17090에 있다.

어쩌면 이 절이 백과사전같다는 느낌을 줄지도 모르겠다. 아니, 이 절을 필요한 UI 요소를 빠르게 찾기 위한 레퍼런스로 사용해도 좋다. 그러니 이미 유니티 UI에 대해 알고 있는 부분이 있다면 건너뛰어도 괜찮다.

게다가 이 절은 처음에는 근본적인 것에서 시작해 점진적으로 더 복잡한 주제를 다루면서 마지막에 이 책의 범위를 벗어나면 끝나는 방식으로 구성돼 있다. 사실 우리는 정말 세밀한 튜닝이나 특정한 이펙트를 만드는 것을 논할 수준에 도달했다. 이 절은 그것이 어떻게 작동하는지에 대한 아이디어를 제공할 것이며, 특히 공식 문서를 통해 여러분의 지식을 더욱 확장할 수 있는 토대를 마련해줄 것이다.

캔버스

캔버스Canvas의 실체가 무엇인지 궁금할 수 있으니 배경 정보부터 시작해보겠다. 메리엄-웹스터 사전은 캔버스를 다음과 같이 설명한다.

"의류용으로 사용되는 린넨, 삼베 또는 면을 치밀하게 짠 천으로, 예전에는 텐트
와 돛용으로 많이 사용됐다."

그러나 유니티에서 의미하는 바에 가까운 정의는 다음과 같을 것이다. 이 역시 메리엄-
웹스터 사전을 인용한다.

"그림을 그리기 위한 표면으로 틀에 끼워져 있거나 덧대진 천; 또한 그런 표면에
그린 그림."

컴퓨터 그래픽에서 말하는 캔버스는 이와는 약간 다르며 위키피디아^{Wikipedia}에 정의된 내
용은 다음과 같다.

"컴퓨터 과학과 시각화에서 말하는 캔버스는 다양한 그리기 요소^{elements}(선, 도형,
텍스트, 다른 요소를 포함하는 프레임 등)를 지닌 하나의 컨테이너다. 비주얼 아트에
서 사용하는 용어인 캔버스에서 그 이름이 유래됐다. 유저 인터페이스나 그래픽
씬의 논리적 표현을 배열한 것이기에 씬 그래프$^{scene graph}$라고도 한다. 일부 구현
은 공간 표현을 정의하고 유저가 그래픽 유저 인터페이스를 통해 요소와 상호작
용할 수 있게 한다."

유니티에서 캔버스는 UI 시스템의 중요한 컴포넌트다. 유니티에서 UI는 씬에 속한 다른
부분들과는 다른 방식으로 렌더링되기 때문에 씬 안에서 어느 요소가 UI에 속해 있는지
를 지정해야 한다. 특히 모든 UI 요소는 캔버스 컴포넌트가 첨부된 게임 오브젝트인 캔
버스의 차일드^{children}이어야 한다. **Hierarchy** 패널을 마우스 우클릭한 후 **UI › Canvas**를
차례대로 선택하면 캔버스를 생성할 수 있다.

이렇게 하면 작업 중인 씬에 오브젝트 두 개가 다음과 같이 생성된 것을 확인할 수 있다.

뜬금없이 나타난 **EventSystem**은 나중에 다루기로 하고 일단은 캔버스에 집중하도록
하자.

이미지와 같은 새로운 **UI** 요소를 생성하기 위해 예를 들어 **Hierarchy**에서 마우스 우클릭
한 후 **UI › Image**를 차례대로 선택하면 씬에 아직 **Canvas**가 없는 경우 캔버스가 (그리고
EventSystem 역시) 자동으로 만들어진다. 이때 **UI** 요소는 이 캔버스의 차일드로서 생성
된다.

씬에서 캔버스는 하얀색 직사각형으로 표시된다. 게임 뷰에서 앞뒤로 전환하지 않고도
UI를 편집할 수 있게 된다.

예를 들어 3D 게임 작업할 때처럼 Scene 뷰가 2D로 설정돼 있지 않은 경우, 캔버스는
다음 스크린샷처럼 뒤틀려 보인다.

UI는 정투영법^{orthographic}으로 렌더링되기 때문에 UI 작업을 할 때는 경험적으로 볼 때 이하의 그림과 같이 (1장, '유니티의 평면 월드'에서 배운대로) **Scene** 뷰를 2D로 전환해 사용하는 것이 좋다.

이 캔버스를 선택하고 Inspector를 보면 다음과 같이 보일 것이다.

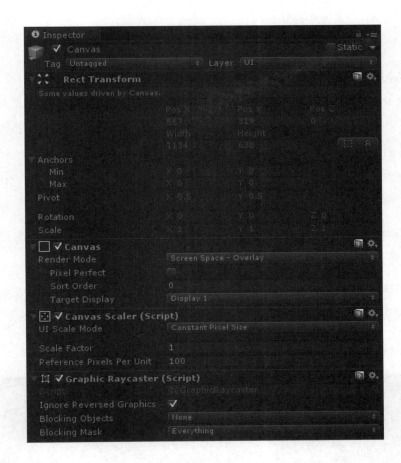

여기서 중요한 설정은 UI를 사용하는 방법을 지정할 수 있는 **Render Mode**다. 옵션을 하나씩 살펴보자.

Scene Space – Overlay

가장 많이 사용되는 Render Mode다. 많은 게임에서 볼 수 있듯이 UI 요소를 씬의 맨 위에 렌더링해 화면에 배치한다. 즉, UI 요소는 완벽하게 정투영법으로 렌더링된다.

게다가 화면 해상도나 크기가 변경되면 자동으로 캔버스 크기가 새 비율에 맞게 변경된다.

Scene Space – Camera

이 Render Mode는 특정 카메라에 링크돼 있으며 UI는 이 카메라에서 바라본 대로 렌더링된다. 즉, 캔버스는 선택한 카메라 앞의 지정된 거리에 배치된다. 이렇게 하면 UI 요소는 모든 카메라 파라미터 및 효과의 영향을 받게 된다. Camera가 Perspective(원근법)로 설정돼 있는 경우, UI 요소는 원근 왜곡의 영향을 받게 되고, 원근 왜곡의 양은 카메라의 Field of View에서 제어할 수 있다.

Scene Space–Overlay와 마찬가지로, 해상도 변경뿐만 아니라 카메라 프러스텀frustum(절두체)이 변경된 경우 캔버스의 크기는 자동 조정된다.

카메라 프러스텀이 뭔지 궁금하면 다음의 노트를 읽어보라. 카메라를 선택하면 다음 스크린샷처럼 꼭대기가 잘린 피라미드(카메라가 perspective 모드인 경우에는 이렇게 보이지만, 아닌 경우는 평행사변형 모양)같은 것이 보인다.

이것이 카메라 프러스텀이며 이 안에 있는 모든 것은 카메라에 의해 렌더링된다. 카메라에서 더 가까운 평면을 near clipping plane, 더 멀리 있는 평면을 far clipping plane이라 한다.

원근법으로 설정된 카메라가 이런 모양을 갖는 이유를 이해하는 건 어렵지 않지만 이 책의 범위를 벗어난다. 그래도 이와 관련된 이해하기 쉽고 흥미로운 자료가 담긴 웹 페이지 링크를 여기에 공유하겠다. https://docs.unity3d.com/Manual/Understanding Frustum.html과 https://docs.unity3d.com/Manual/FrustumSizeAtDistance.html

World space

이 Render Mode에서 캔버스는 씬에 있는 다른 게임 오브젝트처럼 동작한다. 이것은 캔버스가 월드에서 특정 위치에 놓여 있음을 의미한다(월드 스페이스에 위치하기 때문에 이름도 월드 스페이스다). 그렇기 때문에 UI는 씬에 있는 다른 오브젝트로 가려지기도 한다. 캔버스의 크기는 Rect Transform 컴포넌트(몇 페이지 뒤에 자세한 내용이 나온다)를 이용해 수동으로 설정한다. 이 모드는 UI가 월드의 일부분이 되는 경우에 유용하다. 앞서 언급했듯이, 이것을 디에제틱 인터페이스$^{diegetic\ interface}$라고도 한다.

UI 요소의 드로잉 순서

다음 단락에서 보겠지만 UI 요소는 화면에 렌더링되는 이미지 또는 텍스트다. 그런데 이 두 컴포넌트가 겹치는 경우 어떻게 될까? 이런 경우를 위한 순서가 있다. 캔버스의 UI 요소는 하이어라키^{hierarchy}에 나타나는 순서대로 그려진다. 즉, 첫 번째 차일드^{child}가 먼저 그려지고, 그 다음에 두 번째 차일드, 이런 식으로 쭉 이어서 그려진다. 정리하면 두 개의 UI 요소가 겹치면 하이어라키 순서상 뒤에 오는 요소가 이전 요소 위에 나타난다.

이 순서를 변경하고 싶다면 Hierarchy에서 해당 요소를 드래그해서 재정렬하기만 하면 된다.

이해를 돕기 위해 다음 스크린샷을 준비했다. 이는 두 개의 이미지가 있는 두 가지 경우를 보여주고 있으며, 편의상 각 Hierarchy 패널을 이미지 옆에 두었다.

레몬 컵케이크가 캔버스의 마지막 차일드이기 때문에 초콜릿 컵케이크 위로 렌더링된다.

순서는 Transform 컴포넌트에서 다음 메소드로 스크립트해 제어할 수도 있다.

- SetAsFirstSibling( ): 게임 오브젝트는 그 부모의 첫 번째 차일드로 배치된다. 이 게임 오브젝트는 (형제들과의 관계를 고려해서) 첫 번째로 렌더링되므로 맨 뒤로 가게 된다(다른 UI 요소가 전부 이 위로 오게 된다).
- SetAsLastSibling( ): 게임 오브젝트는 그 부모의 마지막 차일드로 배치된다. 이 게임 오브젝트는 (형제들과의 관계를 고려해서) 마지막에 렌더링되므로 맨 앞으로 온다(다른 UI 요소는 전부 이 뒤로 가게 된다).
- SetSiblingIndex( ): 게임 오브젝트를 특정 순서^{index}에 따른 위치에 배치한다. 이 게임 오브젝트가 렌더링 하이어라키의 몇 번째에 놓일지 정할 수 있다.

비주얼 컴포넌트

유니티 UI에는 미리 만들어진 여러 가지 컴포넌트가 있다. 가장 일반적으로 사용되는 비주얼 컴포넌트^{Visual Component}는 커스텀 콘텐츠를 화면에 렌더링한다.

이미지 컴포넌트

이름에서 알 수 있듯이, 이미지 컴포넌트^{Image component}는 화면에 이미지를 렌더링한다. 렌더링하고자 하는 이미지를 Source Image로 지정해줘야 한다. 다음 스크린샷은 이에 대한 예다.

 스프라이트에 관해서는 우리 프로젝트의 UI에 사용할 이미지 에셋은 반드시 Sprite(2D and UI)로 설정해야 한다. 1장, '유니티의 평면 월드'에서 설명한 것을 참조하라.

그런 다음 스프라이트의 승수^{multiplier}인 컬러를 조정하고, 필요하다면 머티리얼^{material}을 할당할 수 있다.

Source Image가 일단 설정되면 Image Type을 선택해 스프라이트의 표시 방법을 정의할 수 있다. 옵션은 다음과 같다.

- Simple: 이미지나 스프라이트를 똑같이 스케일한다.

- **Sliced**: 스프라이트가 (1장, '유니티의 평면 월드'에서 설명했듯이) 9−슬라이싱으로로 분할된 경우, 이미지의 9개 부분이 각각 다르게 스케일된다.
- **Tiled**: Sliced와 비슷하지만 9−슬라이싱의 중앙 부분은 늘어나지 않고 바둑판처럼 배열된다.
- **Filled**: Simple과 비슷하지만 이미지 일부가 채워지는 것처럼 표시할 수 있다. Fill Origin, Fill Method, Fill Amount 등의 파라미터로 제어할 수 있다. 3장 후반부에서 이 기능을 사용할 것이며 비디오 게임에서 게이지와 같은 바^{bars}를 만드는 데 정말 유용하다.

ⓘ 《킹덤 하츠(Kingdom Hearts)》 스타일의 헬스 바와 같은 첨단을 걷는 바를 만들고 싶다면 이전에 언급한 팩트출판사의 『Unity UI Cookbook』(2015), 2장 끝부분 '카운터 및 헬스 바'를 참고하기 바란다.

이미지 옵션이 Simple 혹은 Filled인 경우, Set Native Size 버튼이 활성화되고, 이미지의 원본 크기 그대로를 표시하게 된다. 이는 새로운 Source Image를 할당할 경우 매우 유용하며, 이 버튼을 사용해 UI를 적당한 크기로 스케일하기 전에 원래 비율로 복원할 수 있다.

텍스트 컴포넌트

텍스트 컴포넌트는 이름에서 알 수 있듯이, 화면에 원하는 텍스트를 렌더링한다. UI 컴포넌트에 레이블을 부여하는 데 많이 사용되므로 일부 서적에서는 레이블이라고 칭하기도 한다. 다음 스크린샷은 그 예다.

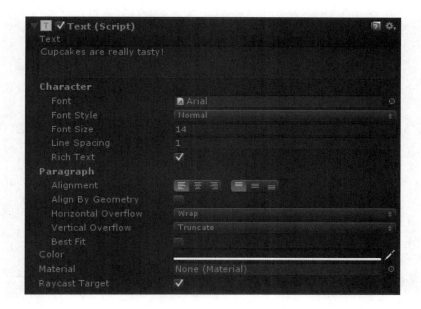

여기에는 Rect Tool(다음 단락을 참고할 것)을 사용해 확장할 수 있는 텍스트 영역이 있다. 컴포넌트 안에서 폰트, 폰트 스타일, 폰트 사이즈와 같은 기본적인 Text 변환을 위한 모든 것이 포함돼 있다. 또한 리치 텍스트[rich text] 기능의 사용 가능 여부를 설정할 수 있다. 디폴트 설정은 이네이블[enable]로 돼 있다.

리치 텍스트 기능이 궁금한 분은 이 부분을 계속 읽기 바란다. 리치 텍스트 기능을 사용하면 일부 HTML 태그를 텍스트 안에 배치해 텍스트의 특정 부분만 변경할 수 있다. 쉽게 설명하면 한 단어의 색상을 변경하거나 텍스트 스타일을 이탤릭체로 변경할 수 있다. 예를 들어 Text 영역에 "이 책은 정말 놀랍습니다"라고 적을 수 있지만, 텍스트 컴포넌트 안에서는 "이 책은 〈b〉정말〈/b〉 놀랍습니다"라고 쓸 수 있다.

HTML 태그이기 때문에 변경 사항을 적용할 텍스트의 시작 부분과 끝부분에 배치해야 한다. 유니티에서 지원하는 주요 태그는 다음과 같다.

\<b\>이 태그 사이에 있는 텍스트는 볼드(bold)로 처리된다\</b\>

\<i\>이 태그 사이에 있는 텍스트는 이탤릭체(Italic)로 처리된다\</i\>

\<size=50\>이 태그 사이에 있는 텍스트는 폰트 사이즈가 50으로 지정되며 마음대로 숫자를 조정할 수 있다\</size\>

\<color= #rrggbbaa\>이 태그 사이에 있는 텍스트는 앞에 지정한 헥스 컬러(hex color)로 처리된다\</color\>

헥스 컬러는 컬러를 16진법으로 나타낸 것이다(그래서 숫자 이외에 문자도 포함된다). 위키피디아에 더 자세한 설명이 있으니 참고하길 바란다. https://en.wikipedia.org/wiki/Web_colors

하지만 헥스 컬러를 쓰기 위해 위키피디아에 있는 모든 이론을 알 필요는 없다. 실제로 특정 색상의 16진수를 제공하는 컬러 픽커(color pickers)가 온라인상에 아주 많기 때문에 그 안에서 색상 코드만 복사해서 유니티에 있는 텍스트에 붙여 넣기만 하면 된다. 그리고 유니티에는 미리 세팅된(presets) 컬러가 있기 때문에 반드시 헥스 컬러 코드를 쓰지 않아도 된다. 〈color=red〉단어〈/color〉라고 쓰면 빨간색의 헥스 코드를 쓰지 않고도 '단어'는 빨간색으로 표시된다. 여기 끝에 적힌 링크를 클릭하면 모든 컬러 숏컷 리스트가 있다. 물론 https://www.w3schools.com/colors/colors_picker.asp 또는 http://htmlcolorcodes.com/과 같은 온라인상의 툴을 사용해서 헥스 컬러를 선택할 수도 있다.

material과 quad라는 특별한 태그도 있는데, 이건 정말 특별한 경우에만 사용된다. 더 자세한 내용은 마지막에 있는 링크를 살펴보기 바란다.

지금까지 말한 태그들의 정말 멋진 기능은 네스트(nest)할 수 있다는 것이다. 즉, 동시에 여러 개를 한꺼번에 사용할 수 있다. 예를 들자면 텍스트 일부를 파란색, 볼드, 이탤릭체로 쓸 수 있다. 하지만 태그를 닫을 때 순서를 거꾸로 해서 닫지 않으면 소용이 없다.

더 자세한 내용을 알고 싶다면 다음 링크를 참조하기 바란다.

https://docs.unity3d.com/Manual/StyledText.html

텍스트의 정렬을 변경하는 옵션뿐만 아니라 테스트가 텍스트 영역보다 클 때 발생하는 수직 및 수평 오버플로우^{overflow}에 대한 옵션도 있다. Best Fit 옵션은 텍스트 영역의 사용 가능한 공간에 맞게 텍스트 크기를 조정한다.

기본 변환

지금까지 기본적인 UI 요소를 살펴봤다. 이들을 배치하고 조작하려면 어떻게 해야 할까? 다음 절에서 변환을 적용하기 위한 다양한 방법을 배워보자.

Rect Tool

UI 요소는 스프라이트와 (둘 다 2D라는 점에서) 비슷하기 때문에 Rect Tool을 사용해서 조작하는 것이 가장 빠른 방법이다.

간단하게 요약하면 Rect Tool은 유니티 Editor의 왼쪽 상단, 다음 스크린샷에서 오른쪽 맨 마지막에 있다.

스프라이트나 UI 요소 주위에 직사각형 테두리가 나타나고 다음과 같은 방법으로 변환할 수 있다.

- 직사각형 안을 클릭해 드래그하면 다음 스크린샷과 같이 오브젝트를 이동할 수 있다(학습을 위해 이미지 컴포넌트에 맛있는 컵케이크를 사용했다).

- 피벗 포인트인 가운데 있는 파란색 점을 클릭하면 그 위치를 변경할 수 있다(이 책에서는 피벗 포인트를 옮길 필요가 없기 때문에 하지 않을 것이다).

- 다음 스크린샷에서 볼 수 있듯이, 가장자리를 클릭해 드래그하면 그 방향을 따라 스케일할 수 있다.

- 코너를 클릭해 드래그하면 양쪽 방향으로 자유롭게 스케일할 수 있다. 또한 시프트^{Shift} 키를 누른 상태에서 드래그하면 일정한 간격으로 스케일할 수 있다. 즉, 오브젝트의 비율을 그대로 유지하면서 x, y축 모두 같은 양만큼 크기가 증가한다.

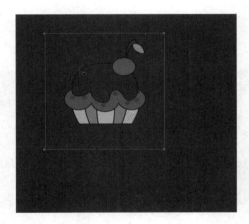

- 마지막으로 직사각형 바깥쪽 코너 옆에 커서를 놓으면 작은 회전 아이콘이 나타난다. 클릭하고 드래그하면 피벗 포인트를 중심으로 오브젝트를 회전할 수 있다.

자, 여기까지가 Rect Tool에 관한 모든 것이다.

Rect Transform

유니티가 스프라이트와 UI 요소를 처리하는 방법에는 큰 차이가 있다. 사실 스프라이트는 위치, 회전, 스케일을 나타내는 데 사용되는 일반적인 Transform 컴포넌트가 있다. UI 요소에는 그 대신 Rect Transform(2D 레이아웃 대응물[counterpart])이 있다. Rect Transform은 일반적인 Transform 컴포넌트의 기능은 물론 훨씬 더 복잡하고 더 많은 정보를 저장한다. 실제로 Transform은 공간상에서 단일 점[single point]을 나타내는 데 반해 Rect Transform은 UI 요소를 배치할 수 있는 직사각형을 나타낸다. 이에 대한 예가 다음 스크린샷이다.

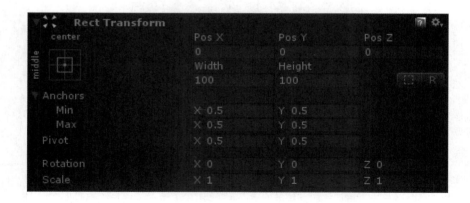

게다가 Rect Transform의 부모parent 역시 Rect Transform인 경우, 차일드 Rect Transform은 부모 사각형을 기준으로 그 위치 및 크기를 지정할 수도 있다. 이러한 계층적 구조 hierarchical structure는 Rect Transform을 매우 강력하게 만든다. 특히 여러 해상도를 지원해야 하는 디자인을 할 때 큰 도움이 된다.

Rect Transform은 리사이징resizing에도 사용될 수 있다. 연산 자체는 일반적인 스케일링과 비슷하지만 차이점은 로컬 스케일은 변경하지 않은 채 width와 height만을 변경하는 것이다. 그 결과, 일반적인 스케일링과 달리 폰트 크기, 잘린 이미지의 경계선border 등은 리사이징의 영향을 받지 않는다.

2D 스프라이트와 마찬가지로 Rect Transform도 UI 요소의 피벗 포인트를 중심으로 스케일링, 회전, 리사이징된다. 피벗 포인트도 변경할 수 있으며, UI 요소 안의 피벗 포인트(파란색 작은 원)를 드래그해 Scene 뷰 내에서 직접 변경할 수 있다.

Rect Transform에 있어 가장 중요한 개념 중 하나는 앵커Anchors다. 앵커는 캔버스와 그 부모에 대한 UI 요소의 관계를 지정한다. 앵커는 네 개의 작은 삼각형 핸들로 Scene 뷰에 표시되고, 앵커의 정보는 Inspector의 Rect Transform 컴포넌트에 표시된다.

앵커를 설명하는 가장 간단한 방법은 동영상이나 애니메이션된 gif에서 그 효과를 직접 보면서 설명하는 것이다. 하지만 안타깝게도 책에 개념을 바로 이해할 수 있는 애니메이션 미디어를 넣을 수 없기 때문에 이해하기 어려운 앵커에 대한 복잡한 설명으로 시간을 낭비하는 대신 공식 문서에 있는 앵커 섹션의 링크로 대신하겠다. https://docs. unity3d.com/Manual/UIBasicLayout.html을 다 보고 올 때까지 여기서 기다릴 테니 걱정 말고 다녀오길.

애니메이션된 gif나 웹 페이지를 다 보고 왔다면 다음 스크린샷과 같은 앵커 프리셋Anchor presets도 봤을 것이다.

이 앵커 프리셋은 UI 요소를 빠르고 정확하게 고정할 수 있도록 하는 유용한 숏컷이다. 물론 앞으로 필요할 때마다 게임에서 이 환경 설정을 수동으로 변경하게끔 할 것이다.

레이아웃 컴포넌트

이전 절에서는 UI 요소를 화면에 배치하는 방법을 살펴봤다. 그러나 때에 따라서는 특정 기준하에 자동으로 화면에 배치하는 것이 유용하기도 하다. 특히 UI 요소의 수를 선험적으로 알 수 없고 런타임으로 변경하는 경우 큰 도움이 된다. 직접 스크립트를 짤 수도 있지만 유니티에는 기본 레이아웃 배치를 위한 일련의 레이아웃 컴포넌트가 준비돼 있다.

자동 레이아웃 시스템auto-layout system은 레이아웃 엘리먼트Layout Element와 레이아웃 컨트롤러Layout Controller라는 서로 다른 엘리먼트로 구성된다. 레이아웃 엘리먼트를 이해하기 위해 정리해서 말하자면, 레이아웃 엘리먼트는 Rect Transform이나 궁극적으로는 임의의 다른 컴포넌트도 가지고 있는 게임 오브젝트다. 레이아웃 엘리먼트는 자신이 어떤 크기를 가져야 하는지 정확하게 파악하고 있지만, 자신의 크기를 직접 설정할 수 없다. 이와는 달리, 레이아웃 컨트롤러는 하나 이상의 레이아웃 엘리먼트의 크기와 위치를 제어하는 컴포넌트다. 레이아웃 컨트롤러는 자신의 레이아웃 엘리먼트(그 자체에 연결돼 있는 같은 게임 오브젝트)와 차일드 레이아웃 엘리먼트를 제어할 수 있다.

 레이아웃 컨트롤러는 Rect Transform을 이전 상태로 복원하기 어려운 방식으로 변경한다. 따라서 레이아웃 컨트롤러를 추가하거나 수정하기 전에 플레이 모드에 있는지 확인해야 한다. 그래야 UI에서 원치 않는 레이아웃 변경이 발생하지 않게 변경할 수 있다. 원하는 바에 맞는 값을 찾다가 변경 사항이 마음에 들면 플레이 모드를 중지하고 그 값을 넣어라.

레이아웃 컨트롤러는 피터와 레이아웃 그룹^{layout groups}으로 나뉜다.

피터

피터^{Fitter}는 자신의 레이아웃 엘리먼트의 사이즈만 제어한다. 이전 절에서 설명한 것처럼 UI 요소의 리사이징은 피벗 포인트를 중심으로 일어남을 명심하기 바란다. 따라서 UI 요소를 정렬하는 데도 사용할 수 있다. 예를 들어 피벗이 한가운데 있으면 엘리먼트가 모든 방향으로 균등하게 스케일되고, 반대로 왼쪽 위처럼 한쪽 코너에 있으면 엘리먼트가 오른쪽 아래로 스케일된다. 그 외 모든 위치는 엘리먼트가 스케일되는 네 방향에 따라 서로 다른 가중치가 부여된다.

더 자세히 피터 컨트롤러를 살펴보자.

- **Content Size Fitter**: 자신의 레이아웃 엘리먼트의 사이즈를 제어한다. 사이즈는 게임 오브젝트의 레이아웃 엘리먼트 컴포넌트가 제공하는 Minimum 또는 Preferred 사이즈로 결정된다. 이미지 또는 텍스트 컴포넌트, 레이아웃 그룹 혹은 레이아웃 엘리먼트 컴포넌트가 이러한 레이아웃 엘리먼트가 될 수 있다.

- **Aspect Ratio Fitter**: height를 width에 맞게, 혹은 그 반대로 조정할 수 있다. 엘리먼트를 그 부모, 또는 부모의 envelope 안쪽에 맞출 수 있다. Aspect Ratio Fitter는 Minimum 또는 Peferred 사이즈와 같은 레이아웃 정보를 고려하지 않는다.

레이아웃 그룹

레이아웃 그룹[layout groups]은 차일드의 레이아웃 엘리먼트를 제어하고 자신은 관리하지 않는다. UI 요소를 순서대로 배치하는 데 사용된다. 차일드 간의 간격을 제어하고 Preferred height 및/또는 width를 정의하기 위한 다양한 옵션이 있다. 그 외에도 차일드를 사용 가능한 공간에 맞게 강제로 확장하거나 그들이 사용 가능한 공간보다 클 때 어떻게 할지 결정할 수 있는 등의 옵션이 있다. 레이아웃 그룹은 다음과 같다.

- **Vertical Layout Group**: 수직축을 따라 차일드를 위로 쌓아 올리며 배치할 수 있다.

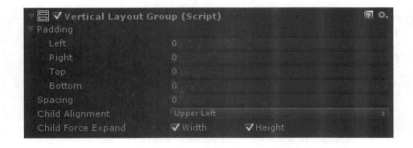

- Horizontal Layout Group: 가로축을 따라 차일드를 서로의 옆으로 배치할 수 있다.

- Grid Layout Group: 차일드를 격자 모양으로, 가로 및 세로로 배치할 수 있다.

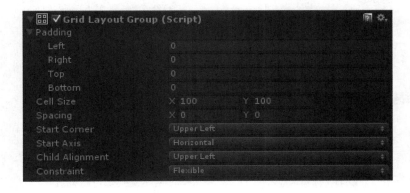

레이아웃 엘리먼트 컴포넌트

레이아웃 컴포넌트에는 컴포넌트가 하나 더 있는데, 바로 레이아웃 엘리먼트 컴포넌트 Layout element component다. 이름에서 알 수 있듯이 이는 컨트롤러가 아니지만 Rect Transform에서 레이아웃 엘리먼트 세팅을 변경할 수 있게 해준다. 사실 레이아웃 엘리먼트에 배치하면 높이와 너비 둘 다의 minimum, preferred 및 flexible과 같은 설정을 덮어쓸 수 있다. 게다가 컨트롤러를 Ignore(무시)할 수 있는 플래그가 있다. 그리드 레이아웃 컴포넌트 안에 레이블이 있고, 이 레이블을 다른 모든 엘리먼트와 함께 격자 모양으로 쌓는 것이 아니라 이 그리드가 무엇인지 정의하는 레이블로써 맨 위에 놓고 싶다고 가정해보자. 이 경우 컨트롤러를 무시하면 레이블을 그리드 바깥에 배치하기가 쉬워진다. 그럼에도 그리드의 차일드이기 때문에 매번 레이블을 바꾸지 않고 하나의 고유한 블록으로써 이동할 수 있다.

이 컴포넌트는 이하의 그림처럼 생겼다.

인터랙션 컴포넌트

유니티 UI에는 비주얼 컴포넌트 섹션에서 볼 수 있는 것보다 훨씬 강력한 미리 만들어진 컴포넌트가 있다. 사실 유저가 상호작용할 수 있는 컴포넌트가 많다. 이러한 상호작용은 마우스 또는 터치/탭 이벤트는 물론 키보드나 컨트롤러 이벤트일 수 있다.

하지만 이 컴포넌트 혼자서는 눈에 보이지 않기 때문에 제대로 작동하려면 하나 이상의 비주얼 컴포넌트와 결합해야 한다.

셀렉터블 베이스 클래스

하나의 인터랙션 컴포넌트가 어떻게 작동하는지 알아보기 전에 모든 인터랙션 컴포넌트 간에 공유되는 기본 설정을 이해해야 한다. 특히 이 설정은 트랜지션transition과 내비게이션navigation 옵션이 있는 셀렉터블 베이스 클래스Selectable Base Class에서 파생된다.

인터랙터블 옵션

인터랙터블 옵션[Interactable option]은 인터랙션 컴포넌트의 상호작용 가능 여부를 결정하는 하나의 플래그다. 이 옵션을 체크하면 인터랙션 컴포넌트가 디세이블[Disable] 상태가 된다(다음 절 참조).

트랜지션 옵션

일반적으로 인터랙션 컴포넌트는 플레이어에게 어떤 식으로든 피드백을 보내야 한다. 그래야 플레이어가 해당 액션이 수행됐는지를 알 수 있다.

유니티에서 구현하는 인터랙션 컴포넌트 상태는 다음과 같이 네 가지가 있다.

- Normal: 인터랙션 컴포넌트를 건드리지 않은 경우
- Highlighted: 포인터가 인터랙션 컴포넌트에 있지만 클릭(터치스크린의 경우 터치/탭)이 아직 수행되지 않은 경우
- Pressed: 인터랙션 컴포넌트에 클릭(또는 터치/탭)이 발생한 경우
- Disable: 인터랙션 컴포넌트가 인터랙터블[interactable]이 아닌 경우

상태에 따라 트랜지션이 네 가지 방식으로 일어난다.

- None: 인터랙션 컴포넌트는 상태를 변경하지 않는다. 이 옵션은 커스텀 방식으로 컴포넌트와의 인터랙션을 구현하고자 할 때 매우 유용하다.

- Color Tint: 디폴트로 선택되는 옵션이며, 각 상태마다 컬러를 지정할 수 있다. Fade Duration과 Color Multiplier가 포함돼 있으며, Fade Duration은 컴포넌트의 색상이 다른 색상으로 얼마나 빨리 변해야 하는지 조절하는 데 사용된다. 결과적으로 인터랙션 컴포넌트는 네 가지 상태에 따라 컬러가 자연스럽게 바뀐다.

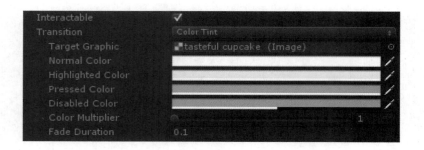

- **Sprite Swap**: 일반적으로 인터랙션 컴포넌트에는 기본적으로 사용되는 그래픽을 정의하는 이미지 컴포넌트가 어태치돼 있다. 컬러를 변경하는 대신 네 가지 상태 각각에 스프라이트를 사용할 수 있다. 각 상태에 커스텀 그래픽을 사용하고 싶을 때 유용하다.

- **Animation**: 가장 다양하게 쓸 수 있는 트랜지션 모드로, 각 상태마다 커스텀 애니메이션을 사용할 수 있다(애니메이션에 관해서는 4장에서 자세히 설명하겠다).

내비게이션 옵션

내비게이션 옵션은 플레이어가 플레이 모드에서 UI 요소를 어떻게 탐색할지를 결정한다.

154

사용할 수 있는 옵션은 다음과 같다.

- **None**: 키보드 내비게이션이 없다. 게임에 나만의 내비게이션 시스템을 구현하고 싶을 때 유용하다. 또한 이 모드로 설정된 인터랙션 컴포넌트는 클릭(혹은 탭)해도 focus를 받지 못한다.
- **Horizontal**: 수평으로 탐색한다.
- **Vertical**: 수직으로 탐색한다.
- **Automatic**: 유니티가 UI 요소의 위치를 기반으로 해 어느 것이 더 나을지 추측해 정한다.
- **Explicit**: 이 모드에서는 화살표 키로 선택할 다음 UI 요소를 지정할 수 있다. 정밀한 내비게이션 제어가 가능해진다.

Visualize 버튼을 사용하면 Scene 뷰 내에서 내비게이션 스킴scheme을 시각화할 수 있다. 다음 스크린샷은 그 예다.

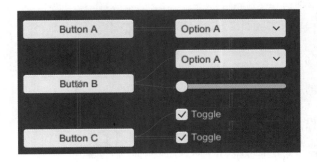

버튼

버튼은 모든 게임에서 찾을 수 있는 고전적인 인터랙션 컴포넌트다. 버튼을 클릭 혹은 탭할 때 트리거되는 OnClick( ) 이벤트 하나만 가진다. 물론 이 이벤트에 어떤 액션이든 링크할 수 있다. 이 예는 다음 스크린샷에서 볼 수 있다.

 클릭이나 탭이 릴리스(released)되기 전에 포인터를 버튼에서 멀리 이동하면 액션은 일어나지 않는다. 이 부분에 대한 연습은 '숙제' 절에 있다.

토글과 토글 그룹

토글^{Toggle} 컴포넌트는 플레이어가 옵션을 켜거나 끌 수 있게 한다. 이 예는 다음 스크린샷에서 볼 수 있다.

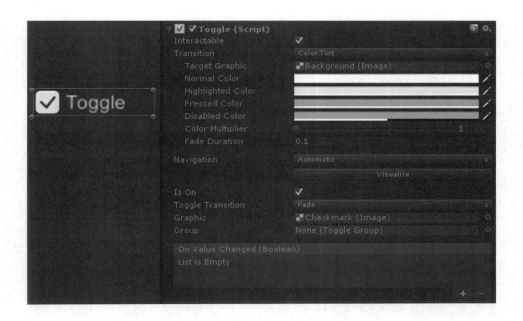

버튼처럼 토글도 `OnValueChanged()`라는 이벤트 하나만 가진다. 이 이벤트는 토글 상태가 변경될 때마다 호출된다. 새로운 상태값은 이벤트 데이터 내 Boolean 파라미터로 전달된다(다음 단락 참조). 이 컴포넌트는 토글 그룹^{Toggle Group}이라는 다른 컴포넌트와 함께 쓸 수 있다. 토글 그룹은 다음 스크린샷에서 볼 수 있듯이 여러 개의 토글이 모여 있는 그룹 내에 단 하나만 켜지도록 제어한다.

그룹으로 묶고 싶은 모든 토글의 **Group** 프로퍼티에 추가하기만 하면 토글 그룹으로 설정할 수 있다. 예를 들어 캐릭터나 계급 선택과 같이 상호 배타적인 선택에 매우 유용하다. 그 외 일반적으로 게임 속도, 난이도, 또는 색 구성표^{color scheme}와 같은 게임 세팅을 조정하는 데 사용된다. 물론 씬 내에서 한 번에 둘 이상의 토글 그룹을 사용할 수 있지만, 토글은 하나의 그룹에만 속할 수 있다.

슬라이더

이름에서 알 수 있듯이 핸들이 있는 막대^{bar}로, 시작 부분을 최솟값인 Min Value, 끝까지 가면 최댓값인 Max Value로 간주된다. 그 사이에 있는 모든 값은 핸들의 위치에 비례한다. 기본적으로 핸들은 왼쪽에서 오른쪽으로 값이 증가하지만 Direction 프로퍼티를 조정하면 방향을 변경할 수도 있다. 오른쪽에서 왼쪽도, 세로축에 따라서도 가능하다. 이예는 다음 스크린샷에서 볼 수 있다.

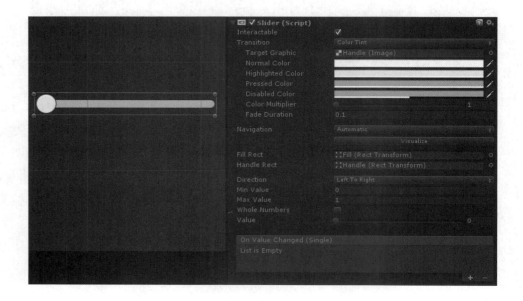

슬라이더는 핸들이 드래그될 때마다 발생하는 OnValueChanged( )라는 이벤트 하나만 있으며, 슬라이더의 새로운 값은 트리거된 액션에 float으로 전달된다.

스크롤바

이 컴포넌트는 슬라이더와 매우 비슷하다. 막대를 따라 핸들이 있으며, 최솟값은 항상 0.0이고 최댓값은 1.0이다. 그 사이의 모든 값은 핸들이 있는 위치를 백분율로 나타낸다.

다시 말하지만 Direction 프로퍼티를 조정해 스크롤바의 방향을 조정할 수 있다. 이 예는 다음 스크린샷에서 볼 수 있다.

스크롤바와 슬라이더의 차이점은 텍스트 영역과 같은 일부 콘텐츠에 따라 스크롤바의 핸들을 늘릴 수 있다는 것이다. 텍스트가 증가하면 더 많은 콘텐츠를 슬라이드할 수 있도록 스크롤할 수 있는 양을 나타내는 핸들이 작아진다. 한편, 콘텐츠 양이 많지 않으면 핸들 크기가 막대를 완전히 채울 만큼 커지면서 스크롤할 수 없게 된다.

스크롤바에는 OnValueChanged( )라는 이벤트가 하나 있으며, 슬라이더의 같은 이름의 이벤트와 똑같은 방식으로 작동한다.

드롭다운

드롭다운Dropdown은 유니티 5.2 이후에 배포/구현된, 유니티 UI 중에서는 상대적으로 새로운 컴포넌트다. 이 컴포넌트는 플레이어가 옵션 리스트 중에서 선택할 수 있게 한다. 컴포넌트는 현재 선택된 옵션만 보여주고 플레이어가 클릭이나 탭하면 리스트 전체가 나타난다. 리스트 중에서 다른 아이템이 선택되면 리스트는 닫히고 새로운 아이템만 보인다.

또한 플레이어가 컴포넌트 바깥쪽 다른 곳을 클릭하면 아이템을 변경하지 않고 리스트를 닫을 수 있다. 이 예는 다음 스크린샷에서 볼 수 있다.

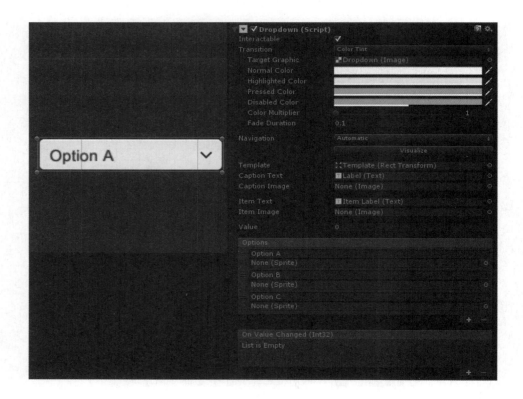

Inspector에서 드롭다운을 사용하는 것은 매우 직관적이지만, 모양을 변경하고 싶다면 하이어라키에 있는 템플릿에 익숙해져야 한다. 안타깝게도 이 컴포넌트의 작동 방법을 자세히 다루기에는 시간이 부족하다. 그래도 공식 문서를 보면 쉽게 이해할 수 있을 것이다. https://docs.unity3d.com/Manual/script-Dropdown.html

우리 게임에 이 컴포넌트를 사용하지는 않지만, '숙제' 절을 통해 이 컴포넌트에 대해 더 깊이 이해할 수 있을 것이다.

160

인풋 필드

인풋 필드Input Field 컴포넌트를 사용하면 게임에서 플레이어가 텍스트 영역 안에 텍스트를 입력할 수 있다. 물론 텍스트 컴포넌트 또는 다른 비주얼 엘리먼트와 함께 사용해야 한다. 이 예는 다음 스크린샷에서 볼 수 있다.

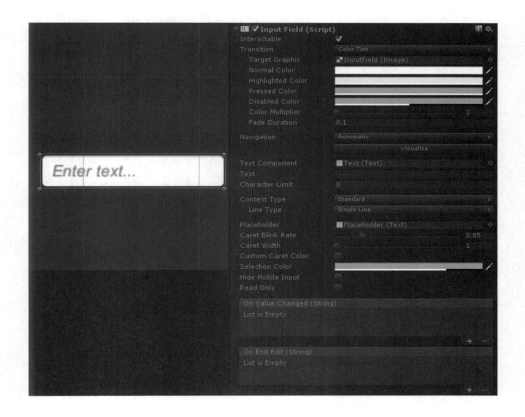

ℹ️ 기존에 있는 텍스트 컴포넌트에 인풋 필드를 추가해도 편집할 수 있게 된다. 이렇게 하려면 Hierarchy 패널에서 텍스트 컴포넌트를 선택하고 Inspector에서 Add Component > UI > Input Field를 차례대로 선택하면 된다. 그런 다음 텍스트 컴포넌트(게임 오브젝트 자신도 가능)를 인풋 필드의 텍스트 컴포넌트 변수 안으로 드래그하면 된다. 더 나아가 플레이스홀더 (placeholder)를 추가할 수도 있다. 그럴 경우, 인풋 필드를 만들고 원래 구조가 어떻게 작동하는지 공부한 다음, 기존 텍스트 영역을 추가하기를 권한다.

플레이어가 타이핑할 때 **텍스트** 컴포넌트의 **텍스트** 프로퍼티가 변경돼 스크립트에서 검색할 수 있게 된다.

또한 **인풋 필드**에서 허용되는 문자의 종류, 마스크해야 하는지(예로 패스워드나 핀인 경우), 입력 가능한 텍스트 숫자에 제한이 있는지, 혹은 멀티 라인 편집을 허용할지 등을 정하는 옵션이 있다. 이러한 추가 기능은 공식 문서에 자세히 나와 있다. https://docs.unity3d.com/Manual/script-InputField.html

인풋 필드 컴포넌트에는 두 가지 이벤트가 있다. 하나는 OnValueChanged( )로, 플레이어가 타이핑할 때마다 트리거된다. 다른 하나는 OnEndEdit( )로, 플레이어가 타이핑을 멈췄을 때만 트리거된다. 두 경우 모두, **텍스트** 컴포넌트에 있는 전체 텍스트가 string 파라미터를 통해 액션 함수로 전달된다.

Rich Text는 디폴트로 꺼져 있음을 명심하기 바란다. 이네이블할 수는 있지만 보기와는 달리 텍스트 내 내비게이션에 마크업이 포함돼 있기 때문에 **인풋 필드**에는 제대로 지원되지 않는다. 결과적으로 거기에 타이핑하는 사람은 누구나 혼란스러울 것이다. 일반적으로 편집 가능한 텍스트용으로 Rich Text까지 쓰지 않아도 된다. 따라서 관례를 따라 Rich Text는 꺼 놓은 채 두자.

스크롤 렉트

콘텐츠가 정해진 영역보다 큰 경우에 사용된다. 스크롤 렉트^{Scroll Rect}를 사용하면 직사각형 안에서 콘텐츠를 스크롤할 수 있으며 비교적 작은 영역에 모든 콘텐츠를 디스플레이할 수 있다. 일반적으로 이 컴포넌트는 Mask 컴포넌트와 함께 사용된다. 직사각형 밖에 있는 모든 콘텐츠는 마스킹돼 보이지 않게 돼 스크롤 뷰가 완성된다. 이 예는 다음 스크린샷에서 볼 수 있다.

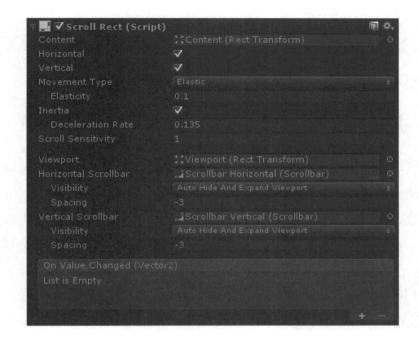

또한 스크롤바(수직 및 수평 모두)를 할당해 내용을 쉽게 스크롤할 수 있다. 컴포넌트에서 조정할 수 있는 다른 옵션은 공식 문서를 참고하길 바란다. 더 알고 싶은 독자를 위해 링크를 남긴다. https://docs.unity3d.com/Manual/script-ScrollRect.html

마지막으로 스크롤 렉트에는 OnValueChanged( ) 이벤트 하나만 있다. 이 이벤트는 스크롤 렉트의 위치가 변경되면 발생하며 이로써 플레이어가 스크롤했다는 것을 알 수 있게 된다.

UI 렌더링에 대한 추가 정보

지금까지 UI에 관해 많은 것을 알아봤지만 아직 갈 길이 남아 있다. 이 절에서는 유니티의 UI에 관한 비교적 상급 주제를 몇 가지 살펴보고자 한다. 건너뛰어도 좋고, 어떤 내용인지 완벽하게 이해하려고 집중해서 읽지 않아도 좋다. 나중에 언제든지 다시 돌아올 수 있으니 부담 없이 가자.

캔버스 렌더러

꼼꼼한 독자는 모든 UI 요소에 다음의 스크린샷과 같은 캔버스 렌더러^{Canvas Renderer}가 어태치돼 있는 것을 눈치챘을 것이다.

그 어떤 옵션도 변경할 수 없는 이 컴포넌트는 대체 무엇일까? 유니티는 이를 통해 특정 UI 요소가 캔버스에서 렌더링 돼야 한다는 것을 알 수 있다. 매우 특별한 경우, UI 요소를 처음부터 구축할 때 이 컴포넌트를 수동으로 추가해야 한다. 하지만 커스텀 UI 요소를 처음부터 구축하지 않고 그냥 유니티가 제공하는 것(이것만으로도 정말 복잡한 UI를 충분히 만들 수 있다)을 사용할 생각이라면 이 컴포넌트에 대해 잊어도 문제없다. 사실 이 컴포넌트는 UI 요소를 만들 때마다 자동으로 생성된다.

Inspector에서 Canvas Renderer의 옵션을 하나도 볼 수 없더라도 스크립트를 통해 액세스 할 수 있는 프로퍼티가 있다. 이러한 함수와 변수에 대한 자세한 내용은 https://docs.unity3d.com/ScriptReference/CanvasRenderer.html을 참고하길 바란다.

더 많은 비주얼 컴포넌트

주요한 비주얼 컴포넌트에 대한 분석을 끝냈지만, 특수한 상황에서만 가끔 사용되는 비주얼 컴포넌트가 더 있다.

가장 일반적인 것이 Mask 컴포넌트다. 이 컴포넌트는 **스크롤 렉트**와 함께 스크롤 뷰를 만드는 데 사용된다. 차일드에게 강제로 부모와 같은 모양을 갖게 한다. 그러나 알파 채널을 지원하지 않는다. 다시 말해 마스크에 어떤 종류의 불투명도라도 지정되지 않으면 차일드의 일부가 보이거나 가려진다는 것이다.

알파 채널을 지원하지 않는 이유를 알고 싶다면 유니티에서의 마스크 구현에 대해 이야기해야만 한다. GPU로 프로그래밍할 때 오브젝트 렌더링용 특정 버퍼(buffer)를 사용하도록 강제된다. 최신 GPU는 Color Buffer(컬러 버퍼)와 Depth Buffer(뎁스 버퍼)를 함께 사용하는 Stencil Buffer(스텐실 버퍼)가 있다. 이 버퍼는 정숫값(integer values)만 받을 수 있으며 픽셀 기반에서 작동한다. 유니티에 한정 지어 보면, 이 버퍼는 일반적으로 화면 특정 부분을 렌더링하지 않고 전반적인 성능 향상을 위해 사용된다. 스텐실 버퍼를 뎁스 버퍼를 기반으로 동적으로 변경할 수도 있는데 이런 사용법은 고급 레벨에 속한다. 그러나 유니티에서는 이 버퍼를 사용해 마스크로 커버되지 않은 화면 부분을 렌더링하지 않는다. 이때 렌더링해야 하는 마스크 부분의 픽셀에는 1을 할당한다. 또한 유니티에서는 중첩 마스크(nested mask)를 사용할 수 있으며, 이때 And(&) 연산을 사용한다. 결과적으로 모든 중첩 마스크 안에 있는 픽셀만이 렌더링된다. 서로 다른 종이 마스크를 그림 위에 올렸을 때 모든 종이 마스크가 겹치는 부분만 보인다고 생각하면 이해하기가 조금은 쉬울 것이다.[2]

최근 유니티에는 Rect Mask 2D라는 새로운 종류의 마스크가 있다.

Rect Mask 2D는 이전의 마스크 컴포넌트와 비교했을 때 몇 가지 제한 사항이 있다. 2D 환경에서만 작동하며 같은 평면에 있는 엘리먼트에만 사용할 수 있다(같은 평면이 아닌 경우에도 사용할 수 있지만 컴포넌트가 정상적으로 작동하지 않을 수도 있다). 하지만 이러한 접근법이 장점으로도 활용될 수도 있다. 추가로 draw를 불러오지 않기 때문에 스텐실 버퍼(이전 노트를 참고하길)를 사용하지 않아도 성능이 향상된다.

---

2   종이 마스크의 예는 약간의 오해의 소지가 있는데, 종이에 구멍을 뚫은 부분이 거꾸로 마스크라고 생각하면 된다. – 옮긴이

또 다른 특별한 비주얼 컴포넌트는 Raw Image다. 이 컴포넌트는 Image 컴포넌트와 비교하면 몇 가지 제한 사항이 있지만 다른 기능이 있다. 실제로 Raw Image는 이미지를 애니메이션화 할 수 있는 옵션이 없다. 하지만 이름에서 알 수 있듯이 직접 바이트[byte]로 다룰 수 있다. 결과적으로 스프라이트를 이미지로 디스플레이할 수 있을 뿐만 아니라 텍스처도 디스플레이할 수 있다. 이것이 왜 유용한지를 이해하기 위해 텍스처가 그저 바이트 배열이라고 생각해보자. 그렇다면 런타임에서 이 바이트를 변경할 수도 있다. 즉, 런타임 중에 URL에서 텍스처를 다운로드하고 Raw Image 내에서 텍스처를 보여줄 수 있다. 다른 용도로는 Render Textures(유니티 5.x에서 사용할 수 있으며 프로 버전뿐만 아니라 개인용 버전에서도 사용할 수 있다)와 게임 세계에서 다른 카메라가 보고 있는 스트림을 스트리밍 할 수 있다. 예를 들어 이것은 게임에서 미니 맵을 신속하게 생성하는 데 사용될 수 있다. 이 과정은 3장 시작 부분에서 언급했던 『Unity UI Cookbook』(2015)의 마지막 장에서 자세히 다루고 있다. Raw Image에 대한 알고 있어야 하는 또 다른 하나는 UV Rect 옵션이 있다는 것이다. 즉, 텍스처 자체를 변경하지 않고 원하는 대로 이미지/텍스처를 스케일 하고 줌[zoom]할 수 있다.[3]

UI 이펙트 컴포넌트

비주얼 컴포넌트와 인터랙션 컴포넌트 외에도 유니티에는 UI 이펙트 컴포넌트[UI effect components]라고 부르는 특별한 컴포넌트 클래스가 있다. 일부 서적과 문서에서는 비주얼

---

3 줌은 확대 및 축소, 둘 다를 말한다. - 옮긴이

컴포넌트의 서브 클래스로 언급돼 있을 것이다. 이펙트 컴포넌트는 다음과 같다.

- Shadow: 이미지나 텍스트 컴포넌트에 그림자 효과를 추가할 수 있다. 텍스트 또는 이미지 컴포넌트의 같은 게임 오브젝트에 어태치돼야만 한다. 옵션으로는 그림자의 길이와 컬러를 변경할 수 있다. 또한 이미지의 경우 그림자를 만들 때 컴포넌트가 이미지의 알파 채널을 사용해야 하는지 여부를 체크하는 Boolean 값을 갖는 변수가 있다.

- Outline: Shadow 컴포넌트와 비슷하게 작동하지만 그림자 대신 외곽선을 추가한다. 컨트롤 옵션은 Show 컴포넌트와 같다.

- **Position as UV1**: 이 컴포넌트가 이미지 컴포넌트에 있을 때 유니티는 캔버스 위 치를 첫 번째 UV 채널을 통해 전달한다. 즉, 커스텀 셰이더^{custom shader}가 있는 경 우 이를 사용해 굴절^{refraction} 혹은 UV 오프셋 샘플링을 만들 수 있다.

UI와 라이트

지금까지 UI에 관해 알아낸 모든 것 외에도 한 가지가 더 있다. 바로 UI에서의 라이트 사 용이다. 라이트는 UI를 더 현실감 있게 느낄 수 있게 해준다. 특히 UI가 3D 월드에 있는 경우나 원근감이 있을 때 그 효과가 커진다. 하지만 라이트를 추가하면 퍼포먼스가 떨어 질 수 있음을 명심하기 바란다.

UI가 3D 월드에 있는 경우, UI에도 월드 라이트의 영향을 주고 싶을 것이다. 하지만 캔 버스의 **Screen Space – Camera**와 같이 원근감이 있는 경우에는 특정 라이트의 영향만 받기를 원할 수도 있다. 그런 경우 UI에 영향을 줄 라이트를 필터링하기 위해 레이어를 만들어야 한다.

그러나 UI 컴포넌트가 라이트의 영향을 받게 하기 위해서는 씬에 라이트를 배치하기만 한다고 되는 것이 아니다. 라이트에 반응하는 머티리얼이 필요하기 때문이다. 이 경우 유니티는 UI에 특정 셰이더를 제공한다. 이 부분은 2D보다는 3D 게임 개발에서 더 많 이 다루고 있기 때문에 이 책의 범위를 벗어난다. 그러나 더 많은 것을 알고 싶은 독자는 『Unity UI Cookbook』(2015)의 2장, '메뉴를 위한 패널 만들기'에 있는 UI에서 라이트를 다루는 레시피를 찾아보기 바란다. 처음 UI에서의 라이트를 배워 나가는 데 많은 도움이 될 것이다.

캔버스 컴포넌트

3장 도입부에서 캔버스와 그의 메인 프로퍼티인 **Render Mode**에 대해 알아봤다. 하지만 **Inspector**에서 캔버스를 살펴보면, 실제로 캔버스를 만드는 데 사용된 컴포넌트는 전부 세 가지임을 알 수 있다. 여러분이 알기 쉽게 **Inspector**의 스크린샷을 준비했다.

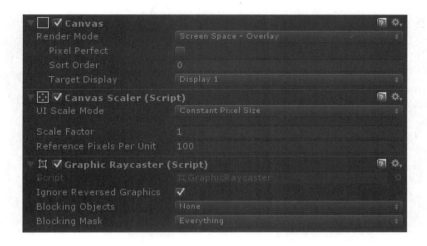

이 컴포넌트들의 기능을 대략 살펴보자.

- Canvas: 실제로 캔버스를 만드는 메인 컴포넌트로, 유니티는 이 안에 있는 모든 것을 UI로 렌더링한다.
- Canvas Scaler: 캔버스 안에 있는 모든 UI 요소의 스케일과 픽셀 밀도$^{pixel\ density}$를 제어한다. 여기서 조절하는 스케일은 폰트 크기 및 이미지 보더^{border}를 포함한 캔버스에 있는 모든 것에 영향을 미친다. 자세한 내용은 공식 문서 https://docs.unity3d.com/Manual/script-CanvasScaler.html을 참조하기 바란다.
- Graphic Raycaster: 이벤트 시스템에 속하며, 이를 통해 그래픽과 관련된 마우스나 터치 이벤트를 감지할 수 있다. 자세한 내용은 https://docs.unity3d.com/Manual/script-GraphicRaycaster.html을 참고하기 바란다.

이 주제에 대해 더 알고 싶은 독자는 유니티가 제공하는 전체 이벤트 시스템 프레임워크$^{Event\ System\ framework}$를 공부하면 더 이해하기 쉬울 것이다(다음 절 참조).

캔버스 그룹

지금까지 살펴본 UI 컴포넌트 외에도 Canvas Group이라는 컴포넌트가 더 있다. 이를 통해 그룹이나 원한다면 캔버스 안에 있는 UI 요소의 서브셋subset도 정의할 수 있다. Inspector에서 보면 다음과 같다.

그뿐만 아니라, 그룹에 속한 모든 엘리먼트에 널리 사용되는 몇 가지 기능을 적용할 수 있다. 알파alpha 속성을 제어해, 예를 들어 인터페이스의 일부를 자연스럽게 나타나게 하거나 사라지게 할 수 있다. 또는 Interactable 속성을 false/true로 변경할 수도 있다.

그 외 Canvas Group의 일반적인 용도는 UI의 특정 영역에서 마우스 이벤트를 차단하지 못하게 하는 것이다. 즉, 플레이어는 Blocks Raycasts 속성이 false로 설정된 Canvas Group에 속한 이미지 아래 놓인 버튼을 클릭할 수 있다.

이벤트 시스템

'캔버스' 절에서 언급했듯이 새로운 씬에서 캔버스를 만들 때마다 이벤트 시스템도 함께 생성된다. 실제로 게임 오브젝트는 게임 내에 있는 다른 파트끼리 메시지를 교환할 수 있는 일련의 컴포넌트를 담고 있다. UI의 경우 교환되는 메시지는 유저로부터 입력받은 데이터와 UI 자신이다. 이 이벤트 시스템이 없으면 인터랙션 컴포넌트는 작동하지 않는다. 다음 스크린샷은 Inspector에서 본 이벤트 시스템이다.

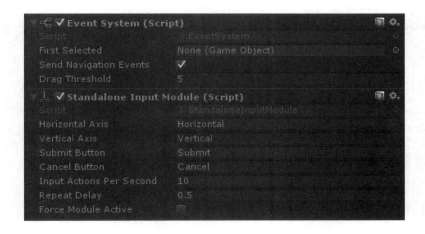

그림에서 볼 수 있듯이, 모듈로 나누어져 있다(이것은 게임이 올라갈 플랫폼에 따라 변경할 수 있다. 자세한 내용은 6장, '스프링클 바다를 지나 – 인공지능 내비게이션'에서 더 알아본다). 이 그림에 보이는 기본적인 기능은 (스탠드얼론standalone 게임인 경우) 예를 들어 어느 것이 메인 인터랙션 버튼/이벤트인지 정의하는 것이다.

하지만 우리의 목표대로라면 이벤트 시스템이 어떻게 작동하는지, 이 세팅을 어떻게 변경하는지, 혹은 커스텀 메시지를 어떻게 설정하는지, 그 방법을 아주 자세하게 알 필요는 없다. 알고 싶은 독자는 공식 문서를 읽기 바란다. https://docs.unity3d.com/Manual/EventSystem.html

우리는 기본 설정을 그대로 두겠다. 스크립트에서 이벤트 시스템을 사용할 때마다 이벤트 시스템의 기본적인 기능만 사용할 것이며, 나오게 되면 그때 설명하기로 하겠다.

지금까지 UI에 대해 많은 것을 다뤘으니 다음 절로 넘어가기 전에 잠시 쉬자. 특히나 이 절 전체를 한 번에 읽어 내려온 독자라면 더욱 휴식이 필요할 것이다. 다음 절에서는 우리 게임에 실제로 UI 인터페이스를 사용하는 방법을 다룰 것이다.

▌ 유저 인터페이스 스크립트

게임으로 옮겨가기 전 유니티에서의 일반적인 UI 프로그래밍에 대해 한 가지 짚고 넘어갈 것이 있다. 이전 절에서 다뤘던 각 엘리먼트에는 스크립트에서 사용할 수 있는 몇 가지 변수와 함수를 제공하는 클래스가 있다. 하지만 이러한 클래스 전부는 다른 네임스페이스namespace에 있다. 따라서 이러한 클래스를 사용할 때마다 스크립트 시작 부분에 다음 코드를 추가해야 한다.

```
using UnityEngine.UI;
```

 사실 매번 네임스페이스를 명시적으로 호출함으로써 using문 없이 클래스를 사용할 수도 있다. 하지만 이 방법은 네임스페이스를 많이 사용하지 않는 경우에 한한다. UI에 대한 프로그래밍을 하고 있으므로 앞에 적어둔 코드 행을 추가해 네임스페이스를 임포트하는 것이 좋은 코딩 방법이다.

▌ 우리 게임을 위한 인터페이스 디자인

다음 단계는 우리 게임을 위한 레이아웃을 디자인하는 것이다. 종이든 컴퓨터든 가장 편하게 느끼는 방법으로 작업하자.

타워 디펜스 게임에서 UI는 게임과 상호작용하는 데 주로 사용된다. UI를 통해 타워를 만들거나 판매하거나 업그레이드할 수 있다. 또한 UI는 돈이나 라이프(life)와 같은 스탯을 시각화하는 데도 사용된다.

다음 그림은 우리의 컵케이크 타워 방어 게임의 UI를 디자인하기 위한 예비 스케치다.

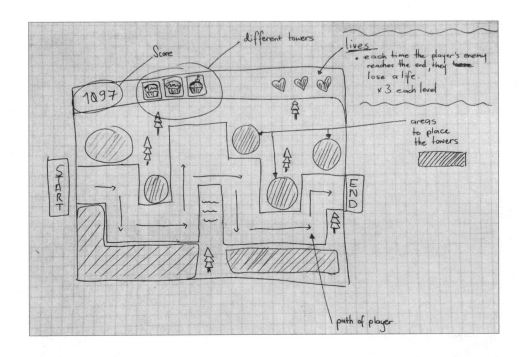

그림에서 볼 수 있듯이 주요 컴포넌트가 여러 개 그려져 있다. 이들은 기본적으로 플레이어와의 상호작용뿐만 아니라 지도에서 상대방인 판다가 이동하고 타깃이 되는 방법을 개략적으로 보여준다. 플레이어가 타워를 세울 수 있는 영역이 대략 표시돼 있고 플레이어가 어느 쪽으로 향할지가 그려져 있다. 헬스, 포인트, 타워 업그레이드와 같은 UI 요소도 포함돼 있다.

물론 이 단계에서 중점을 둬야 하는 것은 어떻게 하면 상호작용 관점에서 더 나은지, 어떤 것이 더 보기에 편한지를 고민하는 것이다. '더 낫다는 느낌'에 관해 말하자면, 미적aesthetics으로 멋져 보인다는 것이 아니라 UI의 레이아웃이 좋은지에 관한 것이다. 한곳에 너무 많은 UI 요소를 배치하면 화면이 압박되는 듯한 느낌을 받을 수 있다. 특히 알기 쉽게 돼 있지 않은 경우 더 그렇다. 이 말은 UI 요소를 많이 쓰면 안 된다는 뜻이 아니다. 때에 따라 (MMORPG와 같은) 게임에는 많은 양의 UI 요소가 필요할 수 있지만, 의미 있고 논리적인 방식으로 배치해야 한다. UI를 디자인할 때 가장 간단한 방법은 루틴routine을 기반으로 하는 것이다. 만약 처음에 타워를 사고 그 다음에 업그레이드한다면, UI에서도 그 프로세스를 그대로 따라야 한다.

보다시피 모든 주요 컴포넌트를 화면 상단에 배치했다. 이렇게 하면 지도에 집중하게 된다. 헬스는 큰 하트 모양으로 표시되고, 점수는 큰 텍스트로 표시되며, 컵케이크 타워는 화면 중앙에 있다. 하지만 여기서 빠져 있는 것이 있다. 바로, 점수와 타워의 구매 옵션과 같이 무엇이 무엇을 나타내는지에 대한 레이블이 그것이다. 다음 스크린샷은 최종 버전으로, 몇몇 UI가 조정된 것뿐만 아니라 만들어졌을 때 어떻게 보이는지도 알 수 있다.

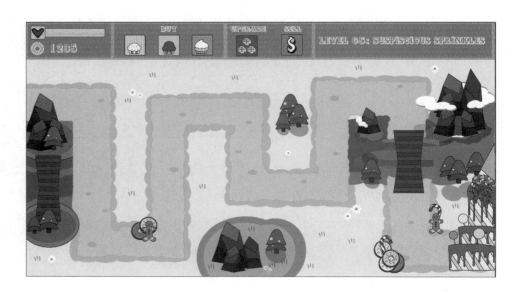

그림에서 볼 수 있듯이, 라이프가 헬스 바로 변경됐다. 전략 게임(플랫폼에 따라 라이프가 더 적합할 수도 있음)에서는 이쪽이 더 이해하기 쉽기 때문이다. 우리 게임의 타깃 대상은 왼쪽에서 오른쪽으로 읽는 인터페이스에 익숙한 사람이므로 중요한 엘리먼트를 왼쪽에 배치했다(오른쪽에서 왼쪽으로 읽는 독자들에게 사과한다. 그렇지만 학습 목적으로 하나를 선택해야만 했다. 그러나 이 책을 읽고 있는 독자라면 영어를 이해할 수 있으며, 왼쪽에서 오른쪽으로 읽는 언어에 대해 이해하고 있음을 의미한다. 따라서 우리가 개발하고 있는 이 인터페이스를 충분히 이해할 수 있을 것이다).

174

또한 슈거의 양은 플레이어가 새로운 타워를 사거나 업그레이드할 수 있는 통화^{currency}다. 이것 역시 중요한 자원이므로 헬스 바 아래에 배치했다.

다음으로는 플레이어가 사용할 수 있는 세 가지 타워가 있는 UI 섹션이 있는데, 여기서 플레이어는 타워를 구매할 수 있다. 다음에 이어지는 박스는 하나의 타워에만 해당하며 플레이어가 타워를 선택했을 때 나타난다. 여기서 플레이어는 컵케이크 타워를 판매하고 업그레이드할 수 있다.

마지막으로 맨 오른쪽에는 플레이하고 있는 레벨 이름이 있다. 플레이어가 참고할 만한 정보지만 헬스와 슈거만큼은 아니다.

이것으로 우리 게임을 위한 UI 디자인이 끝났으니 다음 절에서는 이를 구현해보자.

▌ UI를 위한 씬 준비

이제는 UI 시스템에 대해 충분히 이해했을 테니 연습 삼아 우리 게임에 뭔가를 구축할 때다. 하지만 3장 나머지 부분에서 얻고자 하는 것은 유니티의 프레임 워크 내에서 UI 프로그래밍하는 방법을 이해하는 것임을 잊지 말자.

우선 씬에 캔버스를 만들어야 하며, 그에 따라 이벤트 시스템도 생성될 것이다. Hierarchy 패널에서 우클릭한 다음 UI ❯ Canvas를 차례대로 선택하면 새로운 캔버스가 생성된다. Inspector에서 Canvas 오브젝트를 선택하고 각자의 니즈^{needs}에 따라 Inspector 에서 옵션을 조정하자. 이 과정은 실제로 어느 플랫폼에 올릴 것이냐에 따라 다르다(마지막 장인 8장에서 자세히 설명한다). 그리고 어떤 옵션을 어떻게 조정해야 니즈에 적합한 결과가 나오는지는 테스트하고, 테스트하고, 다시 테스트하는 것이 최선의 방법이다.

다음 단계는 멋진 인터페이스용 배경을 준비하는 것이다. Graphics/UI 폴더에 있는 패키지 중에 정말 멋진 파란색 바^{bar}가 있다. 이것을 인터페이스에 배치하려면 새로운 이미지를 생성해야 한다.

Hierarchy 패널에서 마우스 우클릭하고 UI › Image를 차례대로 선택하자. UI_Back ground 오브젝트의 이름을 바꿀 수 있다. ui_blue_top_with_text를 프로젝트 패널에서 이미지 컴포넌트의 Sprite 변수로 드래그 앤 드롭하자. 패키지는 1장, '유니티의 평면 월 드'에서 이미 결정한 해상도에 비례하므로 Set Native Size 버튼을 누르기만 하면 원래 비 율로 복원할 수 있다. 그런 다음 바를 스케일하고 다음 스크린샷과 같이 배치하자.

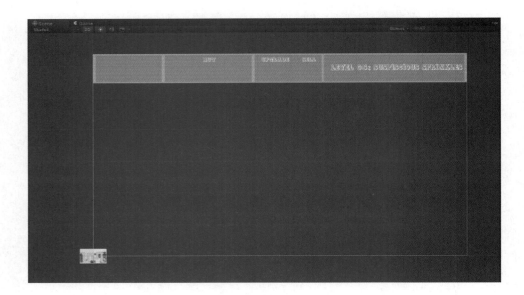

게임 뷰에서는 다음과 같이 보일 것이다.

> ⓘ 편의를 위해 패키지에는 이미 레이블이 있는 UI의 인스턴스가 포함돼 있다. 이로써 시간이 절약된다. 하지만 직접 UI를 만들고 싶다면 레이블을 배치하고 올바른 폰트로 포맷해야 한다는 것을 기억하기 바란다.

이것으로 이전 절에서 디자인한 UI를 개발할 수 있게 됐다.

▌ 헬스 바 만들기

우리가 만들 게임 세계에서의 악당인 단 걸 좋아하는 판다는 플레이어에게 많은 어려움을 준다. 특히 벼르고 벼르던 케이크에 도착하면 정말 곤란해진다. 판다가 케이크를 먹을 때마다 플레이어는 조금씩 라이프를 잃게 된다. 하지만 플레이어는 자신의 라이프 상태를 계속 체크할 수 있는 방편이 필요하며, 이는 게임도 마찬가지다. 우리는 디자인 과정을 통해 헬스 바health bar를 선택했으며 이 절에서 이를 구현할 것이다.

헬스 바 생성과 배치

이전에 만든 UI_Background 내에 새로운 이미지를 하나 만들기 위해 UI ▶ Image를 차
례대로 선택하자(UI_Background에 직접 우클릭하면 새로운 이미지를 그 즉시 차일드로 설정할 수
있다). 그런 다음 이름을 Health_Bar로 바꾸자.

Graphics/UI 폴더에서 ui_health_bar_frame을 스프라이트로 지정하자. 다시 적절하게
스케일을 조정하자(바를 만들 때처럼 Set Native Size 단추를 사용). 그런 다음 스크린샷과 같이
배치하자.

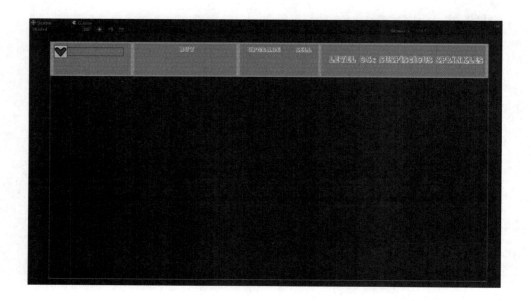

다음은 헬스 바를 채울 헬스 바 필링을 만들어야 한다. 새로운 이미지를 생성하고 이름을
Health_Bar_Filling으로 하자. ui_health_bar_filling을 이미지 스프라이트에 할당하고
다음 스크린샷과 같이 씬에 배치한다.

178

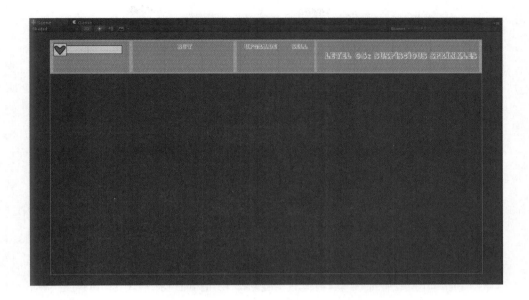

마지막으로 Hierarchy 패널에서 보면 다음과 같아야 한다.

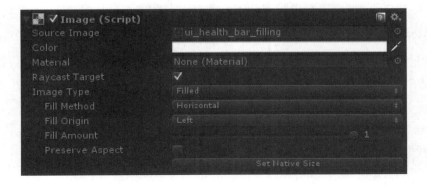

이제 Inspector에서 Health_Bar_Filling의 Image Type을 Filled로 설정해야 한다. 그런 뒤 다음과 같이 Fill Method를 Horizontal로, Fill Origin을 Left로 설정한다.

amount 변수(Inspector에 있는 슬라이더로 조정할 수 있음)를 변경하면 헬스 바의 역할대로 바는 더 채워지거나 덜 채워질 것이다.

이것으로 스크립트를 사용해 헬스 바를 실제로 작동시킬 준비가 됐다.

헬스 바 스크립트

UI에 관한 페이지를 많이도 지나 드디어 3장에서 몇 가지 코드를 살펴보기 시작한다. 거듭 말하지만 2장에서 말한 것처럼 코드를 두려워하지 말되 왜 이런 특정 방식으로 작동하는지 이해하기 위해 노력하길 바란다. 그러다 보면 게임을 프로그래밍할 수 있는 능력을 얻게 될 것이다.

그럼 이제 Script 폴더에 새 스크립트를 작성해보자. 원하는 경우 UI_Scripts라는 하위 폴더를 만들 수도 있는데 이건 여러분에게 달려 있다. 스크립트 이름을 HealthbarScript로 지정하자.

스크립트를 더블 클릭해 열어 보자. UI 클래스를 사용하려면 네임스페이스를 임포트해야 한다. 이것은 이미 앞에서 말한 대로 코드의 시작 부분에 다음 행을 추가하면 된다.

```
using UnityEngine.UI;
```

이것으로 UI 클래스도 사용할 수 있게 됐다. 이제 세 가지 변수가 필요하다. 하나는 public 변수로 헬스의 최대치를 설정하는 데 사용할 것이다. 다른 두 개는 private 변수로, Health_Bar_Filling에 어태치된 이미지 컴포넌트를 추적하는 데 사용할 것이다. 그 중 하나는 바 필링을 변경하고, 다른 하나는 현재 플레이어가 보유하고 있는 헬스 상태에 쓸 것이다.

```
public int maxHealth; //플레이어가 보유할 수 있는 헬스의 최대치
private Image fillingImage; //"Health_Bar_Filling" 이미지 컴포넌트 참조용
```

```
private int health; // 플레이어의 현재 헬스 양
```

다음으로 할 일은 Start( ) 함수에 몇 가지 변수를 설정해야 한다. 특히 GetComponentIn
Children( ) 함수를 사용해 Health_Bar_Filling의 UI 이미지에 대한 참조를 설정해야
한다. 또한 현재 헬스 상태를 최대치로 설정해야 한다. 이 설정으로 플레이어는 최대치의
헬스 상태로 시작할 것이고 그게 이치에 맞다. 마지막으로 헬스 바의 그래픽을 업데이트
하는 함수를 호출한다. 이것은 몇 단계를 걸쳐 구현할 것이다.

```
void Start ( ) {
  // 필링 이미지의 참조를 가져온다
  fillingImage = GetComponentInChildren<Image>( );
  //health를 최대치로 설정한다
  health = maxHealth;

  //헬스 바의 그래픽을 업데이트한다
  updateHealthBar( );
}
```

그런 다음 플레이어의 헬스를 줄이기 위한 public 함수를 만들어야 한다. 이 함수에는
integer(정수) 파라미터를 전달한다. 이 함수는 단 걸 좋아하는 판다 중 하나가 케이크를
먹을 때, 또는 최악의 시나리오에서는 케이크 속으로 잠수할 때 호출된다. 동시에 이 함
수는 헬스 양이 0에 도달했는지도 확인해야 한다. 이 경우 플레이어의 게임이 끝난다. 따
라서 이 함수는 boolean 값을 반환한다. 이 값이 true이면 이제는 케이크가 없다는, 단
걸 좋아하는 판다가 모두 먹어버린 것을 의미한다! 물론 헬스 상태를 변경하면 헬스 바의
그래픽을 업데이트해야 한다. 더 나아가 코드를 약간 더 견고하게 만들기 위해서다. 헬스
상태가 0이나 그 이하가 되면 현재 헬스 상태는 0으로 설정돼야 하며 음수 값이 되면 하
지 않는다. 종합하면 다음과 같은 코드가 된다.

```
//플레이어에게 데미지를 적용하는 함수
public bool ApplyDamage(int value) {
  //플레이어게 데미지를 적용한다
  health -= value;

  //플레이어에게 아직 health가 남아 있는지 체크하고 헬스 바를 업데이트한다
  if(health > 0) {
    updateHealthBar();
    return false;
  }

  //플레이어에게 더는 헬스가 남아 있지 않으면 health를 0으로 설정하고 true를 리턴한다
  health = 0;
  updateHealthBar();
  return true;
}
```

마지막으로 헬스 바 그래픽을 업데이트하는 함수를 작성해야 한다. 이 함수는 이전 함수에서 호출된다. 이 함수에서는 먼저 현재 상태 및 사용 가능한 최댓값을 기반으로 플레이어의 헬스량을 0과 100 사이의 백분율로(0%에서 100%까지) 환산해 0.0에서 1.0 사이의 float(부동 소수점)으로 연산한다. 한 가지, * 1f는 숫자를 float으로 변환하는 빠른 방법이므로 integer 대신 float으로 나눌 수 있다. 그런 다음 함수는 이 백분율을 이미지 컴포넌트의 fillingAmount에 할당한다.

```
//헬스 바 그래픽을 업데이트하는 함수
void updateHealthBar() {
  // 플레이어의 헬스량을 퍼센티지로 연산한다(0%에서 100%까지)
  float percentage = health * 1f / maxHealth;

  //"Health_Bar_Filling"의 fillingAmount 변수에 백분율을 할당한다
  fillingImage.fillAmount = percentage;
}
```

스크립트를 저장하면 사용할 준비는 끝난다. 또한 Inspector에서 최대 헬스 상태를 지정해야 한다. 우리 게임에는 그 값을 100으로 설정했다. Inspector에서 보면 지금까지의 스크립트는 다음과 같다.

이것으로 플레이어가 헬스를 얻게 됐으니 플레이어가 모으는 슈거 양을 저장하고 표시하는 부분으로 넘어가자.

▌ 슈거 미터 구현하기

이전 절에서 단 걸 좋아하는 판다가 플레이어를 물리칠 방법을 봤으니 이제는 플레이어가 판다를 멈출 방법을 마련할 차례다. 첫 번째 단계는 컵케이크 타워를 만들 충분한 슈거를 모으는 것이다. 그런 이유로 플레이어가 가지고 있는 슈거 양을 추적하기 위한 슈거 미터가 필요하다. 디자인에서 봤듯이 이것은 숫자로 표시되며 헬스 상태와 같은 바가 아니기 때문에 개념이 비슷하더라도 구현은 약간 다르다.

생성 및 배치

슈거 미터를 만드는 과정은 헬스 바를 만드는 것과 비슷하므로 Canvas가 부모인 Sugar_Meter라는 이름의 새로운 이미지를 만들자. 스프라이트로 Graphic/UI 폴더에 있는 ui_sugar_meter 파일을 사용할 수 있다. 씬을 배치하고, 필요한 경우 다음 스크린샷과 같아지도록 스케일한다.

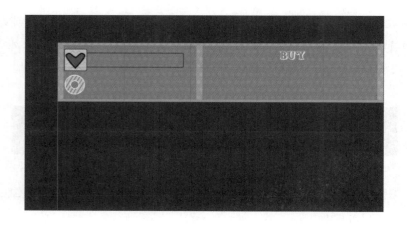

다음으로는 텍스트 컴포넌트를 생성하고, Sugar_Meter를 부모로 지정하고, Sugar_ Meter_Text로 이름을 지정하자. 원하는 폰트와 색으로 지정할 수 있다. 여기까지 끝나 면 다음 스크린샷과 비슷해야 한다.

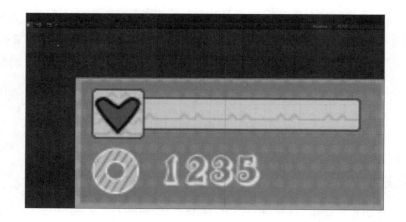

그리고 Hierarchy 패널에서 보면 다음과 같아야 한다.

자, 이제 스크립트로 만들어보자.

슈거 미터 스크립트

슈거 미터의 스크립트는 헬스 바에 대한 스크립트와 비슷하다. 스크립트 시작 부분에 다음 줄을 추가해 UI 클래스를 사용하기 위한 네임스페이스를 임포트하자.

```
using UnityEngine.UI;
```

Sugar_Meter_Text에 대한 참조와 플레이어가 가지고 있는 실제 슈거의 양을 저장하기 위해서는 두 개의 private 변수가 필요하다. 이론적으로 플레이어는 무한한 양의 슈거를 모을 수 있기 때문에 최댓값은 없다.

```
private Text sugarMeter; // 텍스트 컴포넌트에 대한 참조
private int sugar; // 플레이어가 가지고 있는 슈거의 양
```

Start() 함수에서는 UI 텍스트에 대한 참조를 얻고, 몇 단계를 걸쳐 구현할 업데이트 함수를 통해 그래픽을 업데이트하자.

```
void Start () {
  //Sugar_Meter_Text에 대한 참조를 얻는다
  sugarMeter = GetComponentInChildren<Text>();
```

```
  //슈거 미터 그래픽을 업데이트한다
  updateSugarMeter();
}
```

이제 플레이어의 슈거를 일정 양만큼 늘리거나 줄이기 위한 일반 함수가 필요하다. 또한
슈거 양은 아무리 줄어도 0 이하로는 내려갈 수 없다는 점도 고려해야 한다. 이는 게임에
서 실제로 필요하기보다는 코드를 견고하게 하기 위해서다. 사실 슈거가 줄어드는 경우
는 플레이어가 컵케이크 타워를 구입하거나 타워를 업그레이드할 때뿐이지만 슈거가 충
분하지 않다면 하지 않을 것이다. 마지막으로 할 일은 슈거 미터의 그래픽을 업데이트하
는 것이다.

```
// 슈거 양을 늘이거나 줄이는 함수
public void ChangeSugar(int value) {
  // 슈거 양을 늘인다(혹은 value가 음수면 줄인다)
  sugar += value;
  // 슈거 양이 음수인지 체크한 후 만약 음수라면 sugar 값을 0으로 설정한다
  if(sugar < 0) {
    sugar = 0;
  }
  // 슈거 미터 그래픽을 업데이트한다
  updateSugarMeter();
}
```

플레이어가 가지고 있는 슈거의 양을 알아내기 위한 함수가 필요하다. 이 함수는 주로 타
워를 사거나 업그레이드할 충분한 양이 있는지 확인하기 위해 이 값을 검색할 때 사용
될 것이다. 이 함수를 만드는 이유는 슈거 양이 private 변수이므로 이를 public으로 만
들고 싶지 않기 때문이다. 또한 코드를 더 견고하게 하기 위해서 그래픽을 업데이트하는
ChangeSugar() 함수로만 변경하는 것이 좋기 때문이기도 하다.

```
// 슈거 양이 private 변수이기 때문에 이를 리턴하는 함수
public int getSugarAmount() {
  return sugar;
}
```

마지막으로 그래픽 업데이트를 위한 함수가 필요하다. 이 함수는 플레이어가 가지고 있는 슈거 양을 string(문자열)으로 변환하고 그 string을 Sugar_Meter_Text의 텍스트 컴포넌트에 할당한다.

```
// 슈거 미터 그래픽을 업데이트하는 함수
void updateSugarMeter() {
  //슈거 양을 string으로 변환해 슈거 미터의 텍스트에 할당한다
  sugarMeter.text = sugar.ToString();
}
```

스크립트를 저장하자. Inspector에서 따로 설정할 파라미터는 없기 때문에 설탕의 양을 측정하는 슈거 미터는 이것으로 준비가 끝났다.

▌ UI 스크립트에 대한 추가 정보 – 핸들러

우리가 알아야 하는 마지막 주제에 도착했다. 이 기술은 나중에 7장, '컵케이크 거래 시스템과 케이크를 위한 궁극의 전투–게임 플레이 프로그래밍'에서 사용할 것이다.

클릭하면 무언가를 하는 UI 컴포넌트를 만들고 싶다고 해보자. public 함수로 스크립트를 생성한 다음 버튼 컴포넌트를 게임 오브젝트에 어태치할 수 있다. 마지막으로 방금 만든 함수를 트리거하기 위해 버튼 컴포넌트에 새로운 OnClick() 이벤트를 만들어야 한다. 이것도 괜찮지만 조금 손이 많이 가지 않는가?

또 플로팅 윈도우^{floating window}인 UI 컴포넌트를 드래그해야 한다고 가정해보자. 이건 어떻게 할 생각인가? 지금까지 본 것에 비해 이것은 어려운 작업인 것처럼 보이지만 쉬운 해결책이 있다.

사실 스크립트에 다음 코드를 한 줄 넣으면 바로 이벤트 시스템을 직접 사용할 수도 있다.

```
using UnityEngine.EventSystems;
```

이렇게 하면, 일부 (C#) 인터페이스로 스크립트를 확장할 수 있다.

 C# 인터페이스가 무엇인지 모르거나 그 사용법을 모른다면 C# 매뉴얼 중 아무거나 봐도 좋다. 그러나 유니티에 인터페이스를 바로 적용하기 때문에 유니티의 공식 문서에 있는 이 비디오를 추천한다. https://unity3d.com/learn/tutorials/topics/scripting/interfaces

이러한 인터페이스를 사용하면 스크립트에서 원하는 특정 이벤트가 발생할 때마다 트리거되는 함수를 만들 수 있다. 또한 이렇게 만들어진 함수는 해당 이벤트에 대한 정보를 PointerEventData 클래스의 파라미터로 제공한다. 앞서 예로 든 드래그 동작을 구현하려면 클래스 선언 옆에 드래그 이벤트를 위한 핸들러/인터페이스를 추가하면 된다. 다음과 같이 말이다.

```
public class DragTest : MonoBehaviour, IDragHandler {
```

그런 다음 인터페이스의 특정 함수를 사용해 인터페이스를 구현해야 한다. 이 경우라면 다음과 같이 말이다.

```
public void OnDrag(PointerEventData eventData) {
}
```

이 단계에서 eventData 변수에는 마우스 위치와 같은 이벤트에 관한 모든 데이터가 있기 때문에 드래그 동작을 구현하는 것은 간단하다. 따라서 다음과 같은 코드를 작성할 수도 있다.

```
transform.position = eventData.position;
```

위의 코드 대신 다음과 같이 Input 클래스를 사용할 수도 있다.

```
transform.position = Input.mousePosition;
```

이벤트 리스트에 대한 자세한 내용은 공식 문서를 참고하기 바란다. https://docs.unity3d.com/ScriptReference/EventSystems.EventTrigger.html

PointerEventData 클래스와 그 안에 있는 이벤트 정보의 종류에 대한 자세한 내용은 다음 공식 문서를 참고하기 바란다. https://docs.unity3d.com/ScriptReference/EventSystems.PointerEventData.html

▍ 남아 있는 것은?

멋진 메뉴 인터페이스와 이 책에서 약속했던 타워를 사고 파는 모든 게임 플레이 인터페이스는 어땠는가? 3장에서 정말 많은 것을 배웠다고 생각하지 않나?

실제로 3장에는 UI에 대한 많은 정보가 들어 있다. 그러니 시간을 들여 다음 절인 숙제뿐만 아니라 모든 개념을 익히기를 권한다. 구현하지 않고 남겨진 모든 것은 5장, '비밀 재료는 약간의 물리학'에서 게임 플레이를 구축할 때 다시 할 예정이다.

▌ 숙제

3장 첫 번째 부분에서는 UI의 여러 측면을 살펴봤고, 두 번째 부분에서는 우리 게임에 직접 UI를 구현해봄으로써 UI를 능숙하게 사용할 수 있게 됐다. 그러나 4장으로 넘어가기 전에 다음에 제시된 연습을 통해 UI 디자인 및 프로그래밍 기술을 향상시키기 바란다. 편의상 크게 두 가지로 나눴다. 첫 번째는 디자인 기술을, 두 번째는 프로그래밍 기술을 향상시키는 것이다.

UI 디자인 기술 향상:

1. **훌륭한 연습:** 이 연습은 여러분이 좋아하는 서로 다른 게임에서 세 가지 예를 찾아내는 것이다. 예를 들면 전략, 어드벤처 및 퍼즐 게임 같이 말이다. 그런 다음 각 게임에 있는 각각의 UI 요소에 대해 기능은 무엇인지, 유저와 상호작용할 때 어떤 일이 벌어지는지를 적어 놓거나 그림으로 그리고 주석을 달아둬라. 예를 들어 유저가 다음^{next} 버튼을 누르면 어떻게 되나? 새로운 화면으로 이동하는가, 아니면 팝업이 나타나는가? 이 작업을 게임 전체에 할 필요는 없지만, UI 작동 방식에 대한 느낌을 얻고 아이콘 배치가 유저 경험에 어떤 영향을 미치는지 이해하기에 충분할 만큼은 하길 바란다. 그런 다음 UI의 위치를 변경해보거나 심지어 UI 요소의 타입을 바꿔 가며 실험해보라. 왼쪽에 배치했던 헬스 바를 오른쪽으로 이동하거나 텍스트로 바를 대체했을 때 어떤 느낌이 드는지 이것저것 해보길 바란다. 이 연습의 주된 목적은 UI에 대한 다양한 접근 방식을 계속 실험하는 것이다. 화면에 너무 많은 요소가 있어서 일부를 없애야 할 때 특히 유

용하다. 이러한 연습을 통해 여러분은 다양한 유형의 상호작용을 만들기 위해서 UI를 수정할 때 여러 가지 아이디어와 접근 방식을 개발할 수 있게 될 것이다. 마지막으로 이 작업을 문서로 만들고, 스스로 성취하고 배운 것에 뿌듯함을 느껴보자.

2. **프레임 인터페이스(파트 I):** 맵을 하나 정하자. 이 책의 패키지에 있는 것도 좋고 현재 사용 중인 맵이 있다면 그것도 괜찮다. 그런 다음 상단에 있는 UI에 바만 있는 것이 아니라 사이드 바$^{side\ bar}$도 있다고 가정해보자. 또한 컵케이크 타워는 20종류, 플레이어가 모을 수 있는 슈거는 갈색과 흰색 두 종류, 그리고 타워마다 플레이어는 판매 이외에 두 가지 업그레이드 방식을 결정할 수 있다고 가정해보자. 이 시나리오를 바탕으로 플레이어가 필요로 하는 모든 정보를 플레이어에게 쉽게 보여줄 수 있는 인터페이스를 디자인하라. 특히 인터페이스는 직관적이어야 하며 설명 없이도 사용할 수 있어야 한다. 마지막으로 인터페이스의 종이 프로토타입$^{paper\ prototype}$을 친구들에게 보여주고 여러분이 머릿속으로 그렸던 것을 실제로 달성했는지 확인하라. 작은 팁을 하나 주자면, 20종류의 타워를 한 번에 인터페이스에 끼워 넣는 것은 불가능하니 카테고리별로 나누거나 모든 타워를 볼 수 있는 스크롤 가능한 영역이 필요할 수 있다.

3. **프레임 인터페이스(파트 II):** 이전 연습의 인터페이스 디자인이 끝나면, 패키지에 있는 (또는 현재 사용 중인) 맵의 컬러를 주의 깊게 살펴보길 바란다. 그런 다음 인터페이스에 사용할 컬러 팔레트를 신중하게 선택하라. 컬러 팔레트는 애쓰지 않아도 인터페이스를 쉽게 읽을 수 있도록 충분히 대비가 이뤄져야 하는 것도 있지만, 동시에 지도의 색상과 조화를 이뤄 보기에도 즐거워야 한다.

4. **프레임 인터페이스(파트 III):** 이제는 앞선 두 연습에서 만들었던 디자인에 필요한 모든 그래픽을 만들 때다. 처음부터 만들거나 이 책의 패키지에 있는 그래픽 일부를 사용해서 만들어도 좋다. 일단 생성하면 유니티로 임포트해서 슬라이싱하고, 스프라이트로 분할하는 등 필요한 작업을 진행하라.

UI 프로그래밍 기술 향상:

5. **이블 버튼**^{evil button}: 버튼 이벤트는 포인터가 릴리스되고 아직 버튼 내에 있을 때만 트리거되는 것을 확인했다. 실제로 플레이어가 포인터를 컴포넌트 밖으로 이동하면 이벤트가 트리거되지 않는다. 이블 버튼의 경우, 플레이어가 일단 클릭하면 그것으로 완료되고 액션이 실행된다. 그러나 버튼의 경우, 액션은 플레이어가 클릭할 때가 아니라 릴리스할 때 실행된다. 플레이어가 포인터를 버튼에서 멀리 옮겨 놓아도 버튼이 트리거되는 이블 버튼을 구현하라.

6. **선택된 토글**: 안타깝게도 현재 유니티는 토글 그룹에서 선택된 토글을 검색할 수 있는 기능이 없다. 이 책을 읽고 있는 시점을 기준으로 이 기능을 포함한 유니티의 새 버전이 배포됐더라도 이 연습을 하길 바란다. 유니티가 새로이 제공하는 사전 제작된 기능을 배제하고 이 연습을 하면 기술을 향상시킬 수 있다. 사실 액티브 토글을 검색하는 기능은 많은 상황과 게임에 있어 매우 편리하다. 이처럼 임의의 수의 토글이 있는 토글 그룹에서 선택된 토글을 검색하고 리턴할 수 있는 스크립트를 구현하라(만약 있다면 말이다. 실제로는 없을 수도 있다).

7. **런타임 드롭다운(파트 I)**: 드롭다운 컴포넌트에 관한 공식 문서를 주의 깊게 읽고 런타임에서 옵션 수를 변경할 수 있는 드롭다운 컴포넌트를 구현하라. 특히 플레이어가 세트를 선택할 수 있는 토글 그룹을 두어라. 모든 세트에는 드롭다운 메뉴를 위한 서로 다른 옵션이 있어야 한다. 플레이어가 세트를 선택하면 세트의 옵션이 드롭다운 메뉴로 로드된다(씬에는 드롭다운 메뉴가 반드시 하나만 있어야 하며, 새 옵션을 동적으로 로드해야 한다). 작은 팁을 하나 주자면, 각 세트의 옵션 수가 천차만별이기 때문에 이 작업을 수행하는 가장 쉬운 방법은 드롭다운 메뉴의 이전 옵션을 모두 지우고 새 옵션을 로드하는 것이다.

8. **런타임 드롭다운(파트 II)**: 조금 더 해보고 싶다면 이전 연습을 한 다음, 입력 필드와 버튼을 통해 플레이어가 현재 선택된 세트에 옵션을 추가할 수 있게 하라.

9. **런타임 드롭다운(파트 III)**: 이전 연습을 어렵지 않게 해냈다면 세트에서 옵션을 제거할 수 있도록 구현해보자.

10. **라이트닝 포인터**^{lighting pointer}: 'UI 이펙트 컴포넌트' 절을 읽었다면, 그림자를 만드는 스페셜 컴포넌트가 있음을 알고 있을 것이다. 씬 중간에 텍스트를 놓고 shadow 컴포넌트를 적용하라. 그 값을 이렇게 저렇게 만져보며 어떻게 작동하는지 이해하고, 다른 방향에서 오는 빛을 어떻게 시뮬레이션하는지 이해하라. 그런 다음 포인터 위치를 기반으로 shadow 컴포넌트를 변경하는 스크립트를 구현하라. 이렇게 하면 포인터가 텍스트 위에 있을 때 빛이 있는 것 같이 그림자가 아래에 있고, 반면 포인터가 왼쪽에 있으면 그림자는 오른쪽에 있게 된다. 그건 그렇고, 이 연습을 통해 만들어진 것이 초래할 수 있는 결과에 대해 미리 경고하겠다. 이것은 중독성이 강해서 가지고 놀다 보면 상당히 많은 시간을 허비할 수도 있다!

11. **다시 프리팹**: 이전 절에서 프리팹에 대해 잠시 언급했다. 프리팹은 게임 개발에 있어 언제나 유용하다. 특히 씬이 여러 개 있고 레벨마다 전체 UI를 다시 구현하지 않으려는 경우에 더더욱 그렇다. 마지막 장인 8장에서 다른 레벨을 만들 계획이므로, 각각의 주요 UI 기능에 대한 프리팹을 만드는 것은 좋은 생각일 뿐만 아니라 유용한 연습이 될 것이다. 그러니 헬스 바를 위한 프리팹, 그리고 슈거 미터용으로 하나, UI의 구매 섹션용으로 하나, 그리고 UI의 업그레이드/판매용으로 다른 하나의 프리팹을 만들어라. 또한 모든 UI(기본적으로 캔버스는 그 차일드 전부와 함께)를 포함하는 마지막 프리팹을 하나 만들어라. 이렇게 만들어 놓으면 다음 레벨의 씬에 마지막 프리팹을 배치하기만 하면 된다. 그러나 이벤트 시스템은 새로운 씬에서 수동으로 추가해야 한다.

12. **프레임 인터페이스(파트 IV)**: 이 연습의 파트 I 이상을 완료했다면 인터페이스 디자인을 끝냈을 것이다. 파트 I에서 설명한 프레임을 만들 수 있도록 맵을 스케일한 후 인터페이스를 구현하라. 그런 다음 친구와 디지털로 된 인터페이스에 이상한 점은 없는지 다시 테스트하라. 친구의 의견을 수용해 수정하라. 그리고 작업을 공유하는 것을 잊지 마라. 원한다면 나와 공유해도 좋다. 더불어 여러분이 책에 대해 언급해준다면 정말 기쁠 것이다.

13. **음수로 된 데미지**: 헬스 바 스크립트를 만들 때 데미지를 적용하는 함수를 작성하고 헬스 상태가 0인지 확인했다. 그런데 데미지가 음수라면 어떨까? 이 경우라면 플레이어의 헬스가 증가하게 돼서 안 된다. 따라서 데미지가 0보다 작으면 데미지를 0으로 설정하는 등의 음수로 된 데미지를 피하기 위한 컨트롤을 추가하라.

14. **플레이어 치료하기**: 이전 연습은 우리가 플레이어를 학대하기 위해서가 아니라 그 함수는 데미지만 입혀야 하기 때문이다. 그 대신 플레이어를 치료하기 위한 함수를 만들어라. 이 함수는 플레이어를 치료할 양을 파라미터로 받고, 헬스 상태가 최대치를 초과하는지 확인한 후, 그렇다면 헬스를 최댓값으로 제한해야 한다.

15. **플레이어에게 경고하기 I**: 헬스 상태가 30% 미만으로 떨어지면 단 걸 좋아하는 판다가 케이크를 먹어치우고 있다는 뜻이니 플레이어에게 경고해야 한다. 헬스 상태가 30% 이하인 경우, 화면에 한 번만 나타나는 팝업을 띄워 플레이어에게 경고하라.

16. **플레이어에게 경고하기 II**: 이전 연습에서 나오는 팝업 메뉴는 게임 플레이를 방해할 수 있다. 그러므로 플레이어에게 다음과 같이 경고하라. 헬스 상태가 20~40% 일 때는 헬스 바의 컬러를 노란색으로, 20% 미만이면 **빨간색**으로 변경하라. 물론 헬스 상태가 40% 이상이면 초록색으로 복원하라.

▌요약

3장에서는 UI의 복잡한 주요 요소와 왜 그들이 왜 중요한지를 이해하기 위해 UI 디자인 및 프로그래밍에 대한 소개로부터 시작했다. 그런 다음 유니티 UI 시스템이 어떻게 작동하는지 자세히 살펴봤다. 특히 유니티 프레임 워크의 모든 컴포넌트를 분석하고 그들의 사용법과 기능을 배웠다. 또한 프레임워크에 있는 몇 가지 스페셜 컴포넌트에 관해 설명한 절이 있지만, 우리 게임에는 쓰지 않을 것이다.

UI 디자인 및 프로그래밍에 대해 더 알고 싶은 분들은 팩트출판사에서 출간된 로렌 S. 페로^{Lauren S. Ferro}의 『Gamification with Unity 5.x』(2016)를 참고하기 바란다. 이 책은 게이미피케이션에 중점을 두고 있지만 UI 디자인 및 프로그래밍 이외에도 일러스트레이터를 이용해 자신만의 그래픽을 생성하는 방법에 대해서도 다루고 있다. https://www.packtpub.com/game-development/gamification-unity-5x에서 찾을 수 있다.

두 번째 부분에서는 타워 디펜스 게임의 UI를 만들기 시작했다. 특히 헬스 바뿐만 아니라 슈거 미터에 대한 로직을 구현했다. 그러나 앞으로 5장, '비밀 재료는 약간의 물리학'에서 더 많은 것을 구현할 것이다.

4장에서 우리는 더는 혼자가 아닐 것이다. 그토록 기대하던 우리의 악당, 단 걸 좋아하는 판다가 기다리고 있다.

04

더는 혼자가 아니다 - 단 걸 좋아하는 판다의 습격

"그들은 화가 나 있고 배고프다. 단 걸 좋아하는 판다가 당신의 맛있는 케이크에 점점 더 가까이 다가가고 있다."

애니메이션 및 인공지능artificial intelligence은 게임의 NPCNon-Playing Characters 또는 복잡한 오브젝트에 생명을 부여하는 핵심이다. 애니메이션의 경우 NPC를 정적static이 아닌 동적dynamic으로 표현한다. 인공지능은 그들에게 월드에서 움직이고 행동할 수 있는 지능을 준다.

4장에서는 2D 애니메이션에 포커스를 맞춰 유니티 애니메이션 시스템을 사용하는 방법에 관해 설명할 것이다. 인공지능과 비디오 게임에서 이것이 무엇을 할 수 있는지는 이 책의 후반부에서 다룰 것이다.

4장의 첫 번째 부분에서는 유니티의 풍부하고 세련된 애니메이션 시스템(때로는 메카님 Mecanim이라고 함)에 초점을 맞출 것이다. 설명해 나가는 각 부분은 사악한 판다에게 생명을 불어넣을 것이다.

그러나 4장 두 번째 부분에서는 판다의 움직임과 액션을 트리거하는 것을 중점적으로 다룰 것이다. 이 부분을 통해 판다는 맵을 돌아다니게 되고, 죽거나 케이크를 너무 많이 먹어서 폭발할 것이다… 정말 문자 그대로 말이다!

특히 다음 내용에 중점을 두고자 한다.

- 애니메이션 클립과 스프라이트 시트에서 애니메이션 클립을 생성하고 핸들링하는 방법
- 애니메이터와 애니메이션을 위한 유한 스테이트 머신 구축 방법
- 애니메이션을 트리거하고 애니메이션 머신이 작동하도록 애니메이터 컴포넌트로 오브젝트 스크립트하기
- 단 걸 좋아하는 판다를 움직이게 할 웨이포인트 시스템 구현

이 책의 다른 모든 장과 마찬가지로 마지막에 숙제가 마련돼 있다. 여러분의 기술을 향상시키고 게임에서 다양한 기능을 구현하기 위해 여러 단계로 준비한 연습 문제다. 그럼 악당 판다에게 생명을 불어넣는 법을 배우기 위한 준비 단계로 넘어가자.

▌ 준비하기

이 책에서 사용하고 있는 그래픽 패키지에는 단 걸 좋아하는 판다용 애니메이션 스프라이트 시트가 들어 있다. 스프라이트 시트를 반드시 Sprite로 임포트해서 Sprite Mode를 Multiple로 설정해야 한다. 사실 모든 단일 프레임이 서로 다른 스프라이트 안에 있어야 한다. 나중에 헷갈리지 않도록 이름을 바꾸는 것을 잊지 말자. 자신의 그래픽을 사용하는 경우에도 마찬가지다.

악당 판다가 여러분의 케이크를 먹어치울 기회를 노리고 있다.

▌ 애니메이션

생명과 모든 생물은 역동적이다. 우리는 움직이고, 우리의 움직임은 그것이 아주 작은 것일지라도 감정을 표현한다. 이러한 것이 없어진다면, 그것이 아주 흐릿한 미소일지라도 인생은 둔탁하고 밋밋해질 것이다. 애니메이션 이펙트는 깃발이 나부끼는 것과 같은 정말 단순한 것에서부터 드래곤이 날아가는 형상에 이르기까지 그 범위가 매우 넓다. 주위를 둘러보라. 안에서건 밖에서건 무언가가 움직이고 있거나 이따금 움직일 것이다. 돌조차도 움직인다. 비록 바람일지라도 무언가는 돌을 두드리기도 하고, 누군가는 물을 건너가기 위해 그 위를 깡충깡충 뛰어가기도 한다.

유니티는 Mecanim^{메카님}이라고도 하는 익숙해지는 데 시간이 좀 걸리는 복잡한 애니메이션 시스템을 갖추고 있다. 메카님은 다른 컴포넌트를 포함한다. 이 중 일부는 3D 애니메이션 전용이다. 그 외의 것은 2D와 3D 모두에 사용할 수 있다. 일반적으로 3D 애니메이션이 2D보다 어렵다. 3D는 많은 파라미터를 조정해야 하므로 이를 익히려면 훨씬 더 많은 연습이 필요하다. 유니티에서의 3D 애니메이션을 더 자세히 배우고 싶다면 관련 도서를 찾아보길 권한다.

이 책에서는 2D 애니메이션만 집중적으로 다룰 것이다. 이 정도라면 4장에서 충분히 소화할 수 있을 것이다. 그만큼 심플해진 워크플로우^{workflow}는 다음과 같다.

- 우리의 애니메이션을 저장하기 위한 애니메이션 클립이라는 파일을 만든다. 이 과정은 애니메이션 스프라이트 시트를 시작으로 진행된다.
- 애니메이션의 흐름을 제어하는 유한 스테이트 머신을 구축한다.
- 유한 스테이트 머신 트리거를 제어하는 스크립트를 작성한다.

특히 이 절에서는 단 걸 좋아하는 악당 판다를 애니메이션화하는 방법을 살펴볼 것이다. 그래픽 패키지에서 Graphic/Enemies 폴더에 판다 애니메이션 스프라이트 시트가 있다. 물론 모든 스프라이트 시트는 1장, '유니티의 평면 월드'에서 보았던 것처럼 슬라이싱돼야 한다. 그리고 자신만의 그래픽을 사용한다면, 모든 단일 스프라이트가 같은 크기면 더 좋다. 그러나 메카님에 대해 알아보기 전에 다음 두 절을 통해 애니메이션에 대한 배경 지식을 살펴보겠다.

역사적 개요

애니메이션이라는 용어는 동사 animare의 과거분사인 라틴어 animates에서 파생된 것으로 '숨을 들이쉰다'는 의미다. 이 동사는 anima라는 단어에서 파생된 것으로 그리스어로 생명, 숨을 의미하는 anemos에서 유래됐다. 문자 그대로 해석하면 '바람'이라는 뜻이며, 이는 다시 산스크리트어 aniti에서 나온다. animate라는 동사가 '생명을 불어넣는다'

는 뜻으로 처음 사용된 것은 1742년에 이르러서였다.

현대 애니메이션은 모션^{motion}이라는 개념을 기반으로 한다. 그런 이유로 모션에 대한 첫 번째 연구를 잠시 언급하는 것이 좋을 듯하다. 이 연구는 기원전 4세기경 그리스 철학자 Ζήνων ὁ Ἐλεάτης(영어로 Zeno of Elea, 엘레아의 제논으로 알려짐)에 의해 이뤄졌다. 다른 그리스 철학자인 Ἀριστοτέλης(영어로 Aristotle, 아리스토텔레스로 알려짐)가 남긴 작품에서 제논의 많은 아이디어를 읽을 수 있다. 제논은 모션에 대한 많은 패러독스를 생각해냈고, 모션의 존재를 증명하기 위한 문제를 탐구한 것으로 유명하다. 이 패러독스 가운데 하나가 화살표 패러독스^{arrow paradox}(플레처의 역설^{Fletcher's paradox}이라고도 함)다. 아리스토텔레스의 저서 『Physics IV』에 다음과 같은 내용이 있다.

> *"만약 모든 것이 같은 공간에 있을 때 모든 것이 움직이지 않는다면, 그리고 이동하고 있는 것이 언제나 같은 공간을 차지하고 있다면, 나는 화살은 실은 움직이지 않는다."*

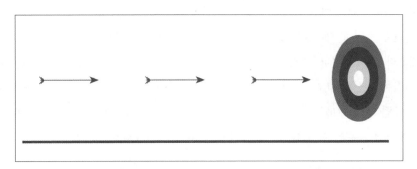

아리스토텔레스가 묘사한 제논(플레처)의 역설. 우리는 화살이 표적을 향해 움직이는 것을 볼 수 없다. 하지만 화살이 어느 시점에서는 어느 지점을 지난다. 한순간이지만 화살은 그 점에 머물러 있고, 그 다음 순간에도 어느 점에 머물러 있을 것이다. 따라서 화살은 항상 머물러 있으므로 사실은 움직이지 않는다. 즉, 모션은 환상이다.

앞의 그림에서 알 수 있듯이, 패러독스는 화살의 움직임은 없다고 주장한다. 순간마다 화살표는 우주에서 매우 특정한 위치에 있기 때문에 그 순간에는 정적^{static}이다. 패러독스에 대한 많은 철학적 함축과 해결책은 둘째 치고, 요즘의 애니메이션과 같은 개념이 적용된

점은 흥미롭다. 영화 및 비디오 게임(일부만 지칭)의 애니메이션은 그저 일련의 정적 프레임이며, 이를 빠르게 연속적으로 보여줌으로써 우리에게 움직인다는 환상을 준다.

비디오 게임에서의 애니메이션

우리는 애니메이션을 통해 피조물에 생명을 불어넣는다. 애니메이션은 생명을 더욱 활기차게 하고, 죽은 것은 더 오싹하게 만든다! 애니메이션은 움직임을 부자연스럽고 이상하게 표현할 수밖에 없었던 픽셀 아트 그래픽 이래로 먼 길을 돌아오며 발전하고 있다. 어떤 애니메이션은 진짜처럼 너무나 잘 만들어져서 우리가 대체 현실alternate reality에 있다는 것을 한순간 잊게 만든다.

자, 이제 게임 애니메이션의 시작으로 돌아가자. 〈스페이스 인베이더Space Invaders〉, 〈동키 콩Donkey Kong〉, 〈템페스트Tempest〉. 이 게임 중 하나를 경험해 본 적이 있다면 스페이스 인베이더를 좌우로 이동시키고, 동키 콩에서 배럴을 뛰어넘거나 템페스트에서 회전하는 것과 같은 매우 간단한 애니메이션으로 많은 것을 전달할 수 있음을 알고 있을 것이다. 그러나 시간이 지남에 따라 이 모두에 너무나도 친숙해졌듯이 애니메이션 기술에도 너무나 익숙해졌다. 3D 게임과 그에 따른 캐릭터의 등장으로 우리는 애니메이션이 다른 차원으로 들어가는 것을 목격하게 됐다… 문자 그대로 3차원이었다. 그러나 폴리곤으로 된 바디와 부드럽지 않은 움직임(요즘은 아니지만)에도 불구하고 애니메이션을 사용하면 게임과 단순하게 상호작용할 수 있다. 다음 이미지에 있는 라라 크로프트Lara Croft와 같이 말이다.

출처: 〈툼 레이더 I(Tomb Raider I)〉의 라라 크로프트 게임 플레이 중에서

애니메이션에 내포된 훌륭한 철학은 애니메이션을 플레이어와 소통하는 하나의 방법으로 생각하는 것이다. 때로는 사랑, 흥분 및 증오와 같은 감정은 느낌을 전달하는 좋은 방법이 된다. 달리기, 점프 및 공격과 같은 신체의 움직임이 플레이어가 현재 경험하고 있는 상태를 나타내는 데 좋은 방법인 것처럼 말이다. 그러나 애니메이션은 플레이어만을 대상으로 삼는 것이 아니다. 나무와 같은 오브젝트, 플레이하고 있지 않은 동물이나 NPC 역시 때로는 통제된 플레이어처럼 게임 공간에서 상호작용하고 움직인다. NPC에 애니메이션을 사용하는 가장 유명한 예는 롤 플레잉 게임^{RPG, Role Playing Games}에서 볼 수 있다.

여러분과 상호작용하는 많은 캐릭터가 여러분에 대한 감정을 표현한다. 그들에게 반응을 기다리지 않고 끊임없이 답하면 다음 이미지와 같은 경멸이나 충격의 표정을 드러내기도 한다. 반면 여러분이 따뜻하고 친절하게 도움의 손길을 내밀면, 그들의 표정은 여러분에게 더 따뜻해진다.

농담에 환하게 웃지 않는다. 이미지 출처: 〈셰퍼드(Shepard)〉(매스 이펙트(Mass Effect) 시리즈)

타이밍이 가장 중요하다. 따라서 애니메이션과 관련해서는 의도한 타이밍에 발생하는지 확인해야 한다. 점프하기 위해 X를 눌렀는데 3초 후에 점프한다면 게임이나 플레이어에 게나 좋은 결과라 할 수 없다. 캐릭터나 오브젝트를 그저 움직이게 하는 것만으로는 충분하지 않으며 몰입형 환경을 만들어줘야 말이 된다. 플레이어가 더 자주 여러분이 만든 게임을 하기 원한다면 게임에 몰입할 수 있게 하는 것이 중요하다. 투박한 애니메이션 때문에 불만을 사게 되면 스토리가 정말 흥미롭지 않은 이상 플레이어는 게임으로 돌아오지 않을 가능성이 높다. 대부분 게임에서 나무조차도 애니메이션된다. 아주 미묘하게나마 흔들리거나 나뭇잎이 바람에 하늘하늘 흔들린다. 거대한 막대기마냥 움직이지 않는 나무가 땅바닥에서 솟아오른 것처럼 보이는 것보다는 이런 식으로 표현되는 것이 낫다.

애니메이션과 관련해 고려해야 할 또 다른 사항은 프레임 속도로, 결국, 하드웨어다. 여러분에게 〈크라이시스 코어: 파이널 판타지 VII^Crisis Core: Final Fantasy VII〉에서 세피로스 ^Sephiroth와 제네시스^Genesis, 그리고 안질^Angeal 사이의 서사적인 전투 씬(다음 스크린샷 참조) 과 같은 훌륭한 애니메이션 시퀀스가 있을 수 있다. 또 다른 예는 〈배틀필드 4^Battlefield 4〉 에서 적을 죽이는 동안의 게임 플레이다. 그러나 이 게임들에 딜레이^delay가 있었다면 지금까지도 수많은 사람에게 널리 회자되고 인기를 누리지는 못했을 것이다! 유니티로 게임을 만들 때, 특히 모바일 디바이스를 타깃으로 삼고 있다면 이를 고려하는 것이 매우 중요하다. 많은 모바일 디바이스가 리소스가 많이 들어가는 일부 미디어를 재생할 수 있지만, 모두가 그런 것은 아니다. 따라서 타깃 디바이스가 이를 받쳐 줄 수 없다면 다른 디바이스를 타깃으로 삼지 않는 한, 피눈물 나는 노력은 헛수고로 돌아가고 말 것이다. 이는 모바일 디바이스에서 3D 게임을 주로 사용하는 경우고, 더 자세한 내용은 유니티 공식 문서를 확인하기 바란다.

https://docs.unity3d.com/Manual/MecanimPeformanceandOptimization.html

 유니티에서 애니메이션 시스템을 더 잘 이해할 수 있도록 4장을 끝까지 읽고 나면 앞의 링크를 찾아가길 추천한다.

〈크라이시스 코어: 파이널 판타지 VII〉의 세피로스와 제네시스의 전투 게임 스크린샷

TIP 모바일 게임에서 애니메이션을 사용하기 위한 훌륭한 팁이 모여 있는 다음 사이트를 확인해 보기 바란다.

www.teksmobile.com.au/blog/15-animation-tips-to-make-your-mobile-games-more-engaging.

지금까지 비디오 게임에서의 애니메이션에 대해 개략적으로 살펴봤다. 유니티로 돌아가서 일반적인 워크플로우를 시작으로 해 어떻게 애니메이션이 핸들링되는지 알아보자.

애니메이션을 위한 워크플로우

비디오 게임에서의 애니메이션이 왜 그렇게 중요한지 이해했으니, 이제는 애니메이션에 대해 더 자세히 살펴보자. 유니티의 애니메이션 시스템은 애니메이션 클립animation clips이라는 개념을 기반으로 한다. 이에 관해서는 다음 절에서 더 자세히 살펴볼 것이다. 이름에서 알 수 있듯이, 애니메이션 클립은 하나의 애니메이션에 대한 데이터를 포함한 클립일 뿐이다(일부 예외는 있다).

애니메이션 클립은 여러 노드node가 서로 다른 것에 연결돼 있으며(다음의 스크린샷처럼) 플로차트flowchart 시스템과 비슷한 구조로 구성된다. 이 시스템을 애니메이터 컨트롤러 Animator Controller라고 하며, 이것이 스테이트 머신state machine으로서의 역할을 한다. 애니메이터 컨트롤러는 끊임없이 클립을 추적하면서 현재 어떤 클립이 재생돼야 하는지, 어떤 시점에서 애니메이션이 변경되거나 서로 블렌드blend돼야 하는지 결정한다.

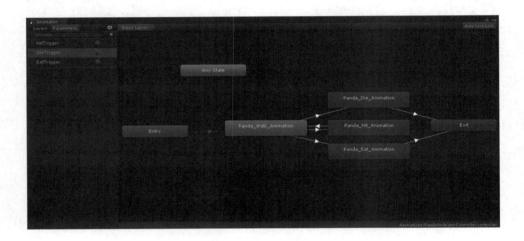

매우 심플한 애니메이터 컨트롤러는 적은 양의 클립만을 넣을 수 있다. 예를 들어 하나의 클립에는 오브젝트가 깨지는 애니메이션이, 다른 클립에는 돌아가는 팬fan이 들어갈 수 있다. 반면 더 진보된 애니메이터 컨트롤러는 더 많은 애니메이션을 넣을 수 있다. 예를 들면 달리기, 걷기, 대기 상태로 있기, 죽기 등과 같은 메인 캐릭터와 관련된 모든 액션을 넣을 수 있다. 또한 애니메이션이 로봇처럼 움직이지 않고 더욱 자연스럽게 흘러가듯 보이게 하려고 여러 클립을 블렌드할 수도 있다. 물론 여러분이 의도한 경우에만 말이다!

유니티의 애니메이션 시스템에는 그 외에도 여러 가지 특수 기능이 있다. 특히 휴머노이드humanoid 캐릭터를 사용할 때 유용하다. 이러한 기능을 사용하면 다양한 소스로부터 사람과 비슷한 움직임, 또는 휴머노이드 애니메이션으로 변경해 자신만의 캐릭터 모델에 적용할 수 있다. 가져올 수 있는 소스는 모션 캡쳐, 유니티 에셋 스토어, 또는 마야^{Maya}나 블렌더^{Blender}와 같은 소프트웨어에서 만들어진 것도 가능하다. 이러한 애니메이션을 적용하는 것 외에도 캐릭터에 머슬 데피니션$^{muscle\ definitions}$을 조정할 수 있다. 이러한 특수 기능은 유니티의 아바타 시스템$^{Avatar\ system}$ 덕에 가능하다. 아바타 시스템에서는 휴머노이드 캐릭터가 유니티 자체 포맷으로 매핑된다(이에 대한 자세한 내용은 다루지 않겠지만 4장 끝부분에 있는 추가 사항 부분에서 조금 더 배울 것이다).

궁극적으로 애니메이션 클립, 애니메이터 컨트롤러, 아바타는 애니메이터 컴포넌트 $^{Animator\ component}$를 통해 게임 오브젝트와 연결된다. 이 컴포넌트는 하나의 애니메이터 컨트롤러 및 (필요한 경우) 해당 모델 아바타에 대한 참조를 가지고 있다. 애니메이터 컨트롤러에는 사용하는 애니메이션 클립에 대한 참조가 결국 포함된다.

애니메이션 클립과 애니메이터 컴포넌트

애니메이션 클립은 유니티의 애니메이션 시스템의 근간이 되는 요소 중 하나다. 이 컴포넌트에는 애니메이션이 일어날 때 이들의 translation(위치)이나 회전 등을 변경해야 하는지 등과 같은 오브젝트의 애니메이션과 관련된 정보가 포함된다. 애니메이션 클립은 2D 또는 3D일 수 있으며, 종종 3D 스튜디오 맥스$^{3D\ Studio\ Max}$, 플래시^{Flash}, 마야^{Maya}, 블렌더^{Blender}, 심지어 포토샵^{Photoshop}과 같은 프로그램에서 만들어진다. 소프트웨어를 사용하는 것 말고도 수동으로 애니메이션을 만들 수도 있다. 3D 캐릭터를 리깅^{rigging}(움직이기 위해 스켈레톤^{skeleton}을 구축하는 과정)하거나 각 동작별 움직임 하나하나를 스프라이트로 추출해 생성하는 방법이 이에 속한다. 오래된 디즈니 만화를 알고 있는가? 그들은 이와 비슷한 과정을 거쳐 우리에게 가장 소중한 추억을 남겨 주었다. 그러나 여러분의 게임에 오프닝과 엔딩 무비와 같이 너무 복잡하지 않은 무엇인가가 필요하다면 유니티에서 이 작업을 할 수 있다. 유니티에는 애니메이션 창$^{Animation\ window}$(4장 후반부에 자세히 설명)이라고 하는 툴이 있다.

2D의 경우, 이러한 애니메이션 클립에는 영화에서의 단일 프레임과 같은 임의의 스프라이트 시퀀스^{sequence}가 포함될 수 있으며, 시간 경과에 따라 움직인다는 환상을 주기 위해 이들을 변경할 수 있다. 일반적으로 2D 게임 개발에서 스프라이트 시트는 (1장, '유니티의 평면 월드'에서 언급했듯이) 이러한 목적으로 사용된다. 따라서 우리 그래픽 패키지에는 이러한 애니메이션 스프라이트 시트도 포함돼 있다.

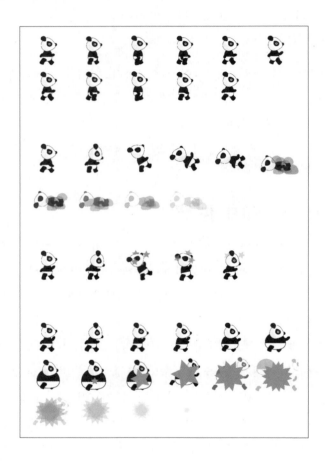

애니메이션 클립을 유용하게 사용할 수 있는 또 다른 방법은 오브젝트를 들어올리거나 걷거나 점프하는 등과 같은 액션인 것처럼 가장하는 것이다.

> **ℹ️** 애니메이션 클립은 다른 애니메이션 클립과 블렌드되거나 머지(merge)될 수 있는 액션 일부를 포함할 수 있다. 가장 높은 레벨의 사용 예이다.

판다에는 다음과 같은 애니메이션이 있다.

- **Walk 애니메이션**: 판다가 패스를 따라 움직일 때
- **Die 애니메이션**: 플레이어의 컵케이크 타워가 판다를 쓰러뜨렸을 때
- **Hit 애니메이션**: 플레이어의 컵케이크 타워가 판다를 맞췄을 때
- **Eat 애니메이션**: 판다가 레벨 끝에 도달해 플레이어의 케이크를 먹을 때

그러므로 우리는 이들 각각에 하나씩 네 가지의 서로 다른 애니메이션 클립을 만들어야 한다.

컨트롤러로 애니메이션 클립 생성하기

이번 절에서 설명하는 방법은 스프라이트 시트에서 시작해 첫 번째 애니메이션 클립을 만들기 위한 빠른 길이다. 부작용으로 컨트롤러가 만들어지지만, 이에 관한 것은 4장 후반부에서 다루겠다.

우선 씬에 빈 게임 오브젝트를 생성하고 Panda(또는 괜찮다면 Sweet-Tooth_Panda)로 이름을 변경하자. 결국에는 이를 저장해야 할 테니 일단 작업이 끝나면 프리팹 내에 두자.

이제 프로젝트 패널에서 animation_panda_sprite_sheet를 선택하고 펼치면 다음 스크린샷과 같을 것이다.

애니메이션의 모든 단일 스프라이트/프레임은 같은 사이즈여야 한다. 처음부터 이렇게 만들지 않으면 나중에 심하게 골머리를 앓게 될지도 모른다. 스프라이트 시트 준비까지 잘 끝났다면 1장, '유니티의 평면 월드'에서 했던 것처럼 어렵지 않게 스프라이트 에디터의 Grid By Cell Count 모드로 슬라이스한다. 우리 패키지의 스프라이트 시트는 이미 각 스프라이트가 균등하게 분산된 상태지만, 자신만의 그래픽을 사용한다면 스프라이트 시트가 모든 프레임에서 같은 사이즈가 아닐 수 있으니 (포토샵이나 김프^{Gimp} 같은) 그래픽 프로그램을 사용해서 스프라이트가 알맞게 분산되도록 수정해야 한다.

스프라이트 에디터를 사용한 최종 결과물은 다음 스크린샷과 같다.

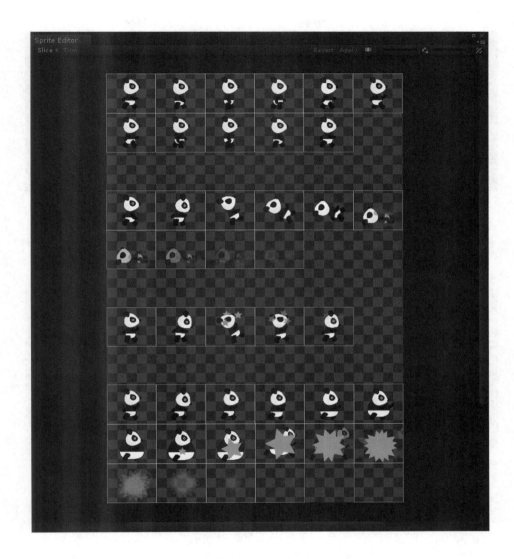

프로젝트 패널의 하단에 있는 슬라이더를 움직이면(1장, '유니티의 평면 월드'에서 배웠다), 다음 스크린샷과 같이 모든 단일 스프라이트를 볼 수 있다.

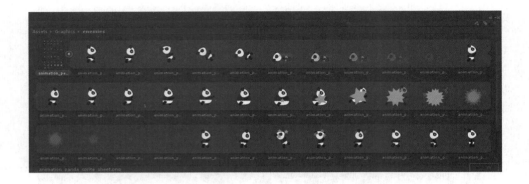

판다의 Walk 애니메이션에 속한 모든 스프라이트를 선택하고 이전에 만든 Panda 게임 오브젝트로 드래그하자.

우리 게임의 경우, Walk 애니메이션용 스프라이트 11개와 Hit 애니메이션용 스프라이트 5개, Die 애니메이션용 스프라이트 10개, 그리고 Eat 애니메이션용 스프라이트 16개가 있다.

마지막 스프라이트가 첫 번째 스프라이트와 같을 수도 있다. 때에 따라 Walking 시퀀스에 딜레이가 발생하는 등 애니메이션이 끊기는 원인이 될 수 있으므로 필요하지 않을 수 있다. 이 경우 마지막 스프라이트만 선택하면 된다.

유니티는 애니메이션 클립을 저장할 위치와 이름을 물을 것이다. Panda_Walk_Animation이라는 이름을 붙이고 Animation 폴더에 저장하자. 이 폴더가 없다면 Asset 폴더 아래에 만들자. 1장에서 논의했듯이 이런 식으로 프로젝트를 깨끗하고 깔끔하게 유지할 수 있다.

Panda 오브젝트를 선택한 후 Inspector를 보면 추가된 두 개의 컴포넌트가 보일 것이다. 하나는 3장에서 설명한 Sprite Renderer이고, 다른 하나는 Animator 컴포넌트다. 이에 관해서는 다음 절에서 자세히 살펴보겠다.

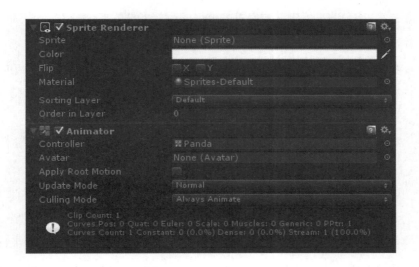

> Animation 폴더를 보면, 방금 생성한 애니메이션 파일 이외에 Panda(또는 Sweet-Tooth_Panda, 이 이름은 게임 오브젝트에서 따온 것이기 때문)라는 애니메이터 컨트롤러를 찾을 수 있을 것이다. PandaAnimatorController와 같이 그 사용 목적을 더 명확하게 설명하는 이름으로 바꾸는 것이 낫다. 이에 대해서는 4장 후반부에서 더 자세하게 설명하겠다.

애니메이터 컴포넌트

애니메이터 컴포넌트의 주요 기능은 애니메이터 컨트롤러에 대한 참조를 갖는 것이다. 애니메이터 컨트롤러는 애니메이션 클립이 어떻게 재생돼야 할지를 정의한다. 또한 그들을 언제, 어떻게 블렌드하거나/해 트랜지션^{transition}할 것인가를 제어한다. 컨트롤러에 대해서는 다음 절에서 자세히 알아보도록 하자.

애니메이터 컴포넌트에는 조절할 수 있는 파라미터가 있다. 중요한 것들을 살펴보자.

- **Controller**: 애니메이터 컨트롤러에 대한 참조이며, 가장 중요한 변수다. 설정하지 않으면 애니메이터 컨트롤러가 작동하지 않는다. 이전 그림에서 컨트롤러는 방금 만든 컨트롤러인 Panda(또는 이름을 변경한 경우 `PandaAnimator Controller`)로 설정된다.

- **Avator**: 3D 휴머노이드 캐릭터만을 위한 파라미터이므로 무시해도 된다(그렇지만 더 많은 것을 배우고 싶다면 4장 후반부의 '애니메이션에 대한 추가 정보' 절을 참조하길).

- **Apply Root Motion**: 이 부분도 무시할 수 있다(하지만 자세한 내용이 궁금한 분은 '애니메이션에 대한 추가 정보' 절을 참조하길).

- **Update Mode**: 애니메이터가 업데이트되는 시기와 사용할 타임스케일^{timescale}을 지정한다. Normal 모드는 업데이트 호출과 동기화된 컨트롤러를 업데이트하며, 애니메이터의 속도는 현재 타임스케일과 일치한다. 타임스케일이 느려지면 애니메이션도 그에 따라 느려진다. Animate Physics 모드는 물리 엔진에서 사용하는 FixedUpdate 호출과 동기화돼 애니메이터를 대신 업데이트한다. 예를 들어 캐릭터가 리지드바디^{rigid body}를 밀거나 당겨야 할 경우 (캐릭터에 대한 자세한 내용은 5장의 물리학을 참조하길) 유용하다. 마지막으로 Unscaled Time 모드는 Normal 모드처럼 애니메이터를 업데이트 호출과 동기화해 업데이트하지만 현재 타임스케일은 무시되고 항상 자체 속도의 100%로 재생된다. 예를 들어 이 모드는 게임을 일시 중지했지만, 일부 UI 또는 일시 중지 메뉴 자체는 계속 애니메이션되게 하고 싶을 때 유용하다.

- **Culling Mode**: 애니메이션의 컬링 모드를 지정한다(자세한 내용은 4장 후반부에 있는 '애니메이션에 대한 추가 정보' 절을 참조하길).

또한 애니메이터 컴포넌트 하단에는 사용 중인 애니메이터 컨트롤러에 대한 유용한 정보가 들어 있는 참고 노트가 있다. 현재 관련된 유일한 정보는 Clip Count로, 컨트롤러에서 사용하는 애니메이션 클립의 개수를 알려준다. 이 노트에 대한 자세한 내용은 '애니메이션에 대한 추가 정보' 절을 참조하길 바란다.

다른 애니메이션 클립 만들기

이제 남아 있는 판다의 Die, Eat, Hit에 해당하는 각각의 애니메이션 클립을 생성해야 한다. 이번에는 컨트롤러를 생성하지 않고 이 작업을 해보고자 한다. 우리에게는 두 가지 선택권이 있다. 첫 번째는 이전에 했던 것처럼 다른 그룹의 스프라이트를 Panda 게임 오브젝트로 드래그 앤 드롭하는 것이다. 이렇게 하면 유니티가 다시 애니메이션 클립의 이름과 위치를 요청하지만 다른 컨트롤러를 생성하지는 않는다. 이것이 가장 빠른 방법이다. 그러나 또 다른 방법이 있다. Animation 창과 엮여 있지만, 학습을 위해 이 두 번째 방법을 사용해 나머지 애니메이션 클립을 만들어보자.

새로운 방법을 사용하기 위해서 먼저 **Animation** 창을 열어야 한다(Window > Animation 탑 바 메뉴를 클릭하거나 단축키 Ctrl + 6를 사용한다). 그런 다음 Hierarchy 패널에서 Panda를 선택한다. 여기까지 끝나면 다음 스크린샷과 같이 보여야 한다.

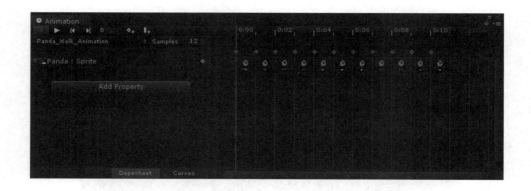

Animation 창을 통해 유니티 내에서 애니메이션을 생성할 수 있다. 키 프레임 사이의 보간 기술interpolation techniques을 사용해 각 프레임 사이의 위치 및 회전(다른 파라미터와 함께)을 연산한다. 또한 커브 에디터curve editor뿐만 아니라 녹음 기능을 지원한다. 2D 게임 개발 시, 우리의 경우처럼 애니메이션 스프라이트 시트를 사용한다면 (애니메이션을 미세 조정할 필요가 없는 한) 이것은 그다지 사용되지 않는다. 그런데도 다른 회사의 프로그램에서 애니메이션을 만들지 않아도 되므로 간과할 수 없는 중요한 툴이다. 또한 애니메이션 프로토타입 제작에도 유용하다. 불행히도 4장에서는 Animation 창에 관한 자세히 이야기를 나눌 공간이 부족하니 자세한 내용을 알고 싶은 독자는 공식 문서를 참조하기 바란다.

https://docs.unity3d.com/Manual/animeditor-UsingAnimationEditor.html

그러나 우리는 이 툴을 마련해둔 스프라이트를 가지고 애니메이션 클립을 생성하고 저장하는 데에만 사용할 것이다. 앞의 그림에서 알 수 있듯이, 마지막 섹션에서 이미 만든 Walk 애니메이션이 있다. 새로운 애니메이션 클립을 만들기 위해 Panda_Walk_Animation을 클릭하면 다음과 같은 드롭다운 메뉴가 나타날 것이다.

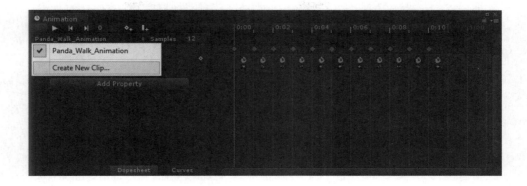

Create New Clip...을 클릭하면 유니티가 이 새 파일의 이름과 저장할 위치를 물을 것
이다. Panda_Die_Animation이라는 이름으로 Animations 폴더에 저장한다. 여기까지
끝내면 Animation 창은 다음과 같이 아무것도 없는 상태가 된다.

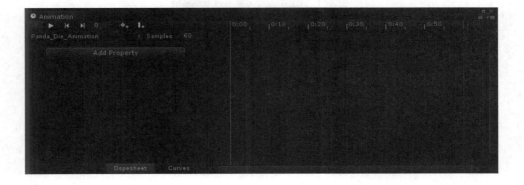

이제 Die 애니메이션용 스프라이트를 선택하고 창 안으로 드래그 앤 드롭한다. 이렇게
하면 스프라이트 애니메이션은 애니메이션 파일 내에 로드된다. Animation 창에서 보면
다음과 같다.

Hit와 Eat 애니메이션을 생성하기 위해 이 과정을 반복해야 한다. 다 끝나면 Animations 폴더에 다음과 같은 파일들이 있어야 한다.

한 가지 더. 그중 하나를 클릭하면 Inspector에서 애니메이션 반복 재생loop과 그 방법에 대한 옵션을 볼 수 있다. 이 옵션에는 애니메이션에 대한 특정 양의 데이터(예: 얼마나 많은 머슬muscles이 있는지)가 포함된 정보 박스도 있다(그러나 이것은 3D 애니메이션을 위한 정보이며 우리는 사용하지 않을 것이다).

우리가 만든 애니메이션이 전부 반복 재생돼야 하는 것은 아니다. 사실 Walk 애니메이션을 제외한 모든 애니메이션은 반복돼서는 안 된다. 그러니 다음과 같이 Inspector에서 Loop Time 변수의 선택을 해제하자.

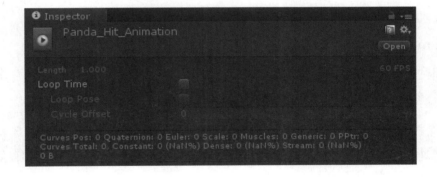

지금까지는 다 잘되고 있다. 더 진행하기 전에 Prefab 폴더에 PandaPrefab이라는 새로운 프리팹을 만들 것을 권한다. 그리고 Panda를 거기로 드래그하라.

애니메이터

잠에서 깨어난 순간부터 커피 만들기, 샤워하기, 직장 갈 준비하기 등 우리가 온종일 행하는 여러 유형의 모든 액션을 떠올려보자. 이 액션 각각은 다른 애니메이션을 가진다.

캐릭터도 마찬가지다. 대부분 게임에서 캐릭터나 기타 애니메이션된 오브젝트(동물, 나무 등)는 다양한 애니메이션을 가진다. 이전에 다뤘던 예제와 마찬가지로 각 애니메이션은 게임 플레이 도중에 다른 경우와 결합할 수 있다. 예를 들어 캐릭터가 서 있는 대기 상태일 때 움직임은 거의 없지만 여전히 숨은 쉬고 있을 것이다. 어떤 게임에서는 캐릭터가 오랜 시간 동안 유휴 상태로 유지되면 한쪽 발로 참을성 없이 때각거리는 소리를 내거나 전혀 예상치 못한 무언가, 전혀 다른 애니메이션 시퀀스가 트리거된다. 1인칭 슈팅 게임에서는 게임 환경 내의 오브젝트가 총알이나 힘(벽에 세게 부딪히는 것 같은) 등에 영향을 받을 수 있다. 그 결과 깨지거나, 금이 가거나, 열리거나, 심지어는 닫히기도 한다. 메카넘은 스테이트 머신을 보여주는 데 플로 차트와 비슷한 시각적 레이아웃 시스템을 사용한다. 그리고 메카넘을 이용하면 캐릭터나 오브젝트에 사용하고자 하는 애니메이션 클립을 제어하고 차례대로 배열할 수 있다. 이에 관해서는 나중에 더 자세히 논의하자.

Animator 창

애니메이터 창을 통해 유니티 내에서 애니메이터 컨트롤러 에셋을 생성하고, 보고, 수정할 수 있다.

이제 우리 게임에 쓸 애니메이션 파일이 전부 준비됐으니 이들을 의미 있는 방법으로 애니메이터 컨트롤러에 임베드해야 한다. PandaAnimatorController를 더블 클릭하면 Animator 창이 열리고 다음과 비슷한 화면이 나타날 것이다.

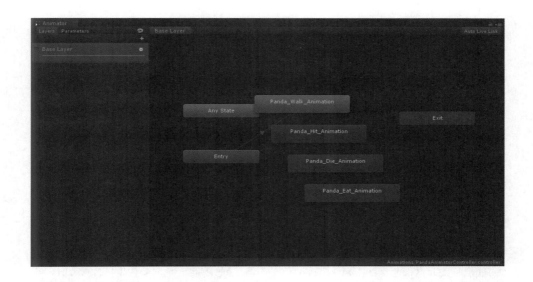

 앞의 그림과 같이 사각형 안에 Panda 애니메이션이 표시되지 않는 경우 컨트롤러에 링크된
애니메이션 창 없이 애니메이션 클립을 만들었기 때문일 것이다. 걱정하지 마라. 컨트롤러에
서 원하는 애니메이션 클립을 선택하고 Animator 창으로 드래그해서 추가하면 된다.

Animator 창은 크게 두 부분으로 나뉜다. 진한 회색 그리드가 있는 메인 섹션은 레이아웃
영역이다. 이 영역을 사용해 애니메이터 컨트롤러에서 스테이트^{state}를 생성, 정렬 및 연
결할 수 있다.

그리드를 우클릭해 새로운 스테이트 노드$^{state\ node}$를 만들 수 있다. 마우스 가운데 버튼 또
는 Alt / Option 키를 누르며 드래그하면 뷰를 이동할 수 있다. Inspector에서 노드를 편집
하기 위해 스테이트 노드를 클릭해 선택하자. 메인 섹션에서 스테이트 노드를 클릭하고
드래그해 스테이트 머신의 레이아웃을 다음 스크린샷과 같이 재정렬하자.

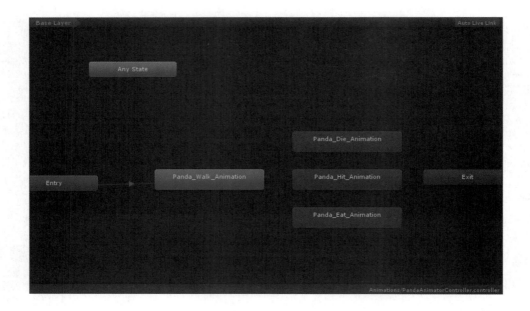

이런 식으로 스테이트 머신을 정리해두면 작업이 더 명확하고 깔끔해질 것이다. **Animator** 창의 두 번째 섹션은 왼쪽 창으로, **Parameters** 탭과 **Layers** 탭 사이를 전환하며 사용할 수 있다(레이어에 대해 자세히 알고 싶다면 4장의 '애니메이션에 관한 추가 정보' 절 안에 있는 '애니메이터 내의 레이어' 절을 참조하길). **Parameters** 탭에서는 애니메이터 컨트롤러 파라미터를 만들고, 보고, 편집할 수 있다. 여기에 있는 변수들은 여러분이 정의한 것이며, 스테이트 머신으로의 입력^{inputs}으로서의 역할을 한다. 이에 관한 자세한 내용은 곧 알아본다.

눈 모양 아이콘(다음 스크린샷에서 쉽게 찾을 수 있도록 빨간색 사각형으로 강조해둔 부분)은 켜거나 끄는 토글로, **Parameters** 및 **Layers** 사이드 창을 표시하거나 숨겨서 스테이트 머신을 보고 편집할 수 있는 여유 공간을 확보할 수 있게 한다.

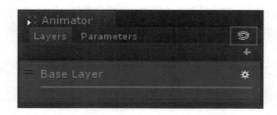

또한 오른쪽 위 모서리에 있는 자물쇠 아이콘(다음 스크린샷)을 이네이블^{enable}하면 Animator 창이 현재 스테이트 머신에 고정된다. 자물쇠 아이콘이 디세이블^{disable}된 경우, 다른 애니메이터 에셋 또는 게임 오브젝트를 클릭하면 Animator 창이 해당 애니메이터 컴포넌트의 스테이트 머신으로 전환돼 표시된다. 창을 잠갔을 때 좋은 점은 어떤 에셋이나 게임 오브젝트가 선택됐는지에 관계없이 Animator 창이 같은 스테이트 머신으로 유지되는 것이다.

유용한 또 다른 토글(자물쇠 아이콘 바로 아래에 있음)은 **Auto Live Link**다. 오토 라이브 링크는 런타임 시 작동 중인 머신을 보여준다. 여러분의 편의를 위해 다음 스크린샷에서 강조 표시돼 있지만, 우리가 구축하고 있는 머신을 테스트해야 할 때 더 자세히 설명하겠다.

앞에서 언급했듯이, 애니메이터 컨트롤러는 플로 차트 시스템이다. 구체적으로 말하자면 일종의 유한 스테이트 머신이다. 그런데 유한 스테이트 머신이란 무엇일까? 위키피디아에서 다음과 같이 설명하고 있다.

"유한 스테이트 머신$^{FSM, \text{ finite-state machine}}$, 또는 유한 오토마톤$^{FSA, \text{ finite-state automaton}}$, 복수형: 유한 오토마타$^{FA, \text{ finite automata}}$는 컴퓨터 프로그램과 순차 논리 회로를 디자인하는 데 사용되는 연산용 수학 모델이다. 줄여서 스테이트 머신이라고 부르기도 한다. 유한 스테이트 머신은 유한한 개수의 스테이트(상태)를 가질 수 있는 오토마타, 즉 추상 머신$^{\text{abstract machine}}$이라고 할 수 있다. 이러한 머신은 한 번에 오로지 하나의 스테이트만을 갖는다. 임의의 주어진 시간의 스테이트를 현재 스테이트$^{\text{current state}}$라고 한다. 이러한 머신은 이벤트 또는 조건에 의해 트리거될 때 한 상태에서 다른 스테이트로 변경될 수 있으며, 이를 트랜지션^{transition}(전환)이라 부른다. 특정 FSM은 자신의 스테이트 리스트 및 초기 스테이트, 그리고 각 트랜지션을 트리거하는 조건$^{\text{triggering condition}}$에 의해 정의된다."

우리의 경우에 한정하면, 여기서 말하는 스테이트(상태)는 애니메이션을 의미한다. 따라서 애니메이터가 특정 스테이트에 있다는 것은 그 애니메이터 컨트롤러와 연결된 게임 오브젝트가 특정 애니메이션을 재생하고 있다는 것을 의미한다. 지금은 이것이 명확하게 와닿지 않겠지만, 다른 부분에 대한 설명은 잠시 후로 미루겠다.

 이 책의 후반부에서 인공지능에 관한 이야기를 할 때 유한 스테이트 머신에 대해 조금 더 자세히 알아볼 것이다.

우리가 첫 번째 애니메이션 클립을 만들 때 유니티는 Animator 컨트롤러를 생성했다. 그러나 수동으로 생성해야 하는 경우에는 다음과 같이 하면 된다. Project 패널에서 우클릭한 후 Create › Animator Controller를 차례로 선택한다(Animations 폴더와 같이 의미 있는 폴더 내에 생성). 이름을 변경한 후 더블 클릭해 Animator 창에서 연다. 판다 애니메이션의 모든 스테이트를 이미 포함하고 있는 자동 생성 컨트롤러와는 달리, 여기에는 스테이트가 하나도 없다. 실제로 수동으로 임포트해야 한다. Panda의 경우, Project 패널에서 이전에 생성한 애니메이션 파일을 선택하고 Animator 창의 그리드로 드래그하면 된다. 기억하고 있겠지만 애니메이션 파일은 **Animation** 폴더에 저장했다. 드래그만으로 모든 스테이트를 움직일 수 있다는 것을 항상 기억하길 바란다. 스테이트를 재구성하면 작업이 시각화돼 가독성이 높아지기 때문에 유용하다.

자, 이제 더 깊이 파고들어 가 우리 판다용 애니메이션 머신을 실제로 구축하는 방법을 알아보자. 새로운 Animator 컨트롤러를 만들었다면 그건 버리고, 이전에 가지고 있던 컨트롤러로 시작해보자.

애니메이터 스테이트

애니메이션은 캐릭터에게 생명을 불어넣는다. 이를 위해 애니메이션 스테이트는 유니티 내에서 애니메이션 스테이트 머신^{Animation State Machine}을 위한 기반을 제공한다. 각 스테이트에는 달리기, 걷기, 오르기, 점프 등과 같은 개별 애니메이션 시퀀스(또는 블렌드 트리)를 포함한다. 캐릭터가 해당 스테이트에 있을 때 이 모든 애니메이션 시퀀스가 트리거되고 이어서 재생된다. 예를 들어 플레이어가 뛰는 동안 선반 위를 점프하는 것처럼, 게임 중 이벤트가 스테이트 트랜지션^{state transition}을 트리거하면 캐릭터는 새로운 스테이트로 옮아 가고, 해당 애니메이션 시퀀스로 동작이 전이한다.

애니메이터 컨트롤러에서 스테이트를 선택하면 해당 스테이트의 속성이 다음과 같이 Inspector에 표시된다.

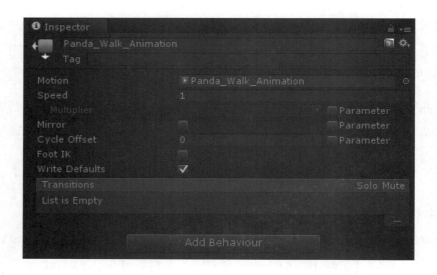

속성 및 그에 따른 기능은 다음과 같다.

- **Name**: 애니메이터에서 스테이트를 참조하는 방법이며 스테이트 제일 위에 표시된 이름이기도 하다. 애니메이션에서 자동으로 생성된 경우, 애니메이션 클립과 같은 이름이 디폴트로 설정된다. 실제로 우리가 만든 4개의 판다 스테이트는 각각 해당 애니메이션 클립과 같은 이름이다.

- **Tag**: 스테이트 또는 그 집합을 식별하는 또 다른 방법이다. 스크립트에서 애니메이션 머신을 제어해야 할 때 유용하다. 우리는 사용하지 않을 것이므로 공란으로 남겨둔다.

- **Motion**: 이 스테이트에 할당된 애니메이션 클립으로, 예를 들어 이전에 생성한 Panda_Walk_Animation 또는 Panda_Die_Animation과 같은 애니메이션 클립 중 하나가 스테이트에 할당된다(실제로는 블렌드 트리가 될 수도 있다. 4장 후반부에 있는 '애니메이션에 대한 추가 정보' 절을 참조하기 바란다).

- **Speed**: 애니메이션의 기본 속도다. 예를 들어 뛰는 애니메이션의 경우, 애니메이션의 기본 속도가 원하는 것보다 너무 느려서 속도를 높여야 할 수도 있다. 이때 **Speed** 값을 변경하면 애니메이션을 더 빠르게 재생할 수 있다.

- **Multiplier**(승수, 곱하는 수): 속도를 증가시키거나 감소시키기 위해 Speed에 곱한 숫자다. 그 옆에는 파라미터 체크박스가 있다. 이 숫자를 애니메이터 파라미터로 변환 할 수 있게 해준다(multiplier는 독립적인 값을 가질 수 없으며 float 파라미터에 링크된다는 것에 유의하자). 이러한 방식으로, 우리는 **Speed** 설정을 건드리지 않고도 일부 애니메이션의 속도를 제어할 수 있다(전부 같은 파라미터에 연결돼 있는 경우).

- **Mirror**: 스테이트를 미러링해야 하는지를 결정한다. 즉, 애니메이션 클립을 왼쪽에서 오른쪽으로, 또는 그 반대로 거울에서 보이는 것처럼 재생해야 하는지를 결정한다. 이것은 3D 휴머노이드 애니메이션에만 적용할 수 있으므로 다루지 않겠다. Boolean 파라미터로 변환할 수 있다.

- **Cycle Offset**: 애니메이션 루프가 다른 지점에서 시작해야 하는지를 결정하며, 이 값은 애니메이션 시작 부분에서의 오프셋을 나타낸다. 또한 **Multiplier**의 역할을 하며 파라미터로 설정할 수도 있다.

- **Foot IK**: 다리^{Foot}의 인버스 키네마틱^{IK}을 이 스테이트에서 사용할지를 결정한다. 이것 역시 3D 휴머노이드 애니메이션에 적용되는 것이므로 다루지 않겠다.

- **Write Defaults**: AnimatorStates가 모션에 의해 애니메이션화되지 않는 속성에 의해 디폴트 값$^{default value}$으로 다시 돌아갈지를 결정한다. 기본적으로 true로 설정되지만, 선택을 해제하면 스테이트의 애니메이션화되지 않는 속성이 이전에 가지고 있던 값을 그대로 유지한다.[1]

- **Transitions**: 이 스테이트에서 비롯된 트랜지션 리스트다. 어떤 조건하에 이 스테이트가 다른 스테이트로 변경되는지 식별하는 것과 같다. 전환에 대해서는 다른 절에서 더 자세히 살펴볼 것이다.

---

1 속성의 디폴트 값이란 쉽게 설명하면 애니메이터가 처음 작동했을 때의 위치나 파라미터를 말한다. 애니메이션 클립이 변경하는 오브젝트나 좌표의 파라미터를 사전에 보관해두었다가, 특히 애니메이션 키가 설정되지 않으면, 그 값을 기준으로 블렌드된다. 즉, Write Defaults는 애니메이션 키가 설정되지 않은 항목은 디폴트 값을 사용한다는 뜻으로 생각해도 무방할 것이다. 반대로 선택을 해제하면 해당 스테이트는 디폴트 값에 의한 덮어쓰기가 없어져 마지막에 애니메이션된 위치가 그대로 사용된다. - 옮긴이

- **Add Behaviour**: 이 버튼에 대한 설명은 4장 후반부에 있는 '애니메이션에 대한 추가 정보' 절을 참조하기 바란다.

갈색으로 표시된 디폴트 스테이트는 머신이 처음 작동될 때의 스테이트다. 변경하고 싶은 경우에는 원하는 스테이트를 우클릭하면 컨텍스트 메뉴가 나오는데, 이 중에서 **Set As Layer Default State**를 선택하면 된다.

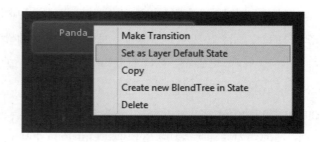

우리의 경우, 디폴트 스테이트는 Panda_Walk_Animation 스테이트이므로 제대로 선택돼 있는지 확인하기 바란다. 또한 새 스테이트를 추가하려면 Animator Controller 창에서 빈 공간을 우클릭하면 컨텍스트 메뉴가 나오고, 여기에서 **Create State ❯ Empty**를 차례대로 선택한다. 이미 지적했듯이 스테이트를 생성하는 또 다른 방법은 애니메이션을 Animator Controller 창으로 드래그하는 것이다. 이렇게 하면 드래그한 애니메이션을 포함하는 스테이트를 생성하게 된다.

우리가 만든 판다의 애니메이션 스테이트는 특별히 설정을 조정하지 않아도 된다. 따지고 보면, 우리가 만들고 있는 것은 크고 복잡한 3D 애니메이션 머신에 비해 상대적으로 단순한 유한 스테이트 머신이다. 그러나 우리가 가지고 있는 네 가지 애니메이션 중 하나가 너무 빠르거나 느리다면 언제든지 선택해 속도를 변경하기 바란다. 이러한 경우에 대해서는 스테이트 머신에 관한 공부를 마치는 마지막 단계에서 다루고자 한다. 판다 애니메이션 전체를 더 이해하고 완벽하게 파악한 다음에 이를 개선하기 위해 값을 조정하는 것이 더 낫기 때문이다. 예를 들어 나는 Walk, Hit, Eat 애니메이션 속도를 25%로 낮쳤다. 여기서 말하는 25%는 0.25의 속도를 의미한다. 반면 Die 애니메이션의 경우에는 0.2를 사용했다. 보통 이러한 값에 대한 감각은 시행착오를 통해 배우게 된다.

 컨트롤러에는 메카님 애니메이션만 드래그할 수 있다. 메카님 애니메이션이 아닌 것은 거부된다. 게다가 스테이트가 한 개의 애니메이션 클립만 포함할 필요는 없다. 실제로 블렌드 트리도 포함할 수 있다. 더 자세한 내용은 4장 후반부에 있는 '애니메이션에 대한 추가 정보' 절을 참고하기 바란다.

특수한 스테이트

애니메이터 머신에는 다음 스크린샷과 같은 몇 가지 특수한 스테이트가 있다.

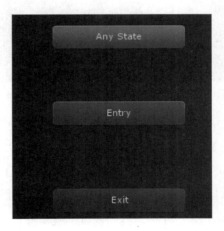

Any State는 언제나 존재하는 특수한 스테이트다. Any State는 트랜지션의 끝이 될 수 없다. 예를 들어 다음 트랜지션 대상으로 임의의 스테이트를 선택하기 위한 수단으로는 Any State를 사용할 수 없다. Any State는 현재 어떤 스테이트에 있는지에 영향을 받지 않고, 특정 스테이트로 트랜지션하고자 하는 경우를 위해 존재한다. 이것은 머신의 모든 스테이트에 같은 외부 트랜지션 대상을 추가하는 더 간단한 방법이기도 하다. Entry와 Exit는 애니메이션 스테이트 머신의 시작과 끝을 결정하는 스테이트다.

그 외에도 서브 머신(sub-machines)을 핸들링하는 특수한 스테이트가 있다. 자세한 내용은 4장 후반부에 있는 '애니메이션에 대한 추가 정보' 절을 참조하기 바란다.

애니메이터 파라미터

앞서 소개한 것처럼 Animator 창의 왼쪽에는 두 개의 탭이 있다. 하나는 여기서 다루지 않는 Layers(4장 후반부의 '애니메이터 내의 레이어' 절을 참고하길)고, 다른 하나는 지금부터 설명할 Parameters다.

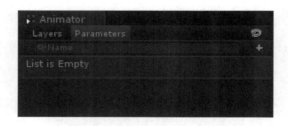

애니메이션 Parameters는 Animator Controller 내에서 정의된 변수다. 이 파라미터는 스크립트를 통해 그 값이 할당되거나 접근할 수 있다. 즉, 스크립트를 통해 스테이트 머신의 흐름에 영향을 주거나 제어할 수 있다. 예를 들어 스크립트는 애니메이션이 얼마나 빨리 재생돼야 하는지를 나타내는 파라미터를 설정할 수 있다. 뛰기와 걷기가 있다고 해보자. 이 둘은 같은 애니메이션을 그냥 서로 다른 속도로 재생하는 것일 수 있다. 더 정교한 작동을 생각해보면, 플레이어의 입력을 속도에 대한 파라미터로 받아 만들어 놓은 걷기 애니메이션을 그 속도에 따라 걷기로도 뛰기로도 만들 수 있다(더 정교한 작동을 생각해보면, 플레이어의 입력에 따라 걷기 애니메이션과 뛰기 애니메이션 사이를 전환하는 조건으로 같은 파라미터를 사용할 수 있다).

파라미터를 추가하려면 다음 스크린샷에서 강조돼 있는 + 버튼을 클릭하자.

 파라미터를 삭제하려면 리스트에서 파라미터를 선택하고 Delete 키를 누르면 된다.

그러면 추가하고 싶은 파라미터의 종류를 묻는 드롭다운 메뉴가 나타난다.

파라미터에는 네 가지의 기본 타입이 있다.

- **Int**: 정수(모든 자연수)
- **Float**: 부동 소수점, 소수 부분이 있는 숫자
- **Bool**: true 또는 false 값(체크박스로 표시된다)
- **Trigger**: 트랜지션에 의해 쓰이면 컨트롤러에 의해 리셋되는 boolean 파라미터 (동그라미 버튼으로 표시된다)

파라미터는 Animator 클래스의 함수를 사용해 스크립트에서 그 값을 할당할 수 있다. SetFloat( ), SetInt( ), SetBool( ), SetTrigger( ) 및 ResetTrigger( )와 같은 이름만 봐

도 그 역할을 알 수 있는 함수가 이에 속한다.

앞서 살펴본 대로 파라미터는 트랜지션 조건 또는 심지어는 스테이트 변수state variables(예: 속도 배수Speed Multiplier)에 연결돼 스크립트로 제어될 수 있다. 게임의 여주인공이 말을 타고 있다고 가정해보자. 이때 플레이어가 말에 박차를 가하는 정도에 따라 달리는 말 애니메이션의 속도 배수와 연결된 float 파라미터를 스크립트에서 변경할 수 있다. 결과적으로 (플레이어가 여주인공을 제어하는 경우) 플레이어의 입력에 따라 실시간으로 달리는 말 애니메이션이 변경되고, 말은 그 속도에 따라 빨라질 것이다.

그러나 우리가 만드는 타워 디펜스 게임의 경우에는 세 개의 트리거가 필요하다. 첫 번째는 판다가 공격당했을 때, 두 번째는 판다가 끝에 도착해서 케이크를 먹을 때, 그리고 마지막으로는 스프링클에 맞아서 죽을 때 필요하다. 각각 이름을 HitTrigger, EatTrigger 및 DieTrigger로 정하자. 여기까지 마치면 다음과 같이 보여야 한다.

ⓘ 물론 이것이 이 시스템을 구현하는 유일한 방법은 아니다. 나중에 나오는 '스테이트 머신 비헤이비어' 절에서 스테이트에서의 비헤이비어(behaviours)를 어떻게 사용하면 될지 배운다. 이 새로운 기술을 익힌 다음, 얼마나 잘 숙지하고 있는지 테스트 삼아 '숙제' 절에서 다른 방식으로 구현해보자.

애니메이터 트랜지션

트랜지션을 통해 유한 스테이트 머신의 한 스테이트에서 다른 스테이트로 옮겨 갈 수 있다. 트랜지션은 특정 조건이 충족될 때 트리거된다. 이름에서 알 수 있듯이 현재 스테이트가 대상 스테이트로 어떻게 변하는지, 그리고 이 두 스테이트를 매끄럽게 전환하기 위해 병합해야 하는지를 처리한다.

트랜지션은 두 스테이트 사이에 단방향 화살표로 표시된다. 두 스테이트 사이에 새로운 트랜지션을 만들려면 트랜지션을 시작하는 스테이트(여기서는 Panda_Walk_Animation)에서 우클릭하고 Make Transition을 다음 스크린샷에서처럼 선택하자.

그런 다음 다른 스테이트를 클릭하면 두 스테이트 사이에 트랜지션이 만들어진다. 이 예에서는 다음 스크린샷과 같이 Panda_Walk_Animation에서 Panda_Hit_Animation으로 트랜지션한다.

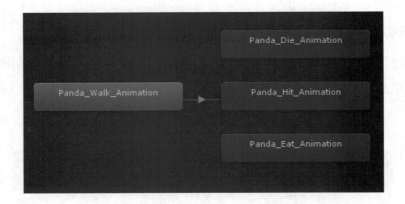

트랜지션 세팅

화살표를 클릭하면, 다음 스크린샷과 같이 Inspector에서 트랜지션 세팅/속성을 볼 수 있다.

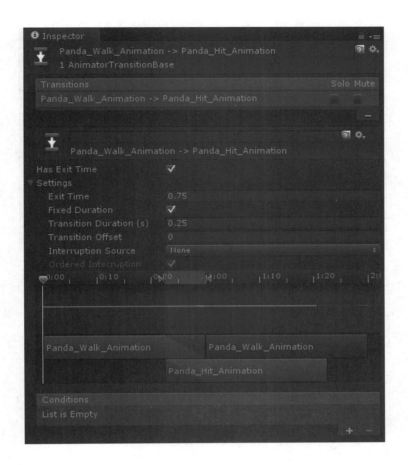

원한다면 다음 스크린샷에 표시된 필드에 이름을 입력해 트랜지션에 이름을 지정할 수 있다(입력이 끝난 다음에는 반드시 Enter 키를 눌러야 확정된다).

이렇게 하면 변경한 이름이 그 트랜지션을 포함한 스테이트에 다음 스크린샷과 같이 표시될 것이다(우리의 경우에는 Panda_Walk_Animation 스테이트의 Inspector에서 볼 수 있다).

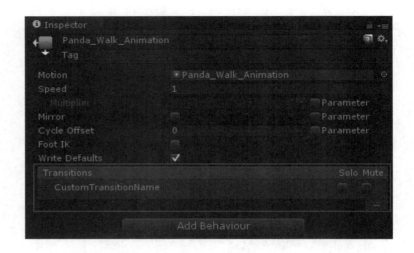

트랜지션의 이름 변경은 여러분이 원하는 대로 하면 된다. 어떤 사람은 적절한 이름을 주고 싶어도 하며, 또 어떤 사람은 디폴트 이름인 initial(초기) 및 final(최종) 스테이트를 그대로 쓰기도 한다. 그러나 이름을 바꾸기로 했다면 이름이 길더라도 괜찮으니 의미 있는 이름으로 하자.

각 설정이 의미하는 바를 더 잘 이해하기 위해 각각에 대한 설명을 하겠다. 일부는 곧 설명하게 될 특정 조건이 성립될 때 이뤄진다는 점을 기억해두기 바란다.

- **Has Exit Time**: 이 값이 true로 설정되면 **Exit Time** 변수에 지정된 시점에서만 트랜지션이 발생된다.

- **Exit Time**: Has Exit Time이 이네이블된 경우에만 사용할 수 있으며, 이 값은 트랜지션이 적용되는 정확한 시간을 나타낸다. 이것은 정규화된 시간(백분율 값)으로 표현된다. 예를 들어 **Exit Time**이 0.65이면 애니메이션의 65%가 재생된 첫 번째 프레임에서 **Exit Time** 조건이 true가 된다. 다음 프레임에서 조건은 false가 된다. 루프[loop]되는 애니메이션의 경우, exit time이 1 미만인 트랜지션은 애니메이션이 반복될 때마다 조건을 평가한다. 따라서 이를 사용해 애니메이션이 반복될 때마다 적절한 타이밍에 전환할 시간을 정할 수 있다. exit time이 1보다 큰

트랜지션은 한 번만 평가되므로 고정된 횟수만큼 애니메이션을 반복한 후 특정 시간에 종료하는 데 사용할 수 있다. 예를 들어 exit time이 4.5인 트랜지션은 4번 반만큼 반복한 다음 한 번 평가된다.

- **Fixed Duration**: 체크돼 있으면, 트랜지션 타임은 초 단위로 변환된다. 그렇지 않으면 0과 1 사이의 백분율(정규화된 시간)로 변환된다. 예를 들어 0.5는 50%를 나타낸다.

- **Transition Duration**: 트랜지션의 지속 시간이다. 또한 해당 트랜지션 그래프에서 두 개의 파란색 마커 사이의 길이를 결정한다(다음 절 참조).

- **Transition Offset**: 애니메이션이 트랜지션되는 목적지 스테이트의 재생이 시작되는 시점의 오프셋이다. 예를 들어 값을 0.4로 하면 목적지 스테이트가 해당 타임라인의 40% 시점에서 재생되기 시작한다.

- **Interrupt Source**: 트랜지션을 중단할 수 있는 조건을 지정할 수 있다. 특히 다섯 가지 모드 중 선택할 수 있다.

  ○ **None**: 이 트랜지션은 현재 스테이트와 대상 스테이트 모두에서 트랜지션 조건이 true면 현재 스테이트가 우선된다. 예를 들어 두 개의 트랜지션이 트리거 준비가 돼 있다고 하자. 이때 하나는 현재 스테이트에 있고 다른 하나는 대상 스테이트에 있는 경우, 현재 스테이트에 있는 첫 번째 트랜지션이 트리거되고 현재 재생 중인 트랜지션이 중단된다.

  ○ **Next State then Current State**: 현재 스테이트 또는 다음 스테이트의 트랜지션에 의해 중단될 수 있다. 그러나 Current State then Next State와는 반대로, 트랜지션이 현재 스테이트와 다음 스테이트 모두에서 동시에 true면, 다음 스테이트가 우선된다.

    (이해를 돕기 위해 현재 스테이트를 X, 목적지 스테이트를 Y, 그 사이의 트랜지션을 f 라고 하겠다. - 옮긴이)

  ○ **None**: f는 어떠한 상황에서도 중단시킬 수 없다.

  ○ **Current State**: X에 정의된 트랜지션만 f를 중단할 수 있다.

- Next State: Y에 정의된 트랜지션에 의해서만 중단될 수 있다. 따라서 Y에 트리거가 준비된 트랜지션(편의상 r이라고 한다. – 옮긴이)이 있다면 f는 중단되고 r이 트리거된다.

- Current State then Next State: X 또는 Y에서 정의된 트랜지션에 의해 중단될 수 있다. 그러나 X 와 Y 모두에서 트랜지션 조건이 true가 되면 X가 우선된다. 예를 들어 X에 있는 트랜지션 x와 Y에 있는 트랜지션 y가 둘 다 트리거될 준비가 돼 있다고 하자. 그러면 f는 중단되고 트랜지션 x가 트리거된다.

- Next State then Current State: X 또는 Y에서 정의된 트랜지션에 의해 중단될 수 있다. 그러나 Current State then Next State와는 반대로, Y에 정의된 트랜지션이 우선된다.

- Ordered Interruption: 이것은 현재 트랜지션이 그 순서order에 관계없이 다른 트랜지션에 의해 중단될 수 있는지를 설정한다.

이제 트랜지션을 만들 수 있으므로 가독성을 높이기 위해 유한 스테이트 머신을 자주 재배열하는 것을 잊지 말길 바란다. 모든 트랜지션이 잘 보이도록 스테이트를 배치해야 하며 이상적으로는 서로 교차하지 않아야 한다.

트랜지션 그래프

트랜지션 그래프는 이전 절에서 다뤘던 세팅 바로 아래에 있다. 바로 전에 나열했던 속성을 시각적인 방식을 통해 조정할 수 있는 유용한 방법이다.

트랜지션 세팅은 다음의 두 가지 방법 중 하나로 수동 조정된다. 하나는 이전에 본 필드에 숫자를 입력하는 방법이다. 다른 하나는 트랜지션 다이어그램을 사용하는 것으로, 시각적 요소visual elements를 조작할 때 값이 수정된다.

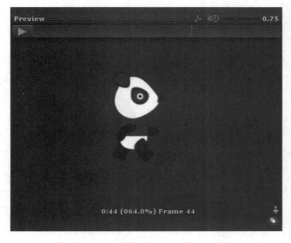

명확한 타임라인이 있는 트랜지션 그래프. 어떻게 트랜지션이 일어날지 시각적 방식을 통해 조정할 수 있다.

위의 다이어그램에서 다음을 수행할 수 있다.

- out 마커를 드래그해 Transition Duration을 변경한다.
- in 마커를 드래그해 Transition Duration과 Exit Time을 변경한다.
- 그래프 아래쪽에 표시된 애니메이션 클립을 드래그해 Transition Offset을 조정한다.
- playback 마커를 드래그해 트랜지션을 프리뷰preview하고 프레임 단위로 탐색해 애니메이션 클립이 블렌딩되는 방식을 조정한다. 미리보기 창은 Inspector 맨 아래에 있다.

미리보기 창에서는 애니메이션을 회전, 스케일 및 재생할 수 있다. 뿐만 아니라 피벗 포인트(3D 모델의 경우 질량 중심)를 표시하고 미리보기를 재생할 타임스케일을 변경할 수도 있다.

> ⓘ 트랜지션이 블렌드 트리를 두 스테이트 중 하나(또는 둘 다)를 포함하면 블렌드 트리 파라미터가 트랜지션 그래프에도 나타난다. 4장 후반부에 있는 '애니메이션에 대한 추가 정보' 절에서 트리를 블렌딩하는 방법에 대해 조금 더 자세히 알아볼 것이다.

트랜지션 조건

지금까지 많은 트랜지션 세팅을 봤지만 트랜지션은 언제 실제로 트리거되는 것일까? 세팅 맨 아래에 Conditions이 있는 이유가 바로 이 때문이다. 다음 스크린샷에서 조건들을 볼 수 있다.

조건을 추가하려면 + 버튼을 누르면 된다. 제거는 없애고 싶은 것을 선택하고 − 버튼을 클릭하면 된다. 또한 왼쪽 핸들을 드래그해 순서를 바꿀 수도 있다. 그러나 이때 변경한 순서는 트랜지션의 로직에는 어떤 영향도 미치지 않는다(단순히 구현과 어쩌면 프로젝트의 가독성을 위한 것이다).

이러한 조건은 파라미터와 비교해 조건의 충족 여부를 판단하게 할 수 있다. float 파라미터의 경우, 고정 숫자와 대조해 파라미터의 값이 고정 숫자보다 Greater 또는 Less인 경우 조건이 충족된다. int 파라미터의 경우, 고정 숫자와 대조해 Greater, Less, Equals, NotEqual 중 하나를 충족하도록 할 수 있다. 대신 Bool은 true 또는 false를 충족 요건으로 한다. 마지막으로 trigger는 다른 것과 비교할 수는 없지만, 조건이 트리거됐는지 확인한다.

다음은 네 가지 파라미터 모두를 사용한 조건의 예다.

모든 조건은 그 순간에만 트랜지션이 실행/수행된다는 점에 유의하기 바란다. 조건이 없는 트랜지션은 Exit Time에 지정했던 시간이 되면 트리거된다.

 만약 Has Exit Time에 체크가 안 돼 있고 트랜지션 조건이 없으면, 유니티는 트랜지션을 무시한다. 마치 트랜지션 자체가 존재하지 않는 것처럼 보인다.

이제 트랜지션을 설정하는 방법에 대해 배웠으니, 다음 절에서는 이들을 테스트하기 위한 유용한 기능을 살펴보자.

트랜지션 테스트하기

트랜지션을 테스트해야 하는지를 알 수 있는 두 가지 유용한 기능이 있다. 첫 번째는 Solo이고, 두 번째는 Mute다. 트랜지션을 선택하면 Inspector 상단에 보인다.

하지만 Solo와 Mute를 다른 방식으로 설정할 것을 추천한다. 사실 스테이트를 선택하면 Inspector에서 해당 스테이트의 모든 트랜지션의 Solo 및 Mute 기능을 볼 수 있다. 이렇게 하면 다음에 보이는 그림처럼 한 번에 그 스테이트의 모든 트랜지션을 편하게 보고 설정할 수 있다(이 그림에 있는 모든 트랜지션을 다음 절에서 만든다).

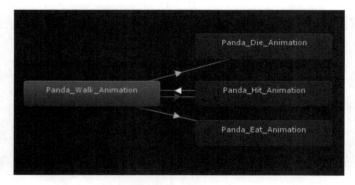

Mute 체크박스를 선택하면 해당 트랜지션이 완전히 무시된다. 반면 Solo 체크박스를 선택하면 다른 모든 트랜지션이 Mute로 설정된 것으로 간주된다. 또한 Animation 창에서 Mute 트랜지션은 빨간색으로 표시되고 Solo 트랜지션은 초록색으로 표시된다.

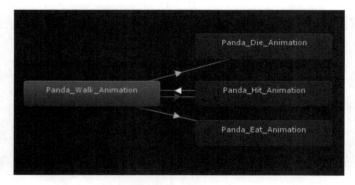

Solo 및 Mute 트랜지션의 예

여러분이 읽고 있는 이 책이 종이 책이라면 (흑백일테니) 그림에 대해 잠시 설명하겠다. Panda_Walk_Animation에서 Panda_Hit_Animation으로의 트랜지션은 Mute 트랜지션으로 화살표는 빨간색이다. Panda_Walk_Animation에서 Panda_Die_Animation 및 Panda_Eat_Animation으로의 트랜지션은 모두 Solo 트랜지션이고 화살표는 초록색이다. 나머지 하나는 Mute도 Solo 트랜지션도 아니므로 흰색이다. 그러나 이것은 단지 예일 뿐이니 여러분 각자에게 가장 잘 맞는 방법으로 테스트해보길 바란다.

한 가지 덧붙이자면, 공식 문서에 나와 있는 Solo 및 Mute 기능에 대한 경험을 통해 얻은 법칙은 다음과 같다.

> "기본적인 경험 법칙은 하나의 Solo가 체크된 경우, 그 스테이트의 나머지 트랜지션은 Mute된 것이다. Solo와 Mute 모두 체크된 경우라면, Mute가 우선한다."

마지막으로 지금 이 글을 쓰고 있는 시점에서 한 가지 알려진 이슈가 있음을 알려두는 바이다(언제나 공식 문서에서 발췌한다).

> "현재 컨트롤러 그래프는 엔진의 내부 mute 스테이트를 항상 반영하지는 않는다."

판다의 애니메이션 스테이트 머신

지금까지 메카님 시스템을 사용하는 방법에 대해 배웠으므로, 이제는 우리 판다의 애니메이션을 위한 완벽한 컨트롤러를 만들어보자. 다음 스크린샷은 컨트롤러가 일단 완성됐을 때의 모습이다.

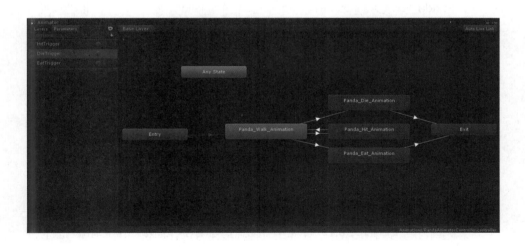

보다시피 네 가지 트랜지션이 있으며, 우리가 만든 것은 하나뿐이다. 그러므로 모든 것을 적절하게 설정해야 하기 위해 다음과 같은 방식으로 트랜지션을 작성하고 완료하기 바란다.

- Panda_Walk_Animation에서 Panda_Hit_Animation: 판다가 걷다가 스프링클에 맞으면 Hit 애니메이션을 재생한다. 이를 위해서 HitTrigger를 조건으로 추가하고 walk 루프가 돌아가는 동안 임의의 순간에 트랜지션을 트리거하도록 Has Set Time을 선택 해제하자. 또한 트랜지션이 바로 일어나도록 Transition Duration을 0으로 설정하고, Hit 애니메이션이 첫 번째 프레임부터 재생되도록 Transition Offset을 0으로 설정하자.

- Panda_Hit_Animation에서 Panda_Walk_Animation: 판다가 스프링클에 맞더라도 죽기 전까지는 플레이어의 케이크 쪽으로 다시 걸어갈 것이다. 결과적으로 애니메이션이 끝나자마자 Panda_Hit_Animation 스테이트에서 판다를 복구해야 한다. 이를 위해서 Has Exit Time을 true로 설정하고, Transition Duration과 Transition Offset을 0으로 설정해보자. 이렇게 하면 트랜지션이 순간적으로 이뤄진다.

- Panda_Walk_Animation에서 Panda_Eat_Animation: 판다가 마침내 플레이어의 케이크에 도착하면 판다는 케이크를 먹기 시작하고 너무 많이 먹으면 폭발할 것이다! 그러므로 트랜지션하기 위해 EatTrigger로 트리거해야 한다. 즉, EatTrigger를 조건에 추가하고 Has Exit Time을 선택 해제하자. 또한 모든 판다용 트랜지션은 즉각적으로 이뤄져야 하므로, Trasition Duration과 Transition Offset 모두를 0으로 설정하자.

- Panda_Walk_Animation에서 Panda_Die_Animation: 우리의 판다는 스프링클이 내뿜는 화염에 견디기 어렵다. 더는 지탱할 수 없게 되면 죽을 것이며 플레이어의 케이크는 그대로 남는다. Die 트랜지션은 DieTrigger에 의해 트리거되며 조건에 이를 추가해야 한다. 앞서 설명한 대로 즉각적인 트랜지션을 위해 Has Exit

Time은 선택 해제하고, Trasition Duration과 Transition Offset은 모두 0으로 설정한다.

- Panda_Die_Animation에서 Exit: 판다가 죽으면 이를 없애야 한다. Exit 스테이트로 넘어가게 되면 (하위 머신이 없으므로) 컨트롤러가 스테이트/노드로부터 다시 시작하게 된다. 이런 일이 일어나기 전에 판다를 파괴destroy하는 방법에 대해 알아보자. 이 애니메이션이 다른 어떤 스테이트로 넘어가도 상관없다. 하지만 exit를 선택하는 것이 논리적으로 이해하기 쉽고, 이를 통해 컨트롤러의 가독성이 향상된다. 앞선 경우와 마찬가지로 트랜지션은 즉각적으로 일어나야 하므로 Trasition Duration과 Transition Offset은 0으로 설정한다. 하지만 애니메이션이 끝나자마자 이 트랜지션을 트리거해야 하므로 Has Exit Time은 true로 설정하자.

- Panda_Eat_Animation에서 Exit: Panda_Die_Animation에서 Exit와 같은 경우다. 판다는 너무 많이 먹으면 폭발할 것이고, 현장에서 이 판다는 제거돼야 한다. Has Exit Time을 선택 체크하고 Trasition Duration과 Transition Offset은 0으로 설정하자.

판다의 애니메이션 스테이트 머신 테스트

다음 절로 넘어가기 전에 지금까지 했던 작업이 제대로 작동하는지 확인해야 한다. 하지만 전체 시스템은 게임 구축이 끝나야만 완료된다. 따라서 컨트롤러를 테스트하는 현명하고 빠른 방법을 찾아야 한다. 가장 쉬운 방법은 새로운 씬을 만들고 판다 프리팹을 드래그 앤 드롭하는 것이다. 그런 다음 세 개의 버튼이 있는 UI 인터페이스를 만든다. 다음 스크린샷과 같이 버튼의 Text를 Trigger Die Animation과 Trigger Hit Animation, Trigger Eat Animation으로 변경하자.

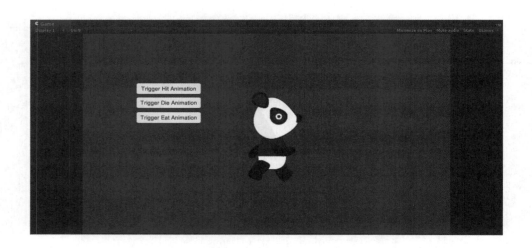

3장에서 배웠듯이 버튼에는 OnClick( ) 이벤트가 있다. 즉, 버튼을 누르면 일부 함수를 불러올 수 있게 된다. 사실 앞에서는 이 기능을 사용할 기회가 없었으나 5장에서 UI 이벤트에 대해 더 많은 작업을 하게 될 것이다.

일단 지금은 이 세 가지 버튼 모두를 선택하고 OnClick( ) 이벤트의 오른쪽 하단에 있는 + 버튼을 클릭하자.

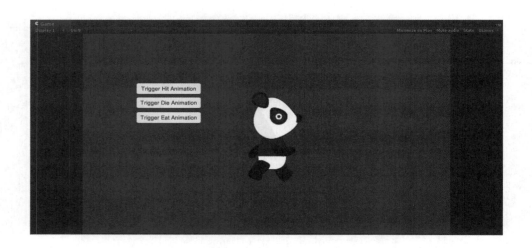

새로운 이벤트가 다음 스크린샷과 같이 나타난다.

Hierarchy 패널의 판다를 오브젝트 변수로 드래그하면 다음과 같이 된다.

드롭다운 메뉴에서 **Animator ❯ Set Trigger(string)**를 차례대로 선택하자. 이 방법으로 애니메이터의 트리거를 설정할 수 있다. 그 결과는 다음과 같아야 한다.

이제 각 버튼을 개별적으로 선택해 각각에 맞게 트리거를 할당한다. 예를 들어 Trigger Die Animation 버튼에는 다음 스크린샷과 같이 DieTrigger를 기입해야 한다.

Set Trigger(string) 함수는 문자열을 사용하기 때문에 가장 좋은 방법은 아니지만, 테스트가 목적이므로 사용해도 괜찮다. 사실 이 함수는 괜찮은 정도가 아니라 그 이상의 역할을 한다. 다음 절에서 Animator를 제어하는 스크립트를 만들 때 해시(hash)를 사용해 Animator 파라미터를 숫자로 참조하는 효율성을 높이는 방법에 대해 살펴볼 것이다.

여기까지 끝나면 세 가지 버튼이 각각 판다의 트리거 역할을 하게 된다. Play를 누르면 걷고 있는 판다를 볼 수 있다. 그런 다음 트리거용 버튼 중 하나를 클릭하면 Animator에서 트랜지션을 트리거하고 판다의 스테이트/애니메이션이 변경되는 것을 확인할 수 있다. 이를 통해 트랜지션이 제대로 작동하는지 테스트할 수 있게 된 것이다. 여러분의 니즈에 맞춰 애니메이션 속도 또는 트랜지션 그래프와 같은 파라미터를 마음껏 자유롭게 조정해보자.

Animator 창을 다룰 때 나왔던 Auto live link를 기억하는가? Play 모드에 있으면 바로 활성화할 수 있다. 이를 통해서 Animator 창에서 머신의 스테이트를 시각적으로 표현할 수 있다.

예를 들어 다음 스크린샷처럼 walk 루프가 돌아가고 있는 동안 애니메이션 진행 상황을 보여주는 바bar를 볼 수 있다. 애니메이터 컨트롤러를 조정하는 데 큰 도움이 된다.

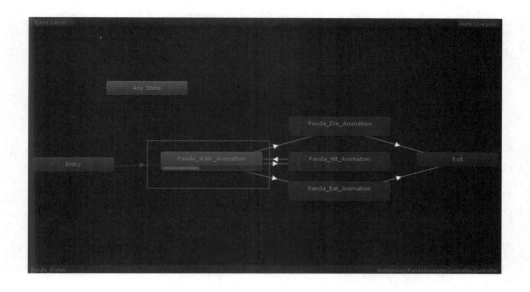

자, 이제 변경 사항에 만족하고 적용한 다음에는 원한다면 씬을 저장하고 메인 씬으로 돌아오자. 이제부터는 판다를 위한 스크립트 한두 가지를 만들어보겠다.

애니메이션 스크립트

드디어 판다와 관련된 모든 애니메이션과 트리거를 기반으로 변경되는 컨트롤러가 준비됐다. 하지만 지금 당장은 애니메이터의 트리거를 설정하지 않을 것이다(다른 씬에서 만든 UI 테스트 버튼은 제외). 따라서 판다의 동작뿐만 아니라 제대로 된 애니메이션을 트리거할 스크립트를 만들고, 다음 절에서 스크립트에서 애니메이터의 파라미터를 조정하는 방법을 배울 것이다. 그에 앞서 스테이트 머신 비헤이비어State Machine Behaviours라는 강력한 툴을 소개하고자 한다.

스테이트 머신 비헤이비어

애니메이션 머신의 각 스테이트는 하나 이상의 비헤이비어를 포함할 수 있다. 비헤이비어는 StateMachineBehaviour 클래스를 확장한 스크립트다. 이 클래스에는 다음과 같은 함수/이벤트가 포함돼 있으며 이들이 호출/트리거될 때 이름에서 유추되는 그대로 동작한다. OnStateEnter()와 OnStateExit(), OnStateIK(), OnStateMove(), OnStateUpdate()이다.

특히 마더 클래스^mother class에서 이 함수를 오버라이딩해야 하며 이때 세 가지 파라미터를 입력받는다. 첫 번째 파라미터는 애니메이터 그 자체이고, 두 번째는 현재 스테이트에 관한 정보를 저장하는 AnimatorStateInfo이며, 마지막은 레이어를 나타내는 정수^integer를 넘겨야 한다. 우리의 경우, 기본 레이어 이외에는 사용하지 않으므로 값은 언제나 0이다. 이 함수/이벤트는 다음과 같이 용법으로 쓰인다(OnStateEnter()를 예로써 들어본다).

```
override public void OnStateEnter(Animator Animator, AnimatorStateInfo
stateInfo, int layerIndex)
```

이렇게 하면 스테이트 내의 모든 것을 제어할 수 있다.[2] 실제로 스테이트 머신 비헤이비어는 매우 강력한 툴이다. StateMachineBehaviour 클래스를 확장하는 스크립트를 생성한 후, 이것을 추가할 스테이트를 선택하자. 그런 다음 Inspector 하단의 Add Behaviour 버튼을 클릭한다.

---

2 이 말은 스테이트 머신의 스테이트에 비헤이비어 스크립트를 첨부하면 스테이트 머신에 들어갈 때, 나올 때, 또는 특정 스테이트에 머물고 있을 때 실행되는 코드를 작성할 수 있다는 뜻이다. - 옮긴이

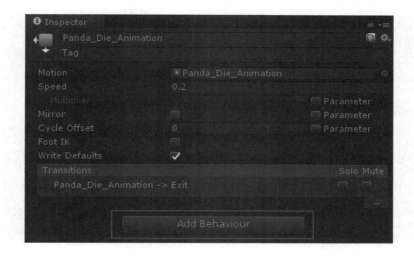

클래스에 변수가 포함돼 있으면 다른 스크립트와 마찬가지로 Inspector에 표시되며 해당 특정 스테이트에 대한 환경 설정[configure]을 할 수 있다. 다음 스크린샷은 몇몇 변수를 포함한 스테이트 머신 비헤이비어와 그들이 어떻게 보이는지를 나타낸다.

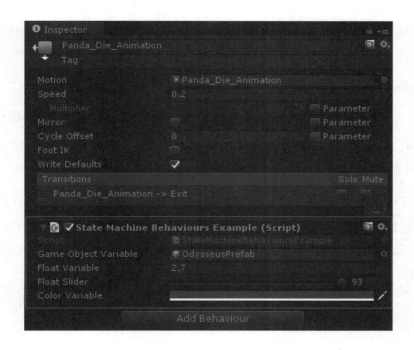

static 변수를 사용하면 모든 컨트롤러에서 스테이트 머신 비헤이비어의 모든 인스턴스 간에 공유되므로 주의해야 한다! 사실 이 경우는 static 변수를 사용하지 않는 것이 좋다.

자, 이번에는 여러 가지 무기를 가지고 다닐 수 있는 여러분 게임 속의 영웅을 상상해보자. 이 경우, 머신 비헤이비어를 통해 캐릭터가 가지고 있는 무기를 확인하고 그것이 전설적인 불의 검인지 확인할 수 있다. 영웅이 적을 벨 때 불의 파티클 효과를 줄 수도 있을 것이다. 다른 예로, 매우 비슷한 캐릭터들이 애니메이션 머신을 공유하는 경우를 꼽을 수 있다. 하지만 그들 중 일부는 점프 후 활공할 수 있다. 따라서 여러분은 이를 확인하고 어떤 식으로든 애니메이션 머신의 일부 파라미터를 수정하고 싶을 것이다.

간단하게 말하자면 유일한 한계는 여러분의 상상력(그리고 연산력)이며, 애니메이션 머신은 얼마든지 향상될 수 있다. 물론 이 모든 작업을 다른 방법으로도 해낼 수 있지만 스테이트 머신 비헤이비어는 매우 간단하고 직관적인 작업 방식을 제공한다. 이 툴을 다루는 방법을 배우고 익숙해지는 데는 그리 오랜 시간이 걸리지 않는다.

스테이트 머신 비헤이비어가 무엇인지 알게 됐으니 우리의 판다를 위해 하나 만들어보자!

파기 비헤이비어

판다가 끔찍한 스프링클 비를 견디다 못해 죽거나 케이크를 너무 많이 먹어서 죽으면 씬에서 판다를 사라지게 해야 한다. 하지만 사라지는 것은 판다의 Die 애니메이션이 끝나고 게임 플레이를 업데이트한 후에 이뤄져야 한다(이에 관해서는 책 후반부에서 다룰 것이다).

이것이 Die 애니메이션과 Eat 애니메이션에서 Exit 스테이트로 넘어가는 두 가지 트랜지션을 추가로 생성한 이유다. 애니메이션의 재생이 끝나면 이 트랜지션이 실행된다. 또한 이 두 애니메이션은 별도의 스크립트(다음 절 참고)로 트리거되므로, 판다가 죽기 전에 플레이어의 슈거나 헬스와 같은 게임 플레이를 업데이트할 수 있다.

스테이트 머신 비헤이비어를 통해 특정 애니메이션이 재생될 때 판다가 파기^{destroy}되도록 제어할 수 있다. 따라서 스테이트 머신 비헤이비어에 첨부할 새로운 스크립트를 만들자. 이때 StateMachineBehaviour_DestroyOnExit와 같이 의미 있는 이름을 붙이도록 하자. 이제 스크립트를 두 번 클릭해 열자.

먼저, MonoBehaviour가 아닌 StateMachineBehaviour를 확장해야 한다. 전자를 후자로 바꿀 수 있다. 스크립트가 MonoBehaviour를 더는 확장하지 않으므로 Start( )와 Update( ) 함수를 제거해도 된다. 정리하면, 다음과 같이 만들어져 한다.

```
using System.Collections;
using System.Collections.Generic;
using UnityEngine;

public class StateMachineBehaviour_DestroyOnExit : StateMachineBehaviour {
}
```

다음으로 해야 할 것은 앞서 언급한 스테이트 머신 비헤이비어의 함수 중 하나를 오버라이드해야 한다. 우리의 경우에 맞춰 OnExit( ) 함수를 오버라이드한다. 이것으로 스테이트가 다른 스테이트로 바뀔 때마다(Die와 Eat 스테이트의 경우 애니메이션의 재생이 완료된 직후를 의미한다) 판다가 파괴된다. 함수의 파라미터 중 하나가 애니메이터 자체이므로 이 작업을 어렵지 않게 수행할 수 있으며, 애니메이터가 어태치된 게임 오브젝트를 검색해 파기할 수 있다. 따라서 함수를 다음과 같이 추가하면 된다.

```
override public void OnStateExit(Animator Animator, AnimatorStateInfo
stateInfo, int layerIndex) {
    // 애니메이터에 어태치된 게임 오브젝트를 파괴한다
    Destroy(Animator.gameObject);
}
```

스크립트를 저장하고 Die 스테이트와 Eat 스테이트를 선택하자. 선택된 스테이트에서 Add Behaviour를 클릭하고 StateMachineBehaviour_DestroyOnExit를 선택하자.

여기까지 끝나면 다 된 것이다! 이제 Die 애니메이션이나 Eat 애니메이션의 재생이 끝날 때마다 판다는 파괴될 것이다. 다음 단계는 컨트롤러 내에서 실제로 스테이트를 트리거 하는 방법을 확인하는 것이다.

판다 스크립트

새로운 스크립트를 만들어야 하며, 이번에는 MonoBehaviour에서 파생되도록 해보자. 새로운 스크립트는 PandaScript라고 이름 짓자. 그런 다음 스크립트에 변수를 생성하자. 판다의 라이프와 스피드를 추적하기 위한 public 변수부터 시작하자.

```
// 판다의 특성을 나타내는 public 변수
public float speed;      // 판다의 이동 속도
public float health;     // 판다의 헬스 상태
```

그런 다음 애니메이터로의 참조를 저장할 변수가 필요하다. 이 변수를 사용해 애니메이터에서 애니메이션을 트리거할 때 쓴다.

```
// 애니메이션을 핸들링하기 위한 애니메이터를 저장할 private 변수
private Animator Animator;
```

'애니메이터 파라미터' 절에서 배운 대로 애니메이터 내에 파라미터를 설정하는 방법은 여러 가지지만 크게 두 가지 버전으로 나뉜다. 하나는 ID 또는 Hash로, 다른 하나는 string으로 파라미터를 참조한다. string은 가장 직관적이지만 문자열 처리를 해야 해서 ID나 Hash보다 약간 느리다. 따라서 가능하다면 Hash(노트 참조)를 사용해 애니메이터 내의 특정 파라미터를 참조하는 것이 좋다. 이렇게 하면 Hash를 변수에 저장해 필요할 때 빨리 사용할 수 있게 된다.

컴퓨터 공학에서 임의의 크기의 데이터를 고정된 크기의 데이터에 매핑해야 할 때 Hash 함수를 사용한다. 이 함수의 결과는 해시값(hash value), 해시 코드(hash code), 다이제스트 (digest) 또는 단순하게 해시(hash)라고 부른다. 이러한 Hash 함수는 주로 암호화 및 디지털 보안에서 사용된다. 여러분이 디지털 서명을 할 때마다 문서 어딘가에 Hash 함수가 있다. 그러나 유니티에서의 사용법처럼 최적화와 같은 다른 상황에서도 사용된다.

우리의 경우만 보자면, 우리가 가진 파라미터들은 애니메이터에서 신속하게 참조할 수 있어야 하므로 정수 ID가 필요하다. Hash 함수는 파라미터의 이름을 받아서 쓴다. 이때 이름은 string이므로 무한한 조합이 가능해진다. 하나의 int 변수로 표현될 수 있는 정수의 유한 집합에 string을 넣는다면 long 타입으로 지정할 수 있다(최대 2,147,483,647까지만).[3] 이러한 이유 때문에 비디오 게임에서 돈이나 라이프를 저장하기 위한 int 변수의 최댓값은 2,147,483,647이 된다. 일반적으로 비디오 게임의 경우, 이 정도 크기면 여러분이 원하는 것을 정수형 파라미터로 나타내기에는 충분하다. 만약 필요하다면 특별한 데이터 구조를 써서 이 한계를 극복할 수도 있지만 말이다. 정리하면, Hash 함수에 애니메이터의 파라미터 이름을 넣으면 파라미터를 참조할 수 있는 숫자를 얻게 되는 것이다.

이러한 해시는 애니메이터와는 별개로 존재하는데, 파라미터 자체의 이름만을 기반으로 하기 때문이다. 따라서 static 함수 Animator.StringToHash( )에서 연산하거나 가져올 수 있다. static 함수 Animator.StringToHash( )는 파라미터의 이름을 입력받아서 애니메이터에서 사용할 숫자로 변환해 반환한다. 우리의 경우에는 세 가지 트리거가 있으며, 다음과 같이 해시 변수에 해시를 저장할 수 있다.

```
// 판다의 애니메이터 컨트롤러의 트리거 해시
private int AnimDieTriggerHash = Animator.StringToHash("DieTrigger");
private int AnimHitTriggerHash = Animator.StringToHash("HitTrigger");
```

3　이는 32비트 운영체제를 기준으로 했을 때이며, string을 4바이트 길이의 int 혹은 long(8비트 문자열) 어레이로 구성했을 때다. 이때 4바이트는 U32와 같은 크기이므로 최대 2의 32승, 즉 2,147,483,647 범위를 갖게 된다. 자세한 내용은 데이터 자료형에 따른 메모리 크기와 값의 범위를 참고하기 바란다. – 옮긴이

```
private int AnimEatTriggerHash = Animator.StringToHash("EatTrigger");
```

다음 단계는 Start( ) 함수에서 애니메이터 컨트롤러에 대한 참조를 가져와 다른 함수에서 사용할 수 있도록 하는 것이다. GetComponent( ) 함수를 사용하면 되는데, 이 함수는 이 스크립트의 같은 게임 오브젝트에 어태치된 Type으로 지정된 컴포넌트를 반환한다. 다음과 같이 Start( ) 함수에 추가하기만 하면 된다.

```
void Start ( ) {
  // 애니메이터에 대한 참조 얻기
  Animator = GetComponent<Animator>( );
}
```

모듈식 워크플로우의 경우라면 이제 스테이트 머신을 제어하는 배후의 로직을 구현할 몇 가지 private 함수를 생성할 수 있게 됐다. 하지만 이에 관련해서는 나중에 필요할 때 다시 다루겠다.

이번에는 판다가 지도의 한 지점을 향해 이동하게 하는 함수가 필요하다. 이 함수의 입력 파라미터는 지도의 목표 지점을 나타내는 Vector3를 사용한다. 속도 변수를 기반으로 판다가 이동하는 거리인 step을 만든다. 그런 다음 MoveTowards( ) 함수를 사용해 목표 지점으로 step만큼 판다를 이동한다.

```
// 판다의 속도를 기반으로 하는 함수는 Vector3로 목표 지점을 지정하고 판다를 이동시킨다
private void MoveTowards(Vector3 destination) {
  // step을 만든 다음, 판다를 그만큼 목표 지점으로 이동시킨다
  float step = speed * Time.deltaTime;
  transform.position = Vector3.MoveTowards(transform.position, destination,
  step);
}
```

판다가 플레이어의 컵케이크 타워 중 하나의 스프링클에 맞으면 다른 함수가 호출된다.

이 함수는 판다가 받은 데미지 양을 float으로 입력받는다. 함수 내에서는 이 값을 판다의 헬스에서 뺀 다음 0보다 작은지 확인한다. 만약 0보다 작으면 DieTrigger 파라미터를 설정해 Die 애니메이션을 트리거한다. 일단 DieTrigger가 일어나면 스테이트 머신 비헤이비어가 알아서 처리하기 때문에 굳이 판다를 파기할 필요가 없다. 한편, 판다가 아직 살아 있으면 이 함수는 HitAnimation을 재생한다.

```
// 판다가 스크링클에 맞으면 받게 되는 데미지를 입력받는 함수
// 판다가 받은 데미지 양을 먼저 감지한다.
// 판다가 아직 살아 있으면 Hit 애니메이션을 재생하고,
// 판다의 헬스가 0 이하로 떨어지면 Die 애니메이션을 재생한다.

private void Hit(float damage) {
    // 판다의 헬스에서 데미지 양만큼을 뺀다
    health -= damage;
    //판다의 생사 여부에 따라 Die 또는 Hit 애니메이션을 트리거한다
    if(health <= 0) {
        Animator.SetTrigger(AnimDieTriggerHash);
    }

    else {
        Animator.SetTrigger(AnimHitTriggerHash);
    }
}
```

마지막으로 추가해야 하는 함수는 판다가 경로 끝에 도착해 플레이어의 케이크 앞에 서게 하는 것이다. 이 함수는 Eat 애니메이션을 트리거한다. 플레이어에게 데미지를 입히는 방법에 대해서는 5장에서 다룬다.

```
// Eat 애니메이션을 트리거하는 함수
private void Eat( ) {
    Animator.SetTrigger(AnimEatTriggerHash);
}
```

여기까지 끝났으면 스크립트를 저장하자. Inspector에서 보면 다음과 같이 나타난다.

스피드나 헬스를 설정하는 방법에 대해서는 지금 걱정하지 않아도 된다! 게임 플레이 프로그래밍에서 이 부분에 대해 다룰 것이다.

더욱 심도 깊은 주제를 다루는 이어지는 절을 읽고 싶지 않다면 애니메이션에 관해서는 여기서 끝이라고 말할 수 있다. 다음 절을 읽고 싶지 않거나 책 전체를 끝내고 나중에 읽고 싶다면 숙제나 요약으로 바로 넘어가도 괜찮다. 그렇지 않으면 잠시 쉬었다가 다음 절로 넘어가자.

▌ 애니메이션에 대한 추가 정보

지금까지 우리는 유니티의 애니메이션 워크플로우에 대해 많은 것을 살펴봤다. 하지만 아직 많은 부분이 빠져 있다. 이 절에서는 유니티의 애니메이션 워크플로우에 대한 비교적 깊이 있는 주제를 제시하고, 우리의 타워 디펜스 게임에 대해 이야기하지는 않겠다. 사실 주제 가운데 중 일부는 3D에만 적용되지만, 유니티에서 돌아가는 애니메이션의 전체 워크플로우에 대한 개략적이지만 전체적인 그림을 보는 것이 좋다고 생각한다. 그러니 이 절을 건너뛰어도 괜찮으며, 내용을 완전하게 이해하기 위해 집중하지 않아도 좋다. 언제든 필요할 때 다시 읽으면 된다. 어쩌면 이 책 전체를 읽고 나서 다시 보면 내용이 더 잘 이해될지도 모르겠다.

 이하의 모든 절은 유니티에서 사용되는 여러 가지 툴에 관한 것이다. 사용법을 자세하게 설명하지는 않지만 어떤 것이 있는지, 그 기능은 무엇인지 파악해두면 나중에 유니티에서 적용했을 때 공부하기 편할 것이다.

258

아바타

3D 캐릭터의 경우, 특히 휴머노이드의 경우라면, 캐릭터를 리그^rig해야 한다. 즉, 3D 모델의 모든 본^bone을 유니티 아바타로 매핑해야 한다. 모델이 잘 만들어지고 유니티에 최적화된 경우에는 이 프로세스를 자동화할 수 있다. 그렇지 않으면 다음 스크린샷과 같이 일일이 손으로 해야 한다.

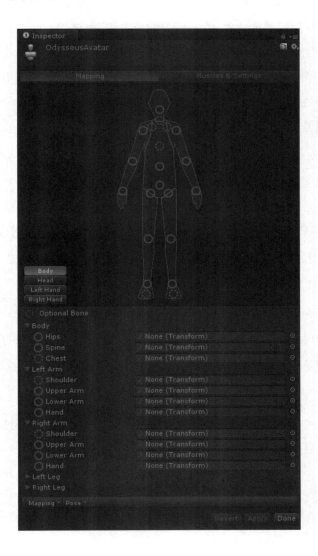

Scene 뷰에는 3D 모델이 있으며, 여기서 원하는/해당 바디 파트를 아바타에 드래그 앤 드롭할 수 있다.

이 방법으로 유니티는 3D 모델에 대한 추가적인 정보를 저장한다. 일치하는 본bone뿐만 아니라 머슬muscle도 저장한다. 이 방법을 사용하는 가장 큰 이유는 리타깃팅retargeting을 수행할 수 있기 때문이다. 즉, 같은 애니메이션을 다른 캐릭터에 적용할 수 있다는 뜻이다. 멋지게 걷는 애니메이션이 있고 이를 모든 캐릭터에 적용하고 싶다고 가정해보자. 하지만 캐릭터 중에서 일부는 키가 크고, 어떤 것은 뚱뚱하거나 근육질일 수도 있다. 아바타는 이 문제를 해결하기 위해 걷는 애니메이션을 각 캐릭터에 적용하기 위해 이 추가적인 정보를 저장한다.

또한 유니티에서는 마스킹masking을 사용할 수 있다. 즉, 애니메이션 클립 데이터의 일부를 버리고 특정 부분만 사용할 수 있다. 멋지게 걷는 애니메이션과 물을 마시는 애니메이션이 있다고 해보자. 그 캐릭터가 계속 걸으면서 물 한 잔을 마시게 하고 싶다고 가정해보자. 마시는 애니메이션을 마스킹하면 상반신 부분만 잘라서 쓸 수 있다. 이렇게 되면 걷는 애니메이션은 다리에서 재생되는 동시에 물을 마시는 애니메이션은 캐릭터의 상반신에서 재생되는 결과를 얻을 수 있다.

걷고 있는 동안 캐릭터가 많은 일(예: 촬영, 탄약 리로드 또는 말하기)을 할 수 있는 복잡한 게임을 만들고 싶다면 이 기능이 정말 큰 도움이 된다. 마스킹은 다양한 레벨로 할 수 있다는 것을 기억해두자. 이를테면 서브 마스킹sub-masking뿐만 아니라 서로 다른 신체 부위에 둘 이상의 애니메이션을 머지merge할 수도 있다. 가능성은 무한하다!

그렇기 때문에 유니티는 필요한 경우, 머리나 손과 같은 더 상세한 매핑을 제공한다. 다음 스크린샷은 왼손용 매핑이다.

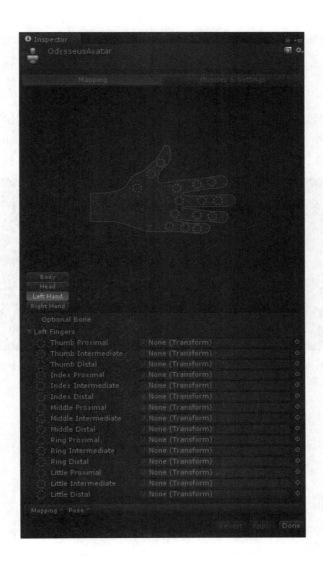

이 모든 것은 애니메이터의 서브–스테이트 머신^{sub-state machines}, 스테이트 비헤이비어, 그리고 레이어와 조합해서 사용하면 정말 강력해진다.

서브-스테이트 머신

앞서 우리는 애니메이터가 서로 다른 스테이트를 가진 유한 스테이트 머신이라는 것을 확인했다. 각 스테이트는 애니메이션 클립으로 나타난다. 하지만 실제로는 모든 스테이트가 애니메이션 클립인 것은 아니다. 그중 일부는 서브-스테이트 머신과 같은 다른 것일 수도 있다. 즉, 스테이트가 또 다른 유한 스테이트 머신을 포함할 수 있다는 것이다!

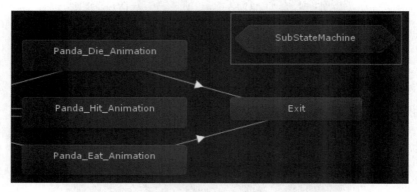

서브-스테이트 머신은 스테이트처럼 상위 레벨에 나타나지만 약간 다른 모양을 갖는다. 실제로 트랜지션은 다른 스테이트처럼 서브-스테이트 머신에서 시작되거나 끝날 수 있다.

 서브-스테이트 머신은 이름을 둘러싼 도형이 약간 다르다는 것을 금방 알아챘을 것이다.

이런 경우, exit 스테이트/노트가 중요해진다. 서브-스테이트 머신이 끝나거나 거기서 나온(exit) 후 다음 스테이트로 계속 진행할 수 있기 때문이다. 물론 어떤 조건이 충족되면 서브-머신이 중단되도록 설정할 수도 있다. 애니메이션 머신을 중첩(nest)할 수 있다는 사실은 실제로 매우 복잡한 애니메이터를 구축하고자 할 때 매우 강력한 툴이 된다.

계층적 위치 메뉴

앞서 봤듯이 스테이트는 서브-스테이트와 트리를 포함할 수 있으며, 이러한 구조는 반복적으로 중첩될 수 있다. 서브 스테이트를 따라 들어가다 보면 페어런트 스테이트[parent state]의 하이어라키와 현재 스테이트를 탑 바에서 볼 수 있다(다음 스크린샷에서 강조 표시됨).

페어런트 스테이트를 클릭하면 페어런트 스테이트로 다시 돌아가거나 스테이트 머신의 베이스 레이어[base layer]로 바로 돌아갈 수 있다.

애니메이터 내의 레이어

애니메이터 컨트롤러 내에서 레이어를 생성하거나 보거나 편집하려면 다음 스크린샷과 같이 왼쪽 패널이 Layers 뷰로 설정돼 있는지 확인해야 한다.

이를 통해 하나의 애니메이션 컨트롤러 내에 여러 개의 애니메이션 레이어를 사용할 수 있다. 이 모든 레이어는 동시에 실행될 수 있으며, 각 레이어는 별도의 스테이트 머신에 의해 제어된다. 이 프로세스는 예를 들어 캐릭터의 일반적인 동작 애니메이션을 제어하는 베이스 레이어 위에 상반신 애니메이션을 재생하는 별도의 레이어를 만들거나 할 때처럼 (아바타 마스크와 함께) 주로 사용한다.

+ 버튼을 클릭하면 레이어가 추가된다. 레이어를 삭제하려면 해당 레이어를 선택하고 Delete 키를 누르면 된다.

블렌드 트리

애니메이터에서 스테이트가 될 수 있는 것은 애니메이션 클립 및 서브-스테이트 머신 이외에 블렌드 트리Blending trees도 있다. 애니메이션에서 자주 있는 작업은 두 가지 이상의 비슷한 모션을 블렌드해서 매끄러운 하나의 애니메이션처럼 느껴지도록 하는 것이다. 예를 들어 걷기와 뛰기 애니메이션은 두 애니메이션의 키 프레임이 캐릭터의 속도에 따라 서로 간에 블렌드돼야 할 수 있다.[4] 플레이어가 걷는다면 느리게, 달리면 더 빠르게 하는 것이 이상적이다. 때에 따라 플레이어가 달리는 속도는 아이템(스피드 부스터)과 같은 게임 요소로 다시 증가할 수도 있다. 또 다른 전형적인 예는 캐릭터를 더 현실적으로 움직이게 하려고 방향 전환을 하는 동안 왼쪽이나 오른쪽으로 기울어지게 하는 경우다. 이러한 움직임은 애니메이션 클립을 블렌드할 수 있는 블렌드 트리를 사용해 만들 수 있다.

---

4   두 애니메이션이 정규화된 같은 시간(키 프레임)에 일어나도록 동기화해야 블렌드가 제대로 이뤄진다. 참고로 이러한 정규화된 시간을 사용하기 때문에 애니메이션의 길이가 다르더라도 블렌드 결과에는 영향을 미치지 않는다. - 옮긴이

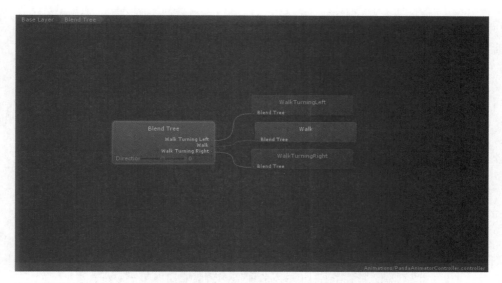

매우 일반적인 블렌드 트리의 예. 이 예에서 걷기 애니메이션은 세 개의 애니메이션 클립으로 나뉘어 있어, 캐릭터가 걸으면서 왼쪽이나 오른쪽으로 기울어져 방향 전환을 할 수 있다.

사실 블렌드 트리는 가중치나 파라미터로 제어할 수 있는 선형 보간linear interpolation을 사용한다. 유니티는 1D 블렌딩과 2D 블렌딩 모두를 지원한다.

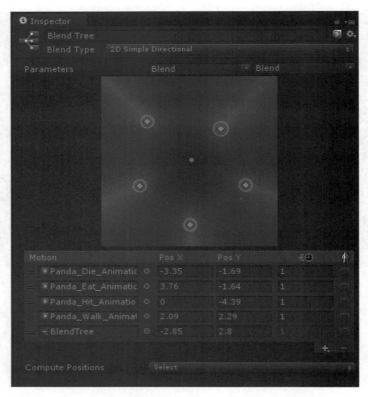

블렌드 트리의 2D 블렌딩. 숫자와 애니메이션 클립은 랜덤하게 배치되며, 인스펙터 상단
에 있는 도표는 2D 블렌딩 다이어그램으로, 다이아몬드 모양은 애니메이션 클립이고, 빨
간색 원은 클립 간의 블렌딩을 제어하는 2D 값이다.

블렌드 트리에 대해서는 더는 진도를 나가기 않겠다. 하지만 더 많은 애니메이션을 실시
간으로 블렌드해 믿을 수 없을 정도로 실제 동작과 비슷하고 부드러운 애니메이션을 구
현할 수 있다는 것을 기억해두기 바란다.

애니메이터 오버라이드 컨트롤러

완전 상세하고 세밀하게 레이어와 트랜지션으로 가득 찬 멋진 애니메이션 스테이트 머
신을 만들었다고 가정해보자. 여러분이 만든 캐릭터는 주문을 외우거나, 커피를 잡거나,

칼을 휘두르기 위한 스테이트가 있다. 그런데 고블린Goblin도 같은 행동을 해야 하는 경우가 있을 것이다. 그리고 두 번째 레벨의 오거Ogre뿐만 아니라 나중에 게임에서 싸워야 하는 엘프elf마저도 같을 수 있다. 그들 각각을 위해 서로 비슷한 애니메이션 머신을 따로 만들어야 할까 아니면 애니메이션 클립만 바꾸면 될까? 나중에 컨트롤러를 약간 변경해야 한다면 전부 다 약간씩 바꿔야 할까? 정말 감사하게도 유니티는 **Animator Override Controller**라고 하는 훨씬 쉬운 방법을 제공한다.

프로젝트 패널에서 우클릭으로 **Create › Animator Override Controller**를 차례대로 선택하자. 다른 애니메이터 컨트롤러와 마찬가지로 에셋이 될 것이다. 그러나 **Animator** 창에서는 열 수 없다. **Inspector**에서 이것을 선택하면 다음 스크린샷에서 볼 수 있듯이 일반적인 애니메이터 컨트롤러를 이것에 링크할 수 있다.

학습을 위해 우리 프로젝트에 있는 컨트롤러인 판다 컨트롤러를 드래그 앤 드롭하자. 이렇게 하면 우리가 사용한 모든 애니메이터 스테이트가 리스트에 나타나고, 오리지널 컨트롤러[5]에 다른 애니메이션 클립을 할당할 수 있게 된다.

---

5   그림 왼쪽에 있는 Original – 옮긴이

이 방법으로 애니메이터 컨트롤러를 복제하지 않고 새로운 애니메이션 클립을 할당하기만 하면 된다. 애니메이터 컨트롤러가 변경되면 모든 애니메이터 오버라이드 컨트롤러가 변경돼 해당 컨트롤러를 사용하는 모든 게임 캐릭터가 업데이트된다. 제법 쓸만하지 않는가?

애니메이터 컴포넌트 내 컬링 모드

이번에는 반짝반짝 빛나는 동전의 예쁜 애니메이션을 잠시 동안 상상해보자. 게임에 이런 동전을 많이 넣으면 아주 멋있을 것이다. 하지만 플레이어는 화면에서 세 개만 볼 수 있는데도 수천 개의 동전이 돌아가게 만들면 연산 리소스를 엄청나게 잡아먹을 것이다.

다른 경우를 한번 생각해보겠다. 플레이어가 정말 무겁고 천천히 움직이는 문을 여는 트리거 스위치를 눌렀다고 하자. 문이 열리는 동안 플레이어는 잠시 환경 설정을 둘러보기로 한다. 잠시 후 플레이어가 게임으로 돌아왔을 때, 플레이어는 애니메이션이 끝나고 문이 열려 있을 것이라 기대할 것이다. 이것은 문이 열리는 애니메이션은 보이지 않을 때도 돌아가고 있다는 것을 뜻하지만 동전의 경우처럼 화면에 보이지 않을 때조차 애니메이션할 필요는 없다.

이 문제를 최적화하기 위해 유니티는 애니메이터 컴포넌트인 **컬링 모드**^{Culling Mode}를 옵션으로 제공한다. 컬링 모드를 사용하면 오브젝트가 애니메이션돼야 하는 시점을 지정할 수 있다. 가능한 값은 다음과 같다.

- **Always Animate**: 연산 비용면에서는 가장 낭비가 심하지만 리얼한 느낌을 주는 해결책이다. 이름에서 알 수 있듯이, 오브젝트는 항상 애니메이션되므로 문이 열리는 애니메이션의 경우라면 오프 스크린일 때에도 계속 문은 열리고 있을 것이다.
- **Cull Update Transforms**: 이것은 중간 해결책이다. 성능 향상을 위해 리타깃팅 및 IK와 같은 일부만 디세이블한다. 하지만 필요한 경우, 연산에 드는 비용을 줄이면서도 어느 정도의 리얼리즘은 유지한다.
- **Cull Completely**: 연산 비용 측면에서 가장 저렴하다. 오브젝트가 오프 스크린일 때에는 애니메이션은 멈춘다.

루트 모션

이론상으로 어떤 애니메이션은 캐릭터를 옮겨 놓아야 한다. 이동하면서 걷는 경우처럼 말이다.[6] 유니티는 이 문제를 해결하기 위해 두 가지 솔루션을 제공한다. 하나는 앞에서 우리가 했던 것처럼 스크립트로 캐릭터를 움직이게 하는 것이고, 다른 하나는 루트 모션을 사용하는 것이다. 루트 모션[Root Motion]은 이름에서 알 수 있듯이 애니메이션 자체가 캐릭터(또는 오브젝트 또는 크리처[creature])의 루트[root]를 움직여 공간에서 더 리얼한 모션을 가능하게 한다.[7]

하지만 루트 모션은 간단하지 않으며 몇 가지 단점이 있다. 예를 들어 연산 측면에서 보면 비용이 많이 들기 때문에 루트 모션을 사용하는 캐릭터가 많으면 성능이 낮은 디바이스에서는 엄두도 못 낼 수 있다. 또한 애니메이션이 정말 잘 만들어지지 않은 경우 다른 조정을 해야 한다.

---

6 화살표와 같은 키보드 입력을 받아 이동하면서 걷는 애니메이션을 플레이하는 경우를 말한다. - 옮긴이
7 자체적이든 외부적이든 애니메이션에 의해 컨트롤되는 캐릭터의 모션이다. - 옮긴이

역운동학

역운동학IK, Inverse Kinimatic은 비디오 게임에 있어 비교적 새로운 개념이다. IK를 사용하면 애니메이션에 부딪히는 타깃을 두고 타깃에 맞는 애니메이션을 실시간으로 연산할 수 있다. 벽에 손을 대게 하고 싶은 캐릭터가 있다고 하자. IK를 사용하면 벽이 손에서 1cm 더 가깝든 멀든 그 거리에 상관없이 애니메이션을 컨트롤해 벽에 손을 대게 만든다.

보통 애니메이션은 다이렉트 운동학Direct Kinematic(또는 순방향 운동학/포워드 운동학Forward Kinematic)을 사용한다. 관절의 위치와 회전을 기반으로 골격의 각 부분의 위치를 결정할 수 있다. 팔의 경우를 보자. 어깨와 팔꿈치, 손목의 위치와 회전에 따라 손의 위치와 회전을 결정할 수 있다. 실제로 이 기술은 로봇 연구에서 왔다.

IK로 알려진 역inverse의 문제는 손의 위치와 회전에서 시작해 손목, 팔꿈치 및 어깨의 위치와 회전을 결정하는 것이다.[8] 하지만 이 문제는 무한한 결괏값을 갖게 되므로 고유의 값으로 결정 짓기 어렵다. 따라서 이 문제의 해결은 절대 쉽지 않다. 어쨌든, 이 문제를 해결하기 위한 다양한 기술(로봇 공학의 경우, 자코비안 행렬Jacobian matrix 역산)이 개발됐다.

서로 다른 결괏값을 갖게 되면 그중 일부는 매우 비정상적인 포즈가 될 수 있다는 문제로 이어진다. 다시 팔의 예를 들어 벽에 손을 대고 있는데 팔꿈치가 눈쪽으로 오게 되는, 실제로는 있을 수 없는 결과를 얻게 되기도 한다(다음 페이지 왼쪽 그림 참고) 이것은 로봇 공학에서는 상대적인 문제일 수 있으나 애니메이션에서는 실로 큰 문제다. 캐릭터가 실재하는 듯이 보여야 하기 때문이다.

이렇다 보니 이 문제를 해결하기 위한 다른 기술들이 개발됐고, 사회적 행동social behaviors에 관한 연구가 진행됐다. 이 연구는 특히 휴머노이드 캐릭터의 경우 어떤 포즈가 사실감 있어 보이는지, 왜 그런지 등 인간 행동에 관한 것이었다. 예를 들어 다음 스크린샷에 나오는 포즈처럼 손을 벽에 대는 사람은 아무도 없을 것이다. 사실 이 문제는 물리학적인 측면도 있다. 사람의 뇌는 가능한 한 적은 에너지를 소비하게끔 우리의 몸을 제어하려고

---

8   역으로 연산해 들어간다. – 옮긴이

하기 때문이다. 이것은 우리가 다른 사람들을 인지하는 무의식적인 행동으로 귀착되며, 우리가 만드는 비디오 게임 캐릭터 역시 그래야 한다.

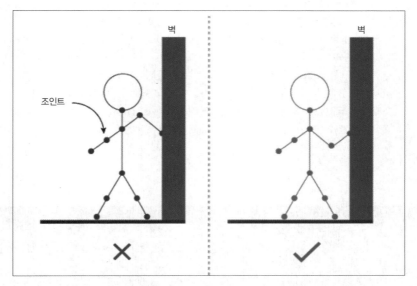

휴머노이드 캐릭터의 IK 예(저작권자: 프란세스코 사피오, francescosapio.com)

유니티에서는 지금까지 나온 기술 중 일부를 구현할 수 있다. 그리고 메카님은 제대로 설정된 아바타가 있는 경우 휴머노이드 캐릭터의 IK를 지원한다. 하지만 이에 관해서 더는 언급하지 않겠다. 더 자세히 알고 싶은 호기심 가득한 독자를 위해 다음 링크를 남기고 마무리하겠다. https://docs.unity3d.com/Manual/InverseKinematics.html

IK를 연구하고 사용하는 또 다른 예는 가상 현실(virtual reality)에서의 가상 존재(virtual presence)다. 최근 출시된 오큘러스 터치(Oculus Touch)를 사용하면 리프트 헤드셋(Rift Headset)에서 여러분의 손을 볼 수 있다. 손만 가능하며 팔꿈치나 어깨는 불가능하다. IK의 연산은 가능할지 몰라도 소프트웨어는 사람들이 어색하게 느끼기 때문에 아직 팔의 위치를 공간상에 정확하게 맵핑하기 어렵다. 심지어 믿을 만하고 자연스러운 포즈라도 말이다. 하지만 멀티 플레이어 게임에서 여러분은 가상 세계에 있는 다른 사람을 볼 수 있지만 실제로 그런 것은 아니다(그들이 움직이는 것처럼 느낄 수도 있다). 그래서 IK를 적용할 수 있다. 게임에서 다른 플레이어의 팔꿈치의 정확한 위치를 알 수 없지만 대략 믿을 만하면 그것으로 충분하다. 이 메커니즘을 사용하는 게임은 〈데드 앤드 베리드(Dead and Buried)〉다. 다음 스크린샷에서 볼 수 있듯이 플레이어는 자신의 손만 볼 수 있지만 다른 플레이어는 몸 전체를 볼 수 있다.

애니메이터 컴포넌트 정보 상자

이미 말했듯이 애니메이션 컴포넌트에는 맨 아래에 유용한 정보가 포함돼 있는 정보 상자가 있다. 여러분이 참고할 수 있도록 정보 상자 그림을 다시 가져왔다.

이미 살펴본 클립 카운트Clip Count 이외의 것을 여기에 간략하게 리스트로 만들었다.

- Pos, Rot 및 Scale: 위치, 회전 및 크기에 각각 사용된 커브curve의 총 개수. 커브는 우리가 자세하게 살펴보지 못한 애니메이션 창에서 만들 수 있다.

- Muscles: 휴머노이드 캐릭터의 경우 애니메이터에서 사용되는 근육 개수

- Generic: 애니메이터가 머티리얼 컬러와 같은 다른 속성을 애니메이션시키기 위해 사용하는 수치float 커브의 개수

- PPtr: 스프라이트 애니메이션 커브의 총 개수. 2D로 작업할 때 유용하다.

- Curves Count: 애니메이션 커브의 전체 합계 수

- Constant: 상숫값으로 최적화된 애니메이션의 개수. 애니메이션 파일에 값이 변하지 않는 커브가 있으면 유니티가 자동으로 이 설정을 선택한다.

- Dense: 데이터를 저장하는 고밀도 방식dense method(선형으로 보간된 불연속 값)을 사용해 최적화된 애니메이션 커브의 개수. 이 방식은 스트림 방식stream method보다 메모리 사용량이 훨씬 적다.

- Stream: 데이터를 저장하는 스트림 방식stream method(곡선 보간을 위한 시간 값 및 접선 데이터)를 사용하는 애니메이션 커브의 개수. 이 데이터는 밀도 방식보다 훨씬 많은 메모리를 차지한다.

레거시 애니메이션

메카님이 도입(2012년, 유니티 4.0)되기 이전 유니티에서는 더 간단한 애니메이션 시스템이 사용됐다. 도입 후 시간이 흐르긴 했지만 지금도 이전 버전과 호환된다. 그러므로 메카님을 업데이트하거나 소프트웨어에서 발생하는 다른 문제를 걱정하지 않고 이전 버전의 프로젝트를 그대로 작업할 수 있다.

일부 유니티 유저는 레거시 애니메이션Legacy animation 시스템을 빠르게 프로토타입을 만들거나 애니메이션 클립을 테스트하는 데 사용하고 있다. 특히 오브젝트가 하나뿐인 애니메이션 클립을 테스트하는 데 매우 유용하다고 한다. 그 이유는 레거시 애니메이션이 애니메이션 컴포넌트(다음 스크린샷 참고)를 기반으로 하고 있기 때문이다. 4장에서 살펴본 애니메이터 컴포넌트와 혼동하지 말라.

레거시 애니메이션 시스템에 대한 자세한 내용은 공식 문서 https://docs.unity3d.com/Manual/Animations.html을 참고하기 바란다.

특별히 레거시 애니메이션 시스템을 사용해야 할 필요가 없다면 신경 쓰지 않아도 괜찮다. 하지만 애니메이션 컴포넌트를 찾았는데 이것이 무엇인지 모를 경우 혼동하지 않도록 언급해둔다.

레거시 애니메이션을 사용할 수는 있지만 유니티의 새로운 프로젝트에서 사용하는 것은 바람직하지 않다.

▌ 애니메이션을 만들자!

잠시 유니티를 떠나 애니메이션에 관여되는 움직임에 대해 생각해보자. 예를 들어 걷거나, 타이핑하거나, 마시거나, 먹거나, 어떤 종류의 움직임이든 슬로우 모션으로 해보라. 이렇게 해보면 여러분은 미묘한 움직임이 어떻게 애니메이션을 유니크하게 만들고 어떻게 하면 이 움직임을 캐릭터에게 적용할 수 있는지 깨닫기 시작할 것이다. 하나의 애니메이션을 각기 다른 방법으로 만들어보라. 물을 마시는 애니메이션이라면, 컵을 들어 올릴 때 컵을 잡는 방법이 여러 가지일 수 있다. 손 전체를 사용할 수도 있으며, 손가락 몇 개로 손잡이를 잡을 수도 있다. 뭔가 아니다 싶긴 한데 유니티에서 애니메이션을 어떻게 조정하면 좋을지 고민이 된다면 움직임에 대해 더 의식적으로 생각해보라. 이때 여러분은 애니메이션 조정에 대한 통찰력을 얻게 될 것이다. 더 나은 아이디어를 얻고 싶다면 비디오를 검색하거나 애니메이션의 사용 및 그 토대를 알아보기 위해 책을 찾는 것도 방법이다. 이 책은 애니메이션을 만드는 방법에 대한 책은 아니지만, 기초를 이해하면 애니메이션뿐만 아니라 애니메이터의 역할 및 그들이 수행하는 작업의 이해를 높이는 데 도움이 될 것이다. 이와 관련된 정보는 나중에 여러분이 실제로 작업하거나 애니메이터와 협업해야 하는 경우 매우 유용할 것이다.

▌ 숙제

4장에서는 애니메이션 클립과 애니메이터 컨트롤러의 다양한 면을 살펴봤다. 그러니 이제 5장으로 넘어가기 전에 여러분의 기술 향상을 위해 다음에 나열된 연습에 주의를 기울여주기 바란다.

1. **애니메이션 디자이너되기**: 여러분이 하는 게임 중 다섯 가지를 고르고, 튜토리얼 레벨, 보스와의 싸움, 숲을 걷는 것 또는 메인 메뉴와 같은 각 게임의 일부를 골라라. 그런 다음 각각의 파트에 있는 애니메이션을 리스트로 적어라. 다음으로

일부 애니메이션을 삭제하거나 나아가 추가도 해보면서 그것이 경험을 어떻게 바꿀지 생각하라. 여러분이 생각한 것이 게임을 향상시키는가? 아니면 분위기를 완전히 바꿔주는가? 애니메이션 일부를 변경해 아주 어두운 분위기를 상대적으로 해피한 분위기로 만들었나, 아니면 그 반대인가? 이러한 과정을 거침으로써 여러분은 애니메이션이 게임에 생명을 불어넣을 뿐만 아니라 감정과 분위기 조성에 얼마나 중요한지를 이해하게 될 것이다.

2. **애니메이션 그리기(파트 I):** 애니메이션을 만들어야 한다고 가정하자. 그래픽 프로그램을 사용하면 이 작업을 비교적 쉽게 할 수 있을 것이다. 팔을 파트별로 나눠라. 손은 정사각형으로, 팔뚝은 직사각형으로, 팔 위쪽은 기다란 직사각형으로 나타낼 수 있다. 그런 다음 팔을 흔드는 애니메이션을 만들기 위해 각 부분을 움직여보라. 지금까지 우리가 사용해왔던 스프라이트 시트처럼 세팅하는 것이 이상적이다. 그런 다음 유니티로 임포트해서 테스트해보라.

3. **애니메이션 그리기(파트 II):** 이제 만들어 놓은 애니메이션을 더 디테일하게 만들거나 다리와 같은 다른 신체 부위를 추가하자. 또한 특수 효과를 넣어보는 것도 좋다. 판다의 Hit 애니메이션과 같이 마음에 드는 것을 추가하자. 애니메이션이 준비되면 두 번째 그리고 세 번째 애니메이션도 만들어보라. 그런 다음 전부 임포트해서 설정하고 애니메이터 컨트롤러를 만들어 애니메이션이 어떻게 돌아가는지 확인하라. 더 나아가 애니메이션 간의 트랜지션을 향상시키기 위해 애니메이션을 다듬어도 좋다.

4. **덜 용감한 판다(파트 I):** 앞서 작성한 스크립트에서 판다는 타격을 입어도 계속 전진한다. 하지만 잠시 쇼크 상태로 있어야 한다. 애니메이션이 끝나야만 플레이어의 케이크 쪽으로 계속 전진해야 한다. 머릿속에 떠오르는 무슨 기술이든 괜찮으니 이 문제를 해결하라. 스크립트를 수정해도 되고 머신 스테이트 비헤이비어를 생성해도 된다.

5. **덜 용감한 판다(파트 II):** 파트 I의 연습을 끝내고 문제의 해결책을 찾았다면, 이제는 코드를 더 견고하게 만들어야 한다. PandaScript에 Boolean을 추가하고,

판다가 타격을 입을 때 판다를 멈춰 쇼크 상태를 만들어라. 단, boolean 값이 true로 설정된 경우에 한한다. 이런 식으로 이 변수를 Inspector에 노출시켜 플레이어가 직면하는 판다의 종류에 따라(5장에서 다룬다) 더 많은 가능성을 부여할 수 있다.

6. **리스너**[listener]**로서의 스테이트 머신 비헤이비어**: 앞서 우리는 애니메이션을 변경하기 위해 애니메이터 컨트롤러에 트리거를 설정하는 방법으로 PandaScript를 구현했다. 이번에는 PandaScript에서 Hit와 Die 트리거를 둘 다 제거하고, 판다의 헬스 값을 검색해 헬스 값이 이전보다 감소할 때 Hit 애니메이션을 트리거하거나 헬스 값이 0보다 낮아질 때 Die 애니메이션을 트리거하는 별도의 머신 스테이트 비헤이비어를 구현하라.

7. **애니메이션 창 둘러보기**: 애니메이션 창에 대해 다루지 않았지만, 유니티에서 제공하는 공식 문서에 나온 링크를 따라가며 얼마든지 둘러볼 수 있을 것이다. 그런 다음 우리 게임에 나오는 스프링클이 악당 판다를 향해 날아갈 때 회전하는 애니메이션을 만들어보라. 충돌[collision] 애니메이션을 만들 수도 있을 것이다. 이 애니메이션을 애니메이터 컨트롤러 내에 랩핑하고 필요하다면 Projectile 스크립트를 수정하라.

▌ 요약

지금까지 총 네 가지 판다용 애니메이션 클립을 생성했다. 판다가 할 수 있는 액션 네 가지인 Walk와 Die, Hit, Eat이다. 그런 다음 이 애니메이션 클립을 컨트롤러 내에 래핑한 다음 트랜지션을 통해 애니메이션 클립이 연결되는 방식을 정의하는 유한 스테이트 머신을 구축했다. 마지막으로 머신의 서로 다른 스테이트를 트리거하는 스크립트를 작성했다. 지금까지 판다가 애니메이션되는 과정을 살펴봤으니 커피 한 잔이라도 마시며 잠시 쉬었다가 5장으로 넘어가자.

05

비밀 재료는 약간의 물리학

"스프링클은 부드러워 보일지 모르지만, 맛있는 케이크를 훔치려고 하는 단 걸 좋아하는 판다에 대항하는 훌륭하고 날카로운 무기다!"

5장에서는 유니티에서 2D 물리를 다루는 방법을 설명하고 각 컴포넌트에 대한 설명과 유용한 사용 예를 다루고자 한다. 우리 게임에서는 유니티의 물리 엔진 중 일부만 사용하 겠지만, 5장에서는 관련된 주제를 더 잘 이해하기 위한 물리 기반과 유니티의 2D 물리에 대한 완전한 통찰력을 얻게 될 것이다.

5장 첫 번째 부분에서는 물리에 대한 기본 개념을 습득해 앞으로 나오는 주제에 더 잘 대 처하도록 할 것이다. 질량, 힘 및 토크(회전력)torques에 대해 유니티의 물리 엔진을 이해할 수 있을 만큼만 배울 것이다.

5장 대부분은 유니티의 2D 물리 엔진과 그에 관련된 모든 컴포넌트 및 기능을 조금씩 설명하는 데 초점을 맞춘다. 내용을 이해하기 쉽도록 많은 예제를 들어 설명할 것이다.

마지막 부분에서는 배운 개념을 우리 게임에 적용할 것이다. 지금까지 단순했던 스프링 클을 단 걸 좋아하는 판다에 맞서는 끔찍한 무기로 바꿀 것이다. 이 둘 사이에 충돌^{collision}을 일으키고 이를 핸들링함으로써 말이다.

정리하면 5장에서 다루는 주제는 다음과 같다.

- 물리학의 기본 개념
- 유니티의 물리 엔진 이해하기
- 전체 프로젝트/게임을 위한 일반적인 프로퍼티인 물리 설정
- 다양한 Body Type과 사용법을 가진 리지드바디 컴포넌트^{Rigidbody components}
- 콜라이더^{Colliders}와 그 사용 방법
- 리지드바디에 제약을 가하는 조인트^{joints}
- 게임 세계의 특정 지역에서 대한 물리 프로퍼티를 변경하는 이펙터^{effectors}
- 콜라이더의 프릭션^{friction}(마찰) 및 바운스니스^{bounciness}(반발 계수)를 결정하는 물리 머티리얼^{materials}
- 우리 게임에서 물리 엔진용 컴포넌트^{Physics component} 사용하기

이 책의 다른 모든 장과 마찬가지로 마지막에 숙제가 있다. 여기에는 기술을 향상시키고 여러 가지 기능을 게임에 구현하는 데 필요한 다양한 연습 문제가 있다.

▌ 준비하기

물리 엔진을 배우기 위한 특별한 전제 조건은 없다. 그러나 5장 끝에서 우리는 4장, '더는 혼자가 아니다—단 걸 좋아하는 판다의 습격'에서 만들다 만 타워 디펜스 게임을 이어서

만들 것이다. 그러니 타워 디펜스 게임을 계속 개발하려면 4장의 모든 단계를 완료해야한다.

물리를 처음 접하는 사람은 어쩌면 그만두고 싶은 생각도 들 것이다. 그러나 일단 이러한 개념을 습득하면 자신의 게임에 대한 새로운 가능성의 세계가 열릴 테니 절대 포기하지 마라!

▌ 비디오 게임에서의 물리

서로 다른 속도와 탄도로 나는 총알에서부터 여러분을 땅에 머물게도 하고 떠오르게도 할 수 있는 역할을 하는 중력에 이르기까지, 비디오 게임에서의 물리는 경험을 현실적이면서도 확실하게 즐겁게 만드는(대부분은 말이다) 데 필수적인 부분이다.

모든 무기가 각각의 화력과 관계없이 똑같은 방식으로 총알을 발사한다면 어떨지 생각해보라. 그렇다면 저격용 라이플이든 리볼버든 그 차이가 없지 않은가? 이것은 게임에서 물리가 하는 역할의 한 측면일 뿐이다. 게임에서의 물리는 궤도와 힘 정도만 생각하는 것이 아니라, 중력, 시간 여행, 그리고 유체 역학 등을 포함할 수 있다.

물리를 멋지게 사용하고 있는 게임으로는 〈월드 오브 구World of Goo〉, 〈포털 1Portal 1과 2〉, 〈마리오 갤럭시Mario Galaxy〉, 〈캐르발 스페이스 프로그램Kerbal Space Program〉을 예로 들 수 있다.

〈포털 2〉의 이미지–마찰을 줄여주는 주황색 액체는 엄청난 부스터 역할을 한다.

물론 모든 게임이 물리를 정확하게 게임에 적용하지는 않는다. 어떤 게임은 혁신적이며 독특한 게임 플레이를 만들기 위해 물리를 과장하거나 축약한다. 예를 들어 〈어쌔신 크리드Assassin's Creed〉의 경우, 엄청난 높이에서 뛰어내려도 안정적으로 착지하는 일명 '믿음의 도약Leap of Faith'을 하더라도 때마침 건초더미(심지어는 물)로 떨어진다. 이러한 점프가 가능해지려면 얼마나 많은 건초가 필요한지를 연구한 사람도 있다. 이 연구에 대한 내용은 다음 링크에 있다. http://www.kotaku.com.au/2009/06/kotaku–bureau–of–weights–measures–studies–fall out–physics–also–beer/

자신의 게임에 물리를 넣고자 한다면 게임 경험을 얼마나 현실적으로 하고 싶은지를 자신에게 먼저 물어야 한다. 게임을 현실과 백 퍼센트 똑같이 만들고 싶다면 죽음과 같은 것도 고려해야 한다. 캐릭터가 총알에 맞으면 피를 흘릴 것인지, 아니면 스스로 치유할 수 있게 할 것인가? 때에 따라 인터랙션이 너무 현실적이면 게임 자체가 게임이라기보다는 시뮬레이션으로 끝날 수 있다. 예를 들어 영구적 죽음Permadeath(플레이어가 한 번 죽으면 게임을 처음부터 다시 시작해야 하거나 같은 계정으로는 다시 게임을 할 수 없다)을 게임/시뮬레이션에 도입할 수도 있고 안 할 수도 있다. 게임에 물리를 추가할 때는 이러한 모든 요소를 고려해야 한다. 원인과 결과 모두 게임이 얼마나 믿을 만하고 궁극적으로는 얼마나 재미있는지에 기여하기 때문이다.

▌물리 – 기본

이 절에서는 물리학의 기본 개념을 배운다. 유니티의 물리 엔진을 더 잘 이해하고 더 나은 게임 개발자가 되기 위한 길이라 생각하길 바란다.

먼저, 물리학이란 무엇인가? 아리스토텔레스(4장에 나왔던 바로 그분)는 「ta physika」라는 논문을 썼다. 제목을 문자 그대로 해석하면 자연적인 것이라는 의미다. (아리스토텔레스가 자연 현상에 관한 글을 쓰기 이전에도 많은 사람이 있었지만) 이 논문으로 인해 물리학은 과학이 됐다. 근래에 들어 물리학은 수학적 모델을 통해 시간과 공간 모두에서의 물질의 움직임을 연구한다. 물리학의 궁극적인 목표는 전체 우주가 어떻게 작동하는지를 설명하는 것이다. 물리학은 다음과 같이 크게 네 가지로 나뉜다.

- **고전 역학**Classical mechanics: 물체의 움직임motion을 다룬다.
- **열역학**Thermodynamics: 물체의 온도를 다룬다.
- **전자기학**Electromagnetism: 전자기파/파티클particles(입자)을 다룬다.
- **양자 역학**Quantum mechanics: 아원자 파티클subatomic particles에 대한 연구를 다룬다.

이 모두를 따로따로 보지 말고 하나의 동전에 있는 다른 면이라고 생각하길 바란다. 이는 수 세기 동안 물리학이 풀어내려고 시도한 세계에 대한 모델이다. 따라서 많은 주제가 이 모두를 관통하고 있으므로 따로 나눈다고 의미가 명료해지는 것은 아니다. 그렇다 하더라도, 물리학을 처음 접하는 사람에게는 시작하기에 좋은 방법이기는 하다.

5장에서는 고전 역학 중 특히 리지드바디의 운동에 관해서만 다룰 것이다. 하지만 물리학의 다른 분야나 그 하부 분야 역시 게임 개발에 있어 매우 유용하다. 예를 들어 셰이더 shader 구현에 빛에 관한 방정식을 사용할 수도 있고, 바다와 파도를 시뮬레이션하기 위해 유체 역학을 사용할 수도 있다. 사악한 마법사가 정말 끔찍한 파이어볼을 던질 때조차 현실적인 행동과 모습을 갖기 위해서는 여러 가지 물리 방정식을 연산해야 한다. 파이어볼 주위의 타오르는 불을 시뮬레이션한다고 생각해보라.

유니티(혹은 언리얼)와 같은 게임 엔진을 이미 사용하고 있는 분이라면 보통은 더 자세하게 들어가고 싶지 않을 것이다. 실제로 엔진 프로그래머들이 여러분 대신 관련된 부분을 처리할 것이다. 하지만 특별한 요구 사항이 있을 수 있으며 물리에 기반을 둔 동작을 코딩하거나 셰이더를 직접 작성해야 할 수도 있다. 이처럼 물리에 대한 지식은 대단하고 엄청나게 도움이 된다.

물론 이 책은 물리학도를 위한 것도, 물리 프로그래밍(예를 들어 일부 물리적인 동작을 더/덜 정확하고 효과적으로 시뮬레이션할 수 있는 알고리즘)을 위한 것도 아니다. 하지만 5장에서는 물리의 기본 개념을 통합해 모든 것이 어떻게 작동하는지 대략 이해할 수 있도록 할 것이다. 따라서 이번 절과 다음 절에서는 유니티의 물리 엔진을 더 잘 이해할 수 있게 물리에 대한 기본 지식을 쌓는 데 주력할 것이다.

 어떤 독자에게는 물리학이 다소 지루할 수도 있음을 알고 있다. 고등학교 때 겪었던 나쁜 기억을 떠올리게 할 수도 있다. 하지만 개인적으로는 훌륭한 게임 개발자가 되기 위해서는 물리학을 아는 것이 매우 중요하다고 생각한다. 리얼한 행동을 프로그래밍해야 할 때는 특히 그렇다. 가능하면 명료하게 설명하려고 애쓸 것이며, 엄밀한 수학적 용어 대신 이해하기 쉬운 언어를 사용해 누구나 물리 개념을 이해할 수 있도록 노력할 것을 약속하는 바이다.

리지드바디의 고전 역학은 크게 두 가지로 나뉜다.

- **키네마틱스**Kinematics: 운동학. 모션에 관한 연구를 다룬다.
- **다이나믹스**Dynamics: 역학. 모션의 원인에 관해 다룬다.

물론 다시 한 번 말하지만 이들은 같은 동전의 다른 면이다. 사실 역학 방정식은 리지드바디의 모션을 예측하기 위해서 운동학적 방정식이 필요하다. 이에 관해서는 잠시 후 자세히 보게 되겠지만 먼저 몇 가지 기본 개념에 집중하자.

월드 좌표계와 로컬 좌표계

앞서 2장, '컵케이크 타워 굽기'에서 봤듯이 월드 좌표계와 로컬 좌표계는 서로 다르게 사용된다. 이것은 물리에 있어 중요한 개념이기도 하다. 사용하고 있는 레퍼런스 프레임 reference frame(또는 좌표계coordinate system)[1]은 어느 것인가? 이 질문은 다른 물리량physical quantity에 대한 값을 결정하는 데도 중요하다. 따라서 어떤 물리량을 갖게 될 때마다 어느 월드 좌표계를 기준으로 작업하고 있는지 자문해야만 한다.

어떤 경우에도 어느 좌표계가 다른 것에 비해 더 특별하다고 할 수 없다(일부 물리적인 시스템은 한쪽 좌표계 대신 다른 쪽 좌표계에서 설명하기 쉽지만). 따라서 물리 시스템에 대한 설명을 시작할 때 관례대로 월드 좌표계를 정의한다. 예를 들어 운전 중이라고 하면 차의 속도는 어떻게 될까? 흠, 답은 내가 차의 움직임을 설명하는 좌표계 또는 레퍼런스 프레임에 따라 다르다. 차를 기준으로 해서 보면, 차의 속도는 0이고 거꾸로 월드가 차 쪽을 향해 오고 있다고 할 수 있다. 반면 보행자 측면에서 보면 차는 움직이고 월드는 움직이지 않는다. 달에 있는 우주비행사가 볼 때는 지구 전체와 함께 보행자와 차가 서로 다른 속도지만 빠르게 움직일 것이다. 이 모든 설명은 물리학적으로 볼 때 맞는 말이다. 따라서 모든 물리학적인 양은 좌표계에 달려 있다.

유니티 그리고/또는 언리얼과 같은 게임 엔진에는 다음에 보이는 표와 같이 정의된 월드 좌표계가 반드시 있다(월드 좌표계의 정중앙이 모두 0에 위치할 때).

---

1 프레임 또는 레퍼런스 프레임이라고 하면 애니메이션의 프레임과 헷갈릴 수 있으므로 이하 좌표계로 통일한다. - 옮긴이

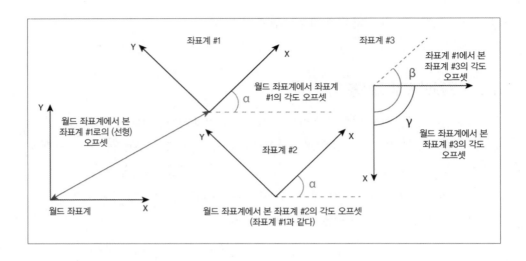

위의 표는 다른 좌표계가 월드 좌표계를 기준으로 했을 때 선형 및 각도 오프셋이 어떻게 설명되는지를 보여준다. 또한 하나의 좌표계를 월드 좌표계가 아닌 다른 좌표계로 설명할 수 있다(위의 다이어그램에서 프레임 #3의 각도 오프셋을 보라). 유니티에서는 월드 좌표계를 글로벌 좌표계$^{global\ coordinates}$로, 다른 좌표계를 게임에 있는 게임 오브젝트의 로컬 좌표계$^{local\ coordinates}$로 부른다. 게임 오브젝트의 차일드는 그 부모의 좌표계를 기준으로 표현된다.

속도

물리학에서 속도^{velocity}는 물체의 공간과 시간 사이의 관계를 설명한다. 즉, 오브젝트가 좌표계를 기준으로 했을 때 그 위치가 어떻게 바뀌었는지를 시간의 함수로 나타낸다는 뜻이다. 물체가 가속되지 않는다고 가정하면 속도는 공간상의 이동 거리를 시간으로 나눈 값으로 정의된다.

호기심 많은 독자를 위해 덧붙이자면, 매 순간 물체의 속도가 달라지는데 어느 특정 시점에서의 속도를 구해야 한다면 도함수(derivatives)를 사용해서 값을 구할 수 있다(이것은 미적분 문제로 넘어가니 더는 논하지 않겠다).

속도는 하나의 벡터vector이며 2D 월드에서는 두 개의 좌표를 갖는다(3D 월드에서는 세 개의 좌표). 이 좌표는 방향과 크기를 나타낸다. 속도의 세기는 스피드(속력)speed라고도 부른다. 이 둘을 혼동하지 않도록 조심하기 바란다. 만약 우리가 2D 또는 3D 게임을 다루는 경우, 사실 스피드는 독립적으로 작동하는 스칼라scalar로, 하나의 숫자에 지나지 않는다. 반면 속도는 2D 또는 3D 벡터를 표현하기 위한 두 개의 숫자에서 세 개의 숫자로 변한다.[2]

속도라는 용어를 사용할 때마다 이는 월드 좌표계에서 정의된 속도를 의미한다. 상대 속도relative velocity라는 용어를 사용하면 다른 좌표계를 기준으로 한 속도를 말한다. 50km/h의 속도로 두 대의 차가 서로를 향해 달리고 있다고 가정해보자(이는 월드 좌표계에서의 이야기다. 자동차 속도계에 보이는 그 속도는 관례에 따라 지구를 기준으로 한 속도이기 때문이다). 두 명의 운전자 중 한 명이 운전하는 차는 실은 움직이고 있는 것이 아니다(실제로 여러분이 운전할 때 핸들이 손에서 50km/h 떨어져 있지 않고 언제나 같은 거리에 있다). 그러나 그는 다른 운전자가 자신을 향해 100km/h의 속도로 돌진하는 것을 보게 된다.

질량

고전 역학에서 모든 리지드바디는 질량Mass을 가지고 있다. 이 질량은 그 물체를 이루는 물질의 양으로 생각하면 된다. 따라서 질량은 물리적인 물체의 프로퍼티로 간주된다. 질량은 종종 일상생활에서 사용되는 단어로 무게(중량weight)와 혼동된다. 사실 질량은 국제

---

2 벡터와 스칼라: 벡터는 크기와 방향을 가지지만, 스칼라는 크기만 있고 방향을 갖지 않는 양이다. 2D에서의 벡터를 평면 벡터라 하고 v=(x,y)로 일반화한다. 3D에서의 벡터는 공간 벡터라 하며 v=(x,y,z)로 나타낸다. 이 말은 2D라면 평면 상에, 3D라면 공간 상에 벡터를 표시할 수 있다. - 옮긴이

단위계$^{International System of Units}$에서 kg(킬로그램^{kilograms}) 단위로 측정된다. 그 반면 중량은 국제단위계에서 N(뉴턴^{newton}) 단위로 측정된다. 그러니 체중계는 여러분의 무게가 아닌 질량을 측정하는 것이다. 무게는 힘^{force}이며 위치에 따라 달라진다.[3] 여러분의 몸무게를 달에 가서 재면 그 결과가 다르게 나오지만, 질량은 같다.

때로 질량은 힘이 가해질 때 가속도^{acceleration}(운동의 상태 변화)에 대한 오브젝트의 저항의 척도로 정의된다. 실제로 여러분이 노트북을 옮길 때보다 트럭을 움직이는 데 훨씬 더 많은 힘이 필요하다.

하지만 노트북과 트럭을 떨어뜨릴 경우 (다른 외력이 없다는 가정하에) 지구의 중력에 이끌려 동시에 바닥에 닿는다는 사실에 주목해야 한다. 실제로 뉴턴의 우주 중력 방정식$^{universal gravitation equation}$이 적용될 때, 그 힘은 다르지만 생성된 중력 가속도는 두 물체에 대해 같다(질량은 방정식으로 단순화되기 때문이다).

 이와 관련해 궁금해하는 분을 위해 말하자면, 이것은 이탈리아의 유명한 천문학자이자 물리학자, 엔지니어, 철학자, 그리고 수학자였던 갈릴레오 갈릴레이(Galileo Galilei)에 의해 밝혀진 것이며 이는 뉴턴이 중력을 공식화하기 훨씬 이전이었다. 갈릴레오가 피사의 사탑에서 같은 물질의 질량이 다른 두 개의 공을 떨어뜨린 일화가 있다. 이 일화는 두 공의 강하 시간은 그들의 질량과 무관하다는 것을 보여준다. 이 방법을 통해 갈릴레오는 무거운 물체가 가벼운 물체보다 더 빨리 떨어진다는, 즉 강하 속도는 질량에 비례한다는 아리스토텔레스의 생각이 잘못됐다는 것을 증명했다. 다음 스크린샷을 참고하기 바란다.

---

3   무게, 즉 중량은 어떠한 질량을 가진 물체에 중력이 작용해 생기는 힘이다. - 옮긴이

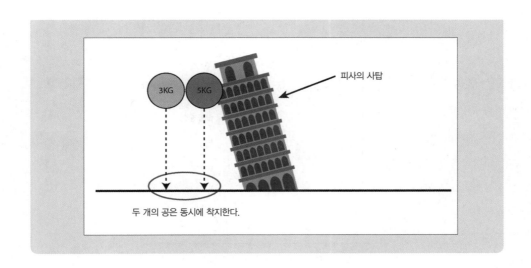

피사의 사탑

3KG 5KG

두 개의 공은 동시에 착지한다.

질량 중심

화살표의 궤도를 연산하거나 예측해야 한다고 가정해보자. 화살표의 전체 모양을 고려하고 화살표상의 각 위치에 다른 힘이 작용한다는 것을 알게 되면 결국에는 정말 까다로운 연산이 되고 만다(연산은 가능하지만). 따라서 질량 중심centre of mass을 기준으로 연산을 하면 리지드바디에 아주 잘 맞는 근사치를 구할 수 있다. 이 방법은 물체의 전체 질량을 하나의 점으로 집중시키는 것이다(물체의 전체 질량을 하나의 점으로 집중하는 추상적인 개념이다). 이 질량 중심은 오브젝트의 모양에 따라 달라진다(오브젝트를 구성하는 모든 점 사이에 가중치가 적용되기 때문이다). 그리고 이 질량 중심은 실제 정확한 연산을 할 수 있도록 모양에 대한 충분한 정보를 가지고 있다. 이 개념을 이용하면, 특히 실시간 애플리케이션에서는 모션의 연산이 크게 단순화되므로 매우 중요하다. 사실 유니티에서의 연산은 질량 중심만을 사용하고 있다.

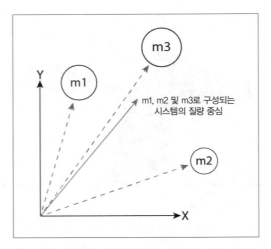

질량 중심은 시스템의 모든 점의 무게 평균이며 여기서 무게는
서로 다른 질량이다. 그림을 보면 질량 중심이 m1과 m3에 더
가깝다는 것을 알 수 있는데, 이는 이 둘이 m2보다 크기 때문이
다(질량이 더 크다는 뜻).

키네마틱스

키네마틱스[Kinematics]라는 용어는 1940년경 처음으로 사용됐다. 앙드레 마리 앙페르[André-Marie Ampère]가 사용하던 프랑스어 용어 cinématique를 번역한 것이다. 앙드레 마리 앙페르는 유명한 프랑스의 물리학자이자 고전 전자기학의 창시자 중 한 명으로, 국제단위계에서 사용하고 있는 전기의 단위 암페어[ampere]는 그의 이름을 따서 지었을 정도로 유명하다. 하지만 이 용어의 기원은 movement나 motion을 뜻하는 그리스어 kinesis에서 유래된다.

물리학에서의 키네마틱스란 무엇인지 더 잘 이해하기 위해 위키피디아의 글을 참조한다.

"키네마틱스[運動學, Kinematics]는 파티클이나 물체 또는 다수의 물체가 모여 이루어진 계의 운동을 다루는 고전 역학의 하위 학문이다. 키네마틱스은 운동의 양상만을 다루고 운동이 일어나는 원인에 대해서는 고려하지 않는다.

키네마틱스은 동역학의 하위 분야로 다뤄지기도 한다. 이 경우엔 흔히 운동 기하학이라고도 부른다. 키네마틱스는 물체의 이동을 파티클의 궤적이나 선 등으로 나타낸다. 물체의 이동에 따라 측정되는 속력이나 가속도 등도 기하학적으로 나타낼 수 있다."

키네마틱스는 운동의 원인이 아닌 오직 오브젝트의 운동만을 고려한다. 이러한 개념은 게임 개발을 하는 우리로서는 다음과 같은 장점으로 다가온다. 첫째, 오브젝트의 키네마틱스만을 고려하면 연산적 관점에서 볼 때 비용이 크게 들지 않는다. 둘째, 게임에 있어 우리가 완전히 실제와 같은 오브젝트를 원하지 않는다면 그냥 키네마틱스의 프로퍼티만을 정의해 사용할 수 있다. 이와 관련된 부분은 유니티에서 키네마틱 바디$^{\text{kinematic bodies}}$(운동학체)를 다룰 때 자세히 살펴볼 것이다.

 물론 우리가 사는 세계에 순수한 키네마틱 바디는 존재하지 않는다. 모두 다이나믹이다. 그러나 오브젝트의 키네마틱스를 공부해두면 모션에 대한 통찰력을 얻을 수 있다.

다이나믹스

다이나믹스^{Dynamics}라는 용어는 19세기에 정적인 것^{static}과 반대되는 개념으로써 모션을 만드는 힘에 관한 의미에서 사용됐다. 이 용어는 독일의 유명한 수학자이자 철학자인 고트프리트 빌헬름 라이프니츠$^{\text{Gottfried Wilhelm Leibnitz}}$가 처음으로 이 용어를 소개했지만 다시 한 번 프랑스로 넘어가 dynamique로 널리 알려지게 된다. 하지만 이 용어의 어원은 강력함을 의미하는 그리스어 dynamikos와 dynamis(power), dynasthai(~할 수 있는, 파워를 갖기 위한, 충분히 강하다)이다.

명시적으로 제시되지 않는다면, 우리가 물리학에서 다이나믹에 관한 것을 다룬다는 것은 힘^{force}(오브젝트를 움직이는 어떤 파워를 갖는다)을 다루는 것을 의미한다. 위키피디아에는 다음과 같이 설명한다.

> *"다이나믹스는 힘과 토크(회전력)^{torques} 및 이들이 모션에 미치는 영향에 대해 연구를 수학적(특히 고전 메카닉스^{mechanics})으로 고려하는 물리학의 한 분야다. 이 점에서 오브젝트의 운동을 일으키는 원인에 대한 고찰 없이 이뤄지는 키네마틱스와는 구별된다. 아이작 뉴턴은 물체의 운동을 다루는 세 개의 물리 법칙을 정의했다. 그 가운데 특히 두 번째 법칙이 다이나믹스에 관한 것이다."*

따라서 다이나믹스는 키네마틱스 위에 구축돼 있으며 물체가 어떻게 움직이는지에 대한 더 나은 설명이나 예측을 할 수 있게 한다. 사실 힘을 고려함으로써 질량, 중력, 항력^{drag} 및 기타 다른 많은 것은 정말 중요하고 연관된 것이 된다.

힘과 토크

> *"힘은 모션 가능하게 하는 것들이며, 움직임을 창조할 책임이 있다."*

모든 힘은 물체에 뉴턴의 두 번째 법칙으로 연산된 가속도를 적용한다. 매우 단순하면서도 우아하며 이해하기 쉽다. 이 법칙은 다음과 같다.

$$\vec{F} = m\vec{a}$$

여기서 F는 벡터로 표현되는 힘이며, m은 질량^{mass}, 그리고 a는 다른 값을 갖는 벡터인 가속도^{acceleration}다(수식 위의 화살표는 벡터를 뜻한다).

이 수식이 나타내는 것은 질량이 m인 물체에 힘을 가하면 가속도는 F/m이 된다. 따라서 힘을 물체의 질량으로 나누면 얼마나 가속도가 붙는지를 연산할 수 있다. 같은 힘을 가하지만 서로 다른 질량을 갖는 두 개의 물체가 있는 경우, 질량이 더 큰 물체는 더 큰 수로 나뉘기 때문에 가속도가 더 작아진다.

힘에 관한 개념이 중요한 이유는 힘이 운동을 일으키는 원인이기 때문이다. 그리고 여러분은 많은 물리학 엔진(유니티에 탑재된 것도 포함해)에서 힘을 지정할 수 있다.

또 다른 중요한 개념은 토크^{torque}이며 힘의 모멘트^{moment of force} 또는 줄여서 모멘트라고도 한다. 토크는 물체를 움직이지 않고 축을 따라 회전시키는 힘을 나타낸다. 힘을 밀거나 잡아당기는 것이라고 한다면, 토크는 꼬임^{twist}이라고 생각해도 무방하다.

 벡터의 외적(cross-product)에 대해 알고 있는 분을 위해 덧붙이자면, 토크는 힘의 벡터와 받침점까지의 거리 벡터 간의 외적으로 정의된다. 결과적으로 토크는 회전 운동을 일으킨다. 식으로 표현하면 다음과 같다.

$$\vec{\tau} = \vec{r} \times \vec{F}$$

여기서, τ(타우라고 읽는다)는 토크이고, F는 힘 벡터, r은 거리 벡터(오프셋이라고도 함)다. 국제단위계에서 토크는 N · m(뉴턴 미터) 단위로 측정된다.

토크의 공식은 외적이 들어가서 조금 더 복잡하다. 그리고 비디오 게임에서 물리를 다루기 시작한 사람 및 유니티와 같은 그래픽 엔진을 사용하는 사람은 이 공식을 이해하거나 알 필요가 없다. 하지만 이 수치가 회전에 관한 것이며, 리지드바디에 토크가 가해진다는 것이 토크가 적용되는 곳에 따라 축을 중심으로 회전한다는 것임을 이해하는 것이 중요하다. 토크는 힘이 아니라는 것을 기억하기 바란다. 유니티에서 토크를 다루는 방법 때문에 그렇게 보일지도 모르겠지만 말이다.

충돌

고전 역학에서는 리지드바디 간에 일어날 수 있는 다양한 종류의 충돌^{Collisions}이 있다. 충돌은 크게 두 가지 범주로 나뉜다.

- **탄성 충돌**^{Elastic collisions} : 모든 운동 에너지가 보존된다.
- **비탄성 충돌**^{Inelastic collisions} : 운동 에너지의 일부가 다른 형태의 에너지로 변환된다.

5장을 읽어가면서 언급되는 것들을 이해하는 것은 그다지 중요하지 않다. 하지만 충돌 타입이 충돌 후 일어나는 행동을 변화시킬 수 있다는 점을 이해하는 것은 중요하다. 두 개의 공이 있고, 하나는 두 번째 공을 향해서 움직이고, 두 번째 공은 움직이지 않는다고 하자. 특정 시점에서 첫 번째 공은 두 번째 공과 충돌할 것이다. 어떤 충돌이 일어나느냐에 따라, 그 결과는 다를 수 있다. 첫 번째 시나리오는 두 공 모두 같은 방향으로 굴러가는 것으로 마치 서로 붙어 있는 것처럼 보일 것이다. 두 번째 시나리오에서는 첫 번째 공은 멈추고 다른 공은 구르기 시작한다. 세 번째 시나리오에서는 충돌 후 둘 다 다른 방향, 다른 속도로 굴러간다.

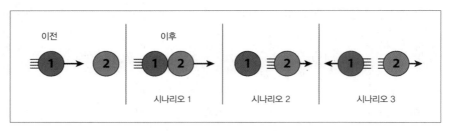

충돌 후 일어날 수 있는 세 가지 시나리오

더 많은 것을 알고 싶다면 서로 다른 충돌의 기본 개념을 아주 간단하게 설명하는 웹 페이지를 방문해보라. http://hyperphysics.phy-astr.gsu.edu/hbase/elacol.html

하지만 이 페이지는 물리학의 기본 개념과 공식에 대한 자세한 지식을 이미 갖고 있는 사람들을 위한 것이다.

 웹사이트 http://hyperphysics.phy-astr.gsu.edu는 그 자체로 물리학의 주요 개념을 빠르게 참고할 수 있는 좋은 자료다. 하지만 무엇이 어떻게 되는지 완전하게 이해하려면 최소한의 사전 지식이 필요하다. 물리학 책부터 시작하는 것이 가장 좋은 방법이지만 지루할 수도 있다. 하지만 이러한 개념을 마스터하는 것은 매우 큰 장점이 될 것이다.

리지드바디

리지드바디$^{Rigid\ body}$[4]는 이름에서 알 수 있듯이, 모든 부분이 함께 이동하고 회전하는 물체를 말한다. 예를 들어 크리스마스 볼이나 텔레비전 또는 던져서 받는 하늘을 나는 디스크는 리지드바디다. 그들의 모든 부분은 함께 움직이기 때문이다. 노트북은 덮개가 회전할 수 있기 때문에 리지드바디가 아니다. 문^{door}도 문틀을 전체 중 일부로 본다면 아니다. 하지만 문틀과 문 그 자체처럼 이런 종류의 물체는 두 개의 서로 다른 리지드바디가 서로를 속박하고-문의 경우라면 경첩에 의해 속박된다-있다고 봐도 무방할 것이다. 물, 공기, 치약 또는 드레스는 리지드바디로 볼 수 없다. 모든 부분이 함께 움직이지 않기 때문이다.

게임에 있는 대부분의 오브젝트는 리지드바디가 된다(이렇게 붙여서 표기하는 이유는 유니티에서 리지드바디를 이렇게 표현하고 있기 때문이다). 리지드바디가 아니더라도 리지드바디에 아주 근접할 수 있다. 따라서 리지드바디를 잘 이해하는 것은 유니티에서 물리를 배우는 데 해결의 열쇠가 된다. 사실 유니티의 2D 물리 엔진은 대부분 리지드바디에 초점이 맞춰져 있으며(이에 대해서는 곧 배울 것이다) 5장은 그들이 주인공이다.

리지드바디가 아닌 옷, 액체 및 기타 물리적 실체를 시뮬레이션하는 것은 가능하지만 매우 어렵다. 이런 실체들은 3D 게임에서 종종 사용되지만 5장에서는 다루지 않을 것이다.

 여러분이 가장 궁금해하는 리지드바디에 대한 더 정확한 정의는 다음과 같다. 리지드바디(rigid body)는 형태가 고정돼 변하지 않는 이상적인 물체를 말한다. 따라서 리지드바디 내의 두 점 사이의 거리는 시간이 흘러도, 외력이 가해져도 일정하게 유지된다.

물론 우리가 사는 이 세상에 이러한 물체는 존재하지 않는다. 사실 실재가 아닌 이상화된 것이지만 변형되는 정도가 아주 작다면 리지드바디로 가정하기도 한다(물체의 속도가 빛의 속도에 근접하지 않는 한).

---

4   일반 역학에서는 강체(剛體)라고도 부른다. - 옮긴이

마찰-위치 이동에 대한 항력과 회전 동작에 대한 항력

어린아이가 나에게 "마찰^{friction}이 뭐예요?"라고 묻는다면 "마찰은 모든 것을 움직이지 않게 하는 것"이라고 답할 것이다. 이 대답은 공식적인 정의는 아니지만 마찰이 무엇인지 이해하는 데 도움이 된다. 마찰은 물체의 다이나믹스를 고려할 때 중요한 역할을 하게 된다. 마찰은 물리적인 물체의 운동에 역행하는 힘을 발생시키기 때문이다. 마찰에는 여러 종류가 있으며 요인에 따라 달라진다. 예를 들어 공기 저항^{air drag}은 물체의 속도에 의해 결정되지만 건조 마찰^{dry friction}은 수직항력^{normal force}(표면, 물체의 위치, 무게 및 질량에 따라 다름)에 의해 결정된다.

특별한 니즈가 있는 경우가 아니라면 게임에서 이러한 마찰이나 항력이 모두 필요한 것은 아니다. 예를 들어 유니티에서는 위치 이동에 대한 항력^{linear drag}과 회전 동작에 대한 항력^{angular drag}만 제어할 수 있다. 위치 이동에 대한 항력은 궤적(또는 물체의 질량 중심의 궤적이라고 표현하는 것이 더 정확하며, 이렇게 가정하지 않으면 실시간에서 연산하기에는 너무 복잡해진다)에 따른 물체의 운동에 저항하는 것이다. 따라서 유니티에서 위치 이동의 항력과 회전 동작의 항력이 0이 아닌 값을 가진 오브젝트는 (다른 힘이 작용하지 않는다면) 결국에는 이동 및 회전을 멈추게 된다.

█ 유니티 물리 엔진

유니티에는 물리 엔진이 통합돼 들어 있다. 이 엔진은 리지드바디의 키네마틱 및 다이나믹 타입을 둘 다 다루고 있을 뿐만 아니라 옷과 같은 물리적 실체도 처리할 수 있다. 유니티의 물리 엔진은 크게 2D 물리와 3D 물리로 나뉘어 있다. 이 둘은 같은 씬에 공존할 수 있지만 이 둘은 완전 별개임을 기억하기 바란다. 이 둘이 소통할 수 있는 경로는 없다. 2D 물리하에 있는 물리적 오브젝트는 3D 물리하에 있는 물리적 오브젝트와 상호작용하지 않는다.

이 절에서는 유니티의 2D 물리 엔진을 중점적으로 살펴볼 것이다. 여기에 제시된 모든 컴포넌트를 사용하지는 않겠지만 더 나은 유니티 개발자가 되기 위해 이 모든 것을 마스터하는 것은 중요하다.

유니티에서 물리 이해하기

2장, '컵케이크 타워 굽기'에서 스크립트 작성 순서와 그 실행 방법에 대해 배웠다. 첫 번째 의문점은 프레임이 렌더링될 때 언제 물리 엔진이 기동하는가이다. 대답은 간단하지 않다. 프레임이 렌더링되는 동안 물리 엔진은 여러 번 실행되기 때문이다. 몇몇 특정한 경우—애플리케이션이 일시 중지되거나 특정 게임 오브젝트가 해당 프레임에서 이네이블/디세이블된 경우—를 제외하면 물리 엔진은 초기화(Awake( ), Start( ), 그리고 OnEnable( ) 함수 호출)가 끝난 후, 플레이어로부터 입력을 수집하고 게임 로직을 업데이트하기 전에 실행된다.

결과적으로 물리 연산(5장 후반부에서 살펴볼 것이다)을 할 때, FixedUpdate( ) 함수를 사용해야 한다. 이 함수는 프레임당 두 번 이상, 물리 엔진이 자체 연산을 수행하기 바로 직전에 호출된다. 따라서 시간을 검색해야 하는 경우 Time.deltaTime을 사용할 수 없다. 그 대신 Time.fixedDeltaTime을 사용해야 한다.

궁금해지는 또 다른 질문은 유니티의 물리 엔진을 사용하기에 적절한 타이밍이 언제인가 하는 것이다. 이론적으로는 모든 충돌 및/또는 물리 동작을 처음부터 프로그래밍할 수 있기 때문에 물리 엔진을 사용할 필요가 없다. 실제로 물리 엔진은 최소한의 코딩으로 다양한 일반적인 문제들을 해결하며 정말 여러모로 도움이 된다. 여기서 말하는 일반적인 문제는 물리적인 것에 국한되지 않는다. 사실 그중 일부는 (캐릭터의 움직임처럼) 물리적 측면에서 접근할 때 게임의 질을 향상시킬 수 있는 특정 게임 메카닉을 포함한다. 그 밖에는 어떤 영역 내에 얼마나 많은 타깃이 있는지 알아내기 위한 스크립트처럼 다른 비헤이비어를 스크립팅하기 위한 환경에서의 정보 수집이 있다.

유니티에서의 물리 설정

우선 유니티의 물리 엔진에는 몇 가지 신경 써야 하는 일반 설정이 있다. 이 설정은 게임의 전체에 영향을 미치는 물리적인 프로퍼티를 정의한다. 예를 들어 중력값, 무엇이 무엇과 충돌할지, 물리 시뮬레이션을 얼마나 정확하게 해야 하는지 등이다.

유니티의 물리 설정에 접근하려면 다음 스크린샷에서 볼 수 있듯이 Edit ▸ Project Settings ▸ Physics 2D를 차례대로 선택하자.

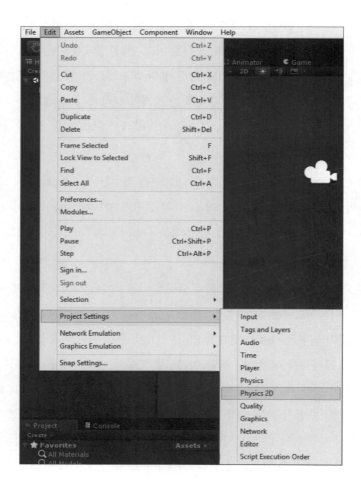

3D 물리 설정 역시 Edit ▸ Project Settings ▸ Physics를 차례대로 선택하면 액세스할 수 있다.

Inspector 뷰에 다음과 같은 화면이 나타난다(가장 중요한 파라미터는 강조 표시돼 있으며, 자세한 내용은 이 절에서 알아볼 것이다).

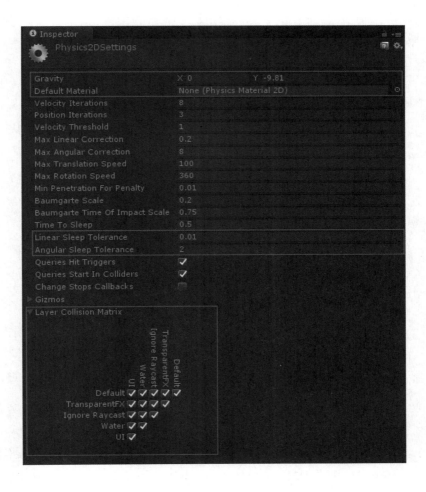

보다시피 여기에는 조정할 수 있는 옵션이 많이 있다. 대부분의 경우, 특히 (우리가 만들고 있는 것과 같은) 단순한 게임일 때는 디폴트 설정으로도 충분하다. 하지만 이렇게 유니티가 제공하는 기회를 여러분의 게임에 적용해보는 것도 좋을 것이다.

이 옵션의 대부분은 유니티 물리 엔진을 얼마나 정확하게 할지에 대한 것이다. 따라서 정확성과 효율성 사이의 균형을 맞춰야 한다. 연산의 관점에서 볼 때 더 정확하게라는 의미는 그만큼 비용이 많이 필요하다는 뜻이기 때문이다.

주요 내용을 자세히 살펴보자(여기서 언급하지 않은 다른 부분에 대해서도 알고 싶다면 5장 후반부에 있는 '물리에 관한 기타 사항' 절을 참고하기 바란다.).

- **Gravity**: 중력 가속도를 정의하는 벡터다. 디폴트 값은 y축을 기준으로 한 음수 값이다. 특히 절댓값 9.81은 유니티에서의 단위가 미터일 때 지구상에서의 중력 가속도 값에 해당한다.

- **Default Material**: 콜라이더와 리지드바디에 아무것도 지정되지 않은 경우 사용되는 디폴트 Physics Material이다(Physics Material에 대해서는 나중에 자세히 알아본다).

- **Time To Sleep**: Rigidbody 2D가 슬립sleep 상태로 들어가기까지 경과돼야 하는 초 단위 시간이다. 슬립 상태에서 물리 엔진은 업데이트되지 않는다(리지드바디와 슬립에 대해서는 나중에 더 살펴본다).

- **Linear Sleep Tolerance**: Time To Sleep 이후 리지드바디가 슬립 상태로 들어가는 선형 속도다. 항력에 의해 속도가 느려지는 오브젝트가 게임에 많고, 플레이어가 보기에 이들이 거의 멈춘 것처럼 보인다고 가정하자. 이런 경우, 물리 엔진으로 이 오브젝트를 계속 업데이트하는 것은 연산 리소스를 낭비하는 것이다. 따라서 이 변수를 통해서 오브젝트가 슬립 상태로 들어가기 전에 가질 수 있는 최저 속도를 제한한다(물리 엔진에서는 더는 업데이트되지 않는다). 이 값이 낮을수록 시뮬레이션의 정확도는 더 높아지지만, 여기서 지정하는 속도 이상으로 움직이는 오브젝트가 많을 경우 들어가는 비용은 많이 든다.

- **Angular Sleep Tolerance**: Time To Sleep 이후의 리지드바디가 슬립 상태로 들어가는 각속도다. 위와 같은 상황이지만 대신 바디가 정말 천천히 회전하고 있다고 가정해보자. 이때 같은 추론이 적용된다. 따라서 이 값이 낮을수록 시뮬레이션은 정확하지만 일반적으로 더 비용이 들어간다.
- **Layer Collision Matrix**: 어떤 종류의 오브젝트가 다른 것들과 충돌하는지를 결정한다. 디폴트로는 모든 것이 체크돼 있지만 두 개의 특정 오브젝트 사이에서는 충돌이 일어나지 않게 설정할 수도 있다. 오브젝트는 그들이 속한 물리 레이어를 기반으로 구분된다. 1장, '유니티의 평면 월드'에서 배웠던 레이어와 태그를 기억하는가? 레이어 메뉴를 통해 새로운 레이어를 생성하고 Inspector에서 특정 게임 오브젝트에 레이어를 할당할 수 있다. 이해를 돕기 위해 Layer Collision Matrix의 스크린샷을 다음에 준비했다.

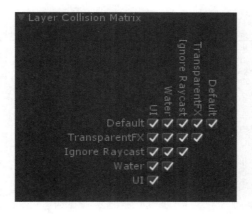

우리가 만드는 게임은 디폴트 설정만으로도 충분하기 때문에 모두 그대로 두겠다.

▌물리 컴포넌트

유니티의 물리 엔진은 컴포넌트에 의해 작동한다. 어떤 것은 오브젝트 자체의 프로퍼티를 기술하고, 어떤 것은 서로에 관해, 어떤 것은 게임 월드의 특정 영역 내에서도 프로퍼티를 기술한다.

물리 컴포넌트^{Physics components}는 다음과 같이 나눌 수 있다.

- **리지드바디**^{Rigidbody}: 물리 엔진 내의 리지드바디를 정의한다.
- **콜라이더**^{Collider}: 리지드바디의 물리적인 형태^{shape}를 정의한다.
- **조인트**^{Joint}: 리지드바디에 하나 이상의 제약을 부여한다.
- **이펙터**^{Effector}: 게임 월드 일부 영역의 물리적 특성을 변경해 그 영역 내의 모든 리지드바디에 영향을 미친다.

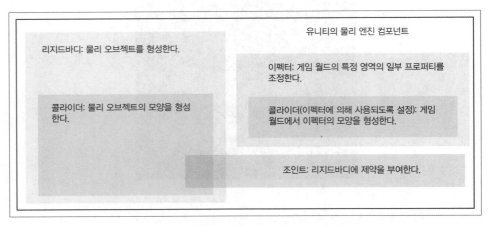

유니티의 2D 물리 엔진에 있는 여러 컴포넌트에 대한 요약 그림

▌ 리지드바디

리지드바디는 콜라이더와 함께 유니티 물리 엔진의 핵심이다. 리지드바디는 게임 오브젝트에 어태치되면 이 오브젝트를 물리 엔진의 제어하에 둔다. 이때 물리 엔진은 오브젝트의 Transform을 올바르게 변경하도록 조심한다. 사실 이들은 다른 함수로 옮겨져야 하며, 스크립트는 Transform을 건드려서는 안 된다. 나중에 더 자세히 살펴보겠다.

이 컴포넌트의 정식 명칭은 **Rigidbody 2D**다(Rigidbody는 3D 물리 엔진용이지만, 간결하게 쓰기 위해 리지드바디 2D 컴포넌트를 리지드바디라고 지칭하겠다).

 유니티 5.4에 이어 유니티 5.5에서 Rigidbody 2D 컴포넌트는 약간 변경됐다. 사실 유니티의 물리 엔진이 많이 개선됐다.

이 컴포넌트가 게임 오브젝트에 어태치되면 다음과 같이 보인다.

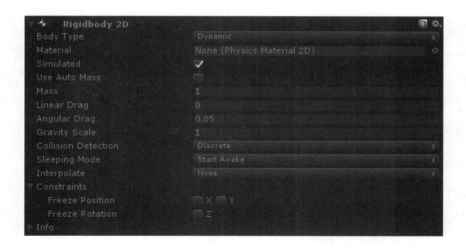

Rigidbody 2D의 작동 방법

지금까지 우리는 오브젝트(또는 그 차일드)를 배치하거나 이동시킬 때마다, 그 Transform을 변경했다. Transform은 오브젝트가 공간상 어디에 있는지, 어떻게 회전하는지 또는 스케일scale되는지를 정의한다. 하지만 물리 엔진은 물리적인 시뮬레이션이 이뤄지는 월드 내에서 오브젝트가 어떻게 상호작용하는지를 시뮬레이션한다. 따라서 오브젝트가 다른 오브젝트와 충돌하면 오브젝트의 방향이나 속도가 변한다. 이 말은 물리 엔진이 오브젝트의 Transform을 어떤 식으로든 변경해야 한다는 것을 의미한다(이러한 이유 때문에 물리 오브젝트의 스크립트를 만져서는 안 되는 것이다. 스크립트에서 이들을 다루는 방법에 대해서는 나중에 알아볼 것이다). 이것이 물리 엔진과 오브젝트의 프로퍼티 사이를 연결하는 일종의 허브인 리지드바디 컴포넌트가 Transform을 계산하는 방법이다.

따라서 물리 엔진은 자체 연산을 끝낸 후, 다음 위치로 이동해야 하는 리지드바디에게 새로운 위치를 알려주고, 리지드바디 컴포넌트는 새로운 위치에 맞게 Transform을 변경한다.

콜라이더도 똑같이 작동한다(곧 자세한 내용을 본다). 리지드바디의 같은 오브젝트(또는 그 자신의 일부)에 어태치된 콜라이더는 리지드바디에 링크되며, 우리는 콜라이더를 수정하거나 움직여서는 안 되고, 그 대신 리지드바디 전체를 움직여야 한다. 리지드바디에 링크된 이러한 콜라이더는 이 리지드바디가 다른 리지드바디의 콜라이더와 실제로 충돌이 일어나게 만들고, 그들에게 물리적인 형태를 준다.

바디 타입

Rigidbody 2D에서 가장 중요한 변수는 다음 스크린샷에서 강조 표시된 **Body Type**이다.

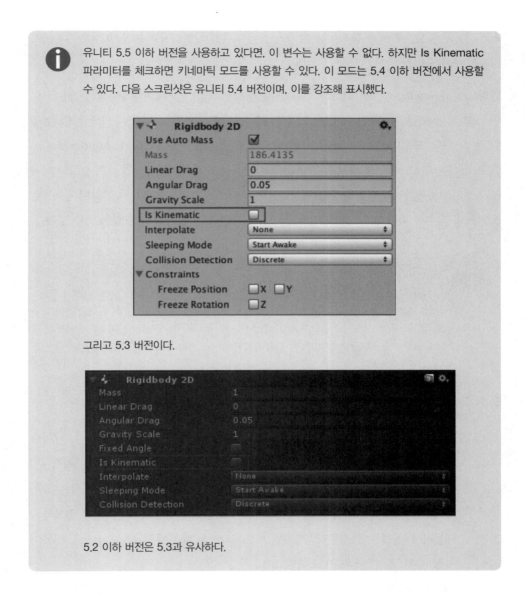

유니티 5.5 이하 버전을 사용하고 있다면, 이 변수는 사용할 수 없다. 하지만 Is Kinematic 파라미터를 체크하면 키네마틱 모드를 사용할 수 있다. 이 모드는 5.4 이하 버전에서 사용할 수 있다. 다음 스크린샷은 유니티 5.4 버전이며, 이를 강조해 표시했다.

그리고 5.3 버전이다.

5.2 이하 버전은 5.3과 유사하다.

Body Type이 실제로 어떻게 설정돼 있는지에 따라 컴포넌트의 다른 설정에 영향을 미친다. 또한 Rigidbody 2D에 어태치된 모든 Collider 2D는 Rigidbody 2D 컴포넌트의 Body Type을 상속한다는 것을 기억해두기 바란다.

Body Type은 오브젝트가 움직이는 방법과 콜라이더가 상호작용하는 방법을 결정하므로 리지드바디가 연산에 드는 비용을 얼마나 많이 소모할지를 결정한다.

런타임에서 Rigidbody 2D의 Body Type을 변경하면 여러 가지로 복잡해질 수 있다. 이 때 고려해야 하는 몇 가지 사항이 있다. 예를 들어 Body Type이 변경되면 다양한 질량 관련 내부 프로퍼티는 그 즉시 다시 연산에 들어가게 된다. 게다가, Rigidbody 2D에 어태치된 Collider 2D 컴포넌트에 대해 존재하는 모든 접촉은 게임 오브젝트의 다음 FixedUpdate 동안 재평가돼야 한다. 그 결과, 접촉과 바디에 어태치된 콜라이더 2D 컴포넌트의 개수에 따라 리지드바디의 Body Type을 변경할 때 성능차가 일어날 수 있다.

 때로는 리지드바디가 서로 충돌한다는 표현을 쓰는 것에 대해 간단하게 설명해 둘 필요가 있을 것 같다. 이 말은 우리가 물리학에서의 리지드바디에 대해 말할 때는 사실이지만, Rigidbody 2D(유니티의 컴포넌트)의 경우는 사실이 아니다. 사실 유니티의 물리 엔진에서는 리지드바디에 어태치된 콜라이더만이 충돌한다. 그럼에도 두 개의 리지드바디가 충돌했다고 표현하는 것은 이들의 콜라이더가 서로 충돌했다는 것을 짧게 표현하기 위한 것이다.

Body Type은 세 가지로 설정될 수 있다. 하나씩 자세히 살펴보자.

- Dynamic: 리지드바디가 모든 다이나믹 연산을 따른다는 것을 의미한다. 다이나믹 연산은 모션을 일으키는 힘을 다룬다는 뜻이다. 사실 리지드바디는 질량, 위치 이동에 대한 항력, 회전 동작에 대한 항력 모두를 갖는다. 또한 바디는 중력에 영향을 받을 것이다. 사실 이 타입이 가장 많이 사용되고 모든 것과 충돌하기 때문에 디폴트로 설정된다. 하지만 바로 그 이유 때문에 Body Type 중 비용이 가장 많이 드는 연산이기도 하다.

- Kinematic: 바디는 물리 오브젝트로서 움직일 수 있지만 자체 모션을 위한 힘이 존재하지 않으며, 그로 인해 중력의 영향 역시 받지 않는다. 사실 모션을 직접 어떤 공식(나중에 다루겠다)을 이용해 스크립트해야 한다. 이 공식은 물리적으로 사실적(또는 게임 세계에서)일 수도 있고 그렇지 않을 수도 있다. 하지만 이 역시

충돌할 수 있다. 즉, 물리 엔진이 리지드바디가 충돌했다고 스크립트에 알릴 것이고, 다음에 일어날 일들은 우리에게 달려 있다. 다이나믹 Body Type과 충돌한 경우, 키네마틱 바디는 고정된 것으로 간주되고, 이는 무한 질량을 의미한다. 사실 질량과 같은 모든 다이나믹 프로퍼티는 사용할 수 없다. 연산적 측면에서 보면, 다이나믹 Body Type보다 빠르다. 그 이유는 모든 다이나믹 힘을 연산하지 않으므로 물리 엔진에서 필요한 리소스가 적기 때문이다.

- Static: 리지드바디가 물리 엔진(또는 시뮬레이션하)에서 전혀 움직이지 않는다는 의미다. 오브젝트는 무한 질량을 갖는 것으로 간주된다. 시뮬레이션하에서는 static Rigidbody 2D는 움직이지 않도록 디자인된다. 이것이 무엇인가에 충돌하는 경우, static Rigidbody 2D는 (마치 무한 무게를 가진 것처럼) 움직이지 않는 오브젝트처럼 행동한다. 또한 리소스가 가장 적게 드는 Body Type이다. static 바디는 Rigidbody 2D에만 충돌한다. static Rigidbody 2D 사이의 충돌은 지원되지 않는다. static 바디는 움직이도록 디자인돼 있지 않기 때문이다. 결과적으로 이 Body Type에 사용할 수 있는 프로퍼티의 개수는 제한돼 있다.

이 세 가지 Body Type 간의 차이를 더 잘 이해하기 위해 각 Body Type에 사용할 수 있는 다양한 기능을 표로 정리했다(다음 절에서 자세히 설명하겠다).

파라미터의 종류	기능 / 바디 타입	스태틱	키네마틱	다이나믹
물리 엔진	머티리얼	✔	✔	✔
물리 엔진	시뮬레이티드	✔	✔	✔
다이나믹	자동 질량			✔
다이나믹	질량			✔
다이나믹	위치 이동에 대한 항력			✔
다이나믹	회전 동작에 대한 항력			✔
다이나믹	중력 스케일			✔

파라미터의 종류	기능　　　　　　　　바디 타입	스태틱	키네마틱	다이나믹
물리 엔진	모든 키네마틱 접촉 사용	✔	✔	
키네마틱	충돌 감지		✔	✔
물리 엔진	슬리핑 모드		✔	✔
물리 엔진	보간		✔	✔
키네마틱	제약		✔	✔
키네마틱	위치 동결		✔	✔
키네마틱	회전 동결		✔	✔
물리 엔진	정보	✔	✔	✔

리지드바디 프로퍼티

앞의 표를 보면 많은 프로퍼티가 있다. Body Type에 따라 사용 가능 여부가 다르다. 그런데 이 프로퍼티가 하는 일은 정확히 무엇이며 리지드바디를 위해 무엇을 결정하는 것일까? 지금부터 이 프로퍼티를 자세히 살펴보겠다.

- Material: 마찰이나 반발bounce 같은 충돌 프로퍼티를 결정하는 물리 머티리얼이다(물리 머티리얼에 대해서는 나중에 자세히 설명하겠다). 이 머티리얼은 리지드바디의 통제하에 있는 모든 콜라이더에 적용된다(다음 절에서 콜라이더에 대해 자세히 설명하겠다). 이것은 같은 물리 머티리얼을 가진 콜라이더가 많이 필요할 때 편리하다.

- Simulated: 리지드바디를 물리 엔진과 상호작용할 수 있게 하는 체크박스다. 선택하지 않으면 리지바디와 그를 참조하는 모든 콜라이더는 디세이블되고 물리엔진은 이들이 존재하지 않는 것처럼 취급한다. 이것은 런타임에서 많은 콜라이더를 이네이블 및 디세이블하는 데 유용하다(자세한 내용은 후반부에 있는 '물리에 대한 기타 사항' 절을 참조하기 바란다).

- **Use Auto Mass**: 체크박스이며, 이네이블일 때 유니티가 오브젝트의 질량을 스스로 연산한다. 이러한 연산은 특정 리지드바디를 참조하고 있는 각 콜라이더의 크기와 밀도를 기반으로 한다.

- **Mass**: Use Auto Mass 체크박스가 디세이블인 경우, 리지드바디의 질량을 수동으로 지정할 수 있다.

- **Linear Drag**: 리지드바디에 영향을 주는 위치 이동에 대한 항력 값이다. 이 값이 0이 아닌 경우 오브젝트는 결국 이동을 멈춘다.

- **Angular Drag**: 리지드바디에 영향을 주는 회전 동작에 대한 항력 값이다. 이 값이 0이 아닌 경우 오브젝트는 결국 회전을 멈춘다.

- **Gravity Scale**: 특정 리지드바디의 중력 값에 대한 배율이다. 즉, 이 값을 0.4로 설정하면 원래 값의 40%로 중력을 감소시킨다. 이 값은 게임에서 중력에 다른 방식으로 반응하는 오브젝트가 있을 때 유용하다. 마법자가 던지는 파이어볼을 상상해보자. 아마도 여러분은 파이어볼이 직선 궤도로 날아가기를 원할 것이다 (궤도가 완전히 직선이라는 것은 중력이 전혀 리지드바디에 영향을 미치지 않는다는 뜻이므로 Gravity Scale을 0으로 설정해야 한다. 이렇게 설정하지 않는 한 파이어볼의 궤도는 포물선을 그리게 된다). 반면에 여러분이 만든 병사가 던지는 수류탄은 중력의 영향을 받아 완전한 포물선 궤도로 날아가기를 원할 것이다. 다음의 그림에서 볼 수 있듯이 이 값이 1보다 크면 원래 값보다 중력이 강해진다.

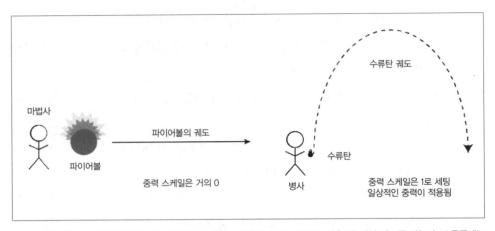

그림의 왼쪽에는 파이어볼이 있다. 이 파이어볼은 중력 스케일이 0으로 설정돼 있을 때 직선 궤도를 갖는다. 오른쪽에는 중력의 영향을 받는 수류탄이 있다(중력 스케일이 0보다 크며 이 경우에는 정확히 1이다. 즉 일상적인 중력을 받는다). 다른 힘이 작용하지 않는다면 선형 속도와 중력을 받는 리지드바디는 포물선 궤적을 갖는다.

- **Use Full Kinematic Contacts**: 키네마틱 Body Type에만 사용할 수 있는 체크박스다. 체크하면 다른 키네마틱 리지드바디와 충돌할 수 있게 된다. 디폴트 설정은 비활성화(false)로 돼 있으며, 이는 리지드바디가 다이나믹 리지드바디와만 충돌한다는 뜻이다(콜라이더가 트리거로 설정된 경우는 예외).

- **Collision Detection**: 유니티가 충돌을 감지하는 방식이다. Discrete(불연속) 또는 Continuous(연속) 중 하나를 선택할 수 있다. Discrete는 다른 물리 오브젝트의 위치를 기준으로 충돌 감지 연산을 한다. 그리고 오브젝트의 위치가 업데이트된 이후 콜라이더가 겹쳐 있는 경우 충돌로 간주한다. 이와는 대조적으로 Continuous는 오브젝트의 위치뿐만 아니라 궤도 자체를 기준으로 충돌 연산을 한다. 아주 얇은 벽을 향하고 있는 아주 빠른 총알이 있다고 가정해보자. 게임은 프레임 단위로 렌더링되기 때문에 (즉, 불연속적이어서) 총알이 벽에 가까워졌을 때 다음 업데이트를 실행하고 총알이 정말 빨라서 총알의 새로운 위치는 벽의 뚫고 지나간 상태일 수도 있다. 따라서 불연속적 충돌 감지를 하게 되면 물리 엔진은 충돌을 감지하지 않기 때문에 총알은 어떤 일도 일어나지 않고 벽을 뚫고 나간다. 연속 충돌 감지를 사용하면 물리 엔진은 총알이 지나가는 궤적을 알

아채고 연산한다. 따라서 물리 엔진은 총알의 마지막 위치가 벽 뒤에 있더라도 충돌을 감지하고 다음의 그림과 같이 충돌을 감안한 총알의 새로운 위치를 다시 연산해 제대로 처리하게 된다.

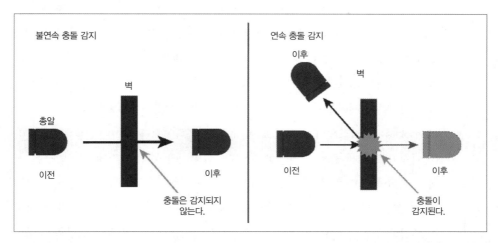

그림 왼쪽은 프레임 간의 달라진 위치만 고려하는 불연속 충돌 감지법이다. 따라서 만약 다음 프레임에서 총알의 위치가 벽 뒤에 있으면 충돌을 감지하지 못한다. 그림 오른쪽은 총알의 전체 궤도를 고려하는 연속 충돌 감지법이다. 따라서 다음 프레임에서 총알이 벽 뒤에 있더라도 충돌은 감지되고 충돌에 따른 새로운 위치를 연산한다. 두 번째 방법이 연산 비용이 조금 더 들어간다.

- Sleeping Mode: 이 모드는 리지드바디가 시작할 때 휴식 상태인지 아닌지, 또는 휴식 상태로 들어갈 가능성은 있는지를 결정짓는다. 이 변수는 이름에서 바로 알 수 있듯이, Never Sleep(오브젝트는 계속 awake 상태), Start Awake(오브젝트를 awake 상태로), Start Asleep(오브젝트를 asleep 상태로) 중에 고를 수 있다. 물리 엔진이 리지드바디를 전혀 고려하지 않을 때 이 리지드바디는 슬립 상태다(이는 시뮬레이션되지 않는 것과는 다른데, 그 이유를 이제 알게 될 것이다). 여러분이 만든 게임에 지금 당장은 움직이지 않지만 언젠가는 움직일 오브젝트가 얼마나 많은지 생각해보라. 예를 들어 수천 개의 공이 들어 있는 볼풀이 있지만 지금은 아무것도 움직이지 않는다고 가정하자. 이때 물리 엔진이 공 하나하나를 연산하는 것은 무효 연산(연산 결괏값이 같은)으로, 쓸데없는 짓이다. 다른 예를 하나 더 들겠다.

멈춰 있는 진자가 있고, 이것이 흔들릴 때 그리는 호^{arc}가 너무 작아서 플레이어가 알아차리기 어렵다고 가정해보자. 이 진자의 정확한 위치를 연산하는 것은 연산 리소스의 낭비다. 이때 진자나 볼풀의 공은 진자를 밀거나 플레이어가 볼풀에 뛰어드는 것과 같은 이벤트가 발생되기 전까지 멈춰 있는 게 낫다(즉, 이들을 슬립 모드로 설정한다). 따라서 성능상의 이유로 모든 리지드바디가 언제나 awake 모드로 있을 필요가 없다. 하지만 이들은 물리 엔진에서 자동으로 발생하는 이벤트에 의해 awake 모드로 변경될 수 있다. 그러나 이 이벤트 역시 스크립트 내에서 여러분이 제어할 수도 있다(다음 절에서 자세한 내용을 살펴보겠다).

- Interpolate: 리지드바디가 아마도 힘에 의해 움직이고 있을 때, 물리 엔진은 다음 위치가 어떻게 될지를 연산할 것이다. 그렇지만 물리 엔진에서의 연산은 실제 물리학에서 하는 것처럼 완벽하게는 되지 않는다. 사실 알고리즘은 수치적 불안정성을 겪기 때문에 움직임이 불규칙적으로 나타날 수 있다. 따라서 유니티는 모션을 부드럽고 덜컥거리지 않게 만드는 두 가지 보간법과 결괏값을 그대로 사용하는 None 옵션을 제공한다. Interpolate(보간)라고 불리는 첫 번째 방법은 리지드바디의 이전 위치를 고려한다. 그 반대인 Extrapolate(추정)라고 불리는 두 번째 방법은 오브젝트의 다음 위치를 미리 예측해 이를 반영한다. 이 두 가지 방법에 의한 결과를 None과 비교하면 그 차이가 확연히 드러난다. 하지만 이 두 방법 간의 차이를 이해하는 것은 까다롭다. 특히 이 둘의 연산 방법은 거의 유사하기 때문에 어느 쪽이 더 나은지에 대한 판단은 게임에서 시행착오를 통해 체득할 수밖에 없다(정말 특별한 니즈가 있지 않은 한).

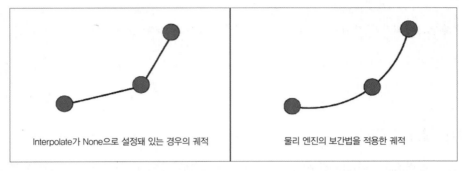

| Interpolate가 None으로 설정돼 있는 경우의 궤적 | 물리 엔진의 보간법을 적용한 궤적 |

왼쪽은 궤적에 보간법을 적용하지 않아서 파편화된 궤적으로 연결돼 있다. 오른쪽은 궤적에 보간법을 적용해 부드러운 곡선으로 나타난다.

- **Constraints**(제약): 리지드바디의 이동이나 회전을 특정 방법을 통해 방지한다. 2D의 경우, x축 또는 y축 또는 양 축 모두에 대한 이동과 z축에 대한 회전을 freeze(동결)할 수 있다. 각각은 독립적인 체크박스이며 어떤 조합으로도 선택할 수 있다. 물론 전부 다 선택하면 리지드바디는 움직일 수 없게 된다. 여러분이 퍼즐 게임을 개발 중인데 메인 캐릭터가 상자를 밀어서 움직여야 한다고 가정해 보자. 하지만 플레이어가 박스의 중점을 밀지 않더라도[5] 박스가 혼자 회전하지 않게 하고 싶다. 이럴 때 박스의 회전을 freeze하면 박스는 플레이어가 밀 때 이동만 하게 된다.

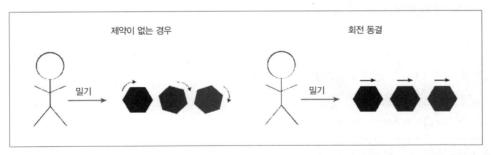

왼쪽 그림에서는 제약이 없으므로 플레이어가 밀면 오브젝트가 회전할 수 있다. 오른쪽에서는 회전이 freeze돼 있어 플레이어가 밀어도 오브젝트는 회전하지 않는다. 게임 디자인에 따라 어떻게 움직여야 할지 선택하면 된다.

---

5   물리 연산 시 물체의 중점이 아닌 다른 곳을 밀면 즉, 힘을 가하면 오브젝트의 모양에 따라 회전이 일어날 수도 있다. - 옮긴이

참고: 리지드바디의 다른 모든 변수를 보여주는 폴드아웃(foldout)[6]은 디버깅할 때 매우 유용하다.

리지드바디 다루기

지금까지 리지드바디 2D 컴포넌트에 대해 자세히 살펴봤으니, 스크립트 내에서 어떻게 다루면 될지 알아보자. 앞에서 설명한 것처럼 스크립트는 리지드바디의 Transform을 변경해서는 안 된다. 그러면 어떻게 움직이게 할까? 그 대답은 이를 위한 특별한 함수가 존재한다는 것이다.

이 함수들은 리지드바디에서 호출돼야 한다. 따라서 어쩌면 아래에 있는 코드 일부에서 볼 수 있듯이 리지드바디 2D에 대한 참조가 필요할 수도 있다.

```
// Rigidbody2D component에 대한 참조
public Rigidbody2D rb2D;

void Start( ) {
  //Rigidbody2D component 에 대한 참조를 가져온다
  rb2D = GetComponent<Rigidbody2D>( );
}
```

이 함수는 다음과 같은 방법으로 호출할 수 있다.

```
Rb2D.NameOfTheFunction( )
```

---

6 말 그대로 접혔다 펴지는 UI 요소로, 클릭하면 상세 내용이 펼쳐지며 보이거나 닫히면서 안 보이게 된다. - 옮긴이

물론 NameOfTheFunction 대신 이하에 나열된 함수 중 하나를 가져다 써도 된다. 그러나 물리 엔진이 프레임당 두 번 이상 호출될 수 있으므로 이러한 함수는 FixedUpdate() 내에서 호출돼야 한다.

그렇다면 우리는 어떻게 실제로 리지드바디를 움직일 수 있을까? 다이나믹 Body Type의 경우 중력, 충돌 등과 같은 외부 힘에 맡기거나 특정한 힘을 적용할 수 있다.

리지드바디에 힘을 가하기 위한 함수는 다음과 같다.

- `AddForce(Vector2 force, ForceMode2D mode = ForceMode2D.Force)`: force 파라미터에 지정된 힘을 적용한다. ForceMode2D는 데이터 타입이 enum이며, force가 impulse(충격)로 작동해야 하는지를 지정하는 선택적 파라미터다. 디폴트 설정은 impulse가 아니다.

- `AddForceAtPosition(Vector2 force, Vector2 position, ForceMode2D mode = ForceMode2D.Force)`: 첫 번째 함수인 `AddForce()`처럼 작동하지만 force에 대한 적용 지점을 지정할 수 있다.

- `AddRelativeForce(Vector2 relativeForce, ForceMode2D mode = ForceMode2D.Force)`: 첫 번째 함수인 `AddForce()`처럼 작동하지만 힘은 로컬 좌표로 지정된다.

- `AddTorque(float torque, ForceMode2D mode = ForceMode2D.Force)`: 리지드바디에 토크를 적용한다. 첫 번째 함수인 `AddForce()`처럼 작동하지만 힘 대신 토크가 적용된다.

키네마틱 Body Type은 두 가지 함수를 사용해 키네마틱 바디를 확실하게 움직이고 물리 엔진이 충돌 감지를 제대로 수행할 수 있다. 이 함수들에 모든 공식에서 연산되는 위치와 회전을 직접 전달한다. 이로써 우리가 원하는 물리 법칙(또는 게임에서 의미가 있는 물리 법칙)을 따르게 된다.

- `public void MovePosition(Vector2 position)`: 리지드바디를 지정된 위치로 이동시킨다.
- `public void MoveRotation(float angle)`: 리지드바디를 지정된 각도로 회전 시킨다.

 가장 쉬운 예는 키네마틱 바디를 무한한 직선상으로 움직이게 하기 위해 속도에 고전적인 키 네마틱 법칙을 적용하는 것이다. 이 법칙에 대해 궁금해할 독자를 위해 공식을 소개한다.

$$\Delta Space = Velocity * \Delta Time$$

물리에서의 Δ(델타라고 읽는다)는 최종값에서 초깃값을 뺀 값을 의미한다. 스페이스의 델타 값을 명확하게 명시해서 다시 쓰면 다음과 같다.

$$NextPosition = CurrentPosition + Velocity * \Delta Time$$

이 식을 유니티용 코드로 변경하면 다음과 같다(Time.deltaTime 대신 Time.deltaFixed Time으로 써야 한다).

```
public Vector2 velocity;
void FixedUpdate( ) {
  rb2D.MovePosition(rb2D.position + velocity * Time.
fixedDeltaTime);
}
```

모든 Body Type에 사용할 수 있는 함수는 다음과 같다.

- `IsAwake( )`: 리지드바디가 awake 모드인 경우 true를 반환한다.
- `IsSleeping( )`: 리지드바디가 sleeping 모드에 있으면 true를 반환한다.
- `IsTouching(Collider2D collider)`: 콜라이더가 리지드바디(즉, 리지드바디에 어 태치된 콜라이더 중 하나에라도)에 닿으면 true를 반환한다.

- `OverlapPoint(Vector2 point)`: 포인트가 리지드바디(즉, 리지드바디에 어태치된 콜라이더)와 겹치는 경우 true를 반환한다.
- `Seep()`: 리지드바디를 sleep으로 변경한다.
- `WakeUp()`: 리지드바디의 sleeping 모드를 디세이블한다.

> **ℹ** Rigidbody 2D 컴포넌트의 함수 및 변수 전체 목록을 보려면 공식 문서 https://docs.unity3d.com/ScriptReference/Rigidbody2D.html을 참조하기 바란다.

▌ 콜라이더

여러분이 만드는 게임의 여주인공이 복잡한 환경에 있다고 가정해보자. 여기서 복잡하다는 것은 디테일하다는 뜻으로, 예를 들면 왕이 사는 성의 부엌이라고 하자. 물리 엔진이 완전 사실적이라면 물리 엔진은 여주인공의 손이 몸에서 떨어져 나가지 않는 거리만큼은 테이블 너머로 갈 수 있다는 것을 고려해야만 한다. 하지만 이것은 리얼타임으로 돌릴 때 불가능하다(또는 적어도 플레이어의 현재 하드웨어로는 할 수 없다). 따라서 콜라이더는 충돌과 같은 어떤 물리적인 상호작용이 있어야 하는 오브젝트와 캐릭터를 위한 대략적인 형태를 제공한다. 예를 들어 캐릭터는 종종 캡슐 형태로, 오브젝트는 구^{sphere}나 박스 형태의 콜라이더로 어림잡아 연산하게 된다. 물론 더 세밀한 수준의 디테일이 필요하면 다른 콜라이더가 더 복잡한 것의 역할을 맡을 수도 있다. 그리고 궁극적으로 3D 모델의 모든 폴리곤^{polygons}(또는 2D 스프라이트의 둘레)은 콜라이더의 일부가 될 수 있다. 훨씬 더 리얼하겠지만 퍼포먼스는 떨어진다. 따라서 각 상황에 대해 어느 정도 디테일한 수준을 유지할지 언제나 주의해야 한다.

유니티에서 콜라이더는 다음과 같이 다섯 가지 타입을 갖는다.

이름	인스펙터에서의 모습	설명
원형 콜라이더 2D		콜라이더의 형태는 원이며, 로컬 좌표계에서의 위치와 반경으로 정의된다.
박스 콜라이더 2D		콜라이더의 형태는 월드 좌표 축(x와 y)에 맞춰진 사각형이며 로컬 좌표계의 너비와 높이로 정의된다.
폴리곤 콜라이더 2D		콜라이더의 형태를 선분으로 자유롭게 만들 수 있기 때문에 스프라이트 그래픽의 모양에 맞춰 형태를 매우 정밀하게 조정할 수 있다. 이 콜라이더는 완전히 닫힌 영역이어야 한다는 것에 유의하자(엣지 콜라이더 2D와는 다르다).
엣지 콜라이더 2D		콜라이더의 형태를 선분으로 자유롭게 만들 수 있기 때문에 스프라이트 그래픽 모양에 맞춰 형태를 매우 정밀하게 조정할 수 있다. 폴리곤 콜라이더 2D와는 달리 열린 영역이어도 괜찮다. 예를 들어 N자형이나 직선으로 생성할 수 있다.
캡슐 콜라이더 2D		콜라이더의 형태는 꼭짓점이 없는 캡슐이다(따라서 다른 콜라이더의 꼭짓점이나 코너에 딱 맞붙지 않는다). 게다가 이것은 솔리드 콜라이더이기 때문에 만약 오브젝트가 이 콜라이더 내부에 완전히 들어가 있으면 오브젝트는 밀려나오고 충돌된 것으로 탐지된다.

318

이 모두는 공통된 코어 설정이 있고, 콜라이더의 형태를 정의하기 위한 몇 가지 설정이 각각. 예를 들어 원형 콜라이더 2D의 경우, 우리가 그중심과 반경을 결정할 수 있다. 하지만 유니티는 자동으로 스프라이터나 3D 모델을 콜라이더 내에 포함하거나 둘러싼다. 비록 수동으로 조정해야 할지도 모르지만 말이다(자세한 내용은 앞으로 나올 콜라이더 편집 부분을 참고하길).

 이 책은 2D 월드에 중점을 두고 있기 때문에 간결하게 표현하기 위해 콜라이더를 언급할 때 마지막에 2D로 끝내는 것을 생략할 것이다. 그러니 앞으로 같은 이름을 가진 3D 컴포넌트가 아닌 2D 컴포넌트를 가리킨다고 생각해주길 바란다. 예를 들어 박스 콜라이더 2D는 박스 콜라이더가 된다.

각 콜라이더의 코어 옵션을 살펴보자.

- Density: 참조하고 있는 리지드바디의 질량에 영향을 미친다. 0 값은 리지드바디의 질량 연산 시 콜라이더가 완전히 무시된다는 것을 의미한다.

 값이 높을수록 콜라이더가 리지드바디의 질량에 더 많은 영향을 미친다. Density 옵션이 보이지 않는 것이 정상이다. 실제로 연관된 리지드바디에 Auto Mass 옵션이 이네이블된 경우에만 보인다(콜라이더의 같은 게임 오브젝트 또는 하이어라키에서 상위, 즉 부모 계층의 일부에 어태치된 경우). 사실 리지드바디 컴포넌트가 자동으로 질량을 연산할 때, 그 리지드바디에 연결된 모든 콜라이더와 그들의 밀도를 고려한다.

- Material: 충돌 프로퍼티(예: 마찰 및 반발)를 결정하는 물리 머티리얼(물리 머티리얼에 대해서는 나중에 자세히 설명하겠다).
- Is Trigger: 콜라이더가 이벤트 트리거로서의 역할을 하게 하려면 체크하라. 콜라이더가 충돌에 사용되지 않고, 다른 콜라이더가 이 콜라이더 영역 내에 들어갈 때 어떤 것이 트리거된다는 뜻이다(자세한 내용은 다음 절 참조).

- **Used By Effector**: 콜라이더가 어태치된 이펙터에 의해 사용되고 있는지에 대한 옵션이다(이펙터에 대해서는 나중에 자세히 설명하겠다).
- **Offset**: 로컬 좌표계에서의 콜라이더의 지오메트리 오프셋이다. 콜라이더가 자신이 어태치된 게임 오브젝트의 위치에서 얼마나 멀리 있어야 하는지 x와 y로 지정한다.
- **Info**: 콜라이더의 다른 모든 변수를 보여주는 폴드아웃이다. 디버깅에 매우 유용하다.

다음으로 각 콜라이더를 위한 특정 옵션을 알아보자.

- **Radius**: 원형 콜라이더에만 사용되며 원의 반지름을 결정한다.
- **Size**: 박스 콜라이더와 캡슐 콜라이더에만 사용된다. 박스 콜라이더의 경우 박스 크기를 결정하고, 캡슐 콜라이더의 경우에는 다음 스크린샷처럼 캡슐이 그 안에 꽉 차 있는 크기(따라서 간접적으로 캡슐의 크기)를 결정한다.

- **Points**: 폴리곤이나 엣지 콜라이더에 대한 읽기 전용 정보다. 콜라이더의 모든 점과 이들이 연결돼 있는 방법을 보여준다.

- Direction : 이것은 캡슐 콜라이더에만 사용되며 수직 또는 수평으로 설정할 수 있다. 이것은 캡슐의 둥그런 부분이 어느 방향을 향할지를 제어한다. 구체적으로는 캡슐의 반원형 캡의 위치를 정의한다.

또한 모든 콜라이더에서 사용할 수 있는 다음에 보이는 아이콘을 클릭하면 콜라이더를 시각적으로 편집할 수 있다.

즉, 콜라이더를 직접 Scene 뷰에서 수정할 수 있다. 이 기능은 매우 직관적이므로 독자 여러분이 직접 이 기능을 살펴보기를 바란다.

> **TIP** 엣지나 폴리곤 콜라이더의 경우, 모서리(edge) 중 하나를 클릭해 정점(vertex)을 만들 수 있다.

콜라이더 다루기

비디오 게임에서 우리는 종종 콜라이더가 충돌할 때 어떤 액션을 트리거하거나 특정 코드를 실행시키고자 한다. 이를테면 벽 표면에 맞은 총알의 경우, 그 지점에 파티클 이펙트를 인스턴스화하고 총알을 없애고자 할 수 있다. 파이어볼에도 똑같이 적용할 수 있지만 파티클 대신 불 이펙트를 사용할 수 있다. 또는 플레이어가 문을 걸어나가면 컷씬cut-scene이 트리거되는 경우도 생각해 볼 수 있다. 이 경우, 볼륨 트리거volume triggers(트리거가 true로 설정돼 있는 콜라이더)를 사용해 플레이어가 들어갈 때 해당 볼륨이 컷씬을 트리거 한다. 또 다른 예는 독성 가스가 가득 찬 영역으로, 플레이어가 이곳에 있는 시간이 길어질수록 플레이어의 헬스는 점차 줄어든다.

이 모든 것은 특수한 함수를 사용해 구현할 수 있다. 2장, '컵케이크 타워 굽기'에서 모노비헤이비어^{monobehaviour}에서 파생된 모든 스크립트는 Start( )와 Update( )와 같은 유니티에서 자동으로 호출되는 함수를 가질 수 있다는 것을 배웠다. 이 가운데 유니티의 물리엔진이 호출하는 함수들이 있다.

볼륨 트리거를 위한 함수는 다음과 같다.

- OnTriggerEnter2D(Collider2D other): 리지드바디가 볼륨 트리거로 들어갈 때 양쪽 모두에서 호출된다. 들어간 리지드바디에 대한 자세한 정보는 호출 시 전달되는 콜라이더인 파라미터 other 변수로 전달된다.

- OnTriggerStay2D(Collider2D other): 리지드바디가 볼륨 트리거 내에 있는 동안 모든 프레임에서 호출된다. 들어간 리지드바디에 대한 자세한 정보는 호출 시 전달되는 콜라이더인 파라미터 other 변수로 전달된다.

- OnTriggerExit2D(Collider2D other): 리지드바디가 볼륨 트리거를 떠나거나 나갈 때 양쪽 모두에서 호출된다. 들어간 리지드바디에 대한 정보는 호출 시 전달되는 콜라이더인 파라미터 other 변수로 전달된다.

트리거로 설정되지 않은 콜라이더를 위한 비슷한 함수가 있다. 하지만 들어간 콜라이더에 대한 정보 대신 모든 충돌에 대한 정보가 필요한 경우 Collision2D 클래스를 통해야 한다.

이 클래스는 충돌해온 콜라이더뿐만 아니라 충돌 지점, 상대 속도 등을 저장한다. 이에 대한 자세한 내용은 공식 문서를 참조하기 바란다. https://docs.unity3d.com/ScriptReference/Collision2D.html

콜라이더를 위한 함수는 다음과 같다.

- OnCollisionEnter2D(Collision2D coll): 방금 충돌한 리지드바디 및 콜라이더 양쪽 모두에서 호출된다. 충돌에 대한 정보는 파라미터로 전달되는 coll 변수에서 찾을 수 있다.

- OnCollisionStay2D(Collision2D coll): 리지드바디와 콜라이더가 접촉하고 있는 동안의 모든 프레임에서 양쪽 모두에서 호출된다. 충돌에 대한 정보는 파라미터로 전달되는 coll 변수에서 찾을 수 있다.

- OnCollisionExit2D(Collision2D coll): 리지드바디와 콜라이더 모두 접촉이 중단될 때 양쪽 모두에서 호출된다. 충돌에 대한 정보는 파라미터로 전달되는 coll 변수에서 찾을 수 있다.

우리가 만들고 있는 게임의 경우, 스프링클이 적을 맞췄을 때를 감지해 적의 헬스를 줄이고 알맞은 애니메이션을 트리거하기 위해 이 함수들을 쓸 것이다. 5장 마지막 부분에서 이에 대해 알아본다.

▌ 조인트

지금까지 리지드바디와 콜라이더에 관해 알아봤지만, 이들은 그저 하나의 물리적인 바디일 뿐이었다. 더 복잡한 기계적인 시스템은 어떨까? 뼈와 열쇠가 들어 있는 케이지^{cage}(우리)가 로프에 매달려 있다고 상상해보자. 주인공은 케이지를 떨어뜨리기 위해 로프를 자르기로 했다. 로프가 끊어지면 케이지는 떨어진다. 하지만 케이지는 떨어지기 전부터 중력의 영향을 받고 있었다. 사실 주인공이 로프를 자르는 대신 케이지를 밀면 흔들리며 진자 운동을 시작했을 것이다. 그 이유는 로프가 케이지에 제약을 가하고 있어서 케이지는 로프의 길이가 반지름인 원(3D의 경우 구) 안에서만 움직이게 된다. 물론 케이지가 진자 운동을 한다면 중력은 케이지를 이 원(또는 구)의 경계선 안에서 움직이게 할 것이다. 만약 로프가 단단한 금속 막대일 경우에는 어떨까? 케이지에는 더 엄격한 제약이 가해질 것이다. 이제 케이지는 원(또는 구)의 경계선에서만 있을 수 있기 때문이다. 그런데 만약 로프가 스프링이라면? 다음 그림에서 볼 수 있듯이 또 다른 제약 조건이다.

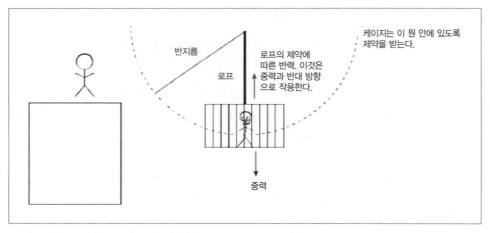

반지름

로프

로프의 제약에
따른 반력. 이것은
중력과 반대 방향
으로 작용한다.

케이지는 이 원 안에 있도록
제약을 받는다.

중력

케이지가 중력의 힘을 받고 있지만 로프는 반력[7]을 부과한다. 그 결과 케이지는 떨어지지 않는다. 따라서 로프는 케이지에 제약을 가한다. 특히 케이지는 로프 길이와 같은 반경의 원 안에서만 움직일 수 있게 된다.

자, 이번에는 이러한 제약 조건들이 함께 작용하는 것을 상상해보라. 예를 들어 케이지를 매달려 있는 스프링에 묶고, 케이지 바닥에는 금속 구가 로프에 매달려 있다. 시스템의 복잡성이 증가하기 시작한다. 하지만 유니티는 이 모든 것을 어떻게 처리할까? 대답은 조인트 컴포넌트의 사용이다.

 2D로 끝나는 모든 조인트는 2D 물리 엔진에 속하며 그렇지 않은 경우는 3D에 속한다. 그러므로 헛갈리거나 잘못된 조인트를 어태치하지 않도록 조심하기 바란다. 하지만 지금부터는 따로 명시하지 않는 한, 조인트 2D를 언급할 때 2D를 붙이지 않겠다. 더 명확하게 이해하고 편하게 읽을 수 있게 하기 위한 것이다.

---

7   외부에서 힘을 받더라도 구조물이 이동 또는 회전하지 않도록 구조물을 지지하는 지점이 있을 때 외력에 대한 저항력으로서 지점에 생기는 힘 (출처: 건축용어사전) – 옮긴이

조인트의 메인 프로퍼티

조인트 컴포넌트를 사용하면 리지드바디를 다른 것에 어태치할 수 있다. 이때 움직임에 있어 어느 정도의 자유도는 그대로 유지되지만 리지드바디에 특정 제약이 가해진다. 유니티에는 9가지 Joint 2D 컴포넌트가 있다. 각각을 살펴보기 전에 유니티에 있는 조인트의 일반 프로퍼티에 대해 알아보자.

다른 리지드바디

앞서 말했듯이, 조인트(Target Joint 2D는 제외)는 두 개의 리지드바디에 서로 영향을 미친다. 첫 번째 것은 조인트의 같은 오브젝트에 어태치된다. 다른 하나는 임의로 선택할 수 있다. 따라서 이 두 가지 옵션은 조인트 컴포넌트 내에서 유효하다.

- Enable Collision : 양쪽 리지드바디 모두 콜라이더를 갖는다. 만약 이 토글이 true 이면, 두 개의 리지드바디가 물리 엔진에 따라 앞선 두 개 절에서 봤듯이 충돌이 일어난다. 대부분 조인트로 연결된 리지드바디는 하나의 커다란 시스템에 모두 속하며, 그 안에서 서로 충돌하면 안 된다. 따라서 디폴트 값은 false이다.
- Connected Rigid body : 이름에서 알 수 있듯이, 조인트의 두 번째 리지드바디에 대한 참조다.

대부분의 조인트(Relative Joint 2D와 Target Joint 2D는 제외)는 두 개의 조인트를 연결하는 두 지점이 필요하다. 로프에 매달려 있는 케이지의 예를 다시 떠올려보자. 로프가 케이지와 연결된 곳은 중요한 인자factor다. 만약 로프가 케이지 모서리 중 하나와 연결돼 있으면 다음 그림에서 볼 수 있듯이 케이지는 회전을 할 것이기 때문이다.

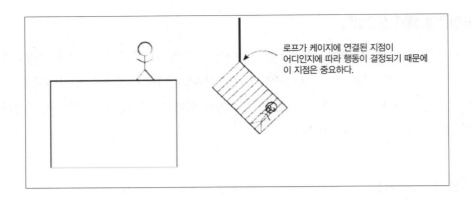

로프가 케이지에 연결된 지점이
어디인지에 따라 행동이 결정되기 때문에
이 지점은 중요하다.

우리는 케이지에 로프를 연결했다. 이것은 힘에 대한 반작용이 일어나는 방식에 영향을 미치기 때문에 중요하다. 하지만 한 가지 흥미로운 점이 있다. 리지드바디를 어디에 추가하든 로프를 따라 그은 선은 항상 리지드바디의 질량 중심^{barycenter}(물리적 중심^{centroid})을 통과하게 된다는 것이다.

또한 케이지를 움직이게 할 다른 힘이 있다는 가능성을 고려해야 하는데, 이때 로프에 연결된 곳은 다시 중요한 정보 중 하나가 된다. 이는 다른 리지드바디에도 동일하게 적용된다. 즉, 케이지의 경우 다른 리지드바디는 케이지의 천장이다.

따라서 이 두 가지 적용 지점을 결정하는 두 가지 옵션이 있으며 유니티는 이를 앵커^{anchors}라고 부른다.

- **Auto Configure Connected Anchor**: 이 옵션을 선택하면 유니티가 앵커의 위치를 결정한다. 물론 원하는 조인트의 특정 적용 지점이 있다면 이 옵션을 *끄고* 원하는 곳에 앵커를 배치하면 된다.
- **Anchor**: 연결된 리지드바디의 조인트 앵커의 x, y 위치(리지드바디 기준)다.
- **Connected Anchor**: Connected Rigidbody 변수에 지정된 리지드바디의 조인트 앵커의 x, y 위치(다른 오브젝트의 리지드바디 기준)다.

조인트 끊기

매달려 있는 케이지의 예를 다시 들겠다. 영웅이 케이지 위에 올라가 다른 곳으로 점프하려고 한다고 상상해보자. 하지만 영웅은 이 밧줄이 정말 낡았다는 사실을 몰랐다(사실 케이지 안에 뼈가 있는데!). 영웅이 케이지 위로 올랐을 때 밧줄이 끊어지면서 케이지와 영웅 모두 떨어지게 된다. 즉, 조인트가 제약을 가하는 것은 맞지만 조인트에도 역시 한계치가 있다. 같은 이유로 고무의 양쪽을 매우 강한 힘으로 당기면 고무는 파열되고 만다.

또한 유니티에서의 조인트는 끊어질 수 있다. 조인트 컴포넌트에는 다음과 같은 두 가지 변수가 있다.

- Break Force: 이것은 모든 조인트에 있으며, 조인트를 끊을 힘을 수치로 나타낸 값이다. 유니티에서 조인트를 끊는 것은 오브젝트에서 조인트 컴포넌트를 지운다는 의미다. 디폴트 값은 무한대이며, 이는 조인트가 파괴되지 않는다는 뜻이다. 하지만 값이 낮아지면 조인트는 끊어지기 더 쉬워진다. 케이지의 예에서 로프를 시뮬레이션하는 조인트의 이 값을 매우 낮게 지정하면, 로프가 실제로 낡은 것일 수 있게 돼 영웅이 케이지 위로 점프했을 때 케이지와 영웅은 둘 다 성의 던전으로 떨어지게 된다.

- Break Torque: 이는 Distance Joint 2D, Spring Joint 2D, Target Joint 2D 이외의 모든 조인트에 있다. 조인트를 끊을 토크 수치이다. 앞서 살펴봤듯이 리지드바디는 이동뿐만 아니라 회전한다. 디폴트 값은 무한대이며, 이는 조인트가 끊어지지 않는다는 뜻이다. 반면 유한 값을 지정해 그 값보다 큰 토크를 주면 조인트는 끊을 수 있게 된다.

> ℹ️ 토크로 인해 끊어지는 조인트의 예로, 스크류 드라이버로 (제약이었던) 나무가 깨질 때까지 돌리는 것처럼 무엇인가에 의해 움직임이 차단되지만 회전하는 것을 상상해보기 바란다. 덜 직관적이지만 일반적인 예도 있다(비디오 게임에서의 예지만). 선반 끝이나 가장자리에 매달려 있는 경우다. 선반의 질량 중심으로부터 여러분이 매달려 있는 지점까지의 오프셋이 있기 때문에(질량 중심과 매달려 있는 지점은 선반이 평평하다면 직각이 될 가능성이 높다) 토크는

선반에 적용된다. 토크의 영향하에 선반은 그 질량 중심을 중심으로 회전하지만 벽에 의해 차단된다. 만약 몸무게가 충분히 나간다면, 이 말은 선반에 여러분이 작용하는 힘이 크다면(또는 어떻게든 오프셋을 증가시킬 수 있다면), 토크는 끊어질 때까지 증가한다. 마침내 제약이 깨지면 선반이나 벽 중 더 저항하는 쪽이 깨지게 된다(벽은 그대로 유지되고 선반이 깨질 확률이 높다). 그림을 보면 이 예를 더 이해하기 쉬울 것이다.

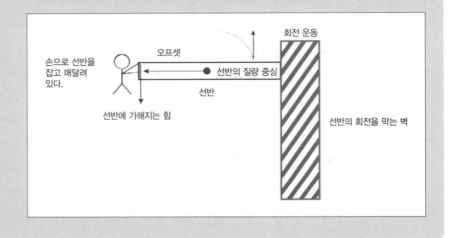

특정 조인트

지금까지는 유니티에 있는 조인트의 일반적인 프로퍼티만 살펴봤지만 이제는 사용할 수 있는 9개의 조인트 2D 컴포넌트를 자세히 살펴보겠다.

조인트는 크게 두 개의 클래스로 나누어져 있다. 하나는 스프링 조인트spring joints이고 다른 하나는 모터 조인트motor joints다. 스프링 조인트는 제약을 가하기 위해 스프링을 사용하며, 이 스프링은 강체 막대rigid bar를 시뮬레이션할 수 있도록 완전히 단단해질 수 있다. 반면 모터 조인트는 리지드바디에 힘을 적극적으로 가할 수 있다. 일부 조인트는 모터가 있는 스프링처럼 두 가지 특징 모두 갖는다.

유니티의 모든 조인트에는 아이콘이 있다(예를 들어 Inspector에서 컴포넌트를 배치할 때 보인다). 이 책에서는 조인트 이미지의 상단 왼쪽 코너에 이 아이콘이 있다(다음 절 참고). 이 아이콘은 조인트의 기능과 동작 방식을 기억하는 데 매우 유용하다. 그러니 다음 절을 읽거나 게임을 프로그래밍할 때 이 아이콘에 주목하기 바란다. 조인트에 대한 이해를 높이는 데 도움이 될 것이다.

Distance Joint 2D

이 조인트는 두 개의 리지드바디를 일정한 간격으로 유지한다. 이 조인트의 목적은 게임 세계에서 두 개의 리지드바디 또는 하나의 리지드바디와 고정된 점을 일정한 거리에 두는 것이다. Connected Rigidbody 변수를 None으로 설정하면, Connected Anchor에서 고정 점의 위치를 지정할 수 있다.

Inspector에서 다음과 같이 보여야 한다.

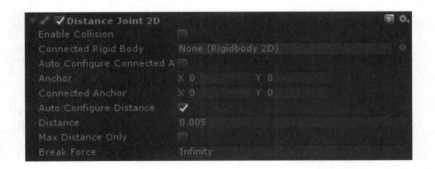

이 조인트는 거리를 유지하기 위해 매우 단단하게 시뮬레이션된 스프링(이 강도는 설정할 수 없다)을 사용해 두 리지드바디에 (또는 고정 점이 사용된다면 연결된 리지드바디에만) 선형 힘을 가한다. 이 조인트에는 어떤 토크도 가해지지 않는다.

지난 절에서 살펴봤던 파라미터 외에도 Distance Joint 2D에는 다음과 같은 옵션이 있다.

- Auto Configure Distance: true로 설정하면, 두 리지드바디(또는 리지드바디와 고정점) 사이의 현재 거리를 연산하고 이 값을 Distance 변수에 저장한다.
- Distance: 두 리지드바디(또는 리지드바디와 고정점)가 더 멀어질 수 없는 거리를 설정한다.
- Max Distance Only: true면 두 리지드바디(또는 리지드바디와 고정 점) 사이의 거리는 Distance에서 설정된 값 이하를 가질 수 있다. 그와 반대로 false면, 거리는 고정되고 Distance보다 더 가까이도 멀리도 갈 수 없게 된다.

 조인트의 Break Force가 유한 값인 경우, Max Distance Only 옵션이 false로 설정돼 있더라도 조인트는 결국 끊어진다.

Max Distance Only가 false면 두 점 사이의 구속이 엄격해진다. 경첩에 연결된 금속 스프링이나 막대를 떠올리면 이해가 쉬울 것이다. 이에 대한 사용 예는 열차의 두 개 좌석을 서로 연결해야 하는 경우다. 이 두 좌석은 일정 거리 이상 가까워지거나 멀어질 수 없다. 이는 앞에서 살펴본 케이지를 달고 있는 로프와 같은 행동 방식을 보인다. 로프가 묶여 있는 곳 가까이는 갈 수 있지만 그 이상으로는 갈 수 없다. 다른 예는 목줄에 묶여 있는 개의 경우다.

하지만 이 두 리지드바디는 서로에 대해 자유롭게 회전할 수 있다는 점을 기억하기 바란다. 이 조인트는 두 리지드바디의 상대적인 위치에만 제약을 가한다.

Fixed Joint 2D

이 조인트의 목적은 게임 월드에서 두 리지드바디 또는 리지드바디와 고정 점 사이에 일정한 상대적 오프셋(거리 및 각도 모두)을 유지하는 것이다(Connected Rigidbody를 None으로 설정해 지정할 수 있다).

Inspector에는 다음과 같이 나타난다.

이 조인트는 거리에 대한 오프셋$^{linear\ offset}$을 상쇄하는 선형 힘과 각도에 대한 오프셋을 상쇄하는 토크를 둘다 적용한다. Distance Joint 2D와 마찬가지로 매우 단단하게 시뮬레이션된 스프링을 사용하지만 진동 수^{frequency}와 같은 스프링 값을 조정할 수 있다.

지난 절에서 살펴본 파라미터 이외에도 Fixed Joint 2D에는 다음과 같은 옵션이 있다.

- Damping Ratio^{감쇠비}: 스프링의 진동 진폭을 억제하는 정도를 정의한다. 이 값의 범위는 0에서 1 사이다. 값이 높을수록 덜 움직인다. 스프링하면 예측되는 그대로, 이 조인트는 원하는 거리를 벗어났다가 다시 뒤로 되돌아오며 스프링 진자 운동을 한다. Dumping Ratio는 진동이 얼마나 빨리 감쇠하는지(줄어드는지)를 결정해 그에 따라 스프링이 원래 위치로 얼마나 빨리 돌아오는지 결정한다.

- Frequency: 리지드바디가 이격 거리$^{separation\ distance}$에 도달할 때 스프링이 진자 운동하는 진동 수를 정의한다. 초당 사이클 수로 측정되며, 그 값은 1에서 100만까지다. 값이 높을수록 스프링이 더 단단해져서 움직임이 적어진다. 이 값이 0이면 완전히 움직이지 않게 되므로 주의하자.

이 조인트를 다른 방식으로 생각해보면 Hierarchy 내에서 게임 오브젝트들 간의 관계를 정의하는 것(패어런팅)처럼 볼 수도 있다. 차일드는 부모에 대해 고정된다. 하지만 이 조인트로는 단순한 페어런팅 이외에 깨질 가능성이 있다는 것을 포함해 더 많은 것을 할 수 있다.

이 조인트의 사용 예는 리지드바디로 된 체인(천장에 매달려 있는 진짜 체인이나 섹션으로 만들어진 다리를 상상해보라)으로, 여러분은 이 체인이 서로를 견고하게 붙잡고 있기를 바랄 것이다. 장점은 조인트에 일정한 유연성을 허용할 수 있다는 것이다. 따라서 다리의 경우에서는 한도 내에서 약간 구부릴 수 있게 된다.

Friction Joint 2D

이 조인트의 목적은 선형 오프셋과 각도 오프셋을 0으로 유지하는 데 있다. 이 조인트는 게임 월드에서 두 리지드바디 또는 리지드바디와 고정 점 사이의 움직임을 늦춘다(Connected Rigidbody를 None으로 설정해 지정할 수 있다).

Friction Joint 2D는 Inspector에서 다음과 같이 나타난다.

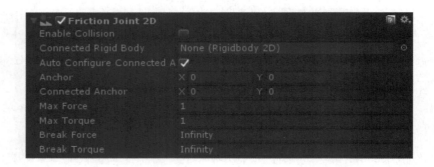

지난 절에서 살펴본 파라미터 외에도 Friction Joint 2D에는 다음과 같은 옵션이 있다.

- Max Force: 이것은 두 개의 리지드바디를 연결하는 선을 따라 선형 저항을 결정한다. 높은 값(최댓값은 1,000,000)은 강한 선형 저항을 만든다. 따라서 두 리지드바디는 그들을 강하게 연결하는 선을 따라 움직이지 않게 된다. 반대로 값이 낮으면 더 많은 동작이 가능해진다.

- Max Torque: 두 리지드바디 사이의 각도 저항을 결정한다. 값이 높으면(최대 1,000,000) 강한 각도 저항을 일으킨다. 따라서 두 리지드바디는 상대적으로 많

이 회전하지 않게 된다. 반대로 값이 낮으면 더 많은 동작이 가능해진다.

이 조인트를 사용하는 예는 게임에서 그럴듯하게 보이도록 마찰이 필요한 물리 오브젝트가 있을 때다. 백그라운드에 있는 큰 톱니바퀴에 고정된 플랫폼을 상상해보자. 게임은 2D이기 때문에 바퀴는 일종의 그림 요소일 뿐, 실제로 플랫폼에 영향을 미치지 않는다. 이를 구현하기 위해서는 플랫폼과 바퀴 사이의 마찰을 시뮬레이션해야 하며 Friction Joint 2D를 사용해 이를 달성할 수 있다. Friction Joint 2D를 사용함으로써 플랫폼에 각도 저항을 가질 수 있다. 따라서 회전은 가능하지만 그렇게 쉽게 돌아가지는 못한다. 어쩌면 플레이어가 플랫폼의 경계에 무거운 상자를 떨어뜨려서 지나갈 수 있을 정도로 플랫폼을 회전시킬 수 있다.

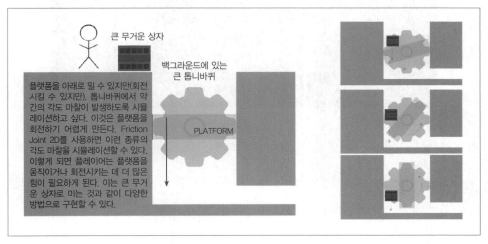

왼쪽에는 이 시스템에 대한 설명이 있다. 오른쪽은 상자가 플랫폼에 떨어질 때 일어나는 일이며, 플랫폼의 각도 마찰로 인해 플랫폼은 천천히 회전한다.

Hinge Joint 2D

이 조인트의 목적은 리지드바디가 다른 리지드바디 또는 공간의 고정 점을 중심으로 회전하도록 제한하는 것이다(Connected Rigid Body가 None으로 설정된 경우 항상 Connected

Anchor에 의해 지정된다). 회전을 수동적으로 할지(예를 들어 충돌에 대한 반응이나 중력의 영향) 또는 능동적으로 리지드바디에 토크를 제공하는 모터와 같은 동력으로 할지 선택할 수 있다. 또한 힌지를 특정 각도로 회전시키거나 축 주위로 1회전 이상 허용하도록 제한을 설정할 수 있다. Inspector에서 다음 스크린샷과 같이 나타난다.

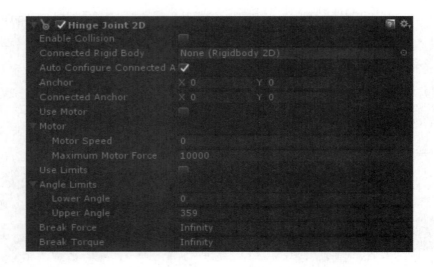

지난 절에서 본 파라미터 외에도 Hinge Joint 2D에는 다음과 같은 옵션이 있다.

- Use Motor: 이네이블된 경우, 모터를 활성화해 조인트가 리지드바디에 토크를 능동적으로 적용할 수 있다.

- Motor Speed: 시뮬레이션된 모터가 초당 회전해야 하는 각도, 즉 모터 속도를 지정한다. 따라서 값이 30이면 모터가 12초(360/30=12)에 완전히 회전한다.

- Maximum Motor Force: Motor Speed에 도달할 때까지 모터가 적용할 수 있는 최대 토크를 지정한다. 매우 무거운 물체가 회전하기 위해 더 강한 힘을 가해 Motor Speed에 도달해야 한다고 가정해보자. 모터가 충분히 강력하지 않으면 리지드바디가 Motor Speed에 도달하지 못한다. 또한 Break Torque가 지정돼 있으면 조인트가 파손될 수도 있다.

- Use Limits: true면 리지드바디가 회전할 수 있는 각도를 조인트가 제한한다.
- Lower Angle: 제한에 따른 회전 각의 최솟값을 설정한다.
- Upper Angle: 제한에 따른 회전 각의 최댓값을 설정한다.

이 조인트의 사용법을 확실히 알 수 있는 예는 문이다. 문은 문틀과 연결되는 경첩을 중심으로 회전한다. 우리는 문이 어떻게 회전할지를 제한할 수 있으므로 90도까지만 회전할 수 있도록 하자. 또한 그 문이 자동이면 능동적으로 문을 회전시키는 모터를 시뮬레이션할 수 있다. 사실 이 모터는 스크립트에 의해 트리거될 수 있다. 마지막으로 만약 플레이어가 문을 회전할 수 있는 한계(이 예에서는 90도)를 넘게 밀고 Break Torque가 지정돼 있다면 플레이어는 필요한 만큼의 힘으로 힌지를 부러뜨릴 수 있다.

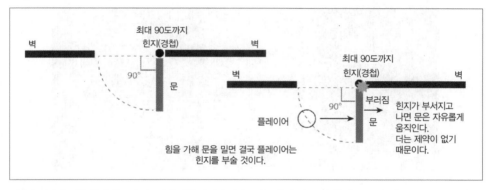

위에서 바라본 그림. 왼쪽에는 이 시스템에 대한 설명이 있다. 오른쪽은 플레이어가 한계 이상의 힘을 가해 문을 밀었을 때 어떤 일이 벌어지는지를 보여준다.

Relative Joint 2D

이 조인트는 두 리지드바디가 서로의 위치를 기준으로 상대적인 위치를 유지하게 한다. 이 조인트의 목적은 사실 Fixed Joint 2D와 동일하다. 그 차이점은 이를 행하는 방법에 있다. Fixed joint 2D는 앞서 봤듯이 스프링같은 조인트로 두 개의 리지드바디가 지정된 오프셋과 회전에 있을 때만 진동하며 스프링이 정지 위치에 있을 때 진동을 멈춘다. 이와 달리 Relative Joint 2D는 모터 타입의 조인트로, 직접 힘과 토크를 리지드바디에 전달해 리지드바디가 같은 오프셋과 회전에 있게 된다.

Fixed Joint 2D와 마찬가지로 Relative Joint 2D도 다음 두 가지 경우에 사용할 수 있다.

- 두 리지드바디
- 하나의 리지드바디와 고정 점

두번째 경우에 사용하려면 Connected Rigidbody를 None으로 설정한 다음, Linear Offset 변수에 고정 점의 좌표를 지정하면 된다.

Inspector에서 보면 다음과 같이 보인다.

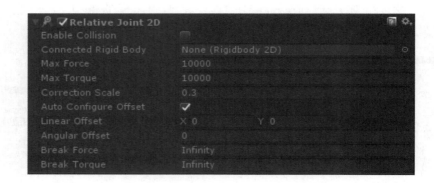

지난 절에서 본 파라미터 외에도 Relative Joint 2D에는 다음과 같은 옵션이 있다.

- Max Force: 조인트나 모터가 두 리지드바디 사이의 오프셋을 조절하는 데 사용할 수 있는 최대 힘을 지정한다. 값이 높을수록 시뮬레이션된 모터가 오프셋을 더 잘 조절하게 된다. 디폴트 값은 10,000으로 설정돼 있으며 이는 매우 강력한 모터다.
- Max Torque: 조인트나 모터가 두 리지드바디 사이의 각도 오프셋을 조절하는 데 사용할 수 있는 최대 토크를 지정한다. 값이 높을수록 시뮬레이션된 모터가

각도 오프셋을 더 잘 조절하게 된다. 디폴트 값은 10,000으로 설정돼 있으며, 이는 매우 강력한 모터다.

- Correction Scale: 조인트를 조정해 조인트가 예상대로 작동하는지 확인한다. Max Force나 Max Torque를 증가시키면 동작에 영향을 미칠 수 있다(그리고 결과적으로 조인트는 목표에 도달하지 못할 수도 있다). 이때 이 설정을 사용해 해결할 수 있다. 디폴트 값인 0.3은 보통 적절한 수치다(평균적으로 조인트가 예상대로 동작하기 때문이다. 이 값은 테스트와 오류를 통해 발견된 것이다). 하지만 0과 1 사이에서 값을 조정해야 할 수도 있다.

- Auto Configure Offset: 이 옵션을 선택하면 두 리지드바디 사이의 거리 및 각도를 자동으로 설정하고 유지할 수 있다. 거리는 Linear Offset에, 각도는 Angular Offset 변수에 저장된다.

- Linear Offset: 두 리지드바디가 유지해야 하는 거리를 로컬 좌표계로 지정한다.

- Angular Offset: 두 리지드바디가 유지해야 하는 각도를 로컬 좌표계로 지정한다.

이 조인트의 사용 예는 게임에서 카메라와 아바타 사이에 쓸 수 있다. 이렇게 하면, 카메라가 약간의 딜레이를 두고 아바타를 따라갈 수 있다(만약 카메라가 부모라면, 아바타와 동시에 움직이기 때문). 하지만 이 조인트는 스프링 타입의 Fixed Joint 2D처럼 진동하지 않는다. 이렇게 진동하게 되면 플레이어의 불만을 살 수도 있다(물론 Fixed Joint 2D가 어떻게 설정돼 있는지에 따라 다르다. 어쩌면 정말 단단한 스프링일 수도 있다. 하지만 Relative Joint 2D는 보통 이런 상황에서 사용된다).

이 조인트를 사용하는 또 다른 전형적인 예는 플레이어를 따라다니는 무언가가 있어야 할 때다. 플레이어 머리 위에 있는 라이프 카운터나 플레이어 어깨 너머에 있는 요정 친구 같은 것을 예로 들 수 있다.

Slider Joint 2D

리지드바디의 움직임을 제한해 직선상에서 슬라이드만 할 수 있게 하고 싶다고 가정해보자. 이럴 때 Slider Joint 2D를 사용하면 된다. 이 직선은 게임 월드에서 다른 조인트와 마찬가지로 두 개의 리지드바이 또는 리지드바디와 고정 점 사이에 있을 수 있다.

Inspector에서 보면 다음과 같다.

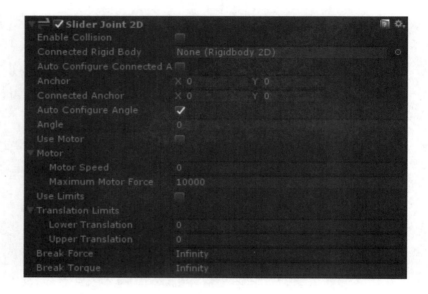

지난 절에서 살펴본 파라미터 외에도 Slider Joint 2D에는 다음과 같은 옵션이 있다.

- Angle: 조인트가 리지드바디 간에 유지하는 각도를 지정한다. 2D 월드에서 각도는 방향을 아주 구체적으로 명시하는데, 이 각도는 모션이 제한되는 방향을 명시한다.

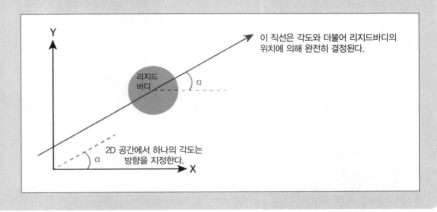

조인트에 의해 모션이 허용되는 직선을 완벽하게 결정하기 위해서는 리지드바디의 현재 위치를 고려해야 한다. 따라서 다음의 그림에서 볼 수 있듯이 한 점(리지드바디의 현재 위치)과 (Angle 변수로 지정된) 방향에 의해 모션이 제한되는 선이 결정된다.

- **Use Motor**: true면 조인트는 시뮬레이션된 모터를 사용한다.
- **Motor Speed**: 리지드바디의 모터 속도를 지정한다.
- **Max Motor Force**: 리지드바디의 모터 속도에 도달할 때까지 모터가 사용하거나 적용할 수 있는 최대 힘(토크)을 지정한다.
- **Use Limits**: true면 리지드바디에 가해지는 선형 힘에 한계를 허용한다.
- **Lower Translation**: Connected Anchor 지점에서 리지드바디가 있어야 하는 지점까지의 최소 거리를 지정한다.
- **Upper Translation**: Connected Anchor 지점에서 리지드바디가 있어야 하는 지점까지의 최대 거리를 지정한다

이 조인트를 사용하는 일반적인 시나리오는 상하로 움직이는 슬라이딩 도어와 좌, 우, 상, 하 또는 대각선으로 갈 수 있는 플랫폼이 필요한 경우다.

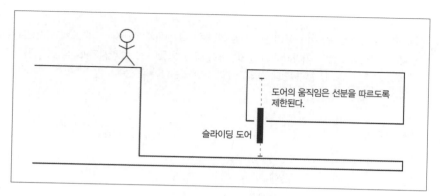

슬라이딩 도어는 선분을 따라 움직이도록 제한받는다.

Spring Joint 2D

이름에서 알 수 있듯이, 이것은 순수한 Spring Joint 2D다. 실제로 두 리지드바디 또는 리지드바디와 고정 점을 연결한 스프링을 시뮬레이션한다. 스프링 조인트를 위한 모든 기능을 제공하므로 이를 사용해 다른 모든 순수한(모터가 없는) 스프링 타입의 조인트를 시뮬레이션할 수 있다.

 사실 Distance Joint 2D는 Spring Joint 2D의 Frequency를 0으로, Damping Ratio 를 1로 설정해 시뮬레이션한 것이다.

Inspector에서 보면 다음과 같다.

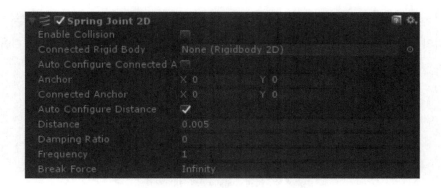

지난 절에서 살펴본 파라미터 외에도 Spring Joint 2D에는 다음과 같은 옵션이 있다.

- **Distance**: 두 리지드바디(또는 리지드바디와 고정 점)가 유지해야 하는 거리를 지정한다. 이것은 스프링 자체의 원래 길이, 즉 힘이 전혀 가해지지 않았을 때의 스프링 길이와 같다고 생각해도 된다.

- **Damping Ratio**: 스프링의 움직임을 얼마나 억제할지를 지정한다. 값의 범위는 0에서 1까지다. 값이 낮으면 잘 움직이는 스프링이며, 값이 높으면 단단한 스프링이 된다. 1로 설정하면 스프링은 움직일 수 없다.

- **Frequency**: Distance 변수로 지정된 거리(스프링의 초기 길이)에 접근하는 빈도를 지정한다. 초당 사이클 수(주기/초)로 측정하며, 값의 범위는 0에서 1,000,000이다. 값이 높을수록 스프링은 더 단단해진다.

여러분이 만드는 게임에 스프링을 배치해야 할 때 이 조인트를 사용하면 된다. 예를 들면 물리적으로 사실적인 도약대를 들 수 있다. 도약대는 스프링을 압축해서 점프할 때 그 힘을 증대시킨다. 하지만 이 조인트를 꼭 평범한 스프링으로 생각할 필요는 없다. 실제로 여러분은 이 조인트에 (매우 단단한 스프링처럼) 제약을 가할 수 있다. 이렇게 하면 현실에서는 스프링이 가질 수 없는 다른 물리적인 행동을 만들 수 있으며 게임에서 이들은 스프링으로 연결돼 있을 때 멋지게 보인다. 게임 〈레이맨Rayman〉을 플레이해본 적이 있는가? 레이맨의 캐릭터는 몸이 파트별로 분리돼 있지만, 게임에서는 파트가 함께 일관된 방식으로 움직인다. 이와 유사한 캐릭터를 만들려고 계획 중이라면, 스프링 조인트는 사실적인 방법으로 신체 파트를 링크하는 효과적인 해결책이다. 레이맨의 이미지는 다음과 같다.

레이맨의 이미지. 보다시피 캐릭터에는 다리나 팔이 없지만 손과 발이 있다. 게임에서 스프링 조인트를 이용해 몸체에 손발을 어태치할 수 있다.

Target Joint 2D

Target Joint 2D는 특정 스프링 타입 조인트로, 연결돼야 하는 두 번째 리지드바디 대신 타깃을 갖는다. 이 조인트의 목적은 컴포넌트가 어택치된 리지드바디와 타깃을 일정 거리로 유지하는 것이다. 선형 힘만 적용되므로 리지드바디에 어떤 토크도 주어지지 않는다.

Inspector에서 다음과 같이 나타난다.

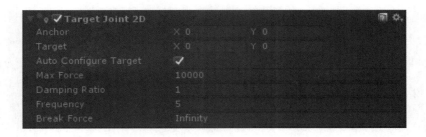

이 컴포넌트는 두 번째 리지드바디가 없으므로 타깃을 지정할 수 있는 몇 가지 변수가 있다.

- Anchor: 조인트가 리지드바디에 연결된 곳으로 리지드바디의 로컬 좌표계로 정의된다.
- Target: 조인트의 다른 쪽 끝이 이동하려는 곳으로 월드 좌표계로 정의된다.
- Auto Configure Target: Target을 리지드바디의 현재 위로 설정한다. 리지드바디가 다른 힘 등에 의해 움직일 때 유용하다. 또한 리지드바디를 움직일 때 Target이 변경된다. 반대로 옵션을 선택하지 않으면 변경되지 않는다.

또한 일반 파라미터를 사용해 스프링의 특성을 제어할 수 있다.

- Max Force: 조인트가 리지드바디에 사용할 수 있는 최대 힘을 지정한다.
- Damping Ratio: 스프링의 움직임을 저지하려는 힘, 즉 감쇠의 크기의 정도를 지정한다(자세한 내용은 'Spring Joint 2D'나 'Fixed Joint 2D' 절을 참고하기 바란다).
- Frequency: 스프링 진동을 지정한다(자세한 내용은 'Spring Joint 2D'나 'Fixed Joint 2D' 절을 참고하기 바란다).

이 조인트의 사용 예는 플레이어가 마우스로 오브젝트를 드래그해야 하는 경우다. 이 시나리오에서는 커서로 드래그된 오브젝트의 타깃을 설정할 수 있으므로 커서를 따라 움직인다(마치 우리가 매 프레임마다 오브젝트의 위치를 마우스 좌표로 세팅할 수 있다면 그런 식으로). 또한 오브젝트가 어태치돼야 하는 위치를 지정하기 위해 앵커를 사용할 수 있다. 예를 들어 플레이어가 오브젝트의 모서리를 클릭해 드래그하기 시작했다면 그곳에 앵커를 설정해 오브젝트가 그 지점에 매달리게 된다. 플레이어가 오브젝트의 질량 중심이 아닌 다른 부분을 클릭해 드래그할 때, 커서의 위치에 앵커를 설정할 수 있다. 이렇게 하면 오브젝트가 약간 회전하게 되고 커서가 있는 지점에서 매달리게 된다.

 마지막 장에 있는 연습 문제 중 하나에서 이 조인트를 찾아 게임이 보여지는 방식을 개선할 수 있다.

Wheel Joint 2D

이 조인트는 스프링과 모터 조인트의 조합으로 아주 특수한 경우에 사용된다. 이름에서 알 수 있듯이, 바퀴가 리지드바디에 부과할 수 있는 제약 조건을 시뮬레이션한다. 특히 모터로 바퀴를 회전시킬 수 있으며(바퀴가 움직인다) 스프링으로 서스펜션을 시뮬레이션할 수 있다.

더 구체적으로 말하자면, 이 조인트는 연결된 두 리지드바디에 선형 힘과 각 모터, 스프링을 적용한다. 이때 선형 힘은 두 리지드바디를 선line에 머물게 하기 위한 것이고, 각 모터는 이 둘을 그 지점에서 회전시키기 위한 것이다. 스프링은 휠 서스펜션을 시뮬레이션하기 위해서 사용된다.

 Slider Joint 2D(Use Motor 및 Use Limits 둘 다 선택 안 함)와 Hinge Joint 2D(Use Limits 선택 안 함)의 조합으로 Wheel Joint 2D를 재구성할 수 있다는 것을 기억해두기 바란다.

Inspector에서 보면 다음과 같다.

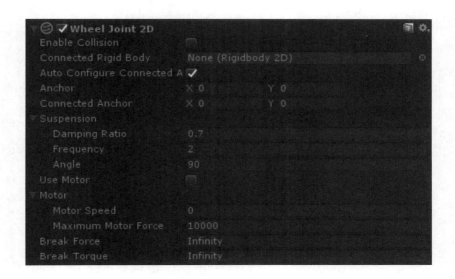

스크린샷에서 볼 수 있듯이, 파라미터는 스프링을 정의하는 Suspension과 Motor로 구분된다. 둘 다 앞서 살펴본 스프링(Angle 제외) 및 모터와 같은 파라미터를 사용한다.

서스펜션은 다음과 같이 정의된다.

- **Angle**: 서스펜션이 일어나는 곳의 각(월드 좌표계에서의 도(degree) 단위 사용)을 지정한다. 디폴트 값은 90도, 즉 서스펜션이 위를 향해서 일어난다. 일반적으로 자동차에서 발생하는 서스펜션과 같다(자동차 몸체가 바퀴 위에 있으므로 서스펜션의 방향은 y축의 양의 방향, 즉 90도가 된다). 다음 그림을 참고하길 바란다.

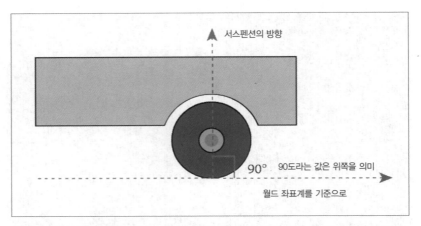

서스펜션의 방향

90°   90도라는 값은 위쪽을 의미

월드 좌표계를 기준으로

자동차의 바퀴용 서스펜션의 각도는 90도이며, 이는 게임 월드에서 위쪽을 의미한다. 이것이 디폴트 값이다. 자동차 바퀴가 자석과 같은 능력이 있는 덕에 천장을 달릴 수 있다고 가정해보자. 이때는 서스펜션의 각도를 바꿔야 할 것이다. 천장의 경우, 정상적인 상황과 반대이므로 각도는 270도가 된다.

- **Damping Ratio**: 스프링의 움직임을 저지하는 감쇠의 크기를 지정한다(자세한 내용은 'Spring Joint 2D' 또는 'Fixed Joint 2D' 절 참고).

- **Frequency**: 스프링의 진동 수를 지정한다(자세한 내용은 'Spring Joint 2D' 또는 'Fixed Joint 2D' 절 참고).

모터는 다음과 같이 정의된다.

- **Motor Speed**: 모터가 도달해야 하는 속도를 지정한다.
- **Max Motor Force**: Motor Speed에 도달하기 위해 휠에 모터가 적용할 수 있는 최대 힘을 지정한다.

이 조인트의 사용 예는 굳이 언급하지 않아도 모두 알 것이다. 바퀴가 나오는 게임의 경우, 바퀴는 언제나 현실감 있게 움직여야 한다. 이 조인트를 사용하면 쉽게 구현할 수 있을 것이다.

플레이어가 제어하는 자동차를 만들려면 바퀴에 이 조인트를 어태치하고 Motor Speed를 0으로 설정해 플레이어의 입력을 기반으로 한 스크립트를 통해 이 변수를 제어할 수 있다. 또한 Max Motor Force를 사용해 다양한 기어를 시뮬레이션할 수도 있다.

▌ 이펙터

우리의 영웅이 마법에 걸린 방을 가로지르고 있는데, 강력한 마법에 의해 몸이 공중에 떠오르기 시작한다고 가정해보자. 이 경우, 영웅이 방 안에 있는 동안 중력은 (마법의) 힘에 의해 제약을 받게 된다. 결과적으로 우리는 그 방에 영웅을 공중에 부양시키는 힘이 있다는 것을 조건으로 지정해야 한다.

비슷한 경우로, 영웅이 호수에 상자를 떨어뜨렸다고 가정해보자. 상자는 떨어질 때와 같은 속도로 가라앉지 않는다. 게다가 물 위에 뜰지도 모른다. 따라서 우리는 게임에서 호수로 구분된 영역이 특별한 물리적 특성을 갖도록 지정해야 한다.

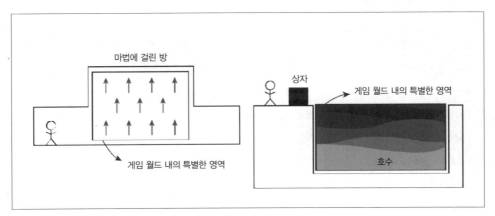

게임 월드에는 다른 곳과는 다른 물리 법칙이 적용되는 특별한 영역이 있다. 유니티에서 이 영역은 이펙터로 지정된다.

유니티에서는 이러한 것을 이펙터Effector로 구현할 수 있다. 이펙터는 게임 월드의 특정 영역에서 리지드바디의 동작에 영향을 미치는 몇 가지 컴포넌트다. 이들은 이펙터가 제어하는 영역에 도달한 하나 또는 그 이상의 리지드바디에 영향을 미친다는 핵심 개념은 같지만 서로가 다른 일을 하기 때문에 각각이 매우 유니크하다.

이펙터는 충돌 감지를 사용해 어떤 리지드바디가 자신의 영역에 들어왔는지 파악한다. 따라서 앞서 언급했듯이, 리지드바디는 콜라이더를 가져야 한다. 그렇지 않으면 이펙터의 영향을 받지 않는다.

또한 이펙터 역시 역할을 수행하기 위해 자신의 콜라이더를 가지고 있어야 한다. 이를 위해서는 Used By Effector 프로퍼티를 true로 설정해야 한다. 그렇지 않으면 이펙터는 어떤 리지드바디에 대해서도 영향을 미치지 못한다. 이펙터의 콜라이더가 트리거 또는 이펙터 종류와 구현하려는 것 둘 다에 상관없이 설정돼야 한다면, 이를 디폴트로 설정하는 방법이 있기는 하다(사실 여러분이 비정상적인 방법으로 이펙터를 사용하면 유니티에서 경고 메시지를 보낸다).

이와 관련해서는 케이스별로 살펴볼 것이며, 이하는 콜라이더가 is Trigger를 사용해야 하는지를 나타내는 표다.

이펙터	연결된 콜라이더가 트리거이어야 하는가?
Constant Force 2D	이 컴포넌트는 콜라이더가 아닌 리지드바디에 어태치된다
Area Effector 2D	그렇다
Buoyancy Effector 2D	그렇다
Point Effector 2D	그렇다
Platform Effector 2D	아니다
Surface Effector 2D	아니다

(Constant Force 2D를 제외한) 이들 모두는 어떤 리지드바디가 이펙터의 영향을 받는지 결정하는 두 가지 변수를 가지고 있으며, 다음이 그 변수들이다.

- Use Collider Mask: 이네이블이면 바로 밑에 있는 Collider Mask에서 지정된 레이어를 통해 영역에 들어오는 콜라이더를 구별할 수 있다.
- Collider Mask: 이펙터에 의해 영향을 받는 레이어를 결정한다. 2장, '컵케이크 타워 굽기'에서 레이어 추가 방법을 배웠다. 혹시 잊었다면 다시 한 번 찾아보길 바란다. 이 변수의 드롭다운 메뉴 중에서 하나를 지정할 수 있다.

자, 그럼 지금부터 각각의 이펙터가 어떻게 작용하는지 이해하기 위해 세부 사항을 자세히 살펴보겠다.

Constant Force 2D

이것은 영역이나 지역에 작용하지 않고 리지드바디에 직접 적용되기 때문에 엄밀히 말하자면 이펙터가 아니다. 그래서 리지드바디 컴포넌트를 가진 같은 게임 오브젝트에 어태치돼야 한다.

Inspector에서 보면 다음과 같다.

 이제는 다들 알겠지만 이 컴포넌트의 3D 쪽 컴포넌트는 Constant Force다.

이름에서 알 수 있듯이, 이는 리지드바디에 일정한 힘을 가한다. Inspector에서 쉽게 힘을 적용할 수 있어서 테스트에 주로 사용되지만, 언제나 일정한 힘에 의해 제어돼야 하는 (그래서 계속 밀리는) 오브젝트가 필요하다면 일반적인 게임 플레이에서도 사용될 수 있다. 물론 이 값은 일정하지 않은 힘을 가하기 위해 스크립트를 통해 변경될 수 있지만, 이러한 경우 스크립트에서 함수로 힘을 직접 전달하는 것이 바람직하다. 이 컴포넌트는 일정한 힘이나 시간에 따라 변동되지 않는 힘에만 사용해야 한다(힘을 변경할 수는 있지만 오랜 시간 동안 일정하게 유지돼야 한다).

또한 이 컴포넌트는 리지드바디에 토크를 가하기 위해서도 사용될 수 있다. 이를 위한 세 가지 변수는 다음과 같다.

- Force: 리지드바디에 가해지는 일정한 힘
- Relative Force: 리지드바디 좌표계를 기준으로 한 리지드바디에 가해지는 일정한 힘
- Torque: 리지드바디에 가해지는 일정한 토크

테스트가 아닌 일반 게임에 사용되는 예를 살펴보자. 오브젝트에 따라 서로 다른 중력의 영향을 받는 게임을 만들고 있으며, 갈색 상자는 평소와 같은 중력을 받지만 초록색 상자는 오른쪽에서 받는다고 가정해보자. 이렇게 된 이유는 어쩌면 초록색 혈청은 중력을 변경하기 위해 발명된 실험 결과물일지도 모른다. 어쨌든, 이 시나리오에서 초록색 상자는 보통의 중력에 영향을 받지 않으므로 여기에 리지드바디를 배치하고 Gravity Scale을 0으로 설정한다. 그런 다음 Constant Force 2D 컴포넌트를 배치하고 여러분이 원하는 중력을 설정하자. 만약 모든 오브젝트가 다른 Constant Force 2D를 가지고 있다면 실시간으로 그들의 중력을 변경할 수 있다. 아마도 다른 혈청이 발명되면 이것은 오른쪽이 아닌 왼쪽에서 중력을 받을 수도 있을 것이다.

Area Effector 2D

이 컴포넌트는 영역 내의 모든 모든 리지드바디에 힘을 가하는 영역을 정의한다. 특정한 양의 힘과 회전(각)을 적용할 수 있으며 랜덤값을 주어 힘에 변화를 줄 수 있다. 또한 리지드바디 2D의 속도를 낮추기 위한 위치 이동에 대한 항력과 회전 동작에 대한 항력 모두를 적용할 수도 있다.

이 이펙터가 제 역할을 하기 위해서는 Used By Effector와 is Trigger가 모두 true로 설정된 콜라이더가 필요하다. 사실 리지드바디가 이 이펙터 안에 들어갈 수 있어야 한다.

컴포넌트에는 관련된 옵션인 Force와 Damping을 지정하는 두 가지 폴드아웃이 있다. Inspector에서 이 컴포넌트를 보면 다음과 같다.

 이 두 가지 폴드아웃은 유니티의 최근 버전에서만 볼 수 있다. 그러니 예전 버전을 사용하고 있고 위의 그림과 같지 않더라도 걱정 마라. 옵션은 그저 순서가 바뀌었을 뿐 아래에 설명한 그대로 작동된다.

모든 변수가 직관적인 이름을 갖고 있지만, 그래도 대략 살펴보자.

- Use Global Angle: 체크돼 있으면 Force Angle이 월드 좌표계로 인식되며, 그렇지 않으면 로컬 좌표계로 인식된다.
- Force Angle: 적용할 힘의 각도이며, 방향을 정의한다.
- Force Magnitude: 힘의 세기를 의미하는 양이다.
- Force Variation: 힘에 적용할 램덤값으로, 항상 일정한 힘이 가해지지 않도록 해 사실감을 향상시킬 수 있다. 값이 너무 높으면 원하지 않는 동작이 일어날 수 있으므로 주의하기 바란다.

- Force Target: 힘이 적용될 지점으로, 리지드바디나 콜라이더 중 하나를 선택할 수 있다. 리지드바디의 경우 힘은 질량 중심에 가해진다. 콜라이더의 경우 콜라이더가 질량 중심에 있지 않으면 힘은 리지드바디에 토크를 발생시킨다.
- Drag: 이 영역 내에 적용할 위치 이동에 대한 (선형) 항력이다.
- Angular Drag: 이 영역 내에 적용할 회전 동작에 대한 항력이다.

이 컴포넌트의 사용 예는 다음과 같다. 캐릭터에게 자성^{magnetic}이 있어 중력을 거스를 수 있는 신발이 있으며, 이 신발을 밀어낼 수 있는 특수한 장치가 있다고 가정해보자. 이를 구현하기 위해서는 이 장치 바로 위 영역에 지역 이펙터를 배치하고 위로 향하는 힘을 지정할 수 있다. 힘의 강도가 중력보다 작으면 캐릭터는 크게 점프하게 되지만 결국에는 떨어질 것이다. 반면 값이 커지면 점프 없이도 장애물이나 지역 이펙터가 끝나는 지점까지 위쪽으로 부양한 채 지나갈 수 있을 것이다.

Buoyancy Effector 2D

이 컴포넌트는 유체^{fluid}를 시뮬레이션하는 데 사용된다. 따라서 리지드바디가 떠다닐 수 있게도 할 수 있다.[8] Used By Effector와 is Trigger가 true로 설정된 콜라이더가 필요하다. 사실 리지드바디는 이 안에 들어갈 수 있어야 한다.

Inspector에서 보면 다음과 같다.

---

8   그래서 이름도 buoyancy(부력) 이펙터다. - 옮긴이

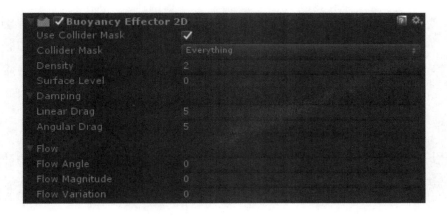

> 스크린샷에서 볼 수 있듯이 여기에는 컴포넌트의 논리적 순서를 돕는 두 개의 폴드아웃이 있다. 보이지 않는 독자는 유니티의 예전 버전을 사용 중일 것이므로 걱정하지 않아도 된다.

주요 변수는 다음과 같다.

- Density: 유체의 밀도를 나타내며, 리지드바디의 밀도에 따라 이펙터의 영향을 받는 정도가 달라진다. 즉, 밀도가 높은 리지드바디는 가라앉을 것이고, 밀도가 낮은 것은 떠다닐 것이며, 유체와 같은 밀도의 것은 유체 속에서 움직이지 않고 떠 있을 것이다.

- Surface Level: 이펙터가 어태치된 게임 오브젝트의 Transform(위치)에 대한 유체의 표면surface 위치를 결정한다. 이 값이 0이면 표면은 오브젝트의 중심에 놓이고, 이것은 콜라이더의 중심에 놓인다는 것을 의미한다(콜라이더에 오프셋이 없는 경우에만 해당됨). Scene 뷰에서 파란색 선으로 나타난다.

- Linear Drag: 위치 이동에 대한 항력으로 표면 아래 영역 내에 적용된다.

- Angular Drag: 회전 동작에 대한 항력으로 표면 아래 영역 내에 적용된다.

- Flow Angle: 이펙터의 유동력flow force이 적용되는 월드 좌표계를 기준으로 한 각도, 즉 힘의 방향을 정의한다.

- **Flow Magnitude**: 유동력의 강도(힘)를 지정하며, 따라서 이펙터의 부력을 지정한다. 음의 값을 줄 수 있으며 이 경우 **Flow Angle**이 180도 회전한 것과 같다.
- **Flow Variation**: **Flow Magnitude**에 지정된 값에서 랜덤값을 더하거나 빼서 유동력을 변경한다. 이로써 항상 일정한 값을 유지하지 않게 돼 더 높은 퀄리티의 사실감 넘치는 효과를 얻게 된다.

이 컴포넌트를 Scene 뷰에서 보면 다음과 같다. Surface Level이 실제 어디에 있는지 볼 수 있다.

다음은 그 사용 예이다. 여러분의 2D 게임에 바닷가가 있고, 메인 캐릭터는 항구 플랫폼에서 점프해야 한다고 가정해보자. 바다 표면에 맞춰 이 이펙터를 배치하면 더 리얼한 동작을 만들 수 있다. 예를 들어 메인 캐릭터가 바다로 나무 상자를 밀어 넣으면 나무 상자는 떠오르게 될 것이다. 그러면 메인 캐릭터는 그 상자 위로 점프하며 이동할 수 있게 된다.

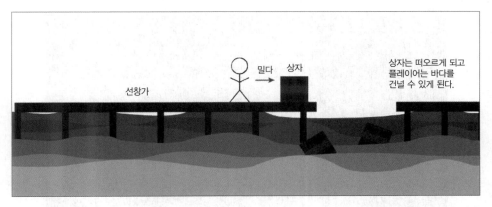

상자는 떠오르게 되고
플레이어는 바다를
건널 수 있게 된다.

선창가   밀다   상자

바다를 시뮬레이션하고 나무 상자를 떠오르게 하는 Buoyancy Effector 2D의 사용 예. 결과적으로 플레이어는 나무 상자 위로 점프해서 바다를 건널 수 있다.

Point Effector 2D

자석을 연상하면 이 컴포넌트를 이해하기 쉬울 것이다. 이름에서 알 수 있듯이, 한 지점을 기준으로 밀어내거나 끌어당길 수 있다. 이때 해당 지점은 콜라이더(가장 많이 사용됨) 또는 이펙터의 같은 게임 오브젝트에 어태치된 리지드바디 중 하나에 의해 결정된다. 이 컴포넌트는 Used By Effector와 is Trigger가 true로 설정된 콜라이더를 가지고 있어야 한다. 사실 리지드바디가 이 안에 들어갈 수 있어야 한다.

Inspector에서 보면 다음과 같이 보인다.

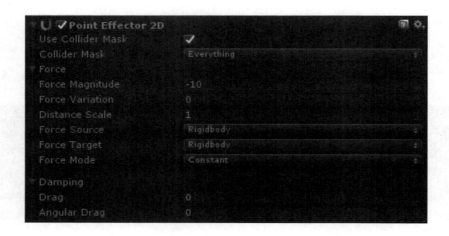

 다시 한 번 말하지만 폴드아웃은 최신 유니티에서만 보인다.

주요 변수는 다음과 같다.

- **Force Magnitude**: 적용할 힘의 세기(강도)다.

- **Force Variation**: 힘에 적용할 랜덤값으로, 사실감 넘치는 결과를 위해 일정한 힘을 가하지 않게 하는 힘의 크기 변화다. 값이 너무 높으면 원하지 않는 동작이 발생될 수 있으므로 주의하기 바란다.

- **Distance Scale**: 리지드바디와 인력(당기는 힘)이나 척력(밀어내는 힘)이 일어나는 지점 간의 거리를 연산할 때 이 값에 의해 크기가 조정된다(이 값을 곱한다). 이로써 이펙터의 동작을 수정할 수 있게 된다(이 리스트에 있는 Force Mode를 참고).

- **Force Source**: 타깃 오브젝트를 밀거나 당기는 지점이다. **Rigidbody**와 **Collider** 중에 선택할 수 있다. 리지드바디로 지정하는 경우, 인력 또는 척력이 일어나는 지점은 리지드바디의 중심에 놓인다(질량 중심을 의미한다). 콜라이더로 지정하는 경우, 콜라이더의 가운데에 놓인다.

- **Force Target**: 이펙터가 타깃 오브젝트에 힘을 가하는 지점이다. **Rigidbody**와 **Collider** 중에 선택할 수 있다. 전자의 경우, 힘은 언제나 이펙터에 들어가는 리지드바디의 질량 중심에 가해진다. 후자의 경우, 콜라이더가 질량 중심에 위치하지 않은 경우 토크를 발생시킬 수 있다.

- **Force Mode**: 힘을 연산하는 방법을 지정하며 세 가지 유형이 있다. **Constant**는 말 그대로 이펙터의 영향을 받는 리지드바디와 인력 또는 척력이 일어나는 지점 사이의 거리에 관계없이 항상 일정한 힘을 가한다. 이것은 힘의 방향을 결정하기 위해 리지드바디와 점 사이의 상대적 위치만을 고려한다는 뜻이다. **Inverse Linear**는 리지드바디와 점 사이의 거리에 따라 힘의 강도가 변경되는데, 거리가 2배로 멀어질수록 힘의 강도는 절반으로 줄어든다. **Inverse Squared**는 가장 물리적으로 사실적인 결과를 얻을 수 있으며 거리의 제곱을 이용한다. 즉, 거리가 2배로 멀어질수록 힘은 1/4로 줄어든다.

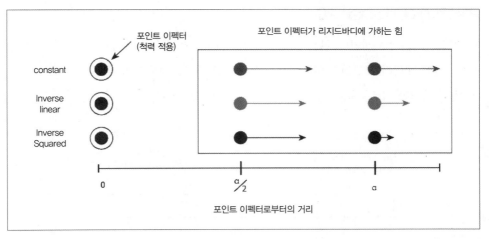

Force Mode에 따른 거리 비교

이 그림 왼쪽에는 척력이 작용하는 포인트 이펙터가 있다. 그 밑으로 거리 척도가 있으며 여기 있는 모든 것은 포인트 이펙터의 범위 내에 포함된 것이다. 거리가 $a/2$일 때 리지드바디에 가해지는 이펙터의 힘이 전부 같다고 가정하자. 거리가 a일 때, Constant 모드는 리지드바디에 가하는 힘이 변동 없이 그대로 적용된다. **Inverse Linear** 모드는 거리가 2배로 늘어났으므로 힘이 절반으로 줄어든다. 마지막으로 **Inverse Squared** 모드(중력 및 전자기력 둘 다 실제 이러한 움직임을 갖기 때문에 가장 리얼하다)에서는 리지드바디에 가해지는 힘이 1/4로 줄어들게 되고, 이는 포인트 이펙터에 반쯤 더 가까워진다.

- **Drag**: 이펙터의 영역 내에 적용되는 위치 이동에 대한 항력이다.
- **Angular Drag**: 이펙터의 영역 내에 적용되는 회전 운동에 대한 항력이다.

메인 캐릭터가 특별한 반지를 가지고 있다고 가정하자. 이 반지는 활성화되면 금속을 끌어당긴다(비활성화 상태에서는 메인 캐릭터의 아내를 끌어당긴다). 따라서 플레이어가 이 반지를 활성화할 때마다 메인 캐릭터에 포인트 이펙터가 활성화되고 **Collision Mask** 변수를 통해 금속만 선택할 수 있게 된다.

Platform Effector 2D

이 컴포넌트는 2D 게임을 위한 플랫폼 이펙트를 제공한다. 한 방향 충돌을 예로 들 수 있다. 만약 캐릭터가 플랫폼 아래에서 점프한다면 플랫폼을 통과해 위로 올라갈 수 있을 것이다. 하지만 위로 올라와 있을 때는 충돌을 가해 캐릭터가 플랫폼 위에

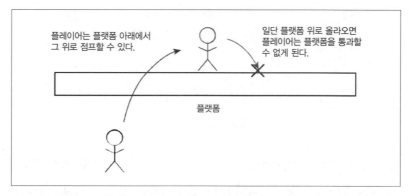

이 이펙터로 플레이어는 한 방향으로는 콜라이더를 통과할 수 있지만 다른 방향으로는 할 수 없다. 일부 플랫폼 게임에서는 플레이어가 플랫폼 밑에서 위로 점프할 수 있지만 그 반대는 할 수 없다.

사실 이 컴포넌트는 플랫폼 게임을 구축하는 데 가장 많이 사용된다. 〈브레이드Braid〉와 같은 게임에서 플레이어는 밑에 있는 플랫폼에서 다른 플랫폼 위로 점프해서 위로 오를 수 있다. 이 컴포넌트는 Used By Effector가 true로, is Trigger는 false로 설정된 콜라이더가 필요하다. 사실 리지드바디는 이 이펙터와 충돌할 수 있어야 한다.

Inspector에서 보면 다음과 같다.

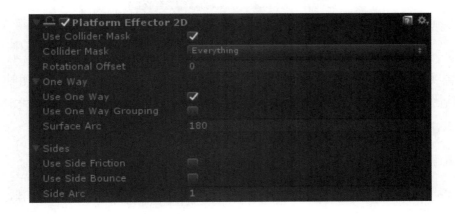

ⓘ 다시 한 번 말하지만 폴드아웃은 유니티의 최신 버전에서만 볼 수 있다. 또한 Rotational Offset은 최근에 추가된 파라미터다.

그리고 다음 스크린샷은 이 컴포넌트를 Scene 뷰에서 봤을 때의 예다.

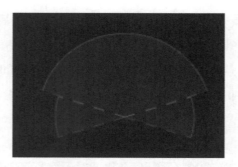

이것은 이 컴포넌트의 기즈모(gizmo)가 활성화됐을 때
Scene 뷰에서 이펙터가 어떻게 보이는지를 나타낸다.

위쪽의 큰 호^{arc}는 플랫폼/콜라이더가 어느 방향에서 통과하지 못할 수 없는지를 정의하는 반면 아래 양쪽에 있는 두 개의 작은 호는 어느 방향이 플랫폼의 사이드로 간주되는지 정의한다.

주요 변수는 다음과 같다.

- Rotational Offset: 플랫폼 이펙터 전체에 대한 각도 오프셋을 나타내며 단위는 도 ^{degree}다. 유니티 최근 버전에 추가된 것이며, 이 옵션 덕분에 기울어진 플랫폼이나 한쪽 방향으로만 지나갈 수 있는 벽을 구현하기 위해 플랫폼 이펙터를 회전시킬 수 있게 됐다. 예를 들어 한 방향으로만 지나갈 수 있는 마법의 포털에 이 이펙터를 사용할 수 있다.
- Use One Way: 체크돼 있으면 플랫폼이 한 방향으로만 충돌하게 된다.
- Use One Way Grouping: 그룹핑된 모든 콜라이더에 작용하는 한 방향 충돌이 디세이블돼 있는지 확인한다. 플랫폼을 통과하는 오브젝트에 여러 개의 콜라이더가 사용돼 이들 모두가 그룹으로 함께 작동해야 하는 경우 유용하다.[9]

---

9   같은 오브젝트에 어태치된 콜라이더가 Use One Way 옵션이 활성화된 콜라이더에 대한 충돌 판정이 유효인지 아닌지에 대한 플래그를 공유하게 된다. – 옮긴이

- **Surface Arc**: 충돌이 일어날 위쪽 원호의 폭을 각도(단위: 도)로 지정한다. **Use One Way**가 이네이블이면 이 각도 이외의 모든 방향에서는 어떤 충돌도 허용하지 않으므로 여러분이 만든 캐릭터와 같은 모든 리지드바디가 통과할 수 있다.
- **Use Side Friction**: true이면 플랫폼 이펙터의 측면 마찰이 적용된다.
- **Use Side Bounce**: true이면 플랫폼 이펙터의 측면 반발이 적용된다.
- **Side Arc**: 플랫폼 이펙터의 측면으로 간주되는 오른쪽과 왼쪽 사이드(만약 Rotational offset이 0으로 설정돼 있는 경우. 그렇지 않으면 위와 아래를 가리키게 된다)의 각도를 지정한다. 만약 **Use Side Friction**과 **Use Side Bounce**가 이네이블이면, 이것은 여기서 지정한 값에 따라 적용될 것이다.

플랫폼 게임을 만들기 위해 이 컴포넌트를 사용하는 고전적인 방법 외에 달리 사용할 수 있는 예를 살펴보자. 일부 포털이 한 방향으로만 지나갈 수 있는 퍼즐 게임을 상상해보라. 이를 위해 플랫폼 이펙터를 배치하고 Rotational Offset을 설정해 포털의 한쪽에만 충돌을 만들 수 있게 된다. 결과적으로 캐릭터는 마법 포털을 한 방향으로만 지나갈 수 있으며, 다음 스크린샷과 같이 다른 방향으로는 통과할 수 없다.

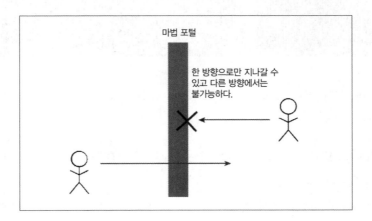

이 예는 클래식한 플랫폼이 아닌 다른 방법으로 이 이펙터를 사용한다. Rotational Offset을 통해 컴포넌트를 회전하면 한 방향으로는 지나갈 수 있지만 다른 방향에서는 지날 수

없는 마법 포털을 만들 수 있다. 이는 퍼즐 게임에 재미를 더하는 게임 메카닉이 될 수 있다.

Surface Effector 2D

이 컴포넌트는 이 이펙터와 연합된 콜라이더에 의해 지정된 표면을 따라 탄젠트 힘(접선 방향의 힘)^{tangential force}을 적용한다. 달리 표현하면 이 이펙터는 리지드바디가 표면에 닿아 있는 한, 힘의 방향에 따라 리지드바디를 운반하는 컨베이어 벨트라고 생각할 수 있다.

Inspector에서 보면 다음과 같다.

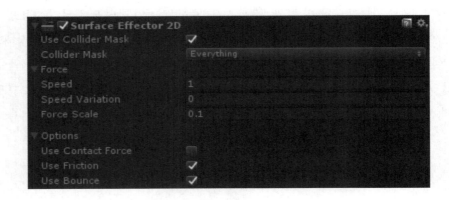

두 개의 폴드아웃을 열면 Surface Effector 2D의 옵션이 있으며 여기서 파라미터를 설정할 수 있다.

- Speed: 탄젠트 힘이 유지해야 하는 속도다. 즉, 컨베이어 벨트의 속도라고 생각하면 된다.
- Speed Variation: 항상 일정한 속도를 가지지 않기 위한 속도의 최대 편차다. 특히 이러한 이펙터가 여러 개인 경우 유용하다. 랜덤 편차의 범위는 0에서부터 Speed Variation 값까지다. 양수 값은 랜덤으로 증가하고, 음수 값은 랜덤으로 감소한다.

- **Force Scale**: 표면을 따라 이펙터가 접촉하는 리지드바디를 지정한 속도로 가속하려 할 때 적용되는 탄젠트 힘을 스케일할 수 있다. 0으로 설정하면 실제 적용되는 힘은 없으며 컴포넌트가 디세이블된 것과 같다. 반면 1로 설정하면 전체 힘이 적용된다. 지정된 속도에 도달하기 위해 표면과 접촉하는 리지드바디가 얼마나 빨리 가속돼야 하는지[10] 생각해보면 이해에 도움이 될 것이다. 값이 낮으면 더 많은 시간이 필요하지만 값이 높을수록 속도가 훨씬 빨라진다는 것을 의미한다. 하지만 리지드바디가 다른 힘을 받게 되면 원하지 않는 행동을 보일 수 있으므로 전체 힘을 사용할 때(1로 설정)는 주의해야 한다.
- **Use Contact Force**: true이면 접촉력^{contact force}을 사용한다. 이 옵션을 사용하면 물리적으로 더 리얼한 표현은 가능하지만 표면에 접하는 리지드바디에 토크를 가할 수도 있다. 디폴트 값은 디세이블이다. 따라서 리얼리즘이 디자인에 달려 있는 비디오 게임에서는 이를 사용하도록 이네이블을 선택해야 한다. 이 옵션을 더 쉽게 이해하기 위해 컨베이어 벨트 위로 점프하는 것을 상상해보라. 컨베이어 벨트에 가해지는 탄젠트 힘과 함께 접촉력은 다리를 앞으로 움직이게 하지만 관성에 의해 가슴이 뒤로 밀려, 결국 떨어지는 결과를 초래할 수 있다. 이는 다음 그림과 같이 몸이 토크로 인해 회전하기 시작했음을 뜻한다.

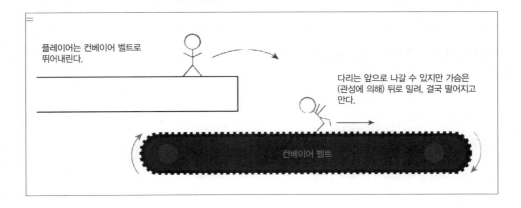

플레이어는 컨베이어 벨트로 뛰어내린다.

다리는 앞으로 나갈 수 있지만 가슴은 (관성에 의해) 뒤로 밀려, 결국 떨어지고 만다.

컨베이어 벨트

---

10   시간을 기준으로 생각하자. – 옮긴이

컨베이어 벨트로 뛰어내릴 때, 다리는 벨트의 탄젠트 힘에 의해 앞으로 나아갈 수 있다. 한편 가슴은 관성에 의해 뒤로 밀려나면서 몸에 토크가 가해져 그로 인해 벨트에서 떨어지게 된다. 유니티에서는 접촉력을 무효로 만들어 컨베이어 벨트와 접하는 리지드바디에 토크를 가하지 않게 할 수 있다.

- **Use Friction**: true면 표면에 마찰이 생긴다.
- **Use Bounce**: true면 표면에 반발이 생긴다.

가장 자연스러운 사용 예는 물론 게임에서 컨베이어 벨트가 사용될 때지만 다른 예도 들어 보겠다. 게임의 주인공에게 아주 특별한 장갑이 있다고 해보자. 이 장갑은 금속 벽에 닿으면 자기장을 만들어 중력에 반할 수 있다. Surface Effector를 수직으로 배치하고 플레이어가 벽을 만질 수 있는 가능한 먼 곳까지 위쪽으로 힘을 가할 수 있다.

▌ Physics Material 2D

유니티에서는 물리 오브젝트가 다른 것과 충돌할 때 생기는 마찰과 반발을 조정할 수 있는 물리 머티리얼을 생성할 수 있다. 2D의 경우, Physics Material 2D를 사용하면 된다.

다음 스크린샷에서 볼 수 있듯이, 탑 바 메뉴에서 Assets > Create > Physics Material 2D를 차례대로 선택하면 Physics Material 2D를 생성할 수 있다.

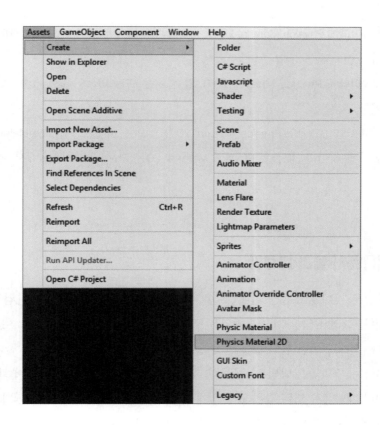

프로젝트 패널에서 일단 선택하면 다음 스크린샷과 같이 Inspector에서 두 가지 값을 조정할 수 있다.

5장에서 Physics Material 2D를 설정하는 많은 변수를 보았고 다음과 같은 간단하게 정리할 수 있다.

1. 콜라이더에 Physics Material 2D가 있으면 이것에 우선권이 있으며 콜라이더로 설정될 것이다.

2. 콜라이더에 Physics Material 2D가 없는 경우, Rigidbody 2D에 있는 것에 할당된다.

3. 리지드바디 2D에도 Physics Material 2D가 없으면, 디폴트 Physics Material 2D가 할당될 것이다. 디폴트 Physics Material 2D는 Physics Settings에서 설정할 수 있다.

▌ 유니티에서 물리 다루기

지금까지 모든 것이 순조롭게 진행됐으며 유니티의 물리 엔진에 있는 모든 컴포넌트에 대해 배웠다. 그러나 막상 자신의 게임을 구축할 때가 되면 물리를 다루는 것이 다소 힘들 수 있다. 실제로 어떤 힘의 값을 잘못 설정하면 전체 씬이 엉망이 되기도 한다. 이 문제를 해결하는 가장 좋은 방법은 시행착오다. 더 많이 실험할수록 물리 엔진에 대한 이해가 깊어지며 게임에서 모든 값을 균형 있게 잡는 방법을 터득하게 된다. 그러다 보면 게임 디자인 문서에 설명된 대로 (또는 그에 가깝게) 씬을 만들 수 있게 될 것이다.

물리를 다룬다는 것은 그저 여러 컴포넌트를 배치하는 것뿐만 아니라 컴포넌트를 프로그래밍하는 방법에 관한 것이기도 하다. 우리는 두 개의 콜라이더가 서로 충돌했을 때 일어나는 몇몇 이벤트는 물론이고 리지드바디에 적용할 수 있는 유용한 함수들을 앞서 살펴봤다. 그러나 이것이 다가 아니다. 알고 있어야 하는 중요한 사실 중 하나는 모든 컴포넌트(리지드바디, 콜라이더, 조인트, 이펙터)에서 본 모든 변수는 스크립트를 사용해 런타임에서 동적으로 할당할 수 있다는 것이다. 해당 컴포넌트에 대한 참조만 가져오면 내부 파라미터를 변경할 수 있다.

또 다른 하나는 물리를 다룰 때 매우 유용하게 쓰이는 것으로, 물리 엔진의 일부 함수를 사용해 주변에 대한 정보를 수집할 수 있다. 이들은 Physics2D 클래스의 static 함수이므로 다음과 같은 형식으로 호출할 수 있다.

```
Physics2D.NameOfTheFunction();
```

물론 NameOfTheFunction에 실제 사용할 함수의 이름을 넣어야 한다. Physics2D 클래스에는 많은 함수들이 있지만 중요한 것만 알아보도록 하자.

- OverlapCircleAll(Vector2 point, float radius, [optional parameters]): 건네받는 radius(원의 반지름)와 point(원의 중심) 변수에 의해 정해지는 원 안에 있는 모든 Collider2D 배열을 반환한다. 즉, 지정된 원 안에 있는 모든 콜라이더를 감지한다. 콜라이더에서 게임 오브젝트 자체를 검색할 수도 있다. 우리가 만드는 게임 속 컵케이크 타워는 이 함수를 사용해 주변에 얼마나 많은 적이 있는지 감지한다. 또한 옵션 파라미터에 레이어 마스크를 지정하고 함수가 탐색해야 하는 깊이(z축)의 최솟값과 최댓값을 지정할 수 있다.

- OverlapCircle(Vector2 point, float radius, [optional parameters]): 앞의 함수와 같지만 배열 전체를 반환하는 대신 첫 번째 콜라이더를 반환한다. 원 안에 무언가 있는지 그 존재 여부만 감지해야 할 때 유용하다.

- RaycastAll(Vector2 origin, Vector2 direction, [optional parameters]): 건네받는 변수 origin에서 direction 방향으로 레이[ray]를 쏴서 여기에 부딪힌(hit) RayCastHit2D(나중에 다룬다) 배열을 반환한다. RayCastHit2D에는 레이에 부딪힌 모든 콜라이더와 충돌에 대한 세부 정보가 포함돼 있다. 이 함수는 공간에 무언가가 있는지 확인해야 할 때 유용하다. 또한 옵션 파라미터에는 레이가 도달할 수 있는 최대 거리, 레이어 마스크, 깊이(z축)의 최솟값과 최댓값을 지정할 수 있다.

- RayCast(Vector2 origin, Vector2 direction, [optional parameters]): 바로 앞의 함수와 같지만 전체 배열을 반환하는 대신 첫 번째 것만 반환한다.

RayCastHit2D 클래스에 대한 정보는 다음과 같다.

- centroid: 캐스트를 수행하는 데 사용된 프리미티브primitive의 중심
- collider: 레이에 부딪힌 콜라이더
- distance: 발사된 레이의 원점에서 충돌 지점까지의 거리
- fraction: 레이에 부딪힌 충돌 지점까지 거리에 대한 비율
- normal: 레이에 부딪힌 오브젝트 표면의 법선 벡터normal vector
- point: 레이에 부딪힌 콜라이더의 표면(점)을 월드 좌표계로 나타낸 값
- rigidbody: 레이에 부딪힌 오브젝트에 어태치된 Rigidbody2D
- transform: 레이에 히트된 오브젝트의 Transform

▌ 물리에 대한 기타 사항

다른 장과 마찬가지로 5장에서 다루는 주제를 심층적으로 살피는 절이므로 그다지 흥미를 느끼지 못한다면 다음 절로 건너뛰어도 좋다. 그렇지 않으면 커피 한 잔 더 마시며 읽어주길 바란다.

리지드바디의 Simulated 설정

이 절의 목적은 리지드바디에 어태치된 물리 컴포넌트의 이네이블 및 디세이블과 리지드바디 컴포넌트의 Simulated 세팅의 이네이블 및 디세이블의 차이점을 설명하는 것이다.

물리 컴포넌트가 추가, 이네이블, 삭제, 또는 디세이블될 때마다 물리 엔진의 내부 메모리는 업데이트된다(해당 컴포넌트를 메모리에 추가하거나 메모리로부터 삭제).[11]

한편, 리지드바디 컴포넌트의 Simulated를 디세이블로 설정하면, 물리 엔진은 메모리에서 이 오브젝트를 삭제하지 않고 그저 이에 대한 연산을 수행하지 않을 뿐이다.[12] 결과적으로 Simulated를 다시 이네이블해도 물리 엔진은 메모리에 이미 모든 오브젝트/컴포넌트를 가지고 있어 처음부터 새로 만들 필요가 없으므로 성능이 향상된다.

물론 씬에서 리지드바디를 완전히 없애야 한다면 그냥 삭제하라. Simulated를 디세이블로 설정하는 것에 그치면 컴포넌트가 여전히 메모리에 남아 있어 열악한 메모리 관리로 이어진다.

Physics 2D Raycaster 컴포넌트

유니티 UI 시스템에 대해 공부했던 3장, '플레이어와의 대화─유저 인터페이스'의 추가 절에서 보면 캔버스의 다른 컴포넌트가 있다. 그 가운데 하나인 Graphical Raycaster는 화면상의 유저 입력을 감지하는 것이었다. 이 컴포넌트는 플레이어가 실제로 슬라이더를 움직이는지 또는 버튼을 클릭했는지를 확인한 다음, 이벤트 시스템과 메시지를 교환해 이벤트를 트리거한다.

우리에게 물리 오브젝트가 있고 Graphical Raycaster가 UI에서 했던 것과 비슷한 방식으로 이들에 대한 이벤트를 교환하고 싶을 때, 카메라에 Physical 2D Raycaster 컴포넌트를 추가하면 이러한 이벤트를 처리할 수 있다.

---

11 보충 설명하면, 2D 물리 시뮬레이션에서 리지드바디 컴포넌트에 어태치된 물리 컴포넌트는 개별적으로 이네이블 및 디세이블해 2D 물리 시뮬레이션의 개별 엘리먼트를 시작 또는 중지할 수 있다. 이때 개별 엘리먼트를 시작한다는 것은 2D 물리 엔진이 시뮬레이션할 내부 물리 기반 오브젝트를 생성한다는 뜻이며, 반대로 디세이블한다는 것은 이 오브젝트를 파기(destroy)하는 것이다. 즉, 메모리 사용과 프로세서 파워 비용이 발생돼 성능에 영향을 미친다. ─ 옮긴이

12 쉽게 생각하면 보이지 않는 것으로 간주된다. ─ 옮긴이

일단 이 컴포넌트를 추가하면, 물리 오브젝트의 스크립트에 다른 인터페이스를 구현할 수 있다. 결과적으로 구현할 함수는 해당 이벤트가 트리거될 때 자동으로 호출된다.

예를 들어 조인트를 끊는 이벤트를 생각해 볼 수 있으며 이러한 상황이 발생했을 때 어떤 코드를 실행할 수 있게 된다. 또한 일부 정보가 함수에 전달될 것이다. 조인트의 경우, 조인트를 끊는 힘의 양이 파라미터로 전달된다.

기타 물리 설정

그 외의 물리 설정은 다음과 같다.

- **Velocity Iterations**: 업데이트하는 동안 물리 오브젝트의 속도를 연산하는 데 반복하는 횟수다. 숫자가 높을수록 시뮬레이션은 정확해진다. 단점은 연산 비용이다. 디폴트 값은 8이다.

- **Position Iterations**: 업데이트하는 동안 물리 오브젝트의 위치를 연산하는 데 반복되는 횟수다. 숫자가 높을수록 시뮬레이션은 정확해진다. 단점은 연산 비용이다. 디폴트 값은 3이다.

- **Velocity Threshold**: 이 값보다 낮은 상대 속도로 일어나는 충돌은 비탄성 충돌로 간주된다. 즉, 충돌하는 물체는 서로 튕겨 나오지 않는다.

- **Max Linear Correction**: 제약에 대한 연산 시 사용되는 최대 선형 위치 보정이다. 0.0001에서 1,000,000 사이에 있는 값이면 어느 것이든 쓸 수 있다. 오버슈트 overshoot를 방지하는 데 도움이 된다.

- **Max Angular Correction**: 제약에 대한 연산 시 사용되는 최대 각 보정이다. 0.0001에서 1,000,000 사이에 있는 값이면 어느 것이든 쓸 수 있다. 오버슈트를 방지하는 데 도움이 된다.

- **Max Translation Speed**: 게임에서 오브젝트가 가질 수 있는 최대 (이동) 속도다. 이 값은 상한 값이다. 즉, 모든 오브젝트의 속도는 이 값보다도 높아질 수 없다.

- **Max Rotation Speed**: 게임에서 오브젝트가 가질 수 있는 최대 (회전) 속도다. Max Translation Speed와 같지만 이동 속도 대신 회전 속도를 제한한다.

- **Min Penetration For Penalty**: 분리 충격력이 가해지기 전에 허용되는 접촉에 따른 최소 관통 반경이다.[13]

- **Baumgarte Scale**: 충돌 시 오브젝트가 포개진 경우 얼마나 빨리 해결할지를 결정하는 배율^{scale factor}이다(노트 참조).

- **Baumgarte Time Of Impact Scale**: 임팩트가 일어난 시간의 중복이 얼마나 빨리 해결되는지를 결정하는 배율이다(노트 참조).

> ℹ️ 바움가르트의 제약 안정화 방법(Baumgarte's constraint stabilization method) 혹은 줄여서 바움가르트의 메소드는 1972년 J. 바움가르트(J. Baumgarte)가 발명한 조인트 같은 특정 충돌 제약 조건을 해결하기 위한 알고리즘이다. 비디오 게임이나 로보틱스처럼 실시간 응용프로그램에서 사용할 수 있을 정도로 빠르다. 이 방법은 수치적으로 해결된 미분 방정식의 파생된 분석 형식을 활용하는 것으로 구성된다. 이를 통해 알고리즘은 이전 모델보다 더 빠를 뿐만 아니라 더 높은 정확도로 알고리즘을 돌릴 수 있다.
>
> 이 알고리즘에 전달하는 핵심 파라미터는 적용할 수정 비율로, Baumgarte Scale이 바로 그것이다. 일반적인 값은 디폴트 값으로 주어지는 0.2이며, 유니티가 사용하는 디폴트 값이기도 하다. 값이 높을수록 조인트는 거칠게 움직인다. 반면 값이 낮을수록 조인트의 역할을 제대로 못하게 되고 스폰지 현상이 발생할 수 있다.

- **Queries Hit Trigger**: 이 토글이 true면 레이캐스트[14]가 트리거된 콜라이더와의 충돌을 감지할 수 있게 된다. 디폴트 값은 true지만, 콜라이더만 감지하고 트리거된 콜라이더를 레이캐스팅에서 제외하고 싶다면 선택을 해제하자. 이 체크박스의 선택 해제 시점은 온전히 게임 디자인과 이를 프로그래밍하기 위해 여러분이 머릿속으로 그리는 것에 달려 있다.

---

13 물체가 얼마나 깊게 서로를 뚫을 수 있는지를 결정한다. 값이 높을수록 물체가 더 많이 뚫리게 된다. - 옮긴이
14 정확히는 레이캐스트를 포함한 물리 쿼리 - 옮긴이

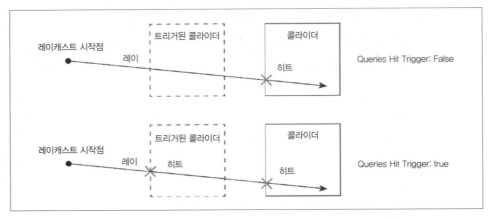

Queries Hit Trigger가 false(그림 상단)로 설정돼 있을 때, 트리거된 콜라이더는 레이캐스팅에 감지되지 않는다. 이와는 반대로 Queries Hit Trigger가 true(그림 하단)면 트리거된 콜라이더도 레이캐스팅에 감지돼 히트를 반환한다.

- **Queries Start In Collider**: 이 토글이 true면 콜라이더 내부에서 시작하는 레이캐스트가 그 콜라이더를 감지해 히트를 반환한다. 디폴트 값은 true이지만, 하나의 콜라이더에서 여러 개의 레이캐스트가 실시되고 이것이 전부 히트로 반환되는 것을 원치 않는다면 선택 해제하면 된다. 다시 말하지만 이 체크박스의 선택을 해제하는 시점은 온전히 게임 디자인과 이를 프로그래밍하기 위해 여러분이 머릿속으로 그리는 것에 달려 있다.

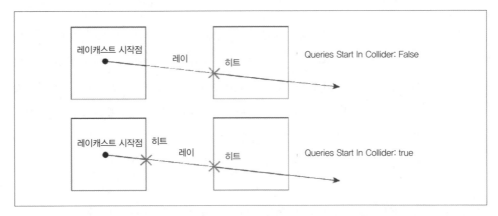

Queries Start In Collider가 false이면(그림 상단), 레이캐스트의 시작점이 콜라이더 안에 있으면 이 히트는 반환되지 않는다. 반면 Queries Start In Collider가 true면(그림 하단) 레이캐스트의 시작점이 있는 콜라이더는 히트로 반환된다.

- **Change Stops Playback**: 이 토글이 true면, 충돌에 관련된 게임 오브젝트 중 하나라도 삭제되거나 이동된 경우 즉시 충돌에 대한 콜백 보고를 중지한다. 디폴트 값은 false다.
- **Gizmos**: (이 폴드아웃에 대한 설명은 다음 절에 있다)

콜라이더를 위한 기즈모

이 절에서는 앞서 다룬 Physics 2D 설정에 있는 Gizmos에 대해 설명하고자 한다. Gizmos는 에디터에서 콜라이더의 시각화에 대한 추가 옵션을 보여주는 폴드아웃이다. 이러한 옵션은 디버깅에 유용하다. Inspector에 다음과 같이 나타난다.

다음은 표시되는 옵션 및 사용법에 대한 설명이다.

- **Always Show Colliders**: 게임 오브젝트(또는 그의 차일드 중 하나)에 콜라이더가 포함돼 있을 때만 콜라이더를 볼 수 있도록 디폴트 설정돼 있다. 이 옵션을 사용하면 항상 콜라이더를 볼 수 있다(Gizmos가 visible일 때마다).
- **Show Collider Sleep**: 이네이블이면 물리 엔진 내에서 슬립 모드인 콜라이더도 볼 수 있다.
- **Collider Awake Color**: 콜라이더가 보여야 할 때 Awake(슬립 모드가 아닌 상태)된 콜라이더를 표시하는 색상을 지정한다. 디폴트 값은 알파 채널(불투명도)이 192로 설정된 밝은 초록색이다.

- **Collider Sleep Color**: 콜라이더가 보여야 할 때 슬립 모드에 있는 콜라이더를 표시하는 색상을 지정한다. 디폴트 설정은 콜라이더가 Awake일 때와 같은 밝은 초록색이지만 알파 채널(불투명도)은 92로 설정된다.
- **Show Collider Contacts**: 이네이블이면 콜라이더가 충돌했을 때 그 접촉점을 볼 수 있다. 화살표로 표시된다(다음 스크린샷 참조).
- **Contact Arrow Scale**: 콜라이더의 접촉점에 보여지는 화살표의 크기를 조절할 수 있다. 디폴트 값은 0.2다(다음 스크린샷 참조).
- **Collider Contact Color**: 콜라이더의 접촉점에 보여지는 화살표의 색을 지정한다. 디폴트 설정은 밝은 보라색이다(다음 스크린샷 참조).

왼쪽 그림에는 서로 겹치는 두 개의 콜라이더가 있다. 가운데 그림에는 충돌을 시뮬레이션하기 위해 물리 엔진이 업데이트한 콜라이더가 있다(콜라이더는 서로 겹칠 수 없기 때문에). 두 개의 접촉점을 표시하는 두 개의 화살표도 보인다. 오른쪽 그림은 가운데 그림과 같지만 Contact Arrow Scale을 디폴트 값인 0.2 대신 0.6으로 설정한 것으로, 화살표가 더 커져 있다.

- **Show Collider AABB**: 이네이블일 때, 콜라이더의 Axis-Aligned Bounding Box(AABB)를 볼 수 있다. 이름에서 알 수 있듯이, AABB는 콜라이더를 완전히 감싸는 박스이며, 월드 좌표계의 축에 맞춰 정렬돼 있다. 예를 들어 폴리곤 콜라이더의 바운딩 박스는 다음 스크린샷의 왼쪽과 같다.

왼쪽에는 폴리곤 콜라이더의 AABB가 있다. 오른쪽은 이전 그림과 같지만 그들의 AABB를 보여준다.

- **Collider AABB Color**: 콜라이더가 보여야 할 때, 콜라이더의 AABB를 표시하는 색을 지정한다.

우리 게임을 위한 물리

이 절에서는 5장에서 배운 개념을 우리 게임에 적용한다. 특히 물리 엔진을 사용해 스프 링클이 판다에 맞았다는 것을 어떻게 감지하고, 판다에 어떻게 데미지를 입힐지 살펴볼 것이다.

Panda를 리지드바디로 셋업하기

물리 엔진을 활용할 것이므로 씬에서 Panda를 물리 오브젝트로 적절하게 셋업해야 한다. 이 말은 Panda에게 리지드바디 컴포넌트를 준다는 뜻이다.

따라서 먼저 판다 프리팹에 **Rigidbody2D** 컴포넌트를 추가하고, 다음 스크린샷과 같이 **Body Type**을 Kinematic으로 설정하자.

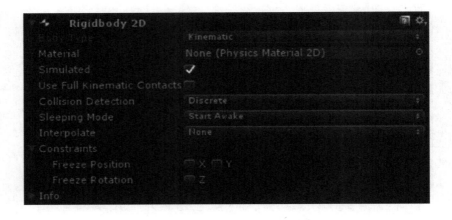

이론적으로 보면, 지금부터 우리는 Panda를 물리 오브젝트로 간주해야 한다. 그러나 4장에서는 Panda의 새로운 위치를 Transform에 직접 할당해 이동하게 하는 함수를 작성했다. 이제는 Panda에 **Rigidbody2D** 컴포넌트가 있으므로 더는 이 방법을 사용할 수 없다(앞서 '리지드바디' 절에서 이미 설명했듯이). 따라서 PandaScript를 약간 수정해야 한다. 구체적으로는 Panda의 리지드바디에 대한 참조를 얻은 다음, 키네마틱 리지드바디에 MovePosition() 함수를 사용해야 한다. 기본적으로 지금 우리는 '리지드바디 다루기' 절에서 배운 것을 적용하고 있다.

자, 그럼 스크립트를 열고 아래의 private 변수를 추가하자.

```
// Rigidbody2D를 저장하는 private 변수
private Rigidbody2D rb2D;
```

그런 다음 Start() 함수의 마지막에 아래의 코드를 추가한다.

```
//Rigidbody2D에 대한 참조를 가져온다
rb2D = GetComponent<Rigidbody2D>();
```

MoveTowards() 함수에서 Panda의 리지드바디에 MovePoistion() 함수를 사용해 이것의 위치를 변경해야 한다. 또한 deltaTime을 더는 사용하지 말고 fixedDeltaTime으로 대체해야 한다. 4장에서 만든 것을 이렇게 변경한 부분을 다음과 같이 강조 표시했다.

```
// 판다의 속도를 기반으로 하는 이 함수는 목표 지점을 Vector3로 지정하고 판다를 이 지점으로 이동시킨다
private void MoveTowards(Vector3 destination) {
    //단계를 만든 다음 그만큼 목표 지점으로 이동시킨다
    float step = speed * Time.fixedDeltaTime;
    rb2D.MovePosition(Vector3.MoveTowards(transform.position, destination, step));
}
```

 MoveTowards() 함수는 이제 update()가 아닌 FixedUpdate()에서 호출돼야 한다는 것을 잊지 마라. 이에 관련해서는 7장, '컵케이크 거래 시스템과 케이크를 위한 궁극의 전투-게임 플레이 프로그래밍'에서 다시 한 번 다룬다. 그래도 다음 절에 예는 있다.

이제 스크립트를 저장하고 판다에 대한 작업은 이것으로 끝이다.

발사체를 리지드바디로 만들기

Panda에 했던 것과 비슷하게, 모든 발사체에 Rigidbody2D 컴포넌트를 추가하고 다시 Body Type을 Kinematic으로 설정해야 한다. 기억하고 있을지 모르겠지만, 발사체 역시 Transform을 직접 변경해 이동했다. 이제는 Regidbody2D 컴포넌트가 있으므로 이를 수정해야 한다. 스크립트를 열고 Panda에서 했던 것처럼 다음과 같은 private 변수를 추가하자.

```
//Rigidbody2D를 저장하는 private 변수
private Rigidbody2D rb2D;
```

그런 다음 Start( ) 함수에서 이에 대한 참조를 가져오자.

```
// Rigidbody2D에 대한 참조를 가져온다
rb2D = GetComponent<Rigidbody2D>();
```

이번에는 물리 엔진을 사용하므로 Update( ) 함수를 FixedUpdate( ) 함수로 대체하자. 또한 코드도 약간 변경해야 한다(fixedDeltaTime을 사용해서).

```
// 발사체의 위치를 시간과 속도에 따라 업데이트한다
void FixedUpdate() {
  rb2D.MovePosition(transform.position + direction * Time.fixedDeltaTime * speed);
}
```

 꼼꼼하게 읽은 독자라면 '리지드바디 다루기' 절의 노트에서 설명한 운동 방정식을 적용한다는 것을 눈치챘을 것이다. 특히 우리는 여기서 속도를 방향(direction)과 스피드(speed)로 나눠서 생각한다(이 둘을 곱하면 다시 속도가 나온다).

스크립트를 저장하고, 다음 절에서 스프링클이 판다를 맞췄는지를 감지하는 방법에 대해 알아보자.

스프링클 감지

스프링클과 판다의 충돌을 감지하기 위해서는 Collider2D를 둘 다에 추가해야 한다. 여러분에게 맞는 콜라이더를 고르기 바라며, 여기서 나는 BoxCollider2D를 사용할 것이다. 그런 다음 그중 하나에게 트리거 역할을 맡겨야 하는데, 이 예에서는 판다를 사용하자. 다음 단계는 PandaScript에 유니티의 물리 엔진에서 호출되는 OnTriggerEnter2D( ) 함수를 구현하는 것이다. 이렇게 하면 판다가 무엇인가에 맞을 때 감지할 수 있고, 이것이 스프링클인지를 확인해 4장에서 작성한 Hit() 함수로 판다에게 데미지를 가할 수 있다.

```
// 발사체를 감지하는 함수
void OnTriggerEnter2D(Collider2D other) {
  // 건네받은 other 오브젝트가 발사체인지 확인
  if(other.tag == "Projectile") {
    // Hit 함수를 사용해 판다에 데미지를 입힌다
    Hit(other.GetComponent<ProjectileScript>().damage);
  }
}
```

 물론 Projectile 태그를 가진 모든 오브젝트에 ProjectileScript 컴포넌트가 어태치돼 있는지 확인해야 한다. 이 확인 작업은 연습으로 남겨두겠다.

마지막으로 스크립트를 저장하자. 우리는 5장에서 우리 게임을 위한 물리에 대해 다뤘다. 사실 6장에서도 물리 엔진을 사용하지만 이는 다른 목적을 위해서다.

▌ 숙제

다른 모든 장과 마찬가지로, 여러분의 기술을 향상시킬 연습을 마련해두었다.

1. **잊혀진 리지드바디**: 때때로 Inspector에 있는 컴포넌트를 잊어버릴 수 있다. 그러나 코드에서 경고를 생성하면 프로세스를 쉽게 할 수 있다. 판다와 스프링클용 스크립트에 각각 체크를 생성하고, 게임 오브젝트가 초기화될 때 Rigidbody2D 컴포넌트가 누락된 경우 이를 추가하고 Kinematic으로 설정하라. 또한 경고 메시지를 보내도록 하자(메시지 디버깅에 대한 자세한 내용은 8장, '케이크 너머에는 무엇이 있는가?'에 디버깅 메시지에 관한 내용이 있다).

2. **가속에 대한 열정**: 5장에서는 키네마틱 리지드바디에 운동 방정식을 구현하는 방법을 알아보고, 특히 속도 방정식의 구현을 살펴봤다. 이제 키네마틱 리지드바디에 대한 가속 방정식을 구현해보라.

3. **조인트의 달인**: 유니티가 제공하는 각 조인트의 사용법과 예를 생각해보라(5장에서 이미 제시된 것과는 다른 것으로). 그런 다음 종이에 물리적 시스템을 스케치하고 어느 것이 리지드바디인지, 앵커 포인트는 어디인지 알아보자. 마지막으로 유니티에서 상상한 것을 재현하고, 결정한대로 작동할 때까지 모든 설정을 조정하라.

4. **이펙터의 달인**: 유니티가 제공하는 각각의 이펙터의 사용법과 예를 생각해보라(5장에서 이미 제시된 것과는 다른 것으로). 그런 다음 종이에 이펙터가 어떻게 작동해야 하는지를 스케치하고, 다른 리지드바디와 어떻게 상호작용하는지를 결정하라. 마지막으로 유니티에서 상상한 것을 재현하고, 결정한대로 작동할 때까지 모든 설정을 조정하라.

5. **덜 용감한 판다(파트 III)**: 잠시 이 연습의 파트 II가 있는 4장, '더는 혼자가 아니다 –단 걸 좋아하는 판다의 습격'으로 돌아가자. 여기서 우리는 Boolean 값에 따라 타격을 받는 판다도 있고 안 받는 것도 있었다. Inspector 내에 이 Boolean을 노출시키는 대신, Projectile 클래스에 이 속성을 추가하라. 이렇게 하면 판다의 쇼크 상태 여부는 판다를 맞힌 발사체의 종류에 의해 결정된다 (나중에 6장, '스프링클 바다를 지나–인공지능 내비게이션'에서 다시 알아본다).

6. **덜 용감한 판다(파트 IV)**: 이 연습의 파트 III를 마친 후, 불쌍한 판다가 너무 많은 스프링클에게 공격받으면 항상 쇼크 상태에 있게 돼 더는 움직이지 않을 수 있다. 이렇게 되면 스프링클을 피할 수 없게 되므로 이를 방지하기 위해 판다용 스크립트를 다음과 같이 수정해야 한다. 쇼크 상태의 판다가 다른 스프링클에 맞으면 판다의 헬스를 손상시킨다. 하지만 Hit 애니메이션 및/또는 쇼크 상태를 처음부터 트리거하지 않는다.

7. **덜 용감한 판다(파트 V)**: 이 연습의 세 번째 단계를 완료했으니 이번에는 판다를 쇼크 상태로 만드는 전체 시스템을 개선하자. 각 발사체에 판다를 타격할 확률

을 나타내는 변수를 추가하자. 마지막으로 이 변수를 기반으로 확률적으로 판다의 쇼크 단계를 트리거하라.

마지막으로 계속 도전하고 싶은 분을 위해 준비했다.

8. **얼음 컨베이어 벨트(파트 I)**: 커다란 얼음으로 만들어진 컨베이어 벨트가 매우 빠르게 움직이고 있다고 상상해보자. 여기에 상자를 떨어뜨렸을 때 일어날 일을 생각하고 구체화하라. 얼음 위의 마찰은 매우 낮으며 고려해야 할 관성이 있다는 것을 명심하기 바란다. 상자 대신에 구^{sphere}라면 어떨까? 이에 대한 해답은 책 마지막 부분에 있다.

9. **얼음 컨베이어 벨트(파트 II)**: 일단 파트 I을 완료하면 유니티의 물리 엔진 내에서 얼음 컨베이어 벨트를 구현하고 상자와 구를 시험해보라.

▌ 요약

5장에서 우리는 더 게임을 잘 만들기 위해 물리학의 기본 개념을 배우는 것으로 시작했다. 그런 다음 유니티의 물리 엔진을 살펴봤다. 이 엔진은 몇 가지 컴포넌트로 나뉜다. 리지드바디와 콜라이더는 게임에서 물리 오브젝트의 특성을 묘사하는 반면 조인트와 이펙터는 환경에서 서로 반응하는 방법에 영향을 준다.

마지막에는 물리를 다루는 방법을 관찰했고, 타워 디펜스 게임에 필요한 것을 골라 스프링클과 판다 사이의 충돌을 구현했다(그리고 판다의 헬스와 애니메이션을 업데이트하는 올바른 함수를 호출했다).

06

스프링클 바다를 지나
– 인공지능 내비게이션

우리가 만든 판다에게 렌더링(4장, '더는 혼자가 아니다 – 단 걸 좋아하는 판다의 습격')과 물리적인 형태(5장, '비밀 재료는 약간의 물리학')를 부여했으니, 이제는 그들에게 지능을 줄 차례다. 구체적으로는 플레이어의 케이크를 먹기 위해 지도를 따라 케이크를 향해 이동하거나 탐색할 수 있는 능력을 말이다. 사실 이미 지적했듯이 인공지능^{AI}은 NPC에게 생명을 불어넣는 핵심 요소로, 그들이 게임 월드를 돌아다니며 행동할 수 있게 한다. 그러나 6장에서는 내비게이션에 초점을 맞출 것이다.

특히 판다를 위한 웨이포인트 시스템^{waypoint system}을 구현할 것이다. 우리는 이 작업을 두 번 하게 된다. 따라서 똑같은 것을 두 가지 관점에서 보게 될 것이다. 그리고 이 두 방법의 장점과 단점을 파헤쳐볼 것이다.

다음은 우리가 다룰 주제의 개요다.

- 비디오 게임에서 인공지능의 중요성
- 비디오 게임의 내비게이션과 그 주요 기술 개요
- 웨이포인트 시스템을 정적 리스트로 구현하기
- 웨이포인트 시스템을 게임 오브젝트의 동적 풀로 구현하기(지도에 아이콘으로 표시)
- 내비게이션 너머의 아이디어 얻기

이 책의 다른 모든 장과 마찬가지로 숙제를 통해 기술을 연마할 수 있다. 자, 그럼 시작하자!

▌ 준비하기

6장을 위한 유일한 준비 작업은 이 책에서 지금까지 PandaScript를 다룬 모든 부분이 완료돼 있는 것이다.

▌ 인공지능에 대한 소개

인공지능 혹은 AI^{Artificial Intelligence}는 비디오 게임에만 국한시킨다 해도 광범위한 주제다. 실제로 그 복잡한 특징 때문에 비디오 게임을 위한 프로그래밍에 있어 제일 어려운 부분 가운데 하나다. 훌륭한 AI 프로그래머는 수학(예: 그래프 이론, 베이지안 네트워크, 운영 연구 등), (운동 방정식과 같은) 물리학 및 심리학(플레이어가 게임에서 AI에 어떻게 반응하는지 이해해야 함)을 알고 있어야 한다. 처음 두 분야는 잘 알려진 반면 마지막 분야는 때때로 무시되지만 똑같이 중요하다. 실제로 NPC 캐릭터의 가장 그럴듯한(사실적인) 행동이 플레이어에게 가장 즐겁지 않은 경우가 있다. 더 많은 것을 배우고 싶다면 내 웹사이트 francescosapio.com에서 이에 관해 쓴 글을 찾아보기 바란다.

내가 수학 개념을 인용하더라도 두려워하지 않았으면 좋겠다. 사실 이 절에서는 이러한 복잡한 것들을 다루지 않을 것이다. 하지만 우리가 할 것에 대한 토대가 되는 기초적인 지식에 대해 생각해보는 것은 여러모로 도움이 된다. 비록 우리가 타워 디펜스 게임을 만들기 위한 단순한 토대를 만들지라도 말이다. 어쨌든 비디오 게임의 인공지능에 대해 더 많이 배우기를 바란다. 이것을 통해 여러분이 성취할 수 있는 것이 정말 멋지기 때문이다!

■ 비디오 게임에서 인공지능의 중요성

경쟁할 적이 없는 타워 디펜스 게임을 상상해보라. 그것은 그저 여러분과 타워 더미일 뿐이다. 〈심시티^{SimCity}〉와 같은 게임은 사라질 것이다. 게임은 뻔한 경험이 되고, 리플레이 가치$^{replay\ value}$는 크게 떨어지며, MMO는 평범해질 것이다. 너무 드라마틱한 전개가 없는, 다이나믹한 게임 플레이의 종말이 될 것이다. 따라서 다이나믹하고 성장하는 경험을 제공하려는 모든 게임에는 AI가 필수적이다.

AI는 시스템이 인간이나 동물처럼 생각하고 행동하게 한다. 이러한 시스템은 시간이 지남에 따라 유저의 행동을 학습한다. 예를 들어 유저가 너무 쉽게 게임을 진행하거나 플레이에 어려움을 겪고 있으면, 시스템은 게임을 (실시간으로) 조정해 게임이 플레이어에게 적응한다. 이 개념은 머신 러닝(기계 학습)$^{machine\ learning}$과 관련된다.

컴퓨터 게임에서의 AI는 플레이어가 아닌 캐릭터$^{non-player\ characters}$, 줄여서 NPC와 같은 게임 구성 요소의 행태^{behaviour} 및 의사 결정 프로세스를 의미한다. 최신 게임에는 매우 다이나믹한 AI가 실시간으로 돌아간다. 이런 AI는 때에 따라 실존하는 다른 플레이어와 플레이하는 것처럼 느끼게 한다. 이와 같이, 잘 만들어진 인공지능을 통해 여러분은 게임을 진행하고 탁월한 결과를 달성하기 위해 빠르고 지능적인 결정을 내릴 수 있게 된다. 게임에 적용된 AI의 예를 들자면, 〈팩맨^{Pacman}〉과 같은 초기 아케이드 게임부터 〈배틀필드^{Battlefield}〉, 〈콜 오브 듀티$^{Call\ of\ Duty}$〉 및 〈알파 프로토콜$^{Alpha\ Protocol}$〉과 같은 1인칭 슈팅 게임의 적에 이르기까지 매우 다양하다. 또는 〈월드 오브 워크래프트World of Warcraft〉와 〈길드 워 2Guild Wars 2〉와 같은 전략 게임에서 오크와 야수 떼거리도 이에 속한다.

여러분에게 권할 만한 AI에 관한 책(이안 밀링턴Ian Millington과 존 펀지John Funge의 『Artificial Intelligence for Games』(CRC Press, 2009))을 살펴보면, AI 모델은 다음과 같이 나뉜다.

- **무브먼트**movement: 의사 결정을 모션 유형으로 바꾸는 알고리즘을 가진 AI를 가리킨다. 예를 들어 플레이어로의 공격 여부를 플레이이어의 위치를 기반으로 한 무브먼트 알고리즘에 따라 결정하는 NPC는 둘 사이의 거리가 멀면 플레이어를 향해 달려가고, 충분히 가까운 거리에 놓일 때 공격을 결정하고 이에 맞는 모션인 공격을 감행한다.

- **의사 결정**Decision making: 이름에서 알 수 있듯이, NPC는 다음에 해야 할 일을 산출하는 것을 가리킨다. 예를 들어 NPC가 플레이어를 만났을 때 공격을 할지, 도망갈 것인지, 아니면 도움을 요청할 것인지를 결정한다.

- **전략**strategy: 〈S.W.A.T〉나 〈톰 클랜시의 레인보우 식스Tom Clancy's Rainbow Six〉와 같이 팀 전체를 조직적으로 움직여야 한다고 상상해보자. 이 상황에서의 전략은 캐릭터 그룹이 사용하는 전반적인 접근 방식을 가리킨다. 이때 AI는 한두 명의 캐릭터만 컨트롤하는 것이 아니라 모든 캐릭터의 비헤이비어에 영향을 미친다. 그룹에 속한 각각의 캐릭터는 자신만의 의사 결정 및 무브먼트 알고리즘을 가질 수도 있으나, 그들의 전체적인 의사 결정은 그룹 전략 알고리즘의 영향을 받는다. 플레이어가 이끄는 팀이 갑자기 적과 조우하게 됐을 때 할 일은 무엇인가? 그들이 알아서 적을 없애도록 할 것인가, 아니면 플레이어에게 알리게 할 것인가?

- **인프라**Infrastructure: AI가 어떻게 구조화됐는지를 가리킨다. 이에 따라 AI가 게임에서 얼마나 잘 작동하는지가 결정된다. 단순히 NPC가 특정 액션을 수행하도록 알고리즘을 만드는 것뿐만 아니라 효율적인 방법으로 컴퓨터의 리소스를 활용할지에 관한 것이다.

- **에이전트 기반 AI**^{Agent-based AI}: 자율 NPC를 만드는 개념을 가리킨다. 자율 NPC는 게임 데이터에서 정보를 가져와서 수행할 작업을 결정한 다음 해당 작업을 수행한다.

 이와 관련된 정보를 얻을 수 있는 곳은 인텔(Intel) 사이트로, 게임에서의 AI 사용에 대한 소개와 설명이 잘 정리돼 있다. https://tinyurl.com/IntelAI

내비게이션

이제 비디오 게임에서 AI가 왜 그리도 중요한지, 그 이유를 더 잘 이해하게 됐을 것이다. 하지만 이 주제는 너무 방대해 이처럼 작은 장으로는 다룰 수 없다. 따라서 내비게이션이라는 특정 면에만 초점을 맞춰 살펴보고자 한다. 6장은 주제를 소개하는 곳이므로 내비게이션의 기본 개념을 이해하고 게임에서 사용하는 간단한 기술 중 하나만 구현하겠다.

내비게이션의 측면

게임 캐릭터는 게임과 그 레벨에서 움직인다. 이 움직임은 아케이드 게임이나 NPC가 당신을 추적하거나 타깃으로 하는 것과 같이 매우 간단할 수도 있으며, 빠른 페이스의 액션이나 어드벤처 게임처럼 매우 복잡할 수도 있다. 게임 내에 고정 경로를 구현하기는 쉽지만 오브젝트와 다른 캐릭터가 방해가 되면 그들의 환상이 깨질 수 있다는 것에 유념하기 바란다. NPC가 아주 많은 게임(예: 〈어쌔신 크리드^{Assassin's Creed}〉) 환경을 돌아다니는 캐릭터는 환경 오브젝트 때문에 옴짝달싹 못하게 될 수도 있으며, 문 워킹을 하거나 달리 표현하자면 움직이지만 어디에도 가지 못하는 상태가 될 수도 있다. 더 역동적인 상황에서, 당신을 따르거나 당신(친구 또는 적)을 향해 오는 캐릭터는 당신이 어떻게 움직일지 알 수 없으므로 당신의 움직임을 본 다음에나 행동하게 된다. 이것은 실시간 전략 게임의 밀려 들어오는 적에서부터 고급 보안 건물에 침투하기 위해 피해야 하는 경비원에 이르기까지 그 범위가 다양하다.

이러한 캐릭터 (및 상황) 각각에 대해 AI는 게임 레벨 내의 목표에 도달하기 위한 최적의 경로를 계산할 수 있어야 하며 그 패스^{path}로 들어오는 오브젝트에 대응할 수 있어야 한다. 이때 캐릭터가 가능한 한 자연스럽게 행동한다면 더 바랄 게 없을 것이다.

 더 넓은 관점에서 보면, 내비게이션은 환경을 상징할 수 있는 공간뿐만 아니라 공간 이동 문제와 같은 더 추상적인 것에도 사용할 수 있다. 예를 들어 유명한 〈여덟 여왕 게임(Eight queens game)〉(체스 보드에 8명의 여왕을 배치해 각자가 다른 여왕을 공격하지 않도록 해야 하는 게임)에서 이동 공간의 패스를 찾는 것은 답을 찾는 것과 같다.

비디오 게임에서 내비게이션은 다음과 같은 다양한 형태로 존재할 수 있다.

- **스티어링 비헤이비어**$^{Steering\ behaviours}$: 이들은 충돌을 피하기 위해 에이전트[1] 앞에서 즉각적으로 경로를 찾는다. 이것은 멀티 에이전트 시스템 상황에서도 기본 장애물 회피에 사용할 수 있다. 이러한 동작은 시스템 운용$^{systemic\ operation}$ 측면에서 볼 때 낮은 수준에 있으므로 비디오 게임에서는 항상 Kinematic 방식으로 구현된다 (5장, '비밀 재료는 약간의 물리학'에서 본 것과 같은 방식으로). 그러나 최근에는 게임 개발 세계에서 일부 동적인 스티어링 비헤이비어를 만들어 더 현실감 있는 게임을 제공한다.
- **길 찾기**^{Pathfinding}: 시작 위치에서 목적지까지의 패스를 찾는다. 이 수준이 가장 많이 사용되며 많은 기술이 발견/개발되고 구현됐다. 6장의 초점이 되는 내비게이션 유형이다.

---

1   에이전트(agent): 인공지능에서 말하는 에이전트는 인공지능을 지닌 개체를 의미한다. 복잡한 행동 패턴을 가지고 지능이 있는 것처럼 행동하는 모든 개체를 에이전트라고 부른다. 게임 개체는 캐릭터일 수도 있고 생명체나 이동 수단 등 뭐든 가능하다. (출처: 『유니티 게임 AI 프로그래밍』, 에이콘, 2016) - 옮긴이

- **유도된 길 찾기**^{Driven pathfinding} : 어떤 유도된 행동에 따라 하나 또는 여러 경로를 찾는다. 이것은 아직 게임 업계에서 구현된 적이 없는 수준이지만 학계의 게임 개발을 위한 연구 분야이기 때문에 언급할 만한 가치가 있다고 생각한다. 이 수준은 의사 결정과 길 찾기 사이에 있다. 실제로 일부 결정은 길 찾기 시간에 내려지며 의사 결정 프로세스에서 더 지능적인 경로 찾기 및 효율성을 제공한다.

> ℹ️ 다양한 유형의 내비게이션에 대한 자세한 내용은 내 웹사이트(francescosapio.com)에서 자세히 확인할 수 있다. 더욱이 나의 연구는 BDP(6장 후반부에서 보게 될 것이다)와 같은 직접적인 길 찾기를 포함한다.

길 찾기와 그에 관련된 기술

지난 수십 년 동안 길 찾기 알고리즘과 기술에 대한 탐구가 많이 이뤄졌다. 최초로 만들어진 길 찾기 알고리즘 가운데 하나는 다익스트라^{Dijkstra} 알고리즘이다. 이 알고리즘은 현대 길 찾기 알고리즘의 기반을 마련한 것은 물론 이후로도 많은 진전이 이뤄져 훨씬 더 효율적인 것이 됐다(특히 우리가 특정 정보를 다루거나 문제에 대한 선험적 지식이 있는 경우). 비디오 게임에서 이 가운데 가장 많이 사용되는 것은 A* 알고리즘(여기에서 파생된 모든 것과 함께)으로, 이는 지도에 대한 몇 가지 추가 정보를 사용한다. 다익스트라의 주요 개념은 경로가 발견될 때까지 모든 방향을 조사하는 것이었다. A*의 주요 개념은 목적지를 향한 방향으로 탐색하는 것이다(단순하게 들릴지 모르지만, 어느 쪽이 목적지를 향한 방향인지 결정하는 것은 어떤 면에서 보면 쉬운 것만은 아니다). 물론 A*은 단순화된 것이지만 전체 그림을 이해하는 데는 충분하다.

앞에서 언급한 알고리즘은 다양한 상황에서 적용할 수 있지만, 찾고자 하는 경로가 작은 지도에서 쉽게 찾을 수 있는 것이라면 이러한 알고리즘까지 개발하지 않고도 더 쉬운 기술로 구현할 수 있다. 그중 하나가 우리 게임에 적용할 웨이포인트를 사용하는 기술이다.

웨이포인트의 주요 개념은 지도가 (손으로 그리기 충분할 정도로) 매우 작은 그래프로 분리되고 길 찾기가 분산된 방식으로 일어난다는 것이다. 물론 분산된 길 찾기를 넘어선 또 다른 세계가 있다(현실적인 애플리케이션은 인터넷상에서 전 세계를 돌아다니는 IP 패킷을 들 수 있을 것이다. 이때 네트워크의 맵은 끊임없이 변경되기 때문에 서로 다른 라우터 간의 경로가 분산 방식으로 결정된다).

길 찾기(뿐만 아니라 AI의 다른 기술)에 영향을 미치는 중요한 요인이 하나 더 있다. 바로 알고리즘이 온라인과 오프라인 중 어디에서 작동되는지이다. 온라인이라면 알고리즘이 실시간으로 솔루션을 찾아야 하지만 오프라인이라면 솔루션을 선험적으로 찾을 수 있다는 것을 뜻한다. 비디오 게임에서 온라인 솔루션이 필요한 경우는 NPC의 길 찾기와 같은 경우이며, 오프라인 솔루션이 필요한 예는 턴제 게임turn-based game과 같이 컴퓨팅 시간이 더 많은 필요한 경우나 로딩 시간에 AI 연산이 수행되는 경우가 있다.

불행히도 비디오 게임의 내비게이션을 설명하는 데는 다른 책이 필요할 것이다. 그러나 6장에서는 이 모든 것에 대한 설명을 가능하면 친절하고 알기 쉽게 하려고 노력하고 있다. 또한 참고 문헌(추천 도서 및 링크)을 사용해 게임에서 인공지능 학습을 돕고자 한다.

▌ 적을 위한 웨이포인트

웨이포인트는 NPC가 다른 웨이포인트로 이동하려고 방향을 바꾸는 맵상의 특별한 포인트(지점)다. 웨이포인트는 캐릭터를 시간이 지남에 따라 변경되는 특정 장소(플레이어의 옆과 같이)로 유도하는 로직을 포함할 수 있다. 예를 들어 슈팅 게임에서 적들은 플레이어 가까이에서 플레이어를 저격하고자 한다. 웨이포인트는 의사 결정 프로세스의 일부를 수행할 수도 있다. 예를 들어 적의 가야할 길이 둘로 나뉘는 타워 디펜스 레벨을 상상해보라. 이 경우 웨이포인트는 특정한 적이 가야할 방향을 결정하는 데 사용될 수 있다(이 책의 마지막 장에서 다룰 예정이다). 웨이포인트의 장점은 경우에 따라 완전한 길 찾기 알고리즘을 구현하는 것보다 더 효율적일 수 있다는 것이다.

현재 우리는 웨이포인트 뒤에 숨은 특정 로직을 꼭 구현하지 않아도 된다. 그래도 웨이포인트는 적을 쉽게 맵 여기저기로 돌아다니게 할 수 있는 유용한 툴이며, 큰 문제없이 우리 게임의 다른 레벨을 만들 수 있을 만큼 충분히 모듈화돼 있다.

이 절에서 우리는 웨이포인트를 생성하는 두 가지 방법을 배운다.

웨이포인트 좌표 얻기

웨이포인트를 생성하기 전에 먼저 맵 어디에 이들을 배치할 것인지를 정해야 한다. 그러려면 판다가 방향을 바꾸는 모든 지점을 찾아야만 한다. 아래 그림과 같은 단순한 맵에서는 패스의 모든 코너가 이에 해당된다. 그림에서 빨간색 점으로 표시된 곳이다.

여기서 확인할 수 있듯이 전부 11개가 있다. 그중 마지막 웨이포인트는 케이크가 있는 지점에 있어야 하며, 여기는 판다가 플레이어의 케이크를 크게 한 입 베어 무는 미션을 완수하는 마무리 지점이다. 어디인지는 확인했으니 이제 맵에서의 각 좌표를 정리하자. 가장 빠르게 정리하는 방법은 Scene 뷰에서 판다 프리팹을 맵에서의 웨이포인트 지점으로 드래그한 다음 그 위치를 기록하는 것이다. 이 맵에 대한 데이터는 다음과 같다.

웨이포인트 수	X 좌표	Y 좌표
1	−28	8
2	−28	−16
3	−16	−16
4	−16	7
5	−2	7
6	−2	−6
7	12	−6
8	12	9
9	25	9
10	25	−17
11	32	−17

▮ 웨이포인트 구현-첫 번째/정적인 방법

웨이포인트의 좌표를 구했으니, 이제 구현할 차례다. 이 절에서는 웨이포인트를 구현하는 첫 번째 방법을 살펴보겠다. 이 방법의 가장 큰 장점은 구현이 매우 단순하고, static 변수와 웨이포인트의 반복에 대해 더 많은 것을 배울 수 있다는 것이다.

게임 매니저에서 웨이포인트 구현하기

첫 번째 구현 방법에서 웨이포인트는 게임에서 별도의 개체가 아닌 특정 순서로 된 위치 집합이다. 모든 적들이 이 리스트를 참조하고, 현재 어느 웨이포인트에 있는지에 따라 리스트의 다음 목적지로 이동한다.

물론 이 방법에는 몇 가지 한계가 있다. 예를 들어 8장, '케이크 너머로는 무엇이 있나?'에서 보게 되겠지만 웨이포인트에 커스텀 기능을 구현할 수 없다. 그러나 이 방법은 구현하기가 더 간단하며 static 변수를 사용하는 방법을 알아볼 수 있는 기회를 제공한다.

먼저, GameManagerScript라는 이름으로 새로운 스크립트를 만들자. 7장에서 이 스크립트에 더 많은 기능을 구현하겠지만 지금은 웨이포인트를 저장해야 한다. 사실 위치 배열을 추가하기만 하면 되므로 스크립트를 다음과 같이 작성한다.

```
// 위치 저장용 배열인 public 웨이포인트 리스트
public Vector3[] waypoints;
```

이것은 일련의 위치를 특정 순서로 저장하는 Vector3 배열이다. 이 코드를 저장하고 Scene에 빈 게임 오브젝트를 하나 생성하고 Game Manager라고 이름 짓자. 여기에 스크립트를 어태치하고 Inspector에서 보면 다음과 같이 보여야 한다.

우리가 찾아낸 웨이포인트의 개수(11)를 위의 배열의 요소 수로 설정한다. 이렇게 하면 Inspector에서 다음과 같이 보일 것이다.

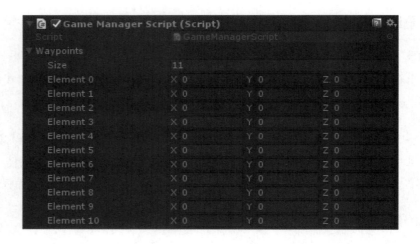

마지막으로 각각에 웨이포인트 위치를 입력한다. 하지만 z축은 어떻게 해야 할까? 판다의 z축이 변경되면 안 되므로 z값에 PandaPrefab의 z축 값과 같은 −1을 설정하면 된다. 여기까지 끝내면 다음과 같이 보여야 한다.

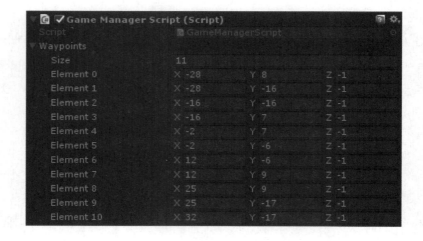

Vector3 대신 Vector2를 사용하면 안 될까라고 생각하는 독자도 있을 것이다. 대답은 여러분이 정하면 된다. Vector2를 쓰더라도 아무런 문제는 없다. 그러나 우리는 앞서 z 버퍼링으로 우리가 만드는 게임의 깊이를 다루도록 선택했던 것도 있고, 개인적으로 z축을 직접 제어하는 것을 선호하는 것도 있어서 Vector3를 사용해 의도한 동작이 이뤄지도록 확실히 해두는 것이다.

디자인된 패스를 따라 이동 - static

다음으로, 적들이 GameManagerScript에 저장된 웨이포인트에 액세스할 수 있도록 해야 한다. 따라서 우리는 스크립트에 대한 참조를 얻어야 한다. 참조하기 위한 여러 가지 방법이 있지만 학습을 위해 static 변수를 사용한다(static 변수의 사용법을 밝히기 위해). 사실 모든 판다는 같은 게임 매니저를 공유하는데, 판다가 생성될 때마다 게임 매니저를 검색하는 것은 연산 리소스의 낭비다. static 변수는 PandaScript의 모든 인스턴스 간에 공유되는 값이다. 그러므로 이 변수를 여러 번 지정하지 않도록 주의해야 한다.

 static 변수는 다른 씬이나 레벨에서도 지속된다는 것을 기억하기 바란다. 따라서 한 레벨 이상의 게임을 출시하려는 경우 레벨이 변경될 때 이 변수를 재설정해야 한다. 이에 관해서는 8장, '케이크 너머에는 무엇이 있는가?'에서 더 잘 살펴볼 것이다.

PandaScript를 열고, Game Manager에 대한 참조를 저장하기 위한 static 변수를 추가하자.

```
// Game Manager를 저장하기 위한 private static 변수
private static GameManagerScript gameManager;
```

Start( ) 함수의 시작 부분에서 다른 인스턴스(다른 판다)에 이미 이 변수가 지정됐는지 확인해야 한다. 지정돼 있지 않은 경우, 씬에서 참조를 찾아 지정한다. 지금은 찾더라도 Game Manager가 씬에 딱 하나밖에 없지만 말이다. 이렇게 하면 이 판다는 실제로 static 변수를 초기화한다. 이와 같이 생성될 판다의 다른 모든 인스턴스는 준비된 Game Manager에 대한 참조를 갖게 될 것이며, 이 확인 덕분에 단 한 번만 할당하게 된다.

```
// Game Manager에 대한 참조가 없으면 스크립트는 이 코드를 통해 얻게 된다.
if(gameManager == null) {
  gameManager = FindObjectOfType<GameManagerScript>( );
}
```

자, 이번에는 판다를 움직여야 한다. 하지만 먼저, 판다가 향하고 있는 현재 웨이포인트를 저장하기 위한 변수가 필요하다.

```
// 웨이포인트의 카운터용 private 변수
private int currentWaypointNumber;
```

그런 다음 웨이포인트에 도달한 것으로 간주되는 임곗값을 설정하기 위한 상수constant가 필요하다. 사실 여기에는 수치적 불안정성이 존재한다. 웨이포인트와의 거리가 실제로 0인지, 0에 매우 가까운 값인지 직접 확인할 수 없다. 보다시피 이 상수에 할당된 값은 매우 낮다.

```
// 웨이포인트에 도달한 것으로 간주하기 위한 private 상수
private const float changeDist = 0.001f;
```

마지막으로 판다를 올바른 웨이포인트로 향하게 하는 메커니즘을 구현해야 한다. 즉, 이전 웨이포인트에 도달했을 때 다음 웨이포인트로 방향을 바꾸는 것이다. 5장, '비밀 재료는 약간의 물리학'에서 배운 것을 다시 상기시켜보자. 판다를 움직이게 하는

MoveTowards() 함수가 물리적인 부분을 반영한 FixedUpdate() 함수 내에서 변경되므로 웨이포인트 전체 메커니즘도 FixedUpdate() 함수 내에 구현해야 한다. 따라서 다음과 같이 코드를 작성하자.

```
void FixedUpdate () {
  //이 절의 나머지 코드를 여기에 추가
}
```

구체적으로 FixedUpdate() 함수 내에서 해야 할 작업은 세 가지다. 첫 번째는 판다가 웨이포인트 리스트의 끝에 도달했는지 확인하는 것이다. 즉, 판다가 플레이어의 맛있는 케이크 앞에 있다는 것을 확인한 후, 4장, '더는 혼자가 아니다−단 걸 좋아하는 판다의 습격'에서 다른 애니메이션을 트리거했던 것과 같은 방식으로 먹는 애니메이션을 트리거해야 한다. 그런 다음 이 스크립트를 판다에서 제거해야 한다. 하지만 사실 우리가 4 장에서 썼던 State Machine Behaviour 스크립트는 판다를 씬에서 제거하는 역할을 했다. 마지막으로 나머지 함수가 실행되지 않도록 리턴한다.

```
// 만약 판다가 케이크에 도달했다면 판다는 케이크를 먹을 것이므로
// 그에 해당하는 애니메이션을 트리거하고,
// 판다를 제거하는 것은 스테이트 머신 비헤이비어가 처리할 것이므로
// 이 스크립트를 제거한다
if(currentWaypointNumber == gameManager.waypoints.Length) {
  animator.SetTrigger(AnimEatTriggerHash);
  Destroy(this);
  return;
}
```

두 번째 해야 할 작업은 판다가 마지막 웨이포인트에 아직 도착하지 않은 경우로, 판다의 현재 위치와 향하고 있는 웨이포인트 간의 거리를 판다의 Transform을 이용해 연산하는 것이다. 연산된 값은 로컬 변수 dist에 저장된다.

```
// 판다와 판다가 향하고 있는 웨이포인트 간의 거리를 연산한다
float dist = Vector2.Distance(transform.position, gameManager.waypoints[current
WaypointNumber]);
```

마지막 작업은 판다가 웨이포인트에 충분히 접근했는지를 확인하는 것이다. 여기서 말하는 '충분히'라는 것은 앞서 changeDist에 저장한 상숫값 이하로 접근했는지를 의미한다. 만약 그렇다면, 웨이포인트 카운터를 하나 늘리면 다음 이터레이션에서 판다가 다음 웨이포인트를 향하게 된다. 만약 충분히 접근한 것이 아니라면 5장에서 구현한 MoveTowards() 함수를 사용해 판다가 웨이포인트를 향하도록 이동시킨다.

```
// 임곗값인 상수 changeDist의 이하로 dist가 좁혀지면
// 웨이포인트에 접근한 것으로 간주해 웨이포인트 카운터가 증가한다
// 그렇지 않으면 판다가 웨이포인트를 향해 이동한다

if(dist <= changeDist) {
  currentWaypointNumber++;
  } else {
  MoveTowards(gameManager.waypoints[currentWaypointNumber]);
}
```

스크립트를 저장하고 테스트해보자. 판다를 첫 번째 웨이포인트 부근에 배치하고 플레이를 누르면 경로에 따라 움직이는 것을 볼 수 있을 것이다.

▌ 웨이포인트의 구현 – 두 번째, 동적인 방법

이 절에서는 우리 게임의 웨이포인트 시스템을 구현하는 두 번째 방법에 대해 살펴보겠다. 물론 결과는 같지만, 이 접근법에는 다음과 같은 장점이 있다. 첫 번째는 디자이너가 지도 내에서 웨이포인트를 배치, 변경, 이동, 교체하는 것이 더 쉬워진다. 두 번째로는

동작에 큰 유연성을 부여한다는 것이다. 즉, 디자이너가 작성된 스크립트를 더 쉽게 사용할 수 있도록 구현할 수 있다. 나중에 이 책의 마지막 장에서 이 시스템이 지닌 잠재력을 활용할 것이다.

이러한 장점에도 불구하고 이 접근법은 삶의 모든 선택과 마찬가지로 몇 가지 단점을 가지고 있다. 특히 시스템이 복잡해진다. 또한 각각의 웨이포인트마다 다른 게임 오브젝트를 사용하므로 웨이포인트 수가 실제로 많으면 위험하다.

 각 웨이포인트마다 서로 다른 게임 오브젝트를 갖는다는 이 마지막 문제를 극복하기 위한 해결책은 많이 있다. 하지만 각각 따로 작동하게 만드는 것은 도전인 동시에 디자이너가 쉽게 사용할 수 있는 방법이다. 사실 웨이포인트를 리스트로도 저장할 수 있지만 이번에는 위치가 아닌 waypoint 클래스로 저장한다. 이와 동시에 디자이너가 Scene 뷰에서 편집하고 배치할 수 있는 기능을 노출한다. 이것은 '숙제' 절에 도전 과제로 남기겠다.

웨이포인트를 별도의 엔티티로 구현하기

지금까지 우리는 웨이포인트를 간단하게 구현하는 방법을 살펴봤다. 지금부터는 별도의 엔티티로서 웨이포인트를 구현할 것이다. 이 방법으로 게임에서 웨이포인트가 가지는 잠재력을 내보일 방법을 8장, '케이크 너머에는 무엇이 있는가?'에서 다룰 것이다. 사실 이절의 마지막 부분까지 가면 게임에 미치는 영향은 동일하다. 그러나 8장에서는 더 많은 기능을 구현해 스크립트를 변경할 것이다.

먼저, GameManagerScript에서 웨이포인트 변수를 지워야 한다(스크립트가 텅 비더라도 나중에 써야 하므로 스크립트를 삭제해서는 안 된다. 같은 이유로 PandaScript에서 gameManager 변수를 지우지 말길).

이제 실제 웨이포인트가 될 새 스크립트를 만든 다음, 이름을 Waypoint로 변경하자.

다음 웨이포인트를 저장하기 위해 같은 클래스의 변수가 필요하다. 이 방법으로 각 웨이포인트는 다른 웨이포인트를 가리키고 참조할 수 있게 된다. 목표는 판다가 따라갈 체인을 만드는 것이다. 변수는 private이지만 Inspector에서 변수에 액세스해야 하므로 serializable^{직렬화 가능} 속성을 추가해야 한다. 따라서 스크립트에는 다음과 같이 작성하면 된다.

```
// 체인에서 다음 웨이포인트를 저장할 private 변수
// Inspector에서 설정할 수 있도록 체인을 직렬화한다
[SerializeField]
private Waypoint nextWaypoint;
```

이제 웨이포인트에서 판다는 현재 위치에 도달하면 그 위치와 다음 웨이포인트를 검색하려고 한다. 이를 위해 Waypoint 스크립트에서 두 가지 함수에 접근할 수 있도록 하자.

첫 번째 함수는 GetPosition()으로, 웨이포인트의 위치를 Vector3로 반환한다. 이 Vector3는 (이번 구현에 한해) 웨이포인트의 Transform을 저장한다. 코드는 다음과 같다.

```
// 웨이포인트 위치를 검색하는 함수
public Vector3 GetPosition() {
  return transform.position;
}
```

두 번째 함수는 GetNextWaypoint()로, nextWaypoint 변수에 저장된 (적어도 현재의) 다음 웨이포인트를 반환한다. 사실 nextWaypoint 변수는 private이기 때문에 판다는 이를 검색하는 함수가 필요하다. 따라서 다음과 같이 작성할 수 있다.

```
// 체인에서 다음 웨이포인트를 검색하는 함수
GetNextWaypoint() {
  return nextWaypoint;
}
```

이것으로 스크립트는 완성됐으니 저장하자.

다음 단계는 웨이포인트용 프리팹을 만드는 것이다. 빈 게임 오브젝트를 생성하고 Waypoint 스크립트를 어태치하자. 그런 다음 Project 패널에서 WaypointPrefab이라는 이름으로 프리팹을 만들고, 아까 만든 빈 게임 오브젝트를 드래그 앤 드롭하라. 마지막으로 프리팹이 만들어졌으니 씬에서 빈 게임 오브젝트를 삭제하자.

웨이포인트의 수만큼 프리팹을 드래그 앤 드롭하자. 우리의 경우, 앞서 확인한 대로 11개다. 편의를 위해 다음 스크린샷과 같이 진행 순서에 따라 이름을 변경하는 것이 좋다.

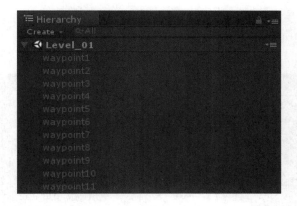

이제 각 웨이포인트를 서로 링크시켜야 한다. waypoinnt1은 waypoint2에, waypoin2는 waypoint3로 마지막까지 같은 방식으로 링크시킨다. waypoint3는 다음 Inspector 스크린샷에서 보듯이 링크시켜야 한다.

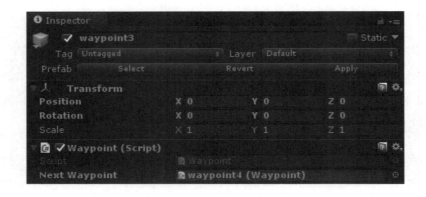

마지막 웨이포인트는 예외로, nextWaypoint 변수에 아무것도 설정되지 않으며, 다음 스크린샷과 같이 보여야 한다.

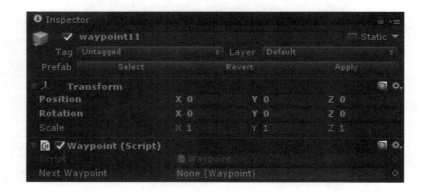

마지막으로 각 웨이포인트에 '웨이포인트 좌표 얻기' 절에서 확인한 좌표를 넣어야 한다. 빨리 알아볼 수 있도록 기즈모 아이콘을 추가하는 것이 좋다. 이름에서 알 수 있듯이 기즈모는 Scene 뷰에 표시되는 아이콘으로 특정 오브젝트를 쉽고 빠르게 알아볼 수 있게 하지만 게임이 만들어지면 보이지 않는다. 최근 유니티는 Game 뷰에서 기즈모 아이콘을 볼 수 있도록 추가했다.

기즈모를 삽입하는 가장 쉬운 방법은 게임 오브젝트 이름 옆에 있는 큐브 모양 아이콘을 클릭하는 것으로, 다음의 스크린샷에 강조 표시해두었다.

 프리팹의 경우 같은 모양이지만 아이콘은 파란색 큐브로 표시된다.

이 아이콘을 클릭하면 다음 스크린샷과 같은 메뉴가 나타난다.

타원 모양의 아이콘 중 하나를 선택하면 오브젝트에 그 이름으로 된 레이블을 배치할 수 있다. 우리는 웨이포인트용으로 이들 중 하나를 선택할 것이다. 원형 또는 크리스탈 모양의 아이콘을 클릭하면 기즈모가 텍스트 없이 원형 또는 크리스탈처럼 보인다. **Other...** 버튼을 클릭하면 나만의 그래픽을 사용할 수 있다.

 기즈모를 삽입하는 더 복잡한 방법은 스크립팅을 이용하는 것이다. 사실 기즈모 렌더링이 이네이블일 때 유니티는 OnDrawGizmos( )라는 특수 함수를 호출한다. 이 함수 내에서 https://docs.unity3d.com/ScriptReference/Gizmos.html에 나열된 함수 중 아무 것이나 사용할 수 있으며, 이 함수는 화면에 도형을 그린다. 이것은 스크립트의 유용성을 엄청나게 향상시킬 수 있기 때문에 매우 강력한 도구다. 우리가 작성하고 있는 웨이포인트의 경우, 판다가 따라갈 경로를 그릴 수 있다. 이것은 '숙제' 절의 연습 문제로 남겨두었다.

우리의 경우, 모든 웨이포인트에 타원 모양의 아이콘 중 하나를 선택한다. 이렇게 하면

Scene 뷰에서 보일 것이며 빠르게 배치할 수 있게 된다(명백한 렌더링 컴포넌트가 없기 때문에 최종 게임에서 어떤 방식으로도 표시되지 않는다).

결과적으로 다음 스크린샷과 같이 Scene 뷰에 보일 것이다.

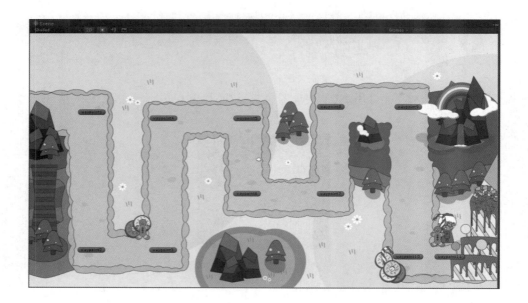

이제 우리는 이 웨이포인트 중 어느 것이 체인의 첫 번째인지를 게임에 지정해야 한다. 즉, 이 정보를 Game Manager에 저장한다. 이제 GameManagerScript에 다음 변수를 추가해보겠다.

```
// 체인의 첫 번째 웨이포인트
public Waypoint firstWaypoint;
```

마지막으로 스크립트를 저장한 후, 다음 스크린샷과 같이 Inspector에서 변수를 설정한다.

이것으로 우리 게임에 꼭 필요한 웨이포인트 체인을 만들었다. 그러나 우리는 아직 판다가 여기에 어떻게 도착할 것인가를 정의해야 한다.

디자인된 패스를 따라 이동 - dynamic

다음 단계는 이 새로운 웨이포인트 시스템을 처리하기 위해 PandaScript를 약간 수정하는 것이다. 이제 스크립트를 다시 열어보자.

먼저 integer 변수 currentWaypointNumber를 아래 코드와 같이 적절한 웨이포인트 변수로 대체해야 한다.

```
// 현재 웨이포인트에 대한 private 참조
private Waypoint currentWaypoint;
```

그런 다음 이 새로운 변수를 초기화해야 한다. Game Manager에서 첫 번째 웨이포인트를 검색해 Start( ) 함수에서 다음과 같이 초기화한다.

```
// 게임 매니저로부터 첫 번째 웨이포인트 가져 오기
currentWaypoint = gameManager.firstWaypoint;
```

그런 다음 FixedUpdate( ) 함수의 첫 번째 검사에서 변수 자체가 null인지 확인해야 한다 (즉, 마지막 웨이포인트가 null 포인터를 반환하기 때문에 판다가 케이크에 도달했음을 의미한다). 코드는 다음과 같으며, 수정된 부분에 강조 표시해둔다.

```
if (currentWaypoint == null) {
  nimator.SetTrigger(AnimEatTriggerHash);
  Destroy(this);
  return;
}
```

계속 FixedUpdate( ) 함수에서 다음과 같이 웨이포인트의 GetPosition( ) 함수를 사용해
거리를 연산하는 방법을 변경해야 한다.

```
float dist = Vector2.Distance(transform.position, currentWaypoint.
GetPosition());
```

마지막으로 FixedUpdate( ) 함수의 마지막 if문을 변경해 이전 웨이포인트에 도달하면 다
음 것을 가져와야 한다. 또한 MoveTowards( ) 함수에 어떤 파라미터를 지정해야 하는지
결정해야 한다. 다시 수정된 부분을 강조 표시했다.

```
if(dist <= changeDist) {
  currentWaypoint = currentWaypoint.GetNextWaypoint();
} else {
  MoveTowards(currentWaypoint.GetPosition());
}
```

스크립트를 저장하자. 웨이포인트를 구현하는 두 번째 방법이 끝났다. 8장, '케이크 너머
에는 무엇이 있는가?'에서는 더 복잡한 행동을 구현하기 위해 이 구조를 이용하는 몇 가
지 방법을 제안할 것이다.

▌ 게임에서의 인공지능에 대한 추가 정보

이전 절에서는 게임 환경 내에서 캐릭터를 이동시키는 웨이포인트 시스템을 구현하는 두 가지 방법에 대해 살펴봤다. 그러나 이것은 게임에서 사용되는 AI의 아주 극히 일부에 지나지 않는다. 이 절에서는 우리의 타워 디펜스 게임을 개발할 필요가 없으므로 세부 사항을 다루지 않고 몇 가지 기술을 제시하고자 한다. 사실 게임에서 AI를 마스터하려면 관련 서적이 필요하다. 그러니 이 절을 건너뛰어도 좋고 계속 읽어도 좋다. 나중에 언제든지 다시 펼쳐 볼 수 있으며, 어쩌면 이 책을 끝까지 읽은 후 보면 내용이 더 잘 이해될 수도 있다. 이 절의 주요 목표는 게임에서 AI에 대한 기본적인 이해를 돕는 것이다.

길 찾기 수준에서의 내비게이션을 위한 다른 기술

6장 시작 부분에 있는 '길 찾기와 그에 관련된 기술' 절은 결코 완벽한 것이 아니다. 비디오 게임에 사용되는 길 찾기 수준에는 수천 가지의 다른 기술이 존재한다.

그중에서 특히 내비게이션 메쉬$^{Navigation\ Mesh}$는 3D 게임을 위해 유니티 엔진에 내장돼 있는 주목할 만한 기술이다. 이 기술의 숨겨진 주요 개념은 다른 길 찾기 알고리즘이 얻을 수 있는 그래프(예를 들면 오프라인 알고리즘)를 필요한 때(대신 온라인에서 작동) 얻기 위해 게임 레벨의 기하학적인 구조(지형이나 물체)를 사전 분석하는 것이다.

상단 메뉴 바에 있는 Window ▸ Navigation을 차례로 클릭해 일부 파라미터를 설정하면 그래프를 생성할 수 있다. 다음 스크린샷과 같이 Bake 탭에서 일반 옵션을 설정할 수 있다.

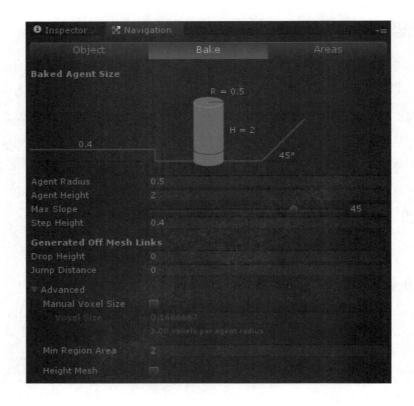

이 그래프가 일단 구축되면 에이전트는 스크립트에서 특정 클래스를 통해 그래프에 액세스할 수 있다. 어쨌든, 이것은 유니티의 3D 부분에 속하기 때문에 더는 다루지 않겠다. 그러나 더 많은 것을 배우고 싶다면 https://docs.unity3d.com/Manual/Navigation.html의 공식 문서를 참조하기 바란다(목차에서 볼 수 있듯이 상당히 양이 많고 광범위한 유니티 툴이지만 매우 강력하다).

스티어링 비헤이비어 레벨에서의 내비게이션

5장, '비밀 재료는 약간의 물리학'에서 어떻게 물리 방정식을 구현할 수 있었는지 다시 떠올리기 바란다. 우리는 모든 운동 방정식을 구현할 수 있으며, 모든 종류의 움직임을 얻을 것이다. 그렇다면 이 운동 방정식에 목표, 목적지, 또는 방향도 조금, 여기에 장애물 회피 기술을 어느 정도 함께 넣어 혼합하면, 스티어링 비헤이비어steering behaviour가 만들어진다.

예를 들어 장애물 회피를 구현할 때, 목표(도착점)는 끌어당기고 NPC는 밀어내는 자석을 이용하면 꽤 괜찮은 스티어링 비헤이비어를 얻을 수 있다. 캐릭터는 길 찾기 알고리즘 없이도 목표에 도착할 수도 있다. 내가 '할 수도 있다'고 말한 것에 주목하기 바란다. 실제로 해보면 서로 붙어버릴 수도 있고, 스티어링 비헤이비어와 관련된 다른 문제점이 많아서 최종 해결책으로써 쓰기에는 무리가 있다. 그러나 길 찾기 알고리즘에서 스티어링 비헤이비어를 추가하면—스티어링 비헤이비어로는 어떤 방에서 다른 방으로 이동하는 것과 같은 하이—레벨 내비게이션을 다루고, 길 찾기 알고리즘으로는 방 안에서 다음 방으로 이동하기 위해 문까지의 길을 찾는다—성능에 큰 부담을 주지 않으면서도 매우 리얼한 행동을 유도할 수 있다.

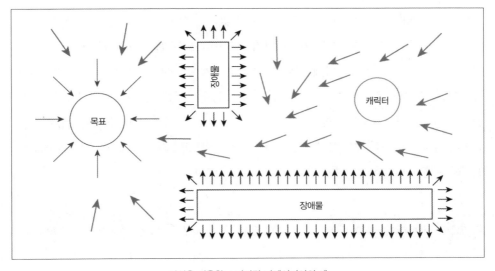

자석을 이용한 스티어링 비헤이비어의 예

일반적으로, 목표의 인력 범위는 지도 전체에 퍼져 있지만 장애물의 반발력은 국지적이다. 더욱이 이 두 힘은 서로 다른 잠재적인 법칙을 따를 수 있고 모양이 다를 수 있다. 자기장을 시각화하는 데 도움이 되는 데이나 메이슨[Dayna Mason]의 사진을 https://www.flickr.com/photos/daynoir/2180507211에서 확인할 수 있다. 각 나침반은 캐릭터가 그 위치에 있을 때 어떤 종류의 힘에 영향을 받는지를 나타낸다. 우리 게임도 마찬가지로, 캐릭터는 장애물로부터 밀려 멀어지고 목표에 끌리는 일이 벌어진다. 한 가지 흥미로운 점을 언급하자면 우리의 목표와 장애물은 단극 자석이지만 이는 실제 세계에서 존재하지 않는다(자기 쌍극자만이 존재한다).

길 찾기 / 의사 결정 수준의 내비게이션 - BDP

이미 언급했듯이, 학계의 연구는 최근 길 찾기 내에 의사 결정의 일부를 병합하기 시작했다. 이에 대한 예는 내 논문 중 하나인 「확신 기반 길 찾기[BDP, Belief-Driven Pathfinding]」다.

핵심 개념은 NPC가 지도 전체를 꼭 알 필요가 없다는 것이다. 강을 건너는 다리가 있는데 플레이어가 이를 파괴했다고 가정해보자. 캐릭터가 환경을 탐색할 때 그는 다리가 아직 있는 것으로 지도를 인지하게끔 해야 한다. 다리가 무너져 내렸다는 사실을 모르기 때문이다. 그가 강에 접근했을 때서야 다리가 무너졌다는 것을 깨닫고 그에 상응하는 조치를 취한다(예를 들어 다른 길을 찾는다든가, 나무로 뗏목을 만들거나 수영하는 등). 이것이 확신 기반이라 불리는 이유다. 즉, 캐릭터는 초기에 주어진 환경이 그대로 있다는 믿음하에 추측한대로 환경을 탐색하기 때문이다.

 BDP에 대해 더 자세히 알고 싶다면 내 웹사이트 francescosapio.com을 찾아주길 바란다.

탐색 너머

게임에서의 AI는 내비게이션에만 국한된 것이 아니며, 비디오 게임에서 AI를 적용할 수 있는 곳은 많다. NPC가 전략적 결정을 내리는 턴제 게임을 예로 들 수 있을 것이다.

그러나 AI는 NPC에만 적용되는 것은 아니다. 일부 게임은 게임 난이도에 적응시키는 알고리즘(적응 및 학습 알고리즘)을 구현하기도 하고, 다른 게임에서는 플레이어의 특정 감정 상태를 높이기 위해 카메라가 어떻게 움직여야 하는지를 처리하는 데 사용하기도 한다 (게오르기오스 N. 얌카카스Georgios N. Yannakakis의 논문, 「공간 미로: 경험 중심의 게임 카메라 제어 Space Maze: Experience-Driven Game Camera Control」). 또 다른 게임은 절차적 콘텐츠 생성PCG, Procedural Content Generation의 알고리즘을 가지고 있다. 순서에 따라 레벨을 생성하는 예는 유명한 〈템플 런Temple Run〉(Imangi studios, 2011)이 있으며, 심지어 전 세계가 절차적으로 생성되는 〈마인크래프트Minecraft〉(Mojang, 2011)도 있다.

AI는 게임의 내부 구조를 연구하거나 심리적 플레이어 프로파일을 수집하는 것과 같이 게임 및 플레이어 분석에 적용되기도 한다. 심리적 플레이어 프로파일에 관해 말하자면, 특정한 상황 안에서 사람들의 성과를 평가하는 데 사용될 수 있는 딱딱한 게임에 있는 애플리케이션이라 생각하면 이해에 도움이 될 것이다. 입문자들을 위한 흥미로운 논문을 하나 소개하겠다. 로렌 S. 페로Lauren S. Ferro의 「Towards personalized, gamified systems: an investigation into game design, personality and player typologies」 (2013)(http://dl.acm.org/citation.cfm?id=2513024에서 제공).

마지막으로 게임과 AI의 관계가 단방향이 아니라는 점을 짚고 넘어가겠다. 사실 게임에서 AI를 사용하기도 하지만 그 AI에 게임이 적용되기도 한다. AI에 대한 일부 연구 및 리서치는 비디오 게임의 도움을 받는다. 이때 비디오 게임은 완벽한 시뮬레이션 환경(예: 로봇용)을 제공하며, 플레이어 대신 게임을 하는 알고리즘을 만들기도 한다(꼼수를 쓰지 않고 말이다. 게임 내의 AI는 게임의 특정 상태를 수집하기 위해 언제나 추가적인 데이터를 사용한다). 어쨌든 게임에서 AI가 사용될 때 가장 중요한 목표는 현실적인 것이 아니라 플레이어가 몰입하고 즐거운 경험을 얻을 수 있도록 하기 위한 것임을 잊지 말기를 바란다(학습 경험을 낳을 수도 있다. 게임이 그것을 포함하도록 디자인됐다면 말이다).

▌ 숙제

6장에서는 게임에서의 AI에 대한 전반적인 내용을 살펴봤다. 그러나 내비게이션에만 초점을 두었으며, 특히 게임에 웨이포인트 시스템을 구현했다. 하지만 여러분이 이를 더 발전시킬 수 있다. 이를 달성하기 위한 몇 가지 연습을 제안한다. 그러니 7장으로 넘어가기전 다음 연습을 통해 여러분의 기술을 더욱 발전시키기를 바란다.

1. **AI 디자이너와 프로그래머 되기**: 각자 플레이하는 게임 중에서 적이나 보스와 같은 NPC가 포함된 게임 다섯 개를 선택하자. 그런 다음 NPC 각각의 행동을 리스트로 작성하라. 그리고 일부 행동을 제거하거나 추가해 그로 인해 경험이 어떻게 변하는지를 생각해보라. 더 나아졌는가 아니면 분위기가 완전히 바뀌는가? 행동의 일부를 변경함으로써 상대적으로 리얼한 행동을 완전히 사실적은 아니더라도 재치 있는 것으로 개조할 수 있었는가? 그 반대도 마찬가지인가? 이러한 연습을 통해 여러분은 일부 행동이 캐릭터에 생명을 불어넣을 뿐만 아니라 플레이어에게 감정 이입하는 데 있어서 얼마나 중요한지 이해하게 될 것이다.

2. **웨이포인트를 콜라이더로 사용**: 5장에서 콜라이더를 사용해 충돌을 감지하는 방법에 대해 배웠다. 특히 스프링클이 판다와 충돌하면서 어떻게 행동을 트리거하는지 살펴봤다(이 경우 판다를 쓰러뜨리기 위해). 그러나 같은 원칙을 여기에 적용할 수도 있다. 대신, `changeDist` 상수를 사용하고 판다에서 웨이포인트까지의 거리를 확인하기 위해, 우리는 `OnTriggerEnter2D()` 함수를 다시 사용해 판다가 웨이포인트에 도달했는지를 확인할 수 있다. 이 방식으로 웨이포인트 변경을 구현하라. 앞서 웨이포인트 구현에 어느 쪽을 사용(첫 번째 또는 두 번째)했는지에 관계없이 말이다. 작은 힌트: 웨이포인트에 대해 새로운 태그를 설정해야 한다(2장에서

배운 태그 설정 방법을 떠올리기를). 또한 웨이포인트에 콜라이더를 추가해야 한다.

3. **자동으로 연결되는 웨이포인트**: 더 복잡한 웨이포인트 시스템에서는 수동으로 체인을 생성하지 않아야 한다(맵이 커지면 솔루션을 확장하기가 어려워진다). 따라서 웨이포인트가 배치되면 자동으로 연결되는 시스템을 디자인하고 구현하라.

4. **기즈모 경로 디스플레이 만들기**: 2장, '컵케이크 타워 굽기'에서 기즈모 함수를 사용해 어떻게 씬에 유용한 것들을 그리는지 알아봤다. 이러한 함수, 특히 `Gizmos. DrawLine( )`을 사용해 Scene 뷰에 웨이포인트 체인을 표시하라.

그리고 여기 마지막 도전이 남아 있다.

5. **쉬운 웨이포인트**: 두 번째 방법의 구현에서 각 웨이포인트에 대해 서로 다른 게임 오브젝트를 사용했다. 디자이너를 위해 6장에서 구현했던 것만큼 쉬운 시스템을 디자인하고 구현하라(즉, Scene 뷰에서 웨이포인트를 드래그하고, 이전 연습에서 한 체인을 볼 수 있게 한다). 하지만 동시에 웨이포인트(라기보다는 어딘가에 저장된 배열)에 게임 오브젝트를 사용하지 않는 효율적 방법이어야 한다.

▌ 요약

6장에서는 비디오 게임에서 사용되는 인공지능의 기초를 배웠다. 내비게이션과 몇 가지 일반적인 기술에 대한 개요를 살펴봤다.

그런 다음 웨이포인트를 기반으로 게임을 위한 내비게이션 시스템을 구축했다. 특히 같은 결과를 얻는 여러 가지 방법을 배우기 위해 게임에 두 가지 유형의 웨이포인트 시스템을 구현했다.

마지막으로 게임에서 인공지능에 대한 또 다른 일반 개요를 보았다.

7장에서 우리의 게임이 완성될 것이다! 벌써 기대된다고? 그럼 기다리지 마라. 한 페이지만 넘기면 바로 다음 장이다.

07

컵케이크 거래 시스템과
케이크를 위한 궁극의 전투
– 게임 플레이 프로그래밍

유니티 엔진의 다른 부분을 살펴봤으니 게임으로 다시 돌아와 마무리를 짓자. 또 다른 중요한 주제인 게임 플레이 프로그래밍을 살펴볼 것이다. 특히 게임 파트 간에 어떻게 데이터를 주고받는지 알아볼 것이다. 우리의 타워 디펜스 게임에는 많은 파트가 서로 연결돼 있고 수천 가지의 다른 방식으로 구현될 수 있다. 그래서 유니티 내에서 이를 구현하는 방법에 대한 또 다른 관점을 여러분에게 보여주기 위해 다양한 기술을 채택했다.

7장에서는 특히 다음 내용을 중점적으로 다룰 것이다.

- 플레이어가 컵케이크 타워를 구매, 판매 및 업그레이드할 수 있도록 하는 거래 시스템의 구현 방법
- 플레이어가 구입한 컵케이크 타워를 지도에 배치하기 위한 스크립트

- 게임 오버 조건에 따른 승패를 어떻게 트리거해 화면에 디스플레이할 것인가
- 레벨별 플레이어의 진행 상황 추적
- 판다의 웨이브형 스폰 시스템 구축
- 메인 메뉴의 디자인 및 구현
- 유니티에서 씬을 변경하는 방법

언제나처럼 마지막에는 '숙제'가 있다. 이 절은 숙련도를 높이기 위한 연습 문제로 가득하다. 이 연습 중 일부는 7장에서 배운 개념을 숙지하기 위한 것이며, 타워 디펜스 게임을 개선하는 데 도움을 줄 것이다.

그러나 우리의 게임용 게임 플레이 프로그래밍으로 들어가기 전에 일반적인 게임 플레이 프로그래밍에 대해 배워보자.

▮ 준비하기

7장에서는 이전에 작성했던 스크립트를 바탕으로 코드를 작성하기 때문에 앞선 모든 장을 끝내야만 이해하기 쉬울 것이다.

단순화하기 위해, 6장의 첫 번째 구현만 해본 독자를 위해 첫 번째 구현 코드로 해왔다. 그러나 두 번째 구현을 한 독자는 코드를 똑같이 수정하는 데 문제가 없어야 한다. 어떤 경우든, 게임에서 두 번째 방법을 구현한 코드를 사용하는 것이 좋다. 8장에서는 이를 기반으로 더 큰 게임에서의 잠재력을 개발할 수 있는 방법을 제공할 것이기 때문이다.

▮ 게임 플레이 프로그래밍이란?

게임 플레이 프로그래밍에 대한 고유한 정의는 없다. 물론 게임 개발 및 구축을 다루고 있지만, 예를 들어 인공지능 프로그래밍은 이에 포함된 것일까? UI는 어떤가? 데이터베

이스 연결은? 애니메이션 머신은 어떠한가? 즉, 정의는 상황에 따라 다르다. 그러나 구직 시 이에 대한 정의가 다시 달라지게 되는 점은 흥미롭다. 내 경험을 바탕으로 보면 회사의 규모가 클수록 게임 플레이 프로그래머 직책이 더 잘 정비돼 있다. 사실 소기업에서의 팀은 리소스가 제한적이어서 게임 플레이 프로그래머라는 직책은 모든 작업을 수행하게 된다. 하지만 AI, UI 및 애니메이션 프로그래머가 있는 대규모 팀에서의 게임 플레이 프로그래머는 이러한 모든 파트를 조율하는 역할에 더 가깝기 때문에 조금 더 높은 지위라 할 수 있을 것이다.

게임 개발자의 블로그를 인용하면서 이 절을 마치겠다(블로그명: 게임 개발자에게 물어보세요^Ask a Game Developer. http://askagamedev.tumblr.com/post/72792621882/roles-in-the-industry-the-gameplay-programmer) 이 블로그에서는 게임 플레이 프로그래머로서 느껴지는 것을 다음과 같이 설명한다.

> "보다시피, 게임 플레이 프로그래머가 된다는 것은 디자이너보다 훨씬 어려운 문제를 해결하는 것으로, 여러분은 문제의 모든 부분을 실제로 파악하고 전부 해결해야만 한다. 하지만 여러분은 전체 시스템이 어떻게 돌아가는지에 대한 더 심층적인 지식 역시 가지고 있다. 여러분은 이러한 시스템을 만들 수 있다. 끝내주는 무언가가 벌어지는 것을 처음 목격하는 사람은 바로 여러분이 될 것이다."

자, 이제는 구체적인 내용을 살펴보면서 우리의 타워 디펜스 게임을 마무리 지을 때다!

▌ 우리의 게임 완성을 위한 계획

우리가 게임을 끝내기 전에 해야 할 첫 번째 일은 지금까지 해온 것을 적어두고 아이디어를 재구성하는 것이다.

1장, '유니티의 평면 월드'에서는 필요한 모든 스프라이트를 임포트해서 그에 맞게 설정했다. 그런 다음 2장, '컵케이크 타워 굽기'에서는 Projectile 및 Cupcake tower 클래스를 구현했다. 3장, '플레이어와의 대화-유저 인터페이스'에서는 플레이어의 헬스와 슈거를 구현했으며, 4장, '더는 혼자가 아니다-단 걸 좋아하는 판다의 습격'에서는 단 걸 좋아하는 판다에 애니메이션을 적용하는 것에 중점을 두었다. 마지막으로 5장, '비밀 재료는 약간의 물리학'에서는 물리학과 게임 내에서 그것을 어떻게 사용할 수 있는지 알아봤다. 6장, '스프링클 바다를 지나-인공지능 내비게이션'을 통해 우리는 판다에게 달콤한 케이크로 향하는 경로에 따라 이동할 능력을 부여했다.

이로써 남은 일은 다음과 같다.

- 플레이어가 컵케이크 타워를 구입, 판매 및 업그레이드할 수 있는 거래 시스템 통합
- 컵케이크 타워를 구입한 후 배치할 메커니즘 생성
- 플레이어가 특정 컵케이크 타워를 선택할 수 있는 방법 지정
- 게임 오버의 조건 설정
- 게임 플레이 중에 플레이어의 진행 상황 추적
- 판다용 스폰 시스템 구현
- 우리 게임용 메인 메뉴 생성

이 모든 작업이 끝나면 기본적이긴 하지만 실제로 플레이할 수 있는 게임이 된다. 그럼 리스트의 첫 번째부터 시작해보자.

▌ 컵케이크 타워의 거래

이 절에서는 플레이어가 어떻게 타워를 거래할 수 있는지 알아볼 것이다. 구체적으로, 플레이어는 컵케이크 타워를 사고 팔거나 업그레이드할 수 있다. 이 세 가지 동작에는 공통점이 있으므로 상속^{inheritance}을 사용해 구현할 것이다. 2장, '컵케이크 타워 굽기'에서 이에 대해 잠시 다뤘던 것을 기억하는가? 곧 실제로 구동되는 것을 볼 수 있을 것이다. 구

현에 있어 abstract 메소드와 static 변수를 사용함으로써 결과적으로 우리는 이에 대해 더 깊은 이해를 하게 될 것이다.

플레이어가 수행할 수 있는 이러한 거래 행위는 각각 별도로 구현된다. 우리가 구현할 구조는 다음과 같다.

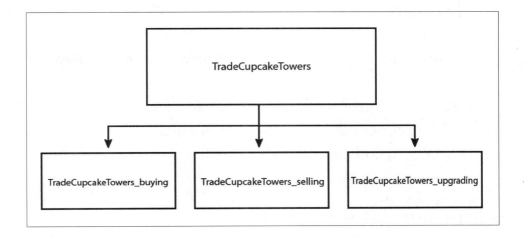

각 차일드 스크립트는 UI 요소에 어태치할 수 있으며, 해당 동작을 수행하는 버튼으로 변환될 것이다. 부모 클래스부터 시작하겠다.

거래용 부모 클래스

TradeCupcakeTower라는 이름의 일반 클래스를 만들고 선호하는 코드 편집기로 열어보자.

구매, 판매 및 업그레이드를 하기 위해서는 유저 인터페이스에서 해당 아이콘을 클릭해야 한다(전체 거래 시스템을 먼저 스크립트한 후 거래 액션을 위한 UI를 씬에 생성할 것이다). 따라서 플레이어의 클릭(또는 모바일 애플리케이션의 경우에는 탭)을 감지할 수 있는 방법이 있어야 한다. 3장, '플레이어와의 대화-유저 인터페이스'에서 이야기한대로, 핸들러를 사용할 것이므로 스크립트 시작 부분에 다음 라이브러리를 추가해야 한다.

```
using UnityEngine.EventSystems;
```

이제 클래스 정의에서 클릭 핸들러를 추가하자. 게다가 이 클래스는 abstract 클래스가될 것이므로 다음과 같이 지정해야 한다.

```
public abstract class TradeCupcakeTowers : MonoBehaviour, IPointerClickHandler {
```

거래할 때 플레이어의 슈거(게임에서 유통되는 통화) 수준을 확인할 것이다. 이 말은 곧 모든 거래 클래스 사이에서 공유되는 슈거 미터에 대한 참조가 필요하다는 뜻이다. 따라서 변수는 protected 및 static으로 한다.

```
// 슈거 미터를 저장할 변수
protected static SugarMeterScript sugarMeter;
```

6장에서 모든 판다용 게임 매니저에 대한 참조를 얻었을 때 사용했던 방법과 마찬가지로(이 경우 변수가 static이기 때문에) 슈거 미터에 대한 참조를 한 번만 얻어야 한다. 따라서 Start() 함수를 다음과 같이 작성하자.

```
void Start () {
  //슈거 미터에 대한 참조가 없으면 스크립트에서 이를 찾아 가져온다
  if (sugarMeter == null) {
    sugarMeter = FindObjectOfType<SugarMeterScript>();
  }
}
```

플레이어가 타워를 판매하거나 업그레이드할 때, 거래 시스템은 플레이어가 참조하는 타워를 알아야 한다(플레이어가 타워를 선택하는 방법에 대해서는 '타워 선택하기' 절에서 다룬다). 따

라서 거래에 관련된 모든 클래스에서 공유되는 변수를 다시 protected 및 static으로 선언한다.

```
// 플레이어가 현재 선택된 타워를 저장하는 변수
protected static CupcakeTowerScript currentActiveTower;
```

그런 다음 이 선택(현재 활성화된 타워)을 설정하는 함수가 필요하며, 이 함수는 static이어야 한다. 그래야 다른 스크립트에서도 쉽게 설정할 수 있게 된다(관련 내용은 이후에 보게 될 것이다). 이 함수는 파라미터로 건네받는 타워를 static 변수에 할당한다.

```
// 다른 스크립트가 현재 또는 새롭게 선택된 타워를 할당할 수 있도록 하는 static 함수
public static void setActiveTower(CupcakeTowerScript cupcakeTower) {
  currentActiveTower = cupcakeTower;
}
```

마지막으로 클릭을 처리하기 위한 인터페이스를 구현해야 한다. 하지만 수행해야 할 작업 순서는 플레이어가 구매, 판매 또는 업그레이드 중 어떤 것을 하고 있는지에 따라 달라진다. 따라서 우리는 이에 대한 구현은 차일드 클래스에서 하는 것으로 하고, 아래와 같은 abstract 함수를 작성하는 것으로 정리하겠다(2장, '컵케이크 타워 굽기'에서 다뤘던 abstract 및 virtual 메소드의 작동 방법을 참고하길).

```
// 거래 버튼을 누르면 트리거되는 abstract 함수
// 하지만 구현은 거래 종류에 따라 다르다
public abstract void OnPointerClick(PointerEventData eventData);
```

스크립트를 저장하면 이것으로 부모 클래스는 준비 완료다. 이번에는 플레이어가 수행하게 될 특정 거래 활동용 차일드 클래스를 구현하기에 앞서 CupcakeTowerScript를 수정해야 한다.

CupcakeTowerScript 수정하기

2장, '컵케이크 타워 굽기'로 잠시 돌아가자. 여기서 우리는 컵케이크 타워를 위한 여러 가지 함수를 구현했다. 하지만 컵케이크 타워용 스크립트에는 아직 해야 할 작업이 남아 있다. 특히 컵케이크 타워의 가격과 비용을 저장하기 위한 변수를 추가해야 한다. 이름만 봐도 그 역할을 알 수 있는 다음과 같은 변수를 추가하는 것부터 시작해보자. 이 변수들은 나중에 Inspector로 설정하게 될 것이다.

```
// 타워의 초기 구입 비용
public int initialCost;

// 타워의 업그레이드 비용
public int upgradingCost;

// 타워의 판매 가격
public int sellingValue;
```

컵케이크 타워는 업그레이드할 때마다 그 가치가 올라가므로 sellingValue를 높이고, 상위 레벨로 업그레이드하려면 더 많은 슈거가 필요하므로 UpgradingCost를 높여야 한다. 따라서 다음 코드 라인을 Upgrade() 함수에 추가하자(값은 게임의 구체적인 밸런스에 따라 달라질 수 있지만, 8장에서 이에 대한 자세한 내용과 함께 동적으로 타워의 비용을 처리하는 방법에 대해 설명하겠다).

```
// 타워의 가격을 높인다
sellingValue += 5;

// 업그레이드 비용을 높인다
upgradingCost += 10;
```

스크립트를 저장하고 컵케이크 타워 프리팹으로 들어가 이 세 가지 값을 변경한다. 다음은 Inspector에서 본 새로운 변수와 그 값에 대한 예이다(다시 말하지만 원하는 값을 사용해도 좋다).

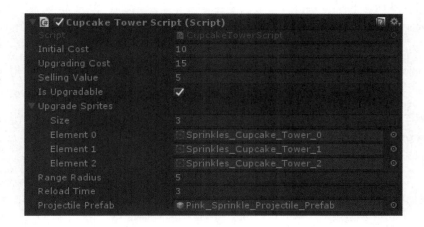

이제 각 거래 활동에 대한 구현이 준비됐으니, 구매부터 시작해보자.

컵케이크 타워 구매하기

이 절에서는 구매 행동을 처리하는 스크립트를 작성할 것이다. 새로운 스크립트를 TradeCupcakeTowers_Buying이라는 이름으로 생성하고 스크립트를 열자.

먼저, 유니티 엔진에서 이벤트 시스템 라이브러리를 이번에도 임포트해야 한다.

```
using UnityEngine.EventSystems;
```

클래스 선언에서 MonoBehaviour 대신 TradeCupcakeTowers 클래스를 다음과 같은 방법으로 확장하겠다.

```
public class TradeCupcakeTowers_Buying : TradeCupcakeTowers {
```

3장, '플레이어와의 대화—유저 인터페이스'에서 우리가 디자인했던 인터페이스에는 플레이어가 구매할 수 있는 타워의 종류가 세 가지였다. 각 버튼을 클릭하면 다른 타워가 인스턴스화된다. 따라서 스크립트의 이 인스턴스를 참조하는 컵케이크 타워 프리팹을 지정해야 한다. 물론 이 값은 Inspector에서 설정해야 한다(나중에 보게 된다). 그러니 이제 다음 변수를 추가하자.

```
/* 이 스크립트가 팔고자 하는 타워가 어느 것인지 식별하는 public 변수
 * 이상적으로는 서로 다른 컵케이크 타워를 판매하는 이 스크립트의 인스턴스를 많이 만들 수 있으며, 타워는 Inspector에서 지정된다 */
public GameObject cupcakeTowerPrefab;
```

플레이어가 구매 아이콘을 클릭했을 때 발생하는 일을 처리하기 위해 부모로부터 상속받은 abstract 함수를 구현해야 한다. 이를 위해서는 override 프로퍼티를 사용해야 하며, 다음과 같은 방법으로 메소드를 선언해야 한다.

```
public override void OnPointerClick(PointerEventData eventData) {
    // 나머지 코드
}
```

이제 플레이어가 클릭할 때 가장 먼저 해야 할 일은 플레이어가 사고 싶은 컵케이크 타워의 가격 정보를 찾아와야 한다.

```
// 프리팹에서 타워의 초기 금액 정보를 찾아온다
int price = cupcakeTowerPrefab.GetComponent<CupcakeTowerScript().initialCost;
```

다음으로 할 일은 공유된 static 변수 sugarMeter를 사용해 플레이어에게 충분한 슈거가 있는지 확인하는 것이다. 플레이어가 충분한 슈거를 가지고 있다면, 새로운 컵케이크 타워가 인스턴스화된다(플레이어가 타워를 배치하는 방법에 대해서는 나중에 다룬다). 그리고 그것

은 트레이딩 클래스 중 활성화된 타워로 지정된다.

```
// 플레이어가 타워를 구매할 능력이 되는지 확인
if (price <= sugarMeter.getSugarAmount()) {
    //결제가 성공적으로 이뤄지면 해당 금액을 플레이어의 슈거에서 차감한다
    sugarMeter.ChangeSugar(-price);
    //새로운 컵케이크 타워가 생성된다
    GameObject newTower = Instantiate(cupcakeTowerPrefab);
    // 새로운 컵케이크 타워는 현재 선택된 타워로 지정된다
    currentActiveTower = newTower.GetComponent<CupcakeTowerScript>();
}
```

스크립트를 저장하면 이것으로 구매 관련 구현은 끝난다. 이번에는 플레이어가 슈거를 벌어들이기 위해 컵케이크 타워를 판매하는 방법에 대해 알아보자.

컵케이크 타워 판매하기

이 절에서는 판매 활동을 처리하는 스크립트를 구현한다. TradeCupcakeTowers_Selling이라는 이름으로 새로운 스크립트를 생성하고 이를 열자.

이번에도 유니티 엔진으로부터 이벤트 시스템 라이브러리를 임포트해와야 한다.

```
using UnityEngine.EventSystems;
```

TradeCupcakeTowers_Buying에서 했던 것과 마찬가지로, 다음과 같은 방법으로 TradeCupcakeTowers 클래스를 상속받아야 한다.

```
public class TradeCupcakeTowers_Selling : TradeCupcakeTowers {
```

그런 다음 플레이어가 판매 아이콘을 클릭했을 때 발생하는 일을 처리하기 위한 abstract 함수를 구현해야 한다. 이번에도 다음과 같이 override 프로퍼티를 사용한다.

```
public override void OnPointerClick(PointerEventData eventData) {
   // 나머지 코드
}
```

판매는 플레이어가 언제든지 할 수 있는 행동이므로 달리 확인해야 할 사항은 없다(활성화된 타워가 있는 경우는 예외). 하지만 컵케이크 타워의 가격을 검색해 플레이어의 보유액에 추가한 다음, 씬에서 컵케이크 타워를 제거해야 한다.

```
// 진행하기 전에 선택된 타워가 있는지 확인
if (currentActiveTower == null)
return;

// 플레이어의 슈거에 타워의 가격을 더한다 sugarMeter.ChangeSugar(currentActiveTower.
sellingValue);

// 씬에서 컵케이크 타워를 제거한다
Destroy(currentActiveTower);
```

마지막으로 스크립트를 저장한다. 이로써 판매 관련 함수들도 구현됐다. 이제 업그레이드 스크립트만 남았다.

컵케이크 타워 업그레이드하기

드디어 업그레이드용 스크립트를 생성할 차례다. TradeCupcakeTowers_Upgrading이라는 이름으로 새로운 스크립트를 생성하고 이를 열자.

앞에서와 마찬가지로, 유니티 엔진에서 이벤트 시스템 라이브러리를 임포트해와야 한다.

426

```
using UnityEngine.EventSystems;
```

다른 거래용 클래스에서 했던 것처럼 다음과 같이 TradeCupcakeTowers 클래스를 상속받아야 한다.

```
public class TradeCupcakeTowers_Upgrading : TradeCupcakeTowers {
```

그런 다음 플레이어가 업그레이드 버튼을 클릭했을 때 발생하는 일을 처리하기 위한 abstract 함수를 구현해야 한다. 다시 한 번 다음과 같이 override 프로퍼티를 사용하자.

```
public override void OnPointerClick(PointerEventData eventData) {
    // 나머지 코드
}
```

구매 버튼에서 했던 것과 비슷한 방식으로 플레이어가 타워를 업그레이드할 능력이 되는지, 그리고 타워의 업그레이드 가능 여부를 확인한다(2장, '컵케이크 타워 굽기'에서 업그레이드 가능 여부를 확인하기 위한 boolean 플래그를 설정해뒀다). 만약 그렇다면 업그레이드 비용을 플레이어의 슈거에서 차감하고 타워를 업그레이드한다.

```
// 플레이어가 타워를 업그레이드할 수 있는지 확인
if(currentActiveTower.isUpgradable && currentActiveTower.upgradingCost
<=sugarMeter.getSugarAmount()) {
    // 결제가 실행되고 플레이어의 슈거에서 해당 금액을 차감
    sugarMeter.ChangeSugar(-currentActiveTower.upgradingCost);
    // 타워를 업그레이드
    currentActiveTower.Upgrade();
}
```

스크립트를 저장하면 이것으로 모든 거래 관련 구현은 끝난다. 하지만 씬에서 보면 아직 반영이 안 돼 있으므로 인터페이스에 이를 추가하자.

유저 인터페이스에 거래 옵션 추가하기

지금까지 거래와 관련된 모든 버튼을 구현하기 위한 스크립트를 작성했다. 이제는 작성된 이 스크립트를 실제 씬이나 레벨에 배치해야 한다.

먼저 세 가지 UI 이미지를 생성하는 것부터 시작하자. 그런 다음 이를 TradeCupcake Towers_Buying 스크립트 각각에 어태치하자. 여기에 사용할 Source Image는 그래픽 패키지에 있는 우리가 가지고 있는 세 가지 종류의 타워의 아이콘을 선택하면 된다. 전부를 구현하지 않은 경우(그래도 괜찮다), 필요 없는 버튼은 삭제하는 것이 좋다. 반대로 자신만의 그래픽을 사용해 더 많이 구현했다면 버튼을 필요한 만큼 더 추가해도 좋다. 그런 다음 버튼의 크기를 적절하게 조절한 후, 다음 스크린샷과 같이 버튼을 인터페이스에 배치하자.

그런 다음 Inspector에서 해당 Cupcake Tower Prefab에 지정하자. 세 가지 버튼 중 하나의 경우를 다음과 같이 예로 든다.

이제 플레이어는 타워를 구매할 수 있게 됐다! 판매와 업그레이드는 어떻게 하냐고?

두 가지 UI 이미지를 생성하고, 각각을 해당하는 TradeCupcakeTowers_Selling과 Trade CupcakeTowers_Upgrading 스크립트에 어태치하자. 그런 다음 **Source Image**는 그래픽 패키지에 있는 판매 및 업그레이드용 아이콘을 사용한다. 각 버튼의 크기를 적절하게 스케일하고, 다음 스크린샷과 같이 인터페이스에 배치한다.

Inspector에서 지정할 변수는 없으므로 이것으로 거래 시스템이 완료된 것으로 생각해도 좋다! 제대로 작동하기 위해서는 타워를 배치하는 방법과 타워를 선택하는 방법을 만들어야 하지만 말이다. 이와 관련된 것은 다음 절에서 다루겠다.

▌ 타워 배치하기

플레이어가 컵케이크 타워를 구매하면 이것을 어디에 배치할지 정해야 한다. 이 절에서는 이 메커니즘을 구현할 방법에 대해 알아볼 것이다. 간단하지만 여러 가지 것들에 주의를 기울여야 할 것이다.

아이디어 스케치하기

시스템을 구현할 수 있는 방법은 많이 있지만, 우리는 콜라이더와 컵케이크 타워에 어태치된 두 번째 스크립트를 사용할 것이다. 이를 통해 서로 다른 게임 엘리먼트 간에 정보를 교환해야 하는 상황을 처리하는 새로운 방법을 배우게 될 것이다.

특히 타워를 배치할 수 있는 영역을 정의하는 데 콜라이더를 사용하려 한다. 그런 다음 플레이어의 마우스 포인터가 허용된 영역 내에 있는지 게임 매니저가 기록한다. 컵케이크 타워에 어태치된 두 번째 스크립트는 게임 매니저의 이 정보를 사용해 플레이어가 실제로 컵케이크 타워를 배치할 수 있게 한다. 또한 타워가 일단 배치되면 스크립트는 컵케이크 타워에 콜라이더를 어태치한다. 이것은 타워가 다른 것 위에 놓이는 것을 막을 것이며 선택 시스템을 구현하는 데에도 유용할 것이다.

 이번 절에서 하고자 하는 구현을 향상시키는 연습이 '숙제' 절에 있다.

허용된 영역

먼저, 플레이어가 지도상의 아무 곳에나 자유롭게 타워를 배치할 수 없음을 알아야 한다. 사실 플레이어는 판다가 움직이는 길이나 물이나 다른 장애물이 있는 곳에 타워를 배치할 수 없다. 따라서 게임 내에서 이 제약 조건을 지정해야 한다. 그러므로 지도를 보고 플레이어가 타워를 배치할 수 있는 모든 지점을 찾아야 한다. 우리의 경우, 해당되는 곳은 다음 스크린샷과 같다.

여기서 볼 수 있듯이, 이 영역은 원이나 삼각형 같은 특정 모양이 아니다. 이를 위한 커스텀 도형을 구현하는 것은 가능하지만(도전하고 싶은 독자에게 연습으로 남겨두겠다), 사각형으로 생각하고 모양을 직사각형으로 분할하는 것이 훨씬 더 편할 수 있다. 물론 여러 가지 방법을 사용할 수 있지만, 연산상의 관점에서 볼 때 전체 영역을 덮는 직사각형이 적을수록 더 좋다. 반면 더 많은 직사각형을 사용하면 해당 영역에 더 근접한 근사치를 얻을 수 있다. 그러니 여러분이 원하는 적정선을 찾기 바란다.

다음은 선택 가능한 하나의 예다.

전부 11구역으로 나뉜다.

여기서 고려해볼 만한 아이디어는 모든 영역을 Game Manager 오브젝트에 어태치된 Box Colliders 2D로 만드는 것이다. 이때 Game Manager는 마우스가 이 영역 중 하나에 있는지 또는 플래그를 켰다 껐다 하며 확인한다. 이 플래그는 다음 절에서 구현할 스크립트에서 읽힐 것이다.

Component › Physics 2D › BoxCollider2D를 차례로 선택해 Game Manager에 BoxCollider 2D를 추가하는 것으로 시작하자. 그런 다음 앞에서 찾아낸 직사각형 중 하나와 같은 크기로 리사이즈하고, 오프셋 파라미터를 사용해 맵에 배치하자. 지금까지 이 책을 읽은 독자라면 이 단계쯤에서는 책에 정확한 값을 적지 않더라도 지도상의 모든 영역에 대해 위와 같은 작업을 반복할 수 있을 것이라 믿는다.

다음 단계는 GameManagerScript를 수정해 플래그를 켰다 껐다 하는 것이다. 일단 스크립트를 열고 플래그를 Boolean 변수로 추가하자.

```
// 컵케이크 타워를 배치할 수 있는 영역에 마우스가 있는지 확인하는 private 변수
private bool _isPointerOnAllowedArea = true;
```

이 변수를 다른 스크립트가 변경하지 못하도록 private으로 정의했으므로 이 값을 가져올 수 있는 함수가 필요하다.

```
// 컵케이크 타워를 배치할 수 있는 영역에 마우스가 호버링하고 있을 경우
// true를 반환하는 함수
public bool isPointerOnAllowedArea() {
  return _isPointerOnAllowedArea;
}
```

유니티는 플레이어의 포인터가 일정 영역 안에 들어왔을 때 이를 탐지할 수 있는 아주 편리한 함수 두 가지를 제공한다. 이름만 봐도 어떤 역할을 하는지 금방 알 수 있는 OnMouseEnter()와 OnMouseExit()가 그것이다. 첫 번째 함수에서는 플래그를 true로 설정하고, 두 번째 함수에서는 플래그를 false로 설정한다.

```
// 마우스가 게임 매니저의 콜라이더 중 하나에 들어오면 호출되는 함수
void OnMouseEnter() {
  // 마우스가 컵케이크 타워를 배치할 수 있는 영역에 있다는 설정
  _isPointerOnAllowedArea = true;
}
```

```
// 마우스가 게임 매니저의 콜라이더 중 하나를 벗어나면 호출되는 함수
void OnMouseExit() {
  // 이제 마우스가 컵케이크 타워를 배치할 수 없는 영역에 있다는 설정
  _isPointerOnAllowedArea = false;
}
```

스크립트를 저장하면 허용된 영역에 대한 셋업은 준비 완료된다.

배치 스크립트하기

컵케이크 타워를 구입 후 배치하려면 이를 위한 또 다른 스크립트를 생성해야 한다. PlacingCupcakeTowerScript라고 이름을 변경해 **Cupcake Tower Prefabs**에 추가한다.

수정하기 전에 컵케이크 타워의 프리팹에서 CupcakeTowerScript를 선택 취소해야 한다. 사실 플레이어가 타워를 구입했기 때문에 이때 타워는 처음으로 씬에 들어가게 되며, 배치 모드 중에 컵케이크 타워가 발포해서는 안 된다. 일단 배치되면 Cupcake TowerScript가 활성화되고 타워가 다시 작동한다.

이제 새로 생성한 스크립트를 열자. 컵케이크 타워를 배치할 수 있는 곳에 마우스가 있는지 확인해야 하므로 Game Manager를 가져와야 한다. 따라서 다음과 같이 코드를 작성할 수 있다. 이 코드는 게임 매니저를 검색하기 위해 6장, '스프링클 바다를 지나-인공지능 내비게이션'에서 처음 사용한 코드와 같다.

```
// 게임 매니저에 대한 참조를 저장하는 private 변수
private GameManagerScript gameManager;

void Start ( ) {
  // 게임 매니저에 대한 참조를 가져온다
  gameManager = FindObjectOfType<GameManagerScript>( );
}
```

Update( ) 함수에서 타워를 마우스가 있는 위치로 이동한다(각 프레임에서 타워는 플레이어의 마우스와 함께 움직인다). 플레이어가 키를 누르면, 실제로 포인터가 허용된 영역에 있는지 확인한다. 배치 가능 영역 안에 있다면 타워를 그 위치에 놓는다. 이 말은 타워를 움직이게 하는 스크립트는 파괴되고, CupcakeTowerScript가 다시 활성화되며, 콜라이더가 컵케이크 타워에 배치된다는 것을 뜻한다. 사실 이 추가적인 콜라이더는 이 위에 다른 타워를 올려놓지 못하도록 한다(다음 절에서 이 타워를 선택하기 위해서 사용한다).

```
void Update( ) {
  // 마우스 위치를 가져온다
  float x = Input.mousePosition.x;
  float y = Input.mousePosition.y;

  /* 마우스가 있는 곳에 있는 컵케이크 타워는 Main Camera에서의 게임 좌표계로 변환해야 한다. 카메라
  가 -10에 있고 타워를 -3에 배치하고자 하므로 z축 좌표를 7로 설정해야 한다 */
  transform.position = Camera.main.ScreenToWorldPoint(new Vector3(x, y, 7));

  // 플레이어가 클릭하면 현재 위치가 컵케이크 타워를 배치시킬 수 있는 영역 안에
  // 있는지를 확인한다
  if(Input.GetMouseButtonDown(0) && gameManager.isPointerOnAllowedArea()) {
    // 컵케이크 타워를 작동시키는 메인 컵케이크 타워 스크립트를 다시 활성화한다
    GetComponent<CupcakeTowerScript>( ).enabled = true;

    // 컵케이크 타워에 콜라이더를 배치한다
    gameObject.AddComponent<BoxCollider2D>( );

    // 이 스크립트를 제거해 컵케이크 타워가 더는 마우스를 따라다니지 않도록 한다
    Destroy(this);
  }
}
```

스크립트를 저장하면 플레이어가 컵케이크 타워를 구매한 후에 이를 배치할 수 있게
된다.

▌ 타워 선택하기

기억하고 있겠지만, 모든 거래 활동에는 이를 처리하기 위한 선택된 타워가 있다. 사실
플레이어가 판매 버튼을 누르면 게임은 어떤 컵케이크 타워를 판매하려고 하는지 알아야
한다. 따라서 플레이어는 타워를 선택(및 선택 취소)할 수 있어야 하며, 이 타워는 거래 시

스템에 이를 통보해야 한다.

이렇게 하려면 CupcakeTowerScript를 약간 수정해야 한다. 이전 절에서 우리는 타워가 활성화됐을 때 다른 타워를 그 위에 배치하지 못하도록 콜라이더를 배치했다. 하지만 이 콜라이더를 플레이어가 이 타워를 클릭했는지 감지하는 데 사용할 수도 있다. 이름만으로도 그 역할을 알 수 있는 OnMouseDown() 함수를 다음과 같이 사용할 수 있다.

```
// 플레이어가 컵케이크 타워를 클릭할 때 호출되는 함수
void OnMouseDown() {
  // 이 타워를 거래 작업용 액티브 타워로 지정한다
  TradeCupcakeTowers.setActiveTower(this);
}
```

스크립트를 저장하면, 플레이어가 게임 내에 가지고 있는 타워 중 하나를 지정해 선택할 수 있게 되고, 거래 시스템을 통해 판매하거나 업그레이드할 수 있게 된다.

▌ 게임 매니저

6장에서 GameMangerScript를 소개했지만, 두 번째 웨이포인트 구현 후에도 이 스크립트는 사용하지 않고 빈 채로 두었다. 하지만 우리 게임에서 몇 가지 것을 처리하려면 게임 매니저가 반드시 필요하다. 따라서 6장에서 이 스크립트를 삭제했다면 스크립트에 어태치된 씬의 게임 오브젝트와 함께 다시 생성하라(PandaScript에서 참조를 삭제했던 것과 같은 방법이다. 나중에 써야 하기 때문이다).

우리는 게임 매니저를 플레이어의 헬스와 판다 사이의 정보 교환을 위한 허브로 사용할 것이다. 사실 게임 매니저는 웨이브로 나뉜 씬에 판다를 스폰spawn할 것이다. 그리고 이것은 레벨이 시작되고 끝날 때 그리고/또는 플레이어가 모든 헬스를 잃었을 때를 인식하는 유일한 스크립트다. 이로 인해 게임 매니저는 게임 오버 조건을 처리하고 트리거할 수 있

게 된다. 게임 오버 조건부터 시작하자.

게임 오버 조건

우리 게임은 언제 끝날까? 음, 두 가지 경우가 있다. 첫 번째는 플레이어가 헬스를 잃었을 때로, 판다가 케이크를 전부 먹어 버렸을 때(패배 조건)다. 두 번째는 플레이어가 모든 판다를 없앴을 때(승리 조건)다. 두 경우 모두 플레이어에게 결과를 보여주고 게임을 종료해야 한다.

게임 오버 피드백

우리가 임포트했던 그래픽 패키지에는 게임이 끝났을 때 사용할 두 가지 화면이 준비돼있다. 하나는 게임에서 졌을 때 사용되며, 다른 하나는 이겼을 때 사용된다.

3장, '플레이어와의 대화-유저 인터페이스'에서 배웠던 것처럼 두 개의 UI 이미지를 생성하고, 각 UI 이미지에 패키지에 있는 해당 스프라이트를 배치하자. Set Native Size 버튼을 누른 다음, 스케일하고 이동해 다음 스크린샷과 같이 씬 중간에 배치한다.

이제 게임이 끝날 때까지 디스플레이해서는 안 되므로 사용할 수 없도록 디세이블로 설정한다. 그러나 Game Manager에 이들에 대한 참조를 추가해야 한다.

이와 같이 GameManagerScript를 열고 다음 변수를 추가하자.

```
// 플레이어가 졌을 때 표시되는 화면을 저장하는 변수
public GameObject losingScreen;

// 플레이어가 이기면 표시되는 화면을 저장하는 변수
public GameObject winningScreen;
```

스크립트를 저장하고 Inspector에서 앞서 만든 UI 이미지를 다음과 같이 지정한다.

이것으로 Game Manager는 특정 조건이 충족될 때 이들 중 하나를 활성화할 수 있게 된다. 다음 절에서 이를 위한 함수를 어떻게 구현할지 알아보겠다.

게임 오버 함수

GameManagerScript 내에서 질서를 유지하기 위해 게임이 종료될 때 처리해야 하는 일을 트리거하는 함수를 만들어보겠다. 플레이어가 승리했는지를 결정하는 파라미터로 Boolean을 둔다.

물론 게임이 끝나면 정확히 어떻게 될지는 여러분에게 달려 있다. 통계 및 점수를 저장하고, 멋지고 쿨한 애니메이션을 실행하고, 다음 레벨을 로드하는 데 필요한 버튼을 표시하는 등의 작업을 수행할 수도 있다. 이 책에서는 이전 절에서 작성한 UI 이미지만 디스플레이하기로 한다. 이 책의 목표는 게임 오버에 대한 코드를 삽입할 위치와 방법을 보여주기 위한 것이기 때문이다. 여러분이 원하는 것을 자유롭게 추가해 구현하기 바란다.

이 파라미터에 따라 플레이어에게 올바른 화면을 디스플레이하는 다음 함수를 작성하자. 그런 다음 게임에서 일종의 일시 정지 상황을 만들기 위해 게임 시간을 중지한다. 즉, 게임 오버 화면이 표시될 때 게임은 실행되지 않는다(UI가 표시되는 경우라면 플레이어가 이를 누를 수 있어야 한다).

```
// 게임 오버 조건이 충족될 때 호출되는 private 함수이며
// 전달된 파라미터 값에 따라 성공 또는 실패 화면을 디스플레이한다
private void GameOver(bool playerHasWon) {
  // 플레이어가 이겼는지를 나타내는 파라미터를 확인한다
  if (playerHasWon) {
    // 승리용 화면을 디스플레이한다
    winningScreen.SetActive(true);
  }else {
    // 패배용 화면을 디스플레이한다
    losingScreen.SetActive(true);
  }

  // 게임 실행을 중지하기 위해 게임 시간을 동결한다
  Time.timeScale = 0;
}
```

 timeScale에 대해 더 알고 싶은 분은 다음 유니티 공식 문서를 참고하기 바란다.
https://docs.unity3d.com/ScriptReference/Time-timeScale.html

GameManagerScript를 저장하고 다음 절에서 이 함수를 언제 트리거할지 알아보도록 하자.

게임 진행 상황의 추적

게임 진행 상황을 추적하는 것은 게임 매니저의 기본 기능 중 하나다. 그렇다면 묻고 싶은 첫 번째 질문은 '무엇을 추적해야 하는가?'이다.

확실한 것은 플레이어가 소유한 슈거를 추적하는 것은 아니다. 슈거는 슈거 미터와 거래 스크립트에서 별도로 처리되기 때문이다. 그렇다면 플레이어의 헬스일까? 그렇다. 실제로 우리는 이를 추적해야 한다. 사실 플레이어가 헬스를 잃었을 때 게임도 끝나고 Game Manager가 이를 처리해야 한다. 또 무엇이 있을까? Game Manager는 플레이어가 얼마나 많은 판다를 쓰러뜨렸는지 추적해야 한다. 그래야만 Game Manager가 언제 플레이어가 이겼는지를 판단할 수 있기 때문이다.

따라서 우리가 해야 하는 첫 번째 작업은 플레이어의 헬스에 대한 참조를 얻는 것이다. 이를 위해 다음과 같은 변수를 추가하자.

```
// 플레이어의 헬스에 대한 참조를 저장하기 위한 private 변수
private HealthBarScript playerHealth;
```

이 변수는 Start( ) 함수 시작 부분에 다음과 같은 코드 라인을 추가해 초기화한다.

```
void Start ( ) {
  // 플레이어의 헬스에 대한 참조를 얻는다
  playerHealth = FindObjectOfType<HealthBarScript>( );
}
```

그런 다음 물리쳐야 하는 판다가 얼마나 더 남았는지를 추적하기 위한 변수가 필요하므로 다음과 같은 변수를 추가하자.

```
// 물리쳐야 하는 판다가 얼마나 남았는지 카운팅하는 용도의 private 변수
private int numberOfPandasToDefeat;
```

이것은 곧 구현하게 될 스포닝 시스템에 의해 초기화될 것이다.

마지막으로 판다가 쓰러졌을 때, 그리고 플레이어가 헬스를 잃었을 때 각각 호출되는 두 가지 함수를 구현해야 한다.

첫 번째 함수는 건네받을 파라미터도, 반환할 값도 필요 없다. 게임 매니저는 쓰러뜨려야 하는 판다의 수를 감소시킴으로써 판다가 죽었다는 것을 알기 때문이다.

```
// 판다가 죽을 때마다 물리쳐야 하는 판다 수를 감소시키는 함수
public void OneMorePandaInHeaven() {
    numberOfPandasToDefeat--;
}
```

두 번째 함수를 구현하기 위해서 케이크를 먹고 있는 판다와 플레이어의 헬스 사이의 커뮤니케이션 허브를 만들어야 한다. 따라서 판다가 주는 데미지를 파라미터로 받아 플레이어의 헬스를 감소시키는 함수를 구현해야 한다. 그런 다음 플레이어가 아직 살아 있는지 확인한다. 만약 플레이어가 죽었다면 게임 오버 함수를 트리거해야 하기 때문이다. 플레이어의 생존 여부를 떠나 케이크를 너무 많이 먹으면 판다가 터지도록 디자인했기 때문에 결국에는 판다 수를 줄여야 한다.

```
// 판다가 플레이어의 케이크에 도달했을 때 플레이어에게 데미지를 주는 함수
// 또한 플레이어의 헬스를 모니터해 필요한 경우 게임 오버 함수를 트리거한다.
public void BiteTheCake(int damage) {
    // 플레이어에게 데미지를 주고 판다가 케이크를 전부 먹어버렸는지를 bool 변수로 되받는다
```

```
  bool IsCakeAllEaten = playerHealth.ApplyDamage(damage);
  // 만약 판다가 케이크를 다 먹어버렸다면, 게임 오버 함수를 게임 오버 모드로 호출한다
  if (IsCakeAllEaten) {
    GameOver(false);
  }

  //케이크를 먹은 판다는 폭발하게 되므로 없애야 할 판다 수는 줄어든다
  OneMorePandaInHeaven();
}
```

스크립트를 저장하고 PandaScript를 약간 수정하기 위해 열자. 특히 우리가 신경 써야 하는 것은 Game Manager에서 생성된 함수들을 호출하는 것이다. 이 함수들을 트리거 하는 데 사용할 수 있는 Game Manager에 대한 참조를 가져오는 방법은 6장, '스프링클 바다를 건너─인공지능 내비게이션'에서 이미 다뤘다.

첫 번째로 수정해야 할 것은 이 판다가 케이크를 한 번에 얼마나 먹을 수 있는지를 결정 하기 위한 다음의 변수를 추가하는 것이다(이 값은 Inspector에서 설정돼야 한다는 것을 잊지 말자).

```
// 판다가 한 번에 먹을 수 있는 케이크의 양
public int cakeEatenPerBite;
```

두 번째로 수정해야 할 부분은 FixedUpdate() 함수다. 사실 Game Manager에서 BitThe Cake() 함수를 사용해 플레이어의 헬스를 차감해야 한다. 이하에 강조 표시한 부분이 우 리가 수정해야 할 부분이다.

```
void FixedUpdate() {
  // 판다가 케이크에 도착하면 그에 맞는 애니메이션이 트리거되며
  // 케이크를 먹기 시작할 것이다
  // 그리고 판다를 제거하는 것은 상태 머신 비헤이비어가 알아서 처리할 것이므로
  // 이 스크립트를 제거한다
```

```
  if (currentWaypointNumber == gameManager.waypoints.Length) {
    animator.SetTrigger(AnimEatTriggerHash);
    gameManager.BiteTheCake(cakeEatenPerBite);
    Destroy(this);
    return;
  }
  // [...] 함수의 남은 코드
}
```

세 번째이자 마지막 수정은 Hit( ) 함수에서 게임 매니저의 OneMorePandaInHeaven( )를
트리거하는 것이다. 상세한 내용은 다음과 같다(이번에도 변경 사항은 강조 표시한다).

```
private void Hit(float damage) {
  // 판다의 헬스에 데미지 양만큼을 뺀다
  health -= damage;

  // 판다의 생사 여부에 따라 Die나 Hit 애니메이션을 트리거한다
  if(health <= 0) {
    animator.SetTrigger(AnimDieTriggerHash);
    gameManager.OneMorePandaInHeaven();
  }
  else {
    animator.SetTrigger(AnimHitTriggerHash);
  }
}
```

스크립트를 저장하자. 다음 절에서는 판다가 생성/스포닝되는 방법에 대해 알아볼 것
이다.

▌판다의 침략 – 판다 스포닝

이 절에서는 게임의 스포닝 시스템spawning system을 구현한다. 이것은 여러 가지 방법으로 이뤄질 수 있지만, 판다는 딱 한 종류만 있기 때문에(지금 이 시점에서는 말이다) 간단한 방법으로 구현할 것이다. 어쨌든 우리는 코루틴(동시 실행 루틴)을 사용해 시스템을 구현할 것이고, 더 복잡한 스포닝 시스템에서도 사용할 수 있는 템플릿 구조를 살펴볼 것이다(8장에서는 더 복잡한 스포닝 시스템에 대한 아이디어를 제공한다).

코루틴이란?

코루틴coroutines은 유니티가 제공하는 구조로, 게임의 다른 프레임에서 함수를 잠시 중단시키거나 지속시킬 수 있다. 우리의 스포닝 시스템의 경우, 모든 판다를 동시에 스폰하지 않고 시간이 지나면서 조금씩 생성되길 원한다. 이 시간의 흐름을 코루틴으로 제어할 수 있다. 상세한 내용은 공식 문서 https://docs.unity3d.com/Manual/Coroutines.html 에 있는 더 많은 정보와 예제를 통해 배울 수 있다.

하지만 코루틴에 대해 알아야 하는 가장 중요한 것은 다음과 같다.

- 코루틴은 IEnumerator를 반환 값으로 갖는 특수한 함수다.
- StartCoroutine() 함수로 시작하고 StopCourotine() 함수로 중지한다.
- 코루틴은 그 어떤 Update() 함수 내에서도 실행되거나 시작할 수 없다. Update() 함수는 본래 프레임당 한 번 (또는 그 이상) 호출되기 때문이다. 반면 코루틴은 지정된 시간에 실행된다.
- 특수 명령어인 yield를 사용할 수 있다. yield는 고정된 시간, 마지막 프레임 또는 다른 코루틴과 같은 무언가를 기다릴 수 있다. 어떤 경우에도 yield 후에는 리턴 값이 따른다. yield와 함께 사용되는 일반 함수는 다음과 같다.
  - WaitForEndOfFrame(): 다음 프레임까지 대기(공식 문서: https://docs.unity3d.com/ScriptReference/WaitForEndOfFrame.html)

- WaitForSeconds(): 파라미터로 주어지는 초 단위로 정해진 시간만큼 대기
  (공식 문서: https://docs.unity3d.com/ScriptReference/WaitForSeconds.html)
- WaitUntil(): 일정 조건이 충족될 때까지 대기(공식 문서: https://docs.unity3d.com/ScriptReference/WaitUntil.html)

또한 공식 문서 https://docs.unity3d.com/ScriptReference/CustomYieldInstruction.html에서 볼 수 있듯이, custom yield instruction을 구현할 수도 있다.

 가장 흥미로운 점은 코루틴은 스레드(threads)가 아니라는 것이다. 사실 코루틴은 나머지 게임과 똑같은 스레드에서 실행된다.

게임 환경이 복잡한 경우 코루틴을 제대로 돌아가게 하는 것은 힘들기 때문에 익숙해지기까지 시간이 걸린다. 그리고 이런 이유로 종종 상급 주제로 간주되기도 한다. 하지만 코루틴을 통해서 좋은 게임 플레이 프로그래밍을 이뤄 낼 수 있는 가능성이 높아진다. 불행하게도 이 책에서 다루기에는 공간상의 제약도 있어 깊이 있게 살펴보기는 어렵지만, 공식 문서와 이 짧은 설명, 그리고 다음 절의 스포닝 시스템의 예를 통해 코루틴에 대해 더 깊이 이해할 수 있기를 바란다.

코루틴의 작동에 대한 아이디어 스케치

우리의 게임을 웨이브로 나눌 것이다. 판다는 각 웨이브마다 증가량을 더한 확정된 개수만큼 시간이 지남에 따라 스폰된다. 일단 그 웨이브의 판다가 모두 없어지면, 게임은 다음 웨이브를 위해 스폰되는 판다의 수를 늘리고 웨이브를 시작한다. 플레이어가 모든 웨이브에서 살아남으면, 이 레벨은 플레이어의 승리로 끝난다.

구체적으로는 코루틴에 일정한 주기를 갖게 할 것이다. 이 코루틴은 서로 다른 웨이브를 관리하고, 새로운 웨이브를 시작하기 전에 이전 것이 끝날 때까지 기다린다. 두 번째 루

틴은 단일 웨이브에서 이뤄져야 하는 일들, 즉 판다를 스포닝하고, 모든 판다가 플레이어에 의해 격추됐는지 확인하는 등을 맡아서 처리한다.

스포닝 시스템 셋업하기

디자이너는 판다가 스포닝될 지점을 지정해야 한다. 따라서 빈 게임 오브젝트를 만들어 Spawning Spot이라고 부르자. 또한 6장에서 우리가 웨이포인트에서 했던 것과 비슷한 방법으로 기즈모를 어태치할 수 있다. 이렇게 하면 다음과 같이 **Scene** 뷰에서 보일 것이다.

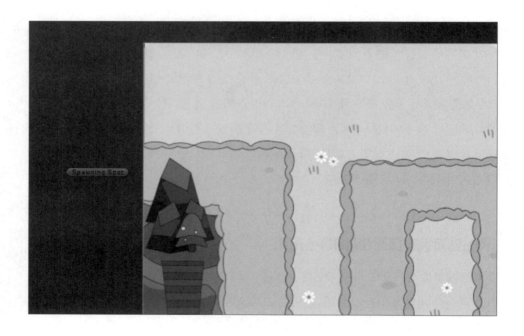

GameManagerScript를 열고 이 Spawning Spot이 어디 있는지 추적하기 위한 변수를 추가하자. 위치가 필요하므로, 게임 오브젝트 전체 대신 Transform만 가져오자.

```
// 판다가 스폰돼야 할 곳을 정하기 위한 Spawning Spot의 Transform
private Transform spawner;
```

이 변수에 값을 정하기 위해 Start( ) 함수를 다음과 같이 변경하자.

```
void Start ( ) {
    // 플레이어의 헬스로의 참조를 얻는다
    playerHealth = FindObjectOfType<HealthBarScript>( );

    // 스포너로의 참조를 얻는다
    spawner = GameObject.Find("Spawning Spot").transform;
}
```

또한 세 가지 변수가 더 필요하다. 하나는 판다의 프리팹을 적으로 인스턴스화하기 위한 것이고, 다른 하나는 플레이어가 감당해야 하는 웨이브 수이고, 마지막은 웨이브당 들어가는 판다 수이다(이는 웨이브 사이에 증가된다).

```
// 적으로서 스포닝돼야 하는 판다 프리팹
public GameObject pandaPrefab;

// 이 레벨에서 플레이어가 감당해야 하는 웨이브 수
public int numberOfWaves;

// 각 웨이브마다 플레이어가 만나게 될 판다 수
// 이 값은 웨이브를 이길 때마다 증가한다
public int numberOfPandasPerWave;
```

스크립트를 저장하고, 다음의 스크린샷처럼 Inspector에서 값을 지정해야 한다(여러분 각자의 게임에 맞춰 값을 마음대로 변경해도 좋다).

웨이브 관리하기

이 절에서는 앞에서 설명한 두 개의 코루틴 중 첫 번째를 구현할 것이다. 사실 이 코루틴은 모든 웨이브에 걸쳐 순환할 것이고, 하나의 웨이브를 처리하기 위한 두 번째 코루틴을 호출할 것이다. 웨이브와 다음 웨이브 사이에 스폰되는 적의 수가 증가한다. 플레이어가 모든 웨이브를 이겨내면 GameOver() 함수가 승리 모드로 호출된다. 따라서 GameManagerScript를 열고 다음과 같은 코드를 작성하는 것으로 시작해보자.

```
// 판다의 서로 다른 웨이브를 스폰하는 코루틴
private IEnumerator WavesSpawner() {
  // 각 웨이브마다
  for(int i = 0; i < numberOfWaves; i++) {
    // PandaSpawner가 하나의 웨이브를 코루틴하게 하자.
    // 코루틴이 완료되면 웨이브도 종료해 코루틴이 계속되도록 한다
    yield return PandaSpawner();
    // 각 웨이브마다 생성되는 판다 수를 증가시킨다
    umberOfPandasPerWave += 3;
  }
  // 플레이어가 모든 웨이브를 이겨내면, '승리' 모드로 GameOver 함수를 호출한다
  GameOver(true);
}
```

코드를 보면 알겠지만 다음 절에서 구현할 PandaSpawner() 코루틴을 호출한다.

하나의 웨이브

이제 판다의 하나의 웨이브 전체를 처리할 수 있는 코루틴을 작성할 차례다. 여기가 어려운 부분이므로 코루틴을 단계별로 하나씩 살펴보겠다. 먼저 코루틴 생성부터 시작하자.

```
// 하나의 웨이브에 대한 판다를 스폰하는 코루틴
// '모든 판다가 하늘나라로 갈 때까지' 대기한다.
private IEnumerator PandaSpawner() {
  // 이하에 나오는 코드
}
```

제일 먼저 해야 할 일은 플레이어가 물리쳐야 하는 판다가 얼마나 남아 있는지를 추적하는 numberOfPandasToDefeat 변수를 초기화하는 것이다. 물론 이 변수는 웨이브에서 스폰될 판다의 수와 같은 수로 초기화한다.

```
// 이 웨이브에서 물리쳐야만 하는 수로 초기화한다
numberOfPandasToDefeat = numberOfPandasPerWave;
```

다음 단계는 모든 판다가 스폰되도록 하는 루프를 통해 순차적으로 판다를 스폰하는 것이다.

```
// 순차적으로 판다를 스폰한다
for(int i=0; i < numberOfPandasPerWave; i++) {
  // 루프 안의 남은 코드
}
// 루프 밖의 남은 코드
```

루프 안쪽에서는 판다를 스폰된 위치에 생성해야 한다(회전 없이. 즉, 사원수^{quaternion}를 사용해 그 위치를 정한다). 그런 다음 남은 판다 수와 난수 둘 다에 영향을 받는 시간 동안 대기해야 한다. 구체적으로는 남아 있는 판다 수를 비율로 연산하고 두 번에 걸쳐 보간할 것이다. 이렇게 하면 지금까지 스폰된 판다 수가 많을수록 대기 시간이 줄어들게 된다. 그런 다음 우리 게임에 약간의 기회를 추가하기 위해 이것을 난수에 더한다. 코드는 다음과 같다.

```
// 스포너 위치에 판다를 스폰 또는 인스턴스화한다
Instantiate(pandaPrefab, spawner.position, Quaternion.identity);

// 남아 있는 스폰돼야 하는 판다 수와 난수 모두에 영향을 받는 대기 시간
float ratio = (i * 1f) / (numberOfPandasPerWave - 1);
float timeToWait = Mathf.Lerp(3f, 5f, ratio) + Random.Range(0f, 2f);
yield return new WaitForSeconds(timeToWait);
```

 물론 이것이 이를 구현하기 위한 유일한 방법이 아니며 코드에 사용되는 숫자는 임의의 것이다. 실제 게임에서 모든 것은 게임의 균형을 맞추기 위해 디자인되고 테스트하는 각고의 노력이 뒤따라야만 한다. 관련된 내용은 8장에서 조금 더 자세히 살펴보고자 한다.

한편, 루프 바깥쪽에는 코루틴이 끝나기 전에 플레이어가 모든 판다를 없앨 때까지 대기해야 한다. 그리고 다음 웨이브를 위해 WavesSpawner( ) 코루틴으로 제어권을 되돌려줘야 한다.

```
// 판다가 전부 스폰되면 플레이어가 이들 전부를 없앨 때까지
// (또는 게임 오버 조건이 발생되기 전까지) 대기한다.
yield return new WaitUntil(( ) => numberOfPandasToDefeat <= 0);
```

스크립트를 저장하자. 이것으로 플레이어는 단 걸 좋아하는 판다의 끔찍한 웨이브를 여러 번 겪게 된다.

▌ 메인 메뉴

대부분의 게임에는 시작될 때 메인 메뉴가 있으며, 그러니 우리 게임에서도 메인 메뉴를 잊어서는 안 된다. 이 과정을 통해 1장, '유니티의 평면 월드'에서 다뤘던 유니티에서의 씬 전환에 관해 더 많이 탐구할 수 있을 것이다.

메인 메뉴 디자인

3장, '플레이어와의 대화-유저 인터페이스'에서 배웠던 것처럼 유저 인터페이스를 디자인하는 것이 좋으며 메인 메뉴는 유저 인터페이스의 확장이다. 따라서 UI 디자인과 같은 원칙을 염두에 두고 디자인해야 한다. 우리 게임의 메뉴는 매우 간단하다. 멋진 배경과 씬 중앙에 세 개의 버튼을 배치하기만 하면 된다. 버튼은 각각 다음과 같다.

- NEW GAME: 지금까지 우리가 만들어온 레벨을 로딩함으로써 플레이어를 위해 새로운 게임을 생성한다.
- SETTINGS: 플레이어가 몇 가지 옵션을 조정할 수 있는 설정 화면을 트리거한다 (이것은 '숙제' 절에서 연습으로 남기겠다).
- QUIT: 이름에서 알 수 있듯이 게임을 종료한다.

디자인한 결과물은 다음과 같이 보일 것이다.

다른 씬에 메인 메뉴 생성하기

유니티에서 다른 씬을 생성하기 위해서는 상단 바에서 File ⟩ New Scene을 차례로 선택하자. 하지만 Scene 폴더 내의 Project 패널에서 탐색하는 것이 바람직하다. 마우스 우클릭해 Create ⟩ Scene을 선택하자. 이 두 번째 방법을 사용하면 씬이 올바른 폴더 내에 직접 생성된다. 이것으로 프로젝트는 깔끔하게 정돈된다.

새로 생성한 씬을 Main Menu라 이름 짓고 더블 클릭하면 열린다. 이제 다시 처음부터 여러분의 창의력과 환상으로 가득 채울 수 있는 빈 공간이 생겨났다!

이제 여러분은 단계별로 하나씩 설명하지 않더라도 아래의 내용을 해낼 수 있는 기술을 가지고 있어야 한다.

1. UI 이미지(Canvas뿐만 아니라 Event System을 자동으로 생성함)를 생성하고 이름을 Background로 지정하자. 그런 다음 전체 화면으로 확장하고 마음에 둔 멋진 배경을 배치하자.
2. 여러분이 의도한대로 만들기 위해 필요하면 캔버스 설정을 조정하자.

3. 세 개의 버튼을 만들고, 원하는 경우 그래픽을 변경하고, 버튼의 텍스트를 NEW GAME, SETTINGS 및 QUIT으로 변경하자. 이전 절에서 봤던 디자인대로 배치하자.

4. 빈 게임 오브젝트를 생성한다. 여기에 스크립트를 연결해 모든 다른 상호작용을 처리한다.

5. 세 개의 버튼에 OnClick( ) 이벤트를 추가하고 새로운 빈 오브젝트를 object 변수로 드래그한다.

메뉴가 생성되면 씬을 저장한다.

이제 우리에게는 두 개의 씬이 있으므로 게임의 최종 버전에 포함시키려면 Scene In Build에 포함시켜야 한다. 이렇게 하려면 상단 바 메뉴에서 File ❯ Building Settings...를 차례로 클릭한다. Project 패널에서 Scene In Build 영역으로 씬을 드래그 앤 드롭할 수 있으며, 씬은 미리 지정된 순서대로 나타나게 된다. 씬 옆에 보이는 숫자는 씬의 ID다. 예를 들어 이 ID를 사용해 로드할 씬을 지정할 수 있다.

우리의 경우, 다음 스크린샷에서 보듯이 Main Menu 씬이 Level_01보다 앞에 있는지 확인하기 바란다.

자, 이제는 모든 기능을 갖춘 스크립트를 만들 차례다.

스크립트를 통한 씬 로딩

새로운 스크립트를 생성하고 이를 MainMenuFunctionalities라고 이름 짓자. 여기에 포함되는 함수는 OnClick( ) 이벤트가 트리거할 것이므로 전부 public으로 만들어야 한다.

특히 우리 게임의 레벨을 로딩하는 함수를 만들어야 한다. 기억하고 있는지 모르겠지만 이것의 ID는 1이다. 유니티에서 씬을 로딩하기 위해서는 SceneManager라고 불리는 특별한 클래스를 사용한다. 따라서 스크립트의 시작 부분에 다음의 코드 라인을 추가해 이 라이브러리를 임포트해야 한다.

```
using UnityEngine.SceneManagement;
```

 SceneManager 클래스와 더불어 UnityEngine.SceneManagement 라이브러리는 유니티에서 상대적으로 새로운 것이다. 실제로 이들을 사용하면 런타임에서 씬들을 함께 로딩하거나, 동적으로 로딩하거나, 언로딩하는 등 씬에 대한 많은 작업을 수행할 수 있다. 이처럼 이것은 새로운 가능성을 제시하지만 이 책에서 모든 것을 자세하게 다룰 시간이 없으므로 각자 탐구할 기회를 만들기를 바란다. 언제나 가장 좋은 출발점은 공식 문서다. https://docs.unity3d.com/ScriptReference/SceneManagement.SceneManager.html

더 흥미로운 점은 SceneManager 클래스가 등장하기 이전에 씬은 Application 클래스에 의해 처리됐다는 것이다. 따라서 Application 클래스를 사용해 씬을 로딩하는 오래된 코드가 있는 경우 이전 버전의 유니티용으로 작성된 것이다. 해당 코드가 여러분의 프로젝트에 속해 있다면 (법적 문제가 있으니 가능하면) SceneManager 클래스로 코드를 업데이트하기를 권한다.

SceneManager 클래스에서 가장 자주 사용되는 것은 다른 씬을 로딩할 수 있는 Load Scene() 함수다. 씬을 지정하는 방법 중 하나는 ID를 사용(우리는 이 방법으로 스크립트를 작성할 것이다)하는 것이지만 언제나처럼 다른 방법이 있기 마련이다. 예를 들자면 씬 이름이 포함된 string을 사용하는 방법도 있다.

NEW GAME 버튼에 의해 호출되는 함수를 다음과 같이 정말 간단하고 직관적으로 구현할 수 있다.

```
// 첫 번째 레벨을 로드하는 함수
public void NewGame() {
  SceneManager.LoadScene(1);
}
```

SETTINGS 버튼에 관한 함수는 연습 문제로 남겨두겠다('숙제' 절을 보길).

```
// 설정을 디스플레이하는 함수
public void Settings() {
  // 여러분이 작성한 코드
}
```

마지막으로 **Application** 클래스(이 클래스에 대한 상세한 내용은 공식 문서 https://docs. unity3d.com/ScriptReference/Application.html을 참고하길)를 사용해 게임을 나가는 함수다.

```
// 게임을 닫는 함수
public void Quit() {
  Application.Quit();
}
```

 이 함수는 특정 환경에서는 작동하지 않는다는 사실을 명심하기 바란다. 예를 들자면, 게임이 에디터(유니티 자체 내)에서 돌아가고 있거나 웹 기반 게임의 경우처럼 말이다. 따라서 게임을 끝내는 것은 플랫폼에 맞춰야 하며 이는 더 많은 작업이 필요할 수도 있다. 8장에서 멀티 플랫폼 게임에 관해 더 다룰 것이다.

스크립트를 저장하고 세 가지 버튼의 `OnClick()` 이벤트로 다시 돌아가자.

각 버튼에 올바른 함수를 지정하자. 다음 스크린샷은 NEW GAME 버튼 이벤트를 예로 든 것이다.

이제 이것으로 메인 메뉴의 구현은 완료됐으며, 우리 게임은 이로써 기본적으로 완성돼 구동된다. 다음 절에서는 지금까지 우리가 보고 배웠던 내용을 정리하자.

▌ 7장에서 배운 기술

이 책을 따라 여기까지 왔다는 것은 여러분의 게임이 완성됐다는 것을 의미한다. 그러니 주제를 가지고 논의하는 대신 지금까지 우리가 배웠던 기술을 정리하도록 하자.

- **상속**: 상속을 통해서 우리의 거래 시스템을 구현했으며 그 과정에서 상속에 대한 개념을 더 명확히 할 수 있었다. 특히 다음과 같은 내용을 배웠다.
  - **abstract 클래스 및 메소드**: 완전한 구현은 차일드 클래스의 몫이 된다.
  - **protected 변수**: 일부 스크립트에서는 볼 수 있지만 모두에게 오픈된 것은 아니다.
  - **UI 핸들러**: Inspector에서 이벤트 세팅 없이 UI와 상호작용하기 위해 자동 링크될 수 있다.
- **마우스와 카메라 간의 상호작용**: 배치용 스크립트를 구현하려면 마우스 좌표를 게임 좌표로 변환해야 했다.
- **스크립트의 이네이블/디세이블**: 배치용 스크립트에서 기능을 구현하기 위해서는 필요한 때에 맞춰 기능을 트리거하도록 스크립트를 디세이블하고 이네이블하는 방법을 배웠다.
- **정보 저장**: Game Manager 안에서 다른 스크립트가 이들에게 접근하는 방법에 대해 배웠다. 우리는 모든 장에 걸쳐 이것을 여러 가지 방법으로 시도했다. 특히 다른 스크립트에 의해 호출된 게임 매니저에서 public 함수를 사용했다. 결과적으로 Game Manager는 게임의 서로 다른 파트 간에 데이터를 교환하는 허브가 됐다.

- **static 함수 사용**: 일반 변수를 다시 할당하기 위해 거래 시스템에서 우리는 타워를 활성화하기 위한 static 함수를 구현했다. 그 결과, 모든 스크립트는 특정 거래 클래스 인스턴스에 대한 참조를 얻을 필요 없이 해당 함수에 액세스할 수 있다(또한 부모 클래스는 abstract이므로 인스턴스가 없다). 할당된 변수가 이미 static 이며 트레이딩 클래스의 모든 인스턴스 간에 공유됐기 때문에 많은 문제없이 이 작업을 수행할 수 있었다.

- **코루틴 구현하기**: 스포닝 시스템을 구현할 때 시간 경과에 따른 지속적인 이벤트 를 처리하기 위해 코루틴을 사용했다. 코루틴은 게임의 다른 프레임 중간에 끼 어들어 자신의 일을 이어가는 특수한 함수다. 7장에서 살펴본 것 가운데 가장 강 력한 툴이지만, 다른 툴에 비해 더 많은 연습이 필요하다. 하지만 그럴 만한 가 치가 충분히 있다.

- **UI 이벤트 사용**: 메인 메뉴에 사용할 함수를 구현하기 위해 버튼의 OnClick() 이 벤트에 의해 트리거되는 함수를 스크립트 내에 구현했다. 이 방법은 UI 핸들러 를 사용하지 않아도 된다. 이 방법의 장점은 모든 함수를 하나의 스크립트 내에 배치하고 해당 스크립트의 특정 인스턴스를 트리거할 수 있다는 것이다(스크립트 가 인스턴스화 가능한 경우). 단점은 Inspector에서 이벤트를 연결하기 위해서는 많 은 수작업이 필요하다는 것이다. 한편 UI 핸들러는 장단점이 뒤바뀐다. 따라서 UI 핸들러는 UI와 약간의 상호작용이 필요한 다량의 함수를 구현한 큰 스크립 트에 적합하다. 대신 작은 함수의 경우에는 각각마다 다른 스크립트를 생성하는 단일 스크립트에 모든 함수를 포함하는 것이 좋다. 어떤 경우이든, 최상의 솔루 션은 상황에 따라 다르며 여러분의 목표에 달려 있다.

- **구역 식별을 위한 콜라이더 사용**: 컵케이크 타워를 허용된 영역에 배치할 때 마우 스가 특정 영역 위를 호버링하는지 탐지하는 데 물리 엔진을 사용했다. 또한 콜 라이더를 사용해 컵케이크 타워를 (선택하기 위해) 클릭했으며 다른 컵케이크 타 워를 그 위에 배치하지 못하도록 했다. 이러한 방법은 물리 엔진을 사용해 비물 리학적 연산을 하는 다양한 방법 중 하나일 뿐이다.

여러분이 7장에서 많은 것을 배웠으면 좋겠다. 또한 우리가 사용했던 각각의 기술에 대한 기본 개념을 충분히 이해했기를 바란다. 게임과 여러분이 가진 기술 모두를 향상시키기 위해 다음 절에는 연습 문제를 준비해두었다.

▌ 숙제

7장에서 게임의 서로 다른 부분 사이에서 정보를 교환하는 여러 가지 기술을 살펴봤으며 게임 프로그래밍에 관해 조금은 배울 수 있었다. 더 나은 게임 개발자가 되고 여러분의 스킬을 향상시키기 위한 연습 문제를 다음과 같이 준비했다.

1. **달콤한 재화**: 게임이 시작되면 판다가 다가오기 시작하고 플레이어는 자신의 케이크를 지키기 위한 컵케이크 타워를 사야만 한다. 하지만 애초에 플레이어에게는 타워를 살 슈거가 없을 뿐만 아니라 슈거를 얻기 위해 판다를 죽일 수도 없다. 따라서 게임 매니저에 초기 슈거 양을 저장할 변수를 (Inspector에서 설정할 수 있도록) 추가하고, Start( ) 함수 내에서 Sugar Meter에 이 값을 설정하라. 이렇게 하면 게임이 시작됐을 때 판다에 맞서 싸울 준비가 된다.

2. **폭풍 전야**: 이 단계에서 게임이 시작되면 판다는 플레이어의 맛있는 케이크를 곧바로 먹게 된다. 그러니 플레이어는 도입부에서 앞선 연습 문제에서 설정한 재화로 컵케이크 타워를 사고 배치할 수 있는 시간이 필요하다. wavesSpawner( ) 코루틴에서 각 웨이브가 시작되기 전에 플레이어가 세팅을 마칠 수 있도록 타이머를 설정하라. 그런 다음 Inspector에서 해당 변수에 접근할 수 있도록 해 레벨에 따른 타이머 설정이 가능하게 하라. 웨이브 사이에 이러한 타이머의 시간을 늘리거나 줄이는 변형도 고려해보기 바란다.

3. **웨이브 보너스(파트 I)**: 웨이브 사이에 스폰되는 판다 수를 크게 증가시킬 생각이면 웨이브를 완료한 것에 따른 보상으로써 약간의 슈거를 플레이어에게 주는 것을 고려해야 한다. wavesSpawner( ) 코루틴을 수정해 플레이어에게 달콤한 보상

을 주도록 한다. 그런 다음 Inspector에서 해당 변수를 노출시켜 각 레벨에 대한 보너스를 조정할 수 있게 하라.

4. **웨이브 보너스(파트 II)**: 이전 연습을 마치면 웨이브 수에 따라 그 크기가 변하는 보너스 배열을 만들어라. 그런 다음 각 웨이브가 끝날 때 플레이어에게 해당 보너스를 할당해 각 레벨뿐만 아니라 각 웨이브에 대해서도 보너스를 조정할 수 있도록 하라.

5. **싱글턴 패턴(파트 I)**: 우리 게임에는 Game Manager, Health Bar 또는 Sugar Meter와 같이 단일 인스턴스를 가져야 하는 스크립트가 있다. 따라서 이들을 고유하게 만드는 것이 정석이다. 우리 스크립트의 일부는 그러한 클래스의 인스턴스가 단 하나만 있다는 암시적인 사실(그러나 부여되지는 않음)에 의존하기 때문이다. 이를 해결하기 위해서는 싱글턴singleton이라는 패턴을 구현해야 한다. 이를 구현하는 방법을 인터넷에서 분명히 찾을 수 있지만 여러분 자신만의 솔루션을 찾으려고 노력해보기 바란다. 온라인상에서 찾을 수 있는 많은 구현은 클래스의 단일 인스턴스를 검색하는 데 static 변수를 사용한다. 우리가 만든 스크립트는 FindObjectOfType( ) 함수로 해당 클래스를 찾을 수 있게 돼 있으므로 다른 방법을 시도해보기 바란다. 문제에 대한 솔루션을 제시하고 이를 GameMangerScript, HealthBarScript 및 SugarMeterScript에 구현하라.

6. **싱글턴 패턴(파트 II)**: 파트 I 연습이 끝나면 여러분만의 방법으로 싱글턴 패턴을 구현해야 한다. 이제 두 개의 링크를 살펴보라.

http://wiki.unity3d.com/index.php/Singleton

https://unity3d.com/learn/tutorials/projects/2d-roguelike-tutorial/writing-game-manager

여러분이 혼자서 생각해본 것과 이들을 비교하고 각 방법의 장단점을 찾아라. 우리 게임에는 어떤 접근법이 더 효과적이라고 생각하는가? Game Manager나 Health Bar또는 Sugar Meter에 따라 그 접근법이 다른가? 우리의 타워 디펜스 게임에 더 잘 맞는 싱글턴 패턴을 구현하라.

7. **허용 영역 개선(파트 I)**: 우리는 콜라이더를 사용해 마우스가 허용 영역 위로 호버링하는지를 체크해 컵케이크 타워의 배치 가능 여부를 배치 스크립트가 알 수 있도록 하는 방법을 살펴봤다. 하지만 게임 매니저에서는 어떤 일이 발생하는가? 게임 매니저는 배치할 타워가 없더라도 허용 영역을 체크하고 내부 스테이트를 업데이트한다. 배치 스크립트가 요청할 때만 게임 매니저가 허용 영역에서의 마우스 호버링을 체크하도록 하는 솔루션을 생각해보라. 여러분이 생각해낸 새로운 솔루션은 결과적으로 게임 매니저의 성능을 향상시켜야 한다.

8. **허용 영역 개선(파트 II)**: 이 연습은 파트 I과 상관없다. 허용 영역 시스템에서 우리는 마우스만 고려했다. 안드로이드 디바이스와 같은 모바일 플랫폼에 게임을 내보내려면 어떻게 해야 할까? 이런 경우 허용 영역 시스템을 완전히 새로 디자인하거나 변경해야 할까? 가능한 많은 플랫폼에 적합한 시스템을 디자인하고 구현하라.

9. **허용 영역 개선(파트 III)**: 이 연습은 파트 I 및 II와는 별개다. 우리가 생각해낸 허용 영역 시스템은 (여러분이 가진 게임 대부분이 그렇듯이) 멀티 레벨 게임에는 적합하지 않다. 콜라이더가 특정 레벨에 의존적이면 Game Manager Prefab에 배치할 수 없기 때문이다. 레벨 디자이너가 게임 매니저에게 어떤 곳이 허용 영역인지 레벨별로 알려주는 더 쉬운 솔루션을 생각해낼 수 있는가? 그런 시스템을 디자인하고 나면 우리의 타워 디펜스 게임에 구현하라.

10. **허용 영역 개선(파트 IV)**: 파트 I, II 및 III에서 직면했던 여러 가지 문제를 해결하기 위해 여러분이 찾아낸 모든 솔루션을 깊이 있게 검토하라. 이들을 서로 병합해 허용 영역에 대한 궁극적인 솔루션으로 만들어보라. 목표는 (연산의 관점에서) 효과적이고, (게임과 레벨 디자이너를 위해) 사용하기 쉽고, (하나 이상의 플랫폼에 게임을 전개하기 위해) 멀티 플랫폼에서 돌아가는, 이 모두를 충족시키는 시스템을 만드는 것이다.

11. **플레이어로의 피드백(파트 I)**: 이 연습은 각 파트가 서로에게 영향을 미치지 않는 독립적인 시리즈 연습이다. 그리고 플레이어에게 게임이 제공하는 피드백을 개

선하는 데 그 목적이 있다. 이는 게임이 플레이어에게 매력을 어필하는 데 매우 중요하다. 플레이어가 거래할 때, 즉 타워를 팔거나 사거나 업그레이드할 때, 이 작업이 성공적인지 알려주는 피드백이 없다. 따라서 눈으로 확인할 수 있는 피드백을 구현해야 한다. 다음의 리스트를 더 작은 연습이라 생각해주기 바란다.

- ○ 슈거가 Sugar Meter에서 삭감되거나 추가될 때, Sugar Meter에 큰 숫자로 변경된 수량을 표시하는 애니메이션을 추가하라. 또한 슈거의 추가 또는 삭감에 관계없이 양에 따라 이 숫자의 컬러를 변경하도록 하라.

- ○ 슈거가 Sugar Meter에서 추가되거나 삭감되면 갑자기 변경된 숫자를 디스플레이하는 대신 변경되는 Sugar Meter의 숫자를 보여주는 애니메이션을 추가하라.

- ○ 타워가 업그레이드되면 타워에서 재생되는 애니메이션을 배치하라. 타워가 판매되거나 배치된 경우에도 같은 작업을 하라.

12. **플레이어로의 피드백(파트 II):** 이 연습은 각 파트가 서로에게 영향을 미치지 않는 독립적인 시리즈 연습이다. 그리고 플레이어에게 게임이 제공하는 피드백을 개선하는 데 그 목적이 있다. 이는 게임이 플레이어에게 매력을 어필하는 데 매우 중요하다. 플레이어가 거래를 할 때, 즉 타워를 팔거나 사거나 업그레이드할 때, 어떤 작업이 수행/변경되고 있는지에 대한 피드백이 없다(예: 어느 것이 타워를 구입하는 가격인가?). 따라서 우리는 눈으로 확인할 수 있는 피드백을 구현해야 한다. 다음의 리스트는 더 작은 연습이라 생각해주기 바란다.

- ○ 플레이어가 거래 버튼 중 하나 위를 호버링하면, 가격(또는 판매 버튼의 경우 금액)을 어딘가에 표시하라(3장, '플레이어와의 대화—유저 인터페이스'에서 했던 디자인에 영향을 미치므로 신중하게 결정해야 한다). 이것으로 플레이어는 액션을 취하기 전에 그것을 읽고 행동할 수 있다.

- ○ 타워를 선택하지 않으면 판매 및 업그레이드 버튼이 모두 활성화로 표시돼서는 안 된다. 이를 수정해 currentActiveTower 변수가 null인 경우 버튼을 비활성화로 표시하라.

13. **설정 메뉴 구현하기(파트 I):** 앞서 7장에서 이것을 연습으로 남겨뒀었다. 그러니 우리가 해야 할 일을 살펴보자. 가장 먼저 결정할 사항은 플레이어가 변경할 수 있는 설정과 방법(슬라이더? 드롭다운 메뉴? 토글?)이다. 특히 적어도 오디오 토글과 품질 설정 드롭다운 메뉴가 있어야 하며 여기에 여러분이 포함시키고 싶은 옵션이 있어야 한다. 그런 다음 UI의 완전한 디자인을 만들어라. 마지막으로 유니티에서 새로운 씬(또는 원하는 씬)을 만들고 UI 요소를 사용해 설정 화면을 구현한다.

14. **설정 메뉴 구현하기(파트 II):** 파트 I에서 우리는 디자인을 완성해 유니티 내에서 구현했다. 이제, 기능들을 구현해야 한다(오디오와 관련된 부분을 제외하고 말이다. 8장에서 다룰 것이다). 따라서 스크립트를 만들고 메인 메뉴에서 했던 것과 비슷하게 모든 기능을 구현한 다음 Inspector에서 이벤트를 사용해 UI 요소에 연결하라. 품질 설정과 오디오 설정을 수정하려면 공식 문서에서 이를 수행하는 방법을 검색하라(이것도 연습의 일부다). 또한 8장에서는 구현할 설정 종류에 대한 다른 아이디어를 제공할 수도 있다는 것을 염두에 두기 바란다.

15. **매직 넘버(Part I):** 6장에서 이미 매직 넘버에 대해 다뤘다. 설명도 없이 스크립트 내에 나타나는 확정된 숫자로, 가능한 한 피하는 것이 정석이다. 7장을 진행하는 동안 많은 매직 넘버를 남기게 됐으니 이를 제거해보자. 첫 번째 매직 넘버는 7로, 타워의 위치용 새로운 벡터를 만들 때 배치 스크립트에서 나온 것이다. 이 숫자는 카메라의 위치와 타워를 z축 어디쯤에 배치해야 하는지에 따라 달라진다. 따라서 동적으로 이 숫자를 연산하는 코드를 추가하라(그래서 카메라 위치나 타워의 z 깊이를 변경하기로 결정한다면 스크립트를 변경하지 않고도 해낼 수 있게 된다. 게다가 보너스로, 여러분은 다른 z 깊이의 레이어에 다른 종류의 타워를 둘 수 있는 가능성도 생기게 된다. 이 역시 여러분에게 유용할 수 있다). 구체적으로는 카메라의 z축에서 타워의 z축을 빼야 한다.

16. **매직 넘버(Part II):** CupcakeTowerScript의 Upgrade( ) 함수에 몇 가지 매직 넘버가 남아 있다. Inspector에서 설정할 수 있는 변수를 만들어 남아 있는 매직 넘버를 제거하라(예: 판매 가격이나 업그레이드 비용 증가).

▌ 요약

7장에서 우리는 서로 다른 스크립트 사이에 정보와 데이터를 교환하는 여러 가지 방법을 알아봤다. 그 과정을 통해 우리 타워 디펜스 게임의 구현도 완료했다.

판다는 플레이어의 케이크를 먹기 위해 케이크 쪽으로 걸어가고, 컵케이크 타워는 판다를 공격하고, 그 와중에 판다는 죽게 되고 주기적으로 스폰된다. 플레이어는 컵케이크 타워를 구매, 판매, 업그레이드할 수 있다. 메인 메뉴가 나타나며 플레이어는 지거나 이길수 있다. 자, 우리 게임은 끝났다. 그렇지 않은가? 아니면 더할 것이 있을까? 8장에서 알아보도록 하자.

08

케이크 너머에는
무엇이 있는가?

"알록달록한 컵케이크에서 맛있는 디저트에 이르기까지 소비자의 입맛을 사로 잡는 방법을 발견하라!"

8장 첫 번째 부분에서는 여러분의 게임을 어떻게 개선하면 좋을지에 대한 일련의 아이디 어를 제시할 것이다. 절 가운데 일부는 7장에서 이미 언급한 적이 있다. 코드도 같이 보 여주면서 자세하게 설명하려면 많은 시간과 공간이 필요했을 것이다. 불행히도 우리에 게는 그 기회가 주어지지 못했지만 말이다. 따라서 이러한 절을 연습 문제로 여겨줬으 면 한다. 사실 8장은 유일하게 '숙제'가 없다(몇 가지 명백한 연습이 있긴 하지만). 가장 관심이 가는 것을 마음껏 확장하고 구현해보기 바란다. 경험과 시행착오보다 더 좋은 가르침은 없다!

8장 후반부에서는 케이크 너머에 있는 여러분이 생각하지 못한 것을 발견하게 될 것이다. 실제로 게임 개발은 게임 그 자체에만 국한된 것이 아니다. 여러분이 고려해야 할 많은 것이 있다. 여기에는 팀워크, 플레이 테스팅, 마케팅 및 현지화^{localization}가 포함된다. 물론 이 책은 비디오 게임 마케팅에 관한 것이 아니지만, 그저 게임에 그치지 않고 그 너머에 있는 것을 시작할 발판을 마련한다!

마지막으로 이만큼이나 잘 따라온 독자 여러분 스스로에게 칭찬을 아끼지 말기를 바란다. 여러분은 실제로 타워 디펜스 게임을 완성했고 유니티에 대해 많은 것을 배웠을 뿐만 아니라 마지막 장을 읽기 위해 아직도 여기에 버티고 있다! 그러니 스스로 동기를 부여하기 위해 8장을 읽기 전에 케이크 한 조각을 가져오길.

▋ 게임 향상 및 개선

이 절의 목적은 게임의 잠재력과 방향을 제시하는 것이다. 결국 여기까지 온 여러분은 혼자서도 잘 해낼 수 있을 테니 모든 것을 자세히 설명하지 않을 것이다.

컵케이크 타워 개선

여기에서는 발포 정책이나 특별한 스프링클과 같은 새로운 아이디어와 방향을 모색해 컵케이크 타워를 개선할 수 있는 방법에 초점을 맞출 것이다.

발포 정책

2장, '컵케이크 타워 굽기'로 잠시 돌아가자. 이때 우리는 타워에서 가장 가까이에 있는 판다에게 발포하는 첫 번째 컵케이크 타워를 구현했다. 그러나 이것이 선택할 수 있는 유일한 정책은 아니다. 사실 플레이어에게 자신의 전략에 더 잘 맞는 정책을 고를 수 있도록 만들 수 있다.

이러한 정책에는 다음과 같은 것이 포함될 수 있다.

- 더 약한/강한 판다를 쏜다
- 헬스가 더 적은/더 많은 판다를 쏜다
- 범위 안에서 가장 멀리 있는 판다를 쏜다
- 범위 안에 처음 또는 마지막으로 들어오는 판다를 쏜다

마음껏 더 추가하고 스스로 구현하자.

 구현 방법

CupcakeTowerScript에서는 우리는 모든 판다(실제로는 콜라이더이지만 태그로 필터링한다)를 루프에 넣어 각각의 판다를 찾아 거리를 연산했다. 일부 개념은 앞의 리스트에 적용할 수 있다. 가장 멀리 있는 판다의 경우, min 변수 대신에 max 변수를 사용해 금방 산출할 수 있다. 더 약한/더 강한 경우와 헬스가 더 적은/더 많은 판다의 경우에도 마찬가지다. 여기에도 min 또는 max 변수가 있어야 하지만 거리 대신 PandaScript에서 일부 프로퍼티를 가져와야 한다. 범위 안에 들어온 첫 번째 또는 마지막 판다를 검색하는 경우는 조금 더 까다롭다. 사실 범위에서 들어오고 나가는 판다에 대한 데이터 구조가 있어야 하며, 그런 다음이 그 구조에서 발포 대상이 되는 판다를 색출해야 한다.

특수 스프링클

우리 게임에서 모든 스프링클은 이를 발포하는 컵케이크 타워에서 설정할 수 있는 데미지와 스피드를 가지고 있다. 하지만 더 많은 유형의 스프링클을 만들 수 있으며 이들 중 일부는 특수 효과를 가질 수 있다.

특수 효과로는 다음과 같은 것이 될 수 있다.

- **얼음**: 제한된 시간 동안 적을 얼려서 속도를 낮추기 위한 확률
- **독**: 판다에게 독을 뿌려 시간 경과에 따라 헬스를 감소시키기 위한 확률(보통은 단기간으로 사용함)

- **폭발**: 폭탄에 맞은 판다뿐만 아니라 주변에 있는 판다에게도 데미지를 입힌다.
- **치명타**: 판다의 남은 헬스와 상관없이 스프링클이 판다를 사살할 수 있는 확률. 하지만 방금 치명타를 입은 보스에게는 두 배로 데미지를 입히지 않는다.

여러분이 원하는 만큼 추가하길 바란다.

 구현 방법

상속을 사용해 ProjectileScript 클래스에서 파생된 특수 스프링클 클래스를 생성할 수 있다. 이 파생 클래스에는 해당 효과에 대한 추가 데이터가 포함될 수 있다. PandaScript 에서는 OnTriggerEnter2D( ) 함수에서 판다에 어떤 종류의 스프링클이 판다를 공격하는지 검색해 해당 정보를 가져와 판다에게 효과를 적용할 수 있다. 폭발 효과의 경우, 폭격된 판다는 가까운 곳에 있는 판다를 찾기 위해 Physics2D.OverlapCircleAll( ) 함수(CupcakeTowerScript에서와 같이)를 사용해야 한다.

또한 애니메이션을 적용해 멋지고 부드럽게 움직임을 만들 수 있다. 회전 애니메이션만으로도 충분히 멋져 보일 수 있다.

노후화 및 가격 책정 모델

타워가 노후화되지 않는다고 누가 말했는가? 컵케이크 타워는 생성되는 그 순간부터 끊임없이 판다에게 발포하게 되며, 이는 엄청난 노동 착취일 수 있다. 따라서 시간이 경과될수록 타워의 성능은 저하될 수 있으며 플레이어가 이를 판매하고자 할 때 가격 하락의 원인이 될 수도 있다.

여러분은 또다른 거래 옵션을 추가해 컵케이크 타워를 수리하고 원래의 성능으로 되돌릴 수 있다.

> **TIP 구현 방법**
>
> CupcakeTowerScript 내에 코루틴을 만들어 이를 구현한다. 이 코루틴은 일정 시간이 지난 후에는 타워의 스탯을 낮춤으로써 타워를 노후화시키고, 노후화는 결국 작동이 멈출 때까지 지속될 수 있다. 복구 기능도 구현하려는 경우, 복구 옵션이 실행된 후에 원래대로 복원할 수 있도록 타워의 원래 값을 어딘가에 저장해야 한다.

노후화 외에도 시간이 지남에 따라 변화하는 다양한 가격과 비용은 어떨까? 이상적으로는 실제 가격 모델을 만들고 싶겠지만 디자인에 많은 노력을 들여야 한다. 하지만 일단 만들어지면 높이 평가받게 될 것이다. 사실 이는 게임의 밸런스를 맞출 때 고려해야 할 사항이다.

> **TIP 구현 방법**
>
> 다시 CupcakeTowerScript에 코루틴을 만들 수 있다. 타워의 현재 상태(잠재적으로 게임의 상태)에 따라 비용이 변경된다. 결과적으로 거래 시스템이 이 값을 가져오면 모델 가격에 따라 업데이트된다.

유저 인터페이스의 개선

우리 게임의 유저 인터페이스 또한 향상시킬 수 있다. 예로써 플레이어에게 물리쳐야 하는 웨이브가 얼마나 남았는지를 알려주는 것을 생각해 볼 수 있다. 이런 종류의 정보를 추가하는 것은 매우 유용하다. 다음 단계는 그럼 이것을 어디에 둘 것인가이다. 이것은 심사숙고해야 할 또 다른 디자인 선택[1]이다. 3장, '플레이어와의 대화−유저 인터페이스' 에서 현재 UI를 디자인했을 때 잡았던 균형에 영향을 줄 수 있기 때문이다.

---

1 엔지니어링에서 디자인 선택은 문제에 대한 가능한 해결책을 일컫는다. 설계 작업(design task)과 규율 집합(설계 사양)이 주어지면 몇 가지 개념적인 설계를 할 수 있으며, 이러한 각각의 예비 개념은 잠재적인 디자인 선택이다. (출처: 위키피디아 https://en.wikipedia.org/wiki/Design_choice) − 옮긴이

따라서 가능한 한 많은 것을 고려해 게임 전체의 인터페이스를 반복해서 디자인하는 것이 좋다(거래 시스템의 가격 및 비용 표시 등을 포함. 7장에서 이에 대한 연습이 있었다).

 유저 인터페이스의 디자인 방법에 관한 정말 좋은 책은 제프 존슨(Jeff Johnson)의 『마음을 생각하는 디자인(Designing with the mind in mind)』(지앤선, 2013)이다. 그러나 이것은 많은 도서 중 하나일 뿐이므로 비디오 게임의 UI에 관한 다른 도서들도 확인해보기 바란다.

레벨 향상

여기서 우리는 레벨을 향상시키기 위해 할 수 있는 일에 중점을 둘 것이다. 이전 절의 컵 케이크 타워에 관해 말하면 더 많은 레벨, 적, 따라가야 할 경로 등을 포함한 새로운 아이디어와 방향을 모색할 것이다.

멀티 레벨

물론 여러분의 게임에는 둘 이상의 레벨이 있을 것이다! 지금까지 우리는 단 하나의 레벨만을 구현했지만, 여러분은 자신의 게임을 하나 이상으로 확장해야 한다.

이 단계쯤이면 여러분은 자신의 맵과 레벨을 만들 수 있다. 그러나 여기에 여러분에게 유용한 몇 가지 힌트와 고려 사항이 있다.

- static 변수는 영속적이라는 것을 잊지 말아야 한다. 따라서 씬을 변경할 때 그에 합당한 값을 다시 할당해야 한다.
- DontDestroyOnLoad() 함수를 사용하며 씬 사이에서 일부 오브젝트를 영속화할 수 있다(음악 관련 구현을 해야 할 때 유용하며, '오디오' 절에서 다시 살펴보겠다).
- 여러분은 디자인 선택을 해야 한다. 예를 들어 플레이어가 모은 슈거는 레벨이 바뀌어도 그대로 유지되는가? 그리고 플레이어의 헬스는?

대형 맵

너무 커서 전체를 화면에 표시할 수 없을 정도로 큰 맵을 게임에 구현할 수 있다. 이러한 경우, 유저가 카메라를 움직여 레벨을 이동할 수 있도록 하는 방법을 구현해야 한다(또는 카메라는 고정돼 있고, 나머지가 전부 움직이는 방법으로 구현할 수도 있다).

구현 방법

플레이어가 마우스를 드래그할 때 이를 감지해 마우스 움직임의 반대 방향으로 카메라를 움직이는—즉, 왼쪽으로 드래그하면 카메라는 오른쪽으로 움직인다—스크립트를 만들어 카메라에 어태치하면 된다.

다양한 경로

판다가 따라가는 패스를 특정 지점에서 갈라지게 하거나 다른 패스와 합쳐지게 하는 지도를 만들어보는 것도 좋다. 스포닝 지점을 더 만들 수도 있으며, 또는 케이크로 접근하는 길을 하나 이상으로 만들 수도 있다.

이 모든 것은 웨이포인트 시스템으로 처리할 수 있다. 사실 판다는 지도상에 있는 어떤 웨이포인트든지 반환할 수 있는 GetNextWaypoint( ) 함수를 호출한다.

따라서 웨이포인트 부모 클래스로부터 상속받은 다양한 웨이포인트를 생성할 수 있다. 갈라지는 길의 경우, 판다를 보낼 위치를 랜덤하게 선택할 수 있다. 다음은 경로가 두 갈래로 나뉠 때의 예를 보여주는 코드의 일부분이다.

```
[SerializeField]
private Waypoint waypoint1, waypoint2;

public override Waypoint GetNextWaypoint( ) {
  if(Random.Range(0,2) == 0) {
  return waypoint1;
```

```
}else {
  return waypoint2;
  }
}
```

그러나 여러분은 웨이포인트에 관해 자신이 생각해내는 것은 무엇이든지 구현할 수 있다! 또한 GetNextWaypoint( )가 예를 들어 판다 그 자체를 파라미터로 받아들이도록 할 수 있으며, 판다를 기반으로 해서 판다를 어느 웨이포인트로 보낼지도 결정할 수 있다! 해볼 수 있는 일은 근본적으로 많다. 그리고 단일 엔티티로 웨이포인트를 가지는 구조가 이러한 종류의 작업을 수행할 수 있게 해준다.

다양한 판다

판다 역시 한 종류로 국한할 수 없다. 초록색, 빨강, 보라색 판다도 만들 수 있다! 각각 다른 스탯을 가질 수 있다. 예를 들어 어떤 판다는 매우 느리고, 헬스 값이 크며, 케이크를 많이 먹을 수도 있다. 또 어떤 판다는 매우 빠르며, 헬스 값이 작고, 플레이어의 케이크에 도달하면 적당량을 먹을 수도 있다.

심지어는 다른 능력을 주는 것도 생각해볼 수 있다. 다시 한 번 상속 개념을 사용해 PandaScript에서 파생된 다른 판다 클래스를 구현할 수 있다. 그러나 스포닝 시스템 역시 변경해야 한다는 사실을 명심하기 바란다.

여러 모습을 지닌 보스

여러 종류의 판다 중에서 머리에 왕관을 쓴 거대한 판다를 레벨 끝에 추가해 물리칠 수 있다.

보스의 여러 모습은 유한 스테이트 머신으로 구성할 수 있으며, 헬스의 양이나 플레이어의 케이크와 얼마나 가까운지에 따라 다른 트랜지션이 트리거될 수 있다. 보스가 정말 화가 나면 컵케이크 타워를 먹어치우기 위해 경로를 벗어날 가능성도 있다!

더 나은 스포닝 시스템

여러 종류의 판다를 추가했으므로 우리가 만들었던 스포닝 시스템을 재구성해야 한다. 이상적인 솔루션은 디자이너가 쉽게 조작할 수 있도록 Inspector에서 각 웨이브의 배열을 표시하고, 각 웨이브마다 적의 종류별로 얼마나 많이 둘 것인지를 표시해주는 방법일 것이다. 다음 스크린샷과 같이 말이다.

```
SPAWNING SYSTEM

  WAVE #1
    RED PANDAS      [12                    ]
    BLUE PANDAS     [7                     ]
    GREEN PANDAS    [3                     ]

  WAVE #2
    RED PANDAS      [16                    ]
    BLUE PANDAS     [10                    ]
    GREEN PANDAS    [5                     ]

  WAVE #3
    RED PANDAS      [20                    ]
    BLUE PANDAS     [16                    ]
    GREEN PANDAS    [9                     ]
```

아마도 여러분은 유니티의 Inspector에서 이것을 만들 수 있을지 궁금할 것이다. 대답은 '그렇다'이다. 실제로 유니티 에디터는 확장 가능하다(8장 후반부에서 이에 대해 본다).

런타임에서의 난이도 전환

사랑받는 게임이 되기 위한 좋은 방법 가운데 하나는 게임의 난이도를 플레이어의 능력에 따라 런타임에서 전환하는 것이다. 사실 여러분은 플레이어가 게임을 비교적 수월하게 진행하고 있다면 난이도를 높여 도전할 수 있게 하고, 반대로 고군분투하는 플레이어는 도와줘야 한다.

난이도를 전환하는 법 중 가장 간단한 것은 if-chain을 포함하는 것이다. 이는 난이도를 높이거나 낮추기 위해 플레이어의 점수를 기반으로 한다. 가장 복잡한 알고리즘은 적응 학습 알고리즘을 포함하는 것이다.

▌더 나은 게임 개발자가 되기 위한 유니티 스킬의 연마와 확장

이 절에서는 여러분의 유니티 스킬을 향상시키고 우리가 만드는 타워 디펜스 게임을 포함한 모든 게임을 개선하는 방법에 대해 몇 가지 아이디어를 제공하고자 한다.

다른 팀원을 위해 쉽게 만들기

유니티에서 스크립트를 프로그래밍할 때는 여러분이 만든 코드를 다른 팀 구성원이 사용한다는 점을 명심해야 한다(8장 후반부에서 팀워크에 대한 자세한 내용이 있다). 그러므로 다음 사항에 유의하라.

- 프로그래머 동료를 위한 문서를 작성해 코드의 가독성을 높인다(나중에 '팀워크' 절에서 볼 수 있다).
- 디자이너가 사용하기 쉽도록 Inspector(커스텀 Inspector도 사용한다. 이 역시 후반부에서 다룬다)에 멋진 인터페이스를 만들어라(다음 절에서 살펴볼 이벤트 노출이 한 예다).

이벤트 노출하기

만약 여러분이 게임에 있는 다른 요소와 상호작용해야 하는 매우 멋진 스크립트를 프로그래밍하고 있다면, 실제로 스크립트에서 자신만의 이벤트를 노출할 수 있다.

먼저 다음 라이브러리를 코드에 추가한다.

```
using UnityEngine.Events;
```

이렇게 하면 다음과 같은 방법으로 이벤트를 선언하고 트리거할 수 있게 된다.

```
// Inspector에서 설정할 수 있는 테스트용 float 변수
public float myFloat;

// float을 파라미터로 전달하는 이벤트 클래스의 선언
[System.Serializable]
public class OnEveryFrame : UnityEvent<float> { }

//Inspector에서 볼 수 있는 변수 이벤트를 선언한다
public OnEveryFrame OnEveryFrameEvent;

// 매 프레임마다 호출되는 함수
void Update( ) {
  //매 프레임마다 트리거되는 이벤트
  OnEveryFrameEvent.Invoke(myFloat);
}
```

Inspector에서 보면 다음과 같다.

멋지지 않은가?

스프링클 풀링

유니티에서 게임 오브젝트를 인스턴스화하는 것은 느린 작업이다. 컵케이크 타워가 발포할 때마다, 새로운 스프링클이 인스턴스화된 다음 게임에서 제거된다.

훨씬 더 나은 솔루션은 최적화 기법인 오브젝트 풀링object pooling을 하는 것이다(2장, '컵케이크 타워 굽기'에서 이에 대해 언급했다). 개념은 게임이 시작될 때 고정된 수의 스프링클을 인스턴스화하고 그것들을 화면 밖에 두는 것이다. 컵케이크 타워가 스프링클을 발포할 때, 풀pool에서 스프링클을 꺼내어 발포한다. 스프링클이 파기destroy돼야 할 때, 스프링클은 다시 화면 밖 풀로 옮겨져 다른 타워에서 다시 사용할 수 있게 된다.

발포하는 타워가 많이 필요한 시나리오에서는 게임 성능을 크게 향상시킬 수 있으며, 특히 모바일 플랫폼을 타깃으로 하고 있다면 더욱 유용하다.

데이터 저장

지금까지 게임용 데이터 저장에 대해서는 언급하지 않았다(불행히도 이 책에서 모든 것을 전부 다루지는 못했다). 그렇지만 유니티에는 PlayerPrefs(공식 문서: https://docs.unity3d.com/ScriptReference/PlayerPrefs.html)라는 클래스가 있어서 점수와 같은 게임 세션 사이의 값을 저장하는 데 유용하다.

많은 것을 저장해야 한다면 원하는 포맷의 파일로 저장하는 자신만의 솔루션을 구현해야 한다. 유니티는 여러 버전 이전부터 XML을 유니티 내부에서 문제없이 사용할 수 있는 빌트인built-in 지원을 제공하며, 최근 유니티는 JSON 파일에 대한 빌트인 지원을 포함하고 있다.

마지막으로 온라인 데이터베이스와 같이 클라우드에 데이터를 저장하는 것도 고려해야 한다.

디버깅

버그를 고치는 작업은 고역이지만, 여러분에게는 아주 강력한 지원군인 콘솔console이 있다. 이 툴의 가치를 과소평가하지 마라. 콘솔은 다양한 상황에서 여러분을 구할 수 있기 때문이다. 처음에는 로깅logging이 무슨 의미가 있나 싶겠지만 시간이 지나면 그 메시지를 해석해 버그를 빠르게 수정하는 방법을 배우게 될 것이다.

콘솔을 사용하는 또 다른 좋은 방법은 디버그 로그를 삽입하는 것이다. 유니티에서는 Debug 클래스를 사용해 프린트할 수 있다. 다음은 그 예다.

```
Debug.Log ("콘솔에 인쇄될 문자열이다.");
```

이 코드 라인을 전략적인 곳에 배치하면 버그를 식별하고 결국 수정할 수 있다.

리모트 로그

다른 플랫폼으로의 배포를 염두에 두고 있다면 유니티에서 강력한 지원군(콘솔)을 원격으로 사용할 수 있다. 예를 들어 안드로이드 디바이스의 경우 이것을 읽을 수 있다(실제로 ADB 연결을 사용해 콘솔뿐만 아니라 디버거를 가질 수 있다).

https://docs.unity3d.com/Manual/AttachingMonoDevelopDebuggerToAnAndroidDevice.html

아니면, 자신의 솔루션을 구현해 콘솔 로그를 표시하거나 다른 사람이 작성한 코드를 체크아웃할 수 있다. 예를 들어 다음의 무료 에셋을 한번 확인해보길 바란다.

https://www.assetstore.unity3d.com/en/#!/content/12294

릴리스 버전 정리

그러나 최종 버전에서는 이러한 코드 라인을 제거해야 한다는 것을 잊어서는 안 된다. 그렇지 않으면 다른 곳에 사용했을 수 있는 연산 리소스를 소모하게 된다.

디버그 문statements을 처리하는 가장 좋은 방법은 디버그 메시지를 프린트하는 또 다른 클래스를 만드는 것이다. Diagnostics 라이브러리를 include하면 다음 클래스와 같이 조건부 어트리뷰트attribute를 정의할 수 있다.

```
using UnityEngine;
using System.Diagnostics; // 조건부 어트리뷰트에 필요하다
public class myDebug : MonoBehaviour {
  [Conditional("DEBUG_MODE")] // 조건부 어트리뷰트
  public static void Log(string message) {
    // 콘솔에 메시지를 프린트한다
    UnityEngine.Debug.Log(message);
  }
}
```

이렇게 하면 이전 코드 대신에 다음의 코드 라인을 사용할 수 있다.

```
myDebug.Log("Hello World");
```

이 라인은 게임 내에서 DEBUG_MODE 어트리뷰트가 정의된 경우에만 컴파일된다.
Edit ❯ Project Settings ❯ Player를 차례로 선택하면 게임에 어떤 어트리뷰트가 있는지 확인할 수 있다. 다음 스크린샷에서 강조 표시된 어트리뷰트/심볼을 정의하는 위치를 찾을 수 있으며, 보다시피 나는 DEBUG_MODE 어트리뷰트도 추가했다(게임을 런칭하기 전에 제거해야 한다).

> **TIP** 이 시스템을 제대로 구현하기 위해 다음 링크에 있는 코드를 확인해보기 바란다.
> https://gist.github.com/kimsama/4123043

스크립트 간 통신에 대한 추가 정보

7장에서는 스크립트가 서로 통신할 수 있는 다양한 방법을 살펴봤지만 유니티에는 그 외에도 다른 방법이 많이 있다. 그중 하나는 함수를 트리거하는 메시지다. 사실 게임 오브젝트에 어태치된 스크립트에 어떤 함수가 있는 경우 그 함수를 트리거하라는 메시지를 게임 오브젝트에 보낼 수 있다.

그러나 이것은 스크립트 사이에서 통신하기 위해 (연산 측면에서 볼 때) 많은 비용을 쓰는 방법이며 꼭 필요한 경우에만 사용해야 한다.

또한 유니티는 하나 이상의 메시지 시스템을 제공하며 각 시스템마다 장점과 단점이 있다.

어느 쪽이든 이 시스템은 커스텀 메시지 시스템을 만드는 데 사용할 수 있다. 이 메시지 시스템은 특정 이벤트가 발생할 때 많은 스크립트에 메시지를 브로드캐스트^{broadcast}할 수 있는 좋은 방법이다. 예를 들어 런타임에서 난이도를 전환해야 할 때 여러 스크립트는 이 변경 사항을 알아야 한다(자세한 내용은 '런타임에서의 난이도 전환' 절 참조). http://wiki. unity3d.com/index.php/Advanced_CSharp_Messenger와 같이 온라인에서 다양한 구현 방법을 찾을 수 있지만 나는 직접 작성해보는 것을 강력하게 권한다. 스스로 해보면 더 많은 것을 배우기 때문이다. 예를 들어 다음 튜토리얼을 따라 해보는 것도 좋다.

https://unity3d.com/kr/learn/tutorials/topics/scripting/events-creating-simple-messaging-system

코드 문서화하기

팀에서 작업하는 경우 자신이 작성한 모든 코드에 알맞은 주석을 달아야 한다. 문서를 자동으로 생성하는 데 도움이 되는 툴이 있지만, 모든 것에 주석을 다는 정성을 들여야 한다! 요약 태그를 사용하는 것도 좋다. 나는 이 책에 있는 타워 디펜스 게임 프로젝트를 만드는 코드의 가독성을 높이기 위해 요약 태그를 사용하지 않았지만 말이다. https:// msdn.microsoft.com/library/2d6dt3kf.aspx

어느 것을 사용하더라도 코드를 작성할 때 종종 서로 상반되는 성능과 가독성 사이의 밸런스를 언제나 유지해야 한다. 문서화가 충분히 잘 돼 있으면, 제아무리 코드를 읽을 수 없게 만드는 복잡한 성능 최적화일지라도 이해할 수 있게 된다. 스스로 작성한 코드에 품위를 유지하는 것은 코드 작성 시 지켜야 하는 원칙이 돼야 한다는 사실을 명심하기 바란다.

게임 보호

게임을 만들고 나면 불법 복제 및 해킹으로부터 보호하고 싶을 것이다. 이에 관해서는 아주 많은 글뿐만 아니라 이에 대한 다양한 의견도 있다. 이러한 시스템에 대한 주요 비판 중 하나는 해커의 삶뿐만 아니라 합법적인 플레이어의 삶까지도 더 어렵게 만든다는 것이다. 게임은 결국 크랙되게 돼 있고 여러분은 화가 난 플레이어와 함께하게 될 것이다. 그와 반대로, 게임에서 발생하는 주요 수익금은 출시일로부터 첫 번째 달에 발생하므로 (온라인 게임이 아닌 게임에서의 이야기다) 한 달 동안 지속되는 보호 시스템은 제 몫을 한 것이라는 의견도 있다.

 (플레이어와 해커 모두에게) 가장 유명한 게임용 불법 복제 방지 시스템은 데누보(Denuvo)(www.denuvo.com)다. 데누보는 무수한 비판을 받지만, 많은 게임이 출시되자마자 크랙되는 것을 막아 왔으며 지금도 해킹하는 것이 어렵다. 이 시스템으로 보호된 게임 리스트는 위키피디아 https://en.wikipedia.org/wiki/Denuvo에서 볼 수 있다(현재 크랙됐는지와는 상관없다). 데누보는 안티-탬퍼(Anti-Tamper)이며 DRM(Digital Rights Management, 디지털 권리 관리) 시스템이 아니라는 사실은 흥미롭다(DRM은 유저에게 합법적인 게임 복사를 묶어 놓는다). 안티-탬퍼는 DRM 시스템을 바이패스(by-pass)하기 위해 리버스 엔지니어링하는 것을 어렵게 만든다.

하지만 자신의 게임에 보호 장치를 두겠다고 결정했지만 스스로 이 시스템을 개발할 시간이 없다면 에셋 스토어에서 비싸지 않으면서도 유용한 시큐리티 툴을 구매할 수 있다. 안티-치트 툴킷^{Anti-Cheat Toolkit}(www.assetstore.unity3d.com/en/#!/content/10395)이나 플레이어프렙스 엘리트^{PlayerPrefs Elite}(www.assetstore.unity3d.com/en/#!/content/18920)와 같은 것이 있다.

 앞서 언급한 데누보 같은 고급 보호 시스템의 경우 가격이 상승해 인디 게임 개발자가 그중 하나를 지불하기가 어려워졌다. 결론적으로 말하자면 보호 시스템에 예산 일부를 사용하기에 앞서 자신의 게임에 필요한지 신중히 생각하기를 바란다.

다음 링크는 DRM 시스템에 대한 역사적 개요를 짧고 재미있게 소개하고 있다.
https://www.youtube.com/watch?v=HjEbpMgiL7U

하나 이상의 플랫폼에 빌드하기

여러 플랫폼에서의 게임 런칭을 고려하고 있다면 타깃이 되는 서로 다른 플랫폼을 꼼꼼하게 검토해야 한다. 그 플랫폼은 터치 입력이 있는지? 컨트롤러를 지원하는가? 이를 토대로 하나 이상의 플랫폼에서 작동할 수 있도록 애플리케이션의 코드를 수정해야 한다.

유니티에서는 특정 방식으로 코드를 컴파일하기 위해 특정 어셈블리 지시문을 삽입할 수 있다. 예를 들어 게임을 윈도우가 아니라 안드로이드용으로 빌드할 때 코드의 극히 일부만 특정 방식으로 컴파일해야 할 수도 있다. 다음은 공식 문서의 관련 링크다. https://docs.unity3d.com/Manual/PlatformDependentCompilation.html

빠르게 디바이스에서의 프로토타이핑(prototyping)을 하려면 몇 가지 에뮬레이터를 고려해야 한다(8장 후반부에서 설명할 것이다). 그러나 유니티는 유니티 리모트(Unity Remote)라는 안드로이드 디바이스용 애플리케이션을 제공한다(플레이 스토어 https://play.google.com/store/apps/details?id=com.unity3d.genericremote에 있음). 이 애플리케이션은 USB 연결을 통해 유니티 에디터에서 디바이스로 직접 게임을 테스트할 수 있다.

입출력 디바이스

플레이어는 여러분이 만든 게임을 플레이하기 위해 무엇을 사용하고 게임 플레이 중에 어떻게 사용할 것인가? 콘솔에서 주변기기에 이르기까지, 게임에 활용할 수 있는 하드웨어 디바이스는 다양하다. 여러분의 아이디어와 플랫폼 선택을 구체화할 때 염두에 두어야 할 기본적인 입출력 디바이스 리스트를 준비했다.

- Xbox(360, One)
  - 키넥트
  - 컨트롤러(유선, 무선)
  - 다양한 주변기기(마이크, DJ 컨트롤 스테이션, 기타^{guitar} 등)
- Playstation(1, 2, 3, 4)
  - 무브 컨트롤러
  - 아이토이^{EyeToy}
  - 컨트롤러(유선, 무선)
  - 다양한 주변기기(마이크, DJ 컨트롤 스테이션, 기타 등)
- Wii
  - 컨트롤러/쌍절곤
  - 모션 센서
  - 밸런스 보드
  - 다양한 주변기기 및 추가 구성품(마이크, DJ 컨트롤 스테이션, 기타, 자동차 핸들, 운동 기구 등)
- Mac/PC
  - 운영체제(OS X, Windows, Linux)
  - 그래픽 카드
  - 비디오 카드
  - 마더 보드
  - 사운드 카드
  - 네트워크 카드
  - 프로세서
  - 하드 디스크
  - 마우스
  - 키보드

- 스크린
- 조이스틱
- 컨트롤러
- 다양한 주변기기(조종용 핸들)

- 휴대용 디바이스(핸드폰, 태블릿)
  - 안드로이드
  - 애플
  - 윈도우

- 오디오 디바이스
  - 스피커
  - 헤드셋

- 네트워크 연결
  - 초고속 인터넷
  - 랜^{LAN} 연결
  - 모바일 네트워크
  - 와이파이
  - 블루투스

- 가상현실^{VR} 헤드셋(오큘러스 리프트$^{Oculus\ Rift}$ 또는 HTC 바이브^{Vive})
  - 헤드 트래킹
  - 터치 컨트롤러
  - 오큘러스 리모트(오큘러스 리프트 전용)
  - 카메라(HTC 바이브 전용)

- 립 모션$^{Leap\ motion}$
  - 손과 제스처 트래킹

- 브레인-스캐닝 헤드셋(예: 이모티브 헤드셋$^{Emotiv\ headset}$)
  - 뇌파검사^{Electroencephalography}

유니티에서의 가상현실

최근 유니티 버전은 가상현실 디바이스를 지원한다(오큘러스 리프트, HTC 바이브 또는 삼성 기어Gear 등).

유니티에서 가상현실을 개발하려면 먼저 전용 SDK를 다운로드해서 설치해야 한다. 그런 다음 탑 메뉴 바에서 Edit ❯ Project Settings ❯ Player를 차례로 선택한다. Other Settings 아래에 Virtual Reality Supported 옵션이 있다. 이것을 체크하고 옵션 밑에 있는 메뉴에서 사용하고자 하는 SDK를 선택하면 된다. 다음 스크린샷은 오큘러스 SDK를 사용할 때의 예이다.

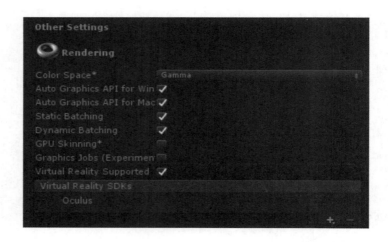

게임 밸런스

게임 밸런스를 맞추는 것을 잊지 마라. 이 작업은 매우 중요하며 여러분이 만든 게임의 성공 여부를 좌우하는 것이다. 게임 밸런스를 잘 맞추기 위해서는 수도 없이 많은 플레이 테스트를 거쳐야 한다(나중에 이에 관해 더 자세히 보겠다).

우리가 같이 CO-OP 게임을 하고 있으며 내게는 마법 완드, 스페셜 파워, 무적 모드

invincibility가 있다고 상상해보자. 한편 여러분에게는 손전등이 있다고 하자. 그 손전등이 내가 가지고 있는 모든 것의 소형 버전이 아니라면 불행히도 여러분에게는 균형 잡힌 상태가 분명히 아니다. 이 문제는 두 명 또는 멀티 플레이어일 때에만 해당되는 것이 아니라 AI의 능력이 너무 높아서 그들을 물리치는 데 여러분의 모든 리소스를 쏟아부어야만 하는 (그것도 가능하다는 전제하의 얘기지만) 단일 플레이어일 때에도 마찬가지다. 다른 플레이어들은 별 문제없이 파워 업을 얻는 데도 누군가에게만 이를 얻을 수 있는 기회가 제한된 경우에도 마찬가지 문제가 발생한다.

게임의 밸런스를 잡는 것은 여러 가지 이유에서 중요하다. 동등한 플레이 필드를 제공하고 모든 사람이 똑같이 이기고, 지고, 진행할 기회를 가져야 하기 때문이다. 여러분이 만든 게임이 반복될 때마다 그 다음에 이어지는 업데이트(특히 중요한 것을 변경하는 경우)를 할 때마다 게임 밸런스가 적절히 이뤄졌는지 확인하라. 혼자 하는 게임과 CO-OP 게임의 경우, 플레이 테스트로 해결할 수 있는 것이다. 대규모 MMO의 경우, 플레이 테스트를 할 수는 있지만 사람들이 더 오랫동안 플레이하고, 게임 월드를 탐험하고, 캐릭터를 개발하고, 업그레이드하는 등 게임 월드를 진행하면서 밝혀지는 불균형이 분명 있을 것이다.

게임 밸런스를 맞추는 여러 가지 방법 중에 시도할 수 있는 것은 비용 분석을 통한 접근법이다. 이 접근법은 게임의 여러 기능을 추가, 제거 및 대체하는 것으로 시작할 수 있다. 예를 들어 새로운 캐릭터를 추가하는 대신 기존 캐릭터를 더 강력하게 만들거나 더 파워풀한 버전으로 교체할 수 있다. 따라서 Special Wizard 대신 Epic Wizard로 대체하라. 그렇지 않으면 Special Wizard를 전부 없애거나 Elemental Wizard와 같은 다른 타입을 추가할 수 있다. 각각의 경우, 그들의 능력은 변경(혹은 제거)되고 그 결과 다른 캐릭터가 그들에 대항해 어떻게 전투를 펼치는지를 포함한 플레이 전반에 걸쳐 영향을 미치게 될 것이다. 이에 대한 실제 예로는 〈클래시 오브 클랜Clash of Clans〉 및 〈클래시 로얄Clash Royale〉과 같은 게임이 있다. 이 게임들에서는 게임 플레이의 균형을 맞추기 위해 정기적으로 조정이 이루어지고 있다.

더 자세한 내용을 보려면 다음 링크를 확인하라. https://gamedesignconcepts.
wordpress.com/2009/08/20/level-16-game-balance

유니티 에디터의 확장

유니티 에디터는 실제로 확장할 수 있다. 사실 일부 스크립트는 유니티 에디터 라이브러리를 사용해 모든 에디터 관련 함수에 접근할 수 있다. 다음의 코드라인을 스크립트 시작 부분에 추가해 임포트하면 된다.

```
using UnityEditor;
```

이것은 매우 강력한 툴로, 여러분이 원하는 커스텀 기능을 구현하거나 스크립트에 쉬운 인터페이스를 제공할 수 있다.

다음 링크는 이에 관한 공식 문서다.

https://docs.unity3d.com/Manual/ExtendingTheEditor.html

하지만 이 절은 확장에 대한 주제를 다루고 있으므로 블로그에 포스트된 튜토리얼이나 관련 도서를 구입해 읽어보기를 권한다. 팩트출판사에서 출간한 안젤로 태드스 Angelo Tadres의 『Extending Unity with Editor Scripting』(2015)과 같은 도서도 있으니 다음 링크에서 살펴보기 바란다. https://www.packtpub.com/game-development/extending-unity-editor-scripting

멀티 플레이어와 네트워킹

친구와 함께 컵케이크 타워를 짓고 단 걸 좋아하는 판다의 웨이브를 협력해 헤쳐 가면 재미있지 않을까? 둘 중 한 명이 판다를 제압하고 다른 한 명은 컵케이크 타워를 제어할 수 있다면 정말 멋지지 않을까? 전 세계 여러 플레이어를 함께 연결할 수 있다면 어떨까? 이 모든 시나리오는 여러분의 게임을 네트워크를 통해 잠재적으로 여러 플레이어가 사용할 수 있는 멀티 플레이어 게임으로 탈바꿈시키면 실현할 수 있다.

유니티는 멀티 플레이어 게임을 위한 다양한 빌트인 함수를 제공하지만 예상하는 것만큼 쉽지는 않다. 하지만 돈이 있다면 멀티 플레이어 게임을 더 쉽게 관리할 수 있는 타사 플러그인도 많으니 고려해보라. 유니티의 에셋 스토어에 아주 많이 있다!

둘 중 어떤 경우에도 멀티 플레이어 게임을 프로그래밍하는 것은 쉽지 않다. 서버, 클라이언트, 보안 프로토콜 등과 같은 많은 부분이 완벽하게 작동해야 하며 이는 절대 간단한 문제가 아니기 때문이다. 이처럼 멀티 플레이어와 네트워킹은 게임 개발에서 가장 어려운 주제 중 하나다(그렇지만 가능하다. 불가능하다면 여러분 주변에 그렇게 많은 온라인 게임이 있을 리 없다).

멀티 플레이어 프로그래밍의 원리를 이해하는 가장 좋은 방법은 관련 도서를 읽는 것이고, (유니티의 빌트인 함수를 사용하는 경우라면) 다음에 있는 공식 문서를 읽는 것이다. https://docs.unity3d.com/Manual/UNet.html

연습은 완벽을 만든다

그 누구도 게임 프로그래밍이나 유니티에 대한 지식을 갖고 태어나지 않는다. 이를 얻기 위해서는 열심히 노력해야 하며 얼마나 경험했는지에 관계없이 새로이 배워야 하는 것은 언제나 있다(1장, '유니티의 평면 월드'에서 언급했듯이).

숙련된 게임 개발자가 되기 위해서는 어디에서나 배울 점이 있기 때문에 (인생의 모든 것이 그렇듯이) 계속 연습해야 한다. 자신에게 도전하고, 프로젝트에서 작업하고, 스스로에게 숙제를 내야 한다. 사실 이 책에서는 숙제를 제공했지만, 종종 여러분 스스로가 자신의 선생님이 돼야 하며 숙제를 통해 기술을 향상시켜야 한다.

이러한 과정 속에서 우리를 앞서 나간 사람들로부터 배우는 것을 잊지 말아야 한다. 그러다 보면 대부분의 경우에 탁월한 효과가 있는 몇 가지 방법과 기술을 발견하게 된다. 사실 여러분은 자신만의 모범 사례를 배우고 개발해야 한다. 유니티의 경우 다음 링크를 방문하는 것으로 시작할 수 있다. https://docs.unity3d.com/Manual/BestPracticeGuides.html

▌ 게임 분위기 개선하기

혹시 게임을 하거나 영화를 볼 때 거기 있는 것처럼 느껴지고 몰입돼 완전히 그 세계의 일부가 되는 것처럼 느껴진 적이 있는가? 한순간이라도 말이다. 이것은 모두 분위기와 관련이 있다. 분위기를 제대로 만드는 데는 여러 가지 요소가 필요하다. 그저 어떻게 보이는가 하는 것뿐만 아니라 어떻게 들리는지도 연관된다. 또한 플레이어에게 무언가를 전하는 방식에도 영향을 받는다. (촉각 인터페이스에 대한 연구가 많이 이뤄지고 있지만) 유감스럽게도 아직까지는 촉각을 자극하거나 맛을 보거나 냄새를 맡을 수 없다(유비소프트Ubisoft에서 만든 프로토타입 디바이스인 노슬러스Nosulus는 예외이며 http://nosulusrift.ubisoft.com에서 찾을 수 있다). 따라서 그들이 어떻게 보이고 소리가 나는지가 분위기를 결정짓는다!

비주얼

게임이 몰입감을 주기 위해 반드시 놀랍게 보일 필요는 없지만 납득이 가는 시각적 환경을 제공해야 한다. 비주얼은 스카이박스skyboxes에서 미적 스타일의 오브젝트 및 환경에 이르기까지 그 범위가 넓다.

컬러 스킴

컬러는 무드를 표현하며, 그림 수업을 받은 사람이라면 누구나 초반에 컬러가 보는 사람에게 감정을 표현하는 데 도움이 된다는 것을 배운다. 컬러에 대한 고유한 해석은 없지만, 관례를 따라 여러분의 게임 전체에 적용할 수도 있다. 컬러 스킴^{Color schemes}을 개발하기 위한 훌륭한 툴은 (3장, '플레이어와의 대화—유저 인터페이스'에서 다뤘듯이) 어도비 컬러 CC^{Adobe Color CC}, https://color.adobe.com이다.

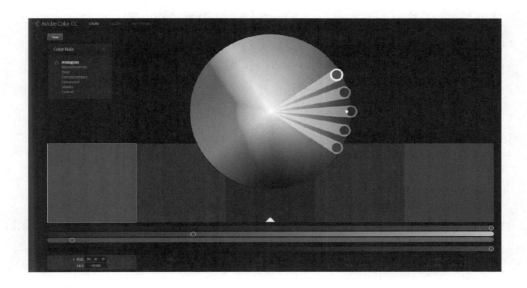

 우리의 감정과 관련된 색의 개념은 1980년 최초로 감정의 색상환(color wheel)을 만든 로버트 플루치크(Robert Plutchik)라는 사람에게서 비롯된 것임을 알고 있었는가?

숙제

몇몇 게임들을 살펴보라. 다른 색상보다 훨씬 많이 사용하는 특정 색상이 있는가? 그렇다면 컬러를 반대로 변경하면 어떻게 되는가? 예를 들어 게임에 파란색이 많이 사용된다면 그것을 빨간색이나 노란색으로 변경하면 어떻게 되는가? 어떤 오브젝트가 특정 색상에 의해 영향을 받는지 리스트를 만들어라. 왜 그런가 또는 왜 그렇지 않은가? 만약 그렇다면/그렇지 않다면, 그들의 색상을 변경했을 때 분위기에는 어떤 영향을 미치는가?

라이트

빛이 가득 찬 방으로 들어가면 신선하고 활력이 넘치며 긍정적인 느낌을 받을 것이다. 반면 빛이 하나도 없는 어두운 방으로 걸어 들어가면서 안에 무엇이 있는지, 얼마나 큰지 판단해보자. 이때는 다소 위압감이 느껴질 수 있다. 같은 방임에도 불구하고 서로 다른 조명 조건 때문에 매우 다른 분위기가 된다. 소리와 같은 다른 감각 자극과 함께 사용하면 더욱 무섭게 만들거나 굉장히 기분을 좋게 만들 수 있다. 물론 이들은 여러분이 가진 고정관념적인 환경이다. 어두운 방은 적으로 가득하다는 것이 고정관념인 것처럼, 조명이 잘 돼 있는 방에서는 어떤 끔찍한 일도 절대 일어나지 않을 것이라는 보장은 없는 것이다. 이는 특히 3D 환경에서 위험이나 평화의 감각을 전달하는 방법을 이해하는 데 있어 고려해야 할 사항이다.

유니티에서의 라이트

유니티에서는 씬 안에 배치할 수 있는 다양한 종류의 라이트를 구현할 수 있다. 라이트는 3D 게임과 많이 연관돼 있어 이에 대해서는 언급하지 않았지만 UI(그리고 2D 게임)에도 사용할 수 있다.

이전 절에서 언급했듯이 씬에 사용하는 라이트는 분위기 조성을 위한 하나의 예술 표현으로 간주해야 한다. 놀랍게도 멋지게 보이는 씬에는 현실적인 라이트가 전혀 없다. 게임 개발에 있어 많은 것이 그렇듯이, 라이트는 보통 비용이 많이 드는 편이여서 성능과 상충 관계에 놓인다. 리얼타임으로 연산하는 경우는 특히 그렇다. 사실 가장 많이 사용되는 기법 중 하나는 라이트를 '굽는bake' 것 즉, 라이트를 미리 연산해두는 것이다. 물론 이 방법에는 한계가 많아 중간 솔루션 역시 생겨났다. 우수한 레벨 디자이너라면 CPU와 GPU에 과부하가 걸려 프레임 속도가 떨어지지 않도록 씬에 적절한 종류와 개수의 라이트를 배치할 수 있어야 한다.

유니티에서의 라이트 사용 예. 〈디바인 유니티 신전(Divine Unity Shrine)〉, 샤도우드 프로덕션(Shadowood Productions)

더 깊이 파고들지는 않겠지만, 다음 링크에서 라이트와 관련된 내용을 더 읽을 수 있다.

- https://unity3d.com/kr/learn/tutorials/topics/graphics/lighting-overview
- https://docs.unity3d.com/Manual/LightingOverview.html
- https://unity3d.com/kr/learn/tutorials/topics/graphics/introduction-lighting-and-rendering

숙제

자신이 좋아하는 게임의 특정 부분을 생각해보라. 그 부분이 어딘가의 내부나 외부일 수 있지만, 단일 위치여야 한다. 이제 다른 게임에서 비슷한 곳을 찾아라. 예를 들어 연구 시설을 선택하자. 〈포털Portal〉과 〈하프-라이프Half-Life〉와 같은 게임에서 찾은 것을 서로 비교하라. 적어도 다섯 가지 다른 예를 찾을 때까지 계속한 다음, 각 씬의 라이트에 주의를 기울여라. 서로 비슷한가 아니면 다른가? 그들은 같은 의미를 전달하는가 아니면 다른 것을 전달하는가? 처음 해보는 게임의 경우 환경에 대한 이해를 얻기 위해 온라인 플레이스루playthrough를 시청하라.

환경

여러분이 만든 게임은 우리가 살고 있는 지구에서 얼마나 동떨어진 세계인가? 격리된 지하 감옥, 머나먼 성, 마법에 걸린 숲, 아니면 산과 황홀한 경관을 지닌 외계 유토피아 세계에 있는가? 환경을 전달하는 방법이 분위기에 더해질 수 있다. 예를 들어 사막을 만들기 위해 반드시 큰 모래톱이 있어야 하는 것은 아니다. 거기에는 (거의 없더라도) 초목, 동물, 때에 따라 잔해가 있을 수 있다. 그러나 화성에 있는 사막은 이집트나 호주에서 볼 수 있는 사막과는 전혀 다르다. 산, 폭포, 언덕, 얼어붙은 땅, 숲, 지구 표면 아래에서도 마찬가지다.

상세하게 묘사된 숲의 예. 이미지 출처: 〈언리얼 엔진〉의 오픈 월드 데모 컬렉션

미니멀하게 표현된 환경이지만, 씬을 둘러싼 분위기는 충분히 느낄 수 있다. 이미지 출처: 〈알토스 어드벤처(Alto's Adventure)〉
(www.altosadventure.com)

숙제

라이트에서 했던 것과 비슷한 것을 환경에서도 생각해볼 수 있다. 다양한 유형의 숲을 살펴보라. 숲의 밀도가 높은가 아니면 낮은가? 플레이어가 따라갈 만한 길이 있는가 아니면 없는가? 야생 동물로 가득한가 아니면 비어 있는가? 숲이 어떻게 구성돼 있는지 주의 깊게 살펴보고, 왜 이렇게 설정됐는지 생각하라. 이런 연습은 여러분이 자신만의 환경을 어떻게 디자인하면 좋을지에 대한 아이디어를 줄 것이며, 어떤 것이 효과를 거둘 수 있는지 또는 그렇지 않은지, 그리고 같은 환경에 다른 시도를 해봄으로써 영감을 줄 수도 있다.

특수 효과

마술사가 자신의 손이나 지팡이를 움직일 때 아무 일도 일어나지 않으면 약간 정신이 나간 사람처럼 보일 수 있듯이, 마법 효과를 일으키지 못하는 주문(spell)은 아무것도 아니다. 특수 효과는 액션에 특별한 무언가를 추가한다. 또한 플레이어가 뭔가를 했을 때 약간의 피드백을 제공한다. 예를 들어 플레이어가 치명적인 주문을 외우면 적어도 엄청난 일이 일어날 것이라는 기대를 하게 된다. 자신을 치료할 때와 같이 눈에 덜 띄는 효과일지라도 더 몰입감을 줄 수 있는 경험을 만들기 위해서라면 힘들더라도 해내야 한다.

파티클 시스템

유니티에는 씬의 분위기를 조성하는 데 사용할 수 있는 훌륭한 빌트인 파티클 시스템이 있다. 다음은 게임에 구현할 수 있는 다양한 종류의 파티클 효과를 리스트로 정리한 것이다.

- 불꽃놀이
- 비
- 눈^{snow}
- 반딧불이
- 불티
- 먼지
- 거품
- 연기
- 이파리
- 불

물론 이것들은 단지 몇 가지 제안일 뿐이다. 실제로는 무엇이든지 파티클 효과가 될 수 있다. 혹시 판다가 이런 식으로 만들어진 것인지도 모른다. 맥락상 이상하지 않게만 설정된다면 말이다.

파티클 시스템은 일반적으로 게임에 추가하면 적지 않은 연산 비용이 들어가지만 게임의 시각적 측면을 확실히 향상시키는 방법이다.

파티클 시스템을 사용해 유니티에서 만든 불꽃놀이. 이미지 출처: 유니티 5.5의 불꽃놀이 쇼케이스 비디오

 유니티 5.5부터 새로운 라이트 모듈이 구현됐다는 것을 알아두길 바란다. 그 결과, 파티클 시스템의 파티클은 이제 라이트를 캐스트할 수 있게 돼 놀라운 이펙트를 만들어낼 수 있게 됐다. 파티클 시스템의 새로운 기능을 보여주는 유니티 5.5의 베타 버전의 쇼케이스에 있는 세 가지 비디오를 보기 바란다.

- 불꽃놀이: https://www.youtube.com/watch?v=xAzmNo2fxWA
- 불티: https://www.youtube.com/watch?v=copE2b_XfTc
- 지나간 자국: https://www.youtube.com/watch?v=rQpgaP-r_lc

파티클 시스템에 대한 공식 문서는 다음에 있다.

https://docs.unity3d.com/Manual/ParticleSystems.html

반면 파티클 시스템을 시작하는 데 도움이 될 만한 입문용 튜토리얼은 여기 있다(유니티 이전 버전이긴 하지만 많은 개념이 새로운 유니티 버전에도 적용돼 있다).

https://unity3d.com/kr/learn/tutorials/topics/graphics/particle-system

포스트 프로세스(사후 처리)

포스트 프로세싱 이펙트는 (연산 관점에서 볼 때) 상대적으로 저렴한 비용으로 게임의 시각적인 측면을 크게 향상시킬 수 있다. 다음은 유니티의 공식 문서에서 가져온 예로, 포스트 프로세스가 없는 씬과 같은 씬에 포스트 프로세스를 진행한 것의 차이를 보여준다.

이미치 출처: 유니티 공식 문서

여러분만의 포트스 프로세싱 이펙트를 프로그래밍할 수도 있다. 다음의 링크를 참고하기 바란다. 이 링크는 레거시 문서로, 오래된 것이지만 개념과 방법이 잘 소개돼 있다.

https://docs.unity3d.com/550/Documentation/Manual/WritingImageEffects.html

새롭게 개정된 문서는 여기에서 찾을 수 있다. https://docs.unity3d.com/Manual/PostProcessingOverview.html

포스트 프로세싱 이펙트는 여러분이 머릿속으로 그리는 것을 표현하는 데 도움을 줄 수 있으므로 게임에 이를 추가하는 것을 매우 긍정적으로 고려해야 한다. 어떤 결정을 내리든 유니티에서의 포스트 프로세싱에 관한 전체 문서는 다음 링크를 보길 바란다.

https://docs.unity3d.com/550/Documentation/Manual/comp-ImageEffects.html

이 링크 역시 레거시 문서이며, 새롭게 개정된 문서는 여기에서 찾을 수 있다. https://docs.unity3d.com/Manual/PostProcessingOverview.html

기타 비주얼 이펙트

유니티는 3D 월드에서 만들 수 있는 다른 렌더링 효과를 제공한다. 여기에는 선 또는 자국을 그리는 라인 렌더러^{line renderer} 및 트레일 렌더러^{trail renderer}가 포함된다. 여러분이 만드는 게임의 가장 로맨틱한 씬에 쏟아지는 유성우가 있다고 상상해보라. 그 흔적이 남지 않는 유성우는 하늘에서 움직이는 점에 지나지 않는다. 또 다른 예는 캐릭터가 약간의 흔적을 남기는 RTS를 생각해볼 수 있다. 현실적이진 않지만 게임의 시각적인 부분에 대한 깊은 인상을 남길 수 있을 것이다.

 이러한 비주얼 이펙트는 유니티 5.5에서 크게 향상됐다는 점을 짚고 넘어가는 것이 좋겠다. 만약 유니티의 이전 버전으로 작업하고 있다면 정말 많이 다르다는 것을 알 수 있을 것이다.

유니티의 트레일 렌더 컴포넌트의 실제 예. 이미지 출처: 유니티 공식 문서

 이러한 이펙트 중 일부는 연산 측면에서 볼 때 비용이 많이 든다. Graphic Library(GL)에서 프로그래밍하는 방법을 알면 퍼포먼스 오버헤드를 줄이기 위해 고도로 최적화된 방식으로 유니티 내에서 이러한 효과를 (모든 기능을 포함하지 않은) 더 단순한 버전으로 재구현할 수 있다.

다른 이펙트로는 후광Halos, 렌즈 플레어Lens flares, 프로젝터Projectors가 있다. 후광을 사용해 씬의 오브젝트를 반짝이게 하거나 아주 미세한 먼지를 시뮬레이션할 수 있다. 렌즈 플레어는 카메라에서 굴절하는 빛의 효과를 시뮬레이션할 수 있다. 프로젝터를 사용하면 상대적으로 저렴한 비용으로 그림자를 만들 수 있다.

비디오 게임에 사용된 플레어 렌즈의 예. 이미지 출처: 〈배틀필드 3(Battlefield 3)〉(다이스(DICE), 2011)

오디오

우리는 소리를 통해 감동받기도 하고, 눈물 흘리기도 하고, 동기를 부여받기도 하고, 흥분되기도 하며, 때로는 두려움에 떨기도 한다. 때에 따라 소리는 우리를 어떤 환경에 놓이게 하는 데 도움을 준다. 음악의 힘을 올바르게 사용하면 정말 특별한 감동을 더할 수 있다. 이것은 믿을 수 없을 만큼 놀랍게 다가올 수도 있는 동시에 정말 짜증 나게 하는 것이 될 수도 있다. 속도감, 강도 및 악기에 따라 완전히 다른 분위기를 만들 수 있다.

음악

음악은 배경 음악과 같이 특정 목적을 위해 사용될 수 있다. 음악은 비주얼만으로는 제공할 수 없는 수준의 분위기와 드라마를 경험할 수 있게 한다. 게임 파트에 따라 개연성 있는 것으로 변경될 수 있다. 실생활에서 이러한 예를 생각할 수 있다. 명상을 할 때 사용되는 음악은 체육관에서 역기를 들어올릴 때의 음악과는 상당히 다르다.

배경 음악은 일관성을 유지하는 경향이 있으며 전체 레벨에 걸쳐 끊임없이 들린다. 그에 반해, 게임 플레이는 다이나믹하게 변화하며 음악에도 이를 반영할 수 있다. 예를 들어 현악기로 아름답게 만들어진 배경 음악은 부드럽게 흘러나오지만 드레곤이 등장하는 즉시 분위기는 바뀌고 음악도 변하게 된다. 몇 가지는 예는 다음과 같다.

- 오프닝과 클로징 크레딧, 시퀀스, 컷씬
- 캐릭터가 전투에 직면했을 때
- 쫓기고 있을 때
- 캐릭터가 위험 지역으로 들어갈 때. 예로써 〈어쌔신 크리드^{Assassin's Creed}〉에서 플레이어가 제한 구역에 들어갈 때
- 차량을 이용 중일 때
- 대화 시퀀스 중일 때
- 주변 소리
  - 교통
  - 대화
  - 기계
  - 총포/포
  - 물(폭포, 강, 개울 등)
  - 바람
  - 방에서 들리는 소음(에어컨, 컴퓨터에서 나오는 윙윙거리는 소리, 타이핑, 문 여닫는 소리, 캐비닛, 서랍, 전화 벨소리 등)
  - 동물/곤충(귀뚜라미, 개구리, 올빼미, 새 등)

사운드 효과

사운드는 오감 중 하나를 자극하며 게임 경험에 있어 아주 중요한 구성 요소가 될 수 있다. 사운드의 사용은 분위기 설정을 시작으로 해 피드백을 명시하고, 액션에 대한 승인을 알리고, (무기와 같은) 다양한 아이템에 사운드 이펙트를 제공하며, 이벤트가 발생했음을 나타내는 등 그 범위가 상당히 넓다.

사운드를 사용하는 것은 그저 배경 음악에 쓰는 것에 국한되지 않는다. 어떤 것이든 우리가 뭔가를 할 때는 소리가 나게 마련이고 게임 플레이 역시 예외가 아니다. 캐릭터가 뭔가를 넘어뜨리면 반드시 소리가 나야 한다. 캐릭터가 걷거나, 문을 열거나, 무기를 뽑아들 때 이 모든 행동은 어떤 식으로든 소리를 내게 돼 있다. 게임에서 사용할 수 있는 사운드 효과를 다음과 같이 몇 가지로 추려 본다.

- 주문이 펼쳐지는 소리
- 스쳐 날아가는 소리
- 총탄이 휙 지나가는 소리
- 물속에서 철벅거리는 소리
- 케이블이나 로프가 끊어지는 소리
- 문이 삐걱거리는 소리
- 유리가 산산조각나는 소리
- 발걸음 소리
- 집라인(활강 줄)을 타고 내려오는 소리

감정 자극

캐릭터가 죽거나 플레이어가 승리했을 때와 같이 플레이어로부터 특정 감정을 이끌어내고 싶은 경우가 있다. 비록 컷-씬이나 게임 플레이 중이기는 하지만 게임의 특정 부분에서 영화처럼 감정 흐름을 끌어올리고 싶을 때 음악을 통해 이를 이룰 수 있다. 게임 플레이 중에 부정적이든 긍정적이든 여러분의 마음이 움직인 어떤 순간을 떠올려보라. 다음은 플레이어의 감정을 이끌어 낼 수 있는 몇 가지 순간을 리스트로 정리한 것이다.

- 새로운 캐릭터 소개
- 캐릭터의 죽음/탄생
- 슬픔/행복
- 분노/행복
- 승리/패배
- 드라마틱한
- 소름 끼치는
- 로맨틱/질투
- 긴장감

이것들은 게임이 불러일으킬 수 있는 감정의 일부일 뿐이다.

숙제

자신의 게임에 어떤 사운드를 추가할지 결정하기 전에 먼저 해야 하는 연습 중 좋은 것은 다양한 게임을 플레이하고 그 게임에 사용된 사운드를 기록하는 것이다. 배경 음악 및 사운드 효과에 중점을 두어 이 작업을 하라. 각 게임에 사용된 다양한 사운드의 양에 놀랄 것이다. 또한 레벨이 변경될 때 음악이 어떻게 변하는지, 사운드 이펙트도 변하는지도 기록해두어라.

꼭 게임이어야 할 필요는 없다는 것을 염두에 두기 바란다. 영화나 심지어 TV 시리즈를 보는 것도 만들어진 소리의 유형을 살피는 데 유용하다. 언제 소리가 나는지, 그리고 이 소리가 그 씬이나 영화 안에서 어떤 유형의 요소-공포감 또는 행복감-를 불러일으키는지 살펴보라.

유니티에서의 오디오

유니티에서의 오디오는 또 다른 광범위한 주제로, 5.x 버전 이후 크게 개선됐다. 유감스럽게도 우리는 유니티에서의 오디오를 다루는 방법에 대해 전체 장을 할애할 충분한 시간이 없었다. 하지만 기본 개념을 말하자면 리스너^{listeners}로서의 역할을 하는 컴포넌트가 있다는 것이다. 각 씬마다 단 하나의 (활성화된) 리스너만이 있어야 한다. 그렇지 않으면 유니티로부터 경고를 받게 된다. 그리고 이렇게 하는 것이 정석이다. 오디오 소스^{source}로 작동하는 다른 컴포넌트가 있는데, 이는 사운드를 생성하거나 음악을 재생할 수 있다. 또한 오디오 소스는 3D로 작동하도록 설정할 수 있다. 즉, 오디오 소스를 공간 음향^{spatial sound}으로 설정할 수 있도록 환경에 배치할 수 있다(오디오 소스에서 플레이어가 가까울수록 오디오 소스의 볼륨이 높아진다).

다음의 공식 웹사이트에는 유니티에서 오디오를 사용하는 방법에 대한 비디오 튜토리얼이 시리즈로 마련돼 있다.

https://unity3d.com/kr/learn/tutorials/topics/audio

외부 오디오 시스템

여러분이 고퀄리티를 지향하고 있고 유니티의 빌트인 오디오 시스템으로 충분하지 않다면 유니티에 통합할 수 있는 타사 소프트웨어가 있다. 가장 많이 사용되는 것은 FMOD(www.fmod.org)로, 게임에서의 공간 음향을 완전하게 하는 완벽한 솔루션이다.

이와 유사한 툴로는 와이즈^{Wwise}(https://www.audiokinetic.com/products/wwise)가 있다. 가격이 비싸 많이 사용되지는 않지만 다양한 기능을 제공한다. 아마도 여러분이 플레이하는 게임 가운데 그 로고를 본 적이 있을 것이다.

FMOD와 와이즈 모두 실로 강력한 툴이지만 그들이 가진 기능을 제대로 이해하려면 실제로 작동하는 것을 봐야만 한다. 온라인에서 볼 수 있는 비디오가 많으니 꼭 확인해보기 바란다.

▌ 팀워크

어린아이 하나를 키우려면 마을 하나가 필요하다는 말이 있듯이, 하나의 게임을 구축하기 위해서는 팀이 필요하고 이 팀이 함께 잘 운영돼야 놀라운 것을 이룰 수 있다. 그러나 적절한 사람을 선택하고, 갈등을 처리하고, 매일 같이 함께 작업하는 것이 언제나 쉬운 일은 아니다. 이제부터 우리는 게임 개발 팀에서의 역할에 대한 몇 가지 아이디어와 고려해야 할 사항, 그리고 여러분 모두를 각자의 길로 인도할 몇 가지 기타 사항을 살펴볼 것이다.

개인이 아닌 팀으로 작업한다는 것

좋은 팀은 좋은 관계와 같다. 즉 소통, 배려, 이해가 필요하며 가장 중요한 것은 상대방을 인정해야 한다는 것이다. 팀으로 볼 때 '나'는 없지만 사람들은 종종 그 '나'라는 것에 집착하게 된다. 이러한 경우, 자존심, 기술력(또는 기술 부족), 성급함, 재정적 이익 등 여러 가지 이유로 팀 내의 누군가를 등한시하게 될 수 있다. 앞서 언급한 성격적 특징이 나쁘다고 말하려는 것이 절대 아니라, (뭐든 마찬가지지만) 과하면 확실하게 재앙으로 끝날 수 있다는 것이다.

팀과 관련된 또 다른 문제는 다른 사람들을 알고 지내온 시간의 양이다. 나쁜 것은 아니지만 그렇다고 언제나 좋은 것도 아니다. 한 가지 방안은 전문성을 유지하는 것이다. 서로 같이 사업을 시작한 경우라면 특히 더 유념해야 한다. 여러분에게는 생산해야 제품, 지켜야 할 마감 시간, 여러분의 프로젝트에 관여하는 이해관계자들이 있을 수 있다. 사업과 우정을 반드시 분리할 수 있어야 한다. 변화는 생기기 마련이므로 이를 사적인 일로 만들지 말아야 한다.

게임 개발 팀은 서로 다른 역할로 구성되며 팀이 얼마나 큰지에 따라 이러한 역할을 어떻게 수행할지 결정된다. 완벽한 세계라면 각 역할을 맡아서 할 팀원이 있겠지만 대부분의 경우 여러분에게 떨어지는 책임은 두 배로 커진다. 전형적인 팀은 다음과 같은 멤버로 구성된다.

- **프로젝트 관리자**: 팀의 목표를 설정하고 목표 달성 여부를 확인하는 사람이다. 이는 시간 관리만을 뜻하는 것이 아니다. 프로젝트 매니저는 팀과 마감 기한에 뒤처진 팀원들을 격려하고 동기를 부여하는 역할도 해야 한다. 이는 팀의 사기를 진작시키고 프로젝트를 순조롭게, 무엇보다 시간에 맞춰 진행시키는 데 도움을 준다.

- **프로듀서**: 비즈니스 측면을 다루는 이가 이에 해당된다. 프로듀서는 예산, 일정 및 마케팅 전략 유지 관리 책임을 맡는다. 프로젝트 관리자와 달리 그룹의 기능적 측면을 관리하기보다는 로지스틱스^{logistics2} 및 기술적 세부 사항에 관한 것을 다룬다.

- **소셜 미디어 전략가**: 팀에서 게임의 모든 소셜 미디어 및 마케팅 측면을 담당하고 있는 사람은 누구인가? 대개 프로듀서도 이에 대한 책임이 있지만, 원하는 소셜 미디어의 범위에 따라 때로는 게임 홍보에 전념하는 누군가가 그룹 프로듀서의 예산과 재정적 측면을 확보할 시간을 내는 데 도움이 될 수 있다.

- **디자이너**: 경험 전반을 만들기 위해 모든 요소를 하나로 묶는 사람은 누구일까? 그들은 만들어진 것이 전체 스토리를 완전하게 하는지 확인한다. 플레이어에게 스토리를 드러내는 방법과 플레이어가 그 흐름과 상호작용하는 궁극적인 방법을 결정한다.

- **아티스트**: 캐릭터, 에셋 및 레벨의 콘셉트 아트부터 모델 및 텍스처에 이르기까지 게임의 룩^{look}을 책임지는 사람이다. 가능하다면 한 명 이상의 아티스트를 보유하는 것이 이상적이다. 게임 규모가 크다면 더 말할 것도 없다. 예술에는 시간이 든다. 특히 게임이 황홀할 정도로 감각적이길 바란다면 더욱 그렇다.

- **프로그래머**: 프로젝트의 손발이 돼주는 사람이다. 프로그래머가 없으면 멋진 아이디어를 현실로 만들기 어렵다. 극단적인 경우를 말하는 듯하지만 불행히도 팀

2　많은 사람 및 장비가 동원되는 복잡한 작업의 실행 계획으로, 업무의 세부 계획이나 집행, 조직화 등 사업적 측면의 흐름을 다룬다. - 옮긴이

에 프로그래머가 없다면 (혹은 개발하고자 하는 모든 기능을 만들기에 부족하다면), 액션을 생성하기 위해 명령을 서로 연결할 수 있는 비주얼 스크립팅을 제공하는 게임 엔진이 많다. 다음에 보이는 언리얼 엔진^{Unreal Engine}(www.unrealengine.com)의 블루프린트^{Blueprints}는 매우 훌륭한 예다.

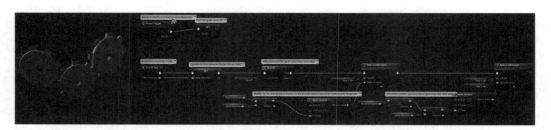

블루프린트 비주얼 스크립팅(https://docs.unrealengine.com/latest/INT/Engine/Blueprints), 이미지 출처: 언리얼 엔진

- **사운드 디자이너/작곡가**: 게임 사운드를 멋지게 만드는 사람이다. 그는 모든 액션에 대해 반드시 일종의 오디오 피드백이 있게 한다. 게임 오디오에는 사운드 효과 및 배경 음악이 포함된다. 사운드 디자이너는 사운드를 생생하게 들리도록 만들어 분위기를 살리는 데 기여한다. 플레이어가 어둡고 위험한 방에 가까이 있을 때처럼, 아주 미묘한 효과일지라도 모든 종류의 감정을 자극할 수 있다.
- **품질 보증^{QA} 테스터**: 게임이 제대로 작동하는지 확인하는 데 전념하는 사람(또는 사람들)이다. 친구, 가족 및 전문 게이머 및 QA 테스터가 이에 속할 수 있다. 프로젝트를 만드는 데 관여하지 않는 사람들이 QA 테스터가 되는 것이 이상적이다. 여러분이 직접 테스트할 수도 있고 해야만 하지만 전체 게임 플레이 경험에 영향을 줄 수 있는 게임의 일면을 간과하기 쉽기 때문이다.
- **작가**: 게임 스토리의 개발을 책임지고 있는 사람이다. 전체 구성, 등장인물, 설정과 대화와 같은 서술적 요소 및 대체 결말^{alternate ending}[3]과 같은 서술 경로가 스

---

3 계획됐거나 의논된 적은 있지만 실제 결말을 위해 최종 단계에서 폐기된 스토리의 결말을 설명하기 위해 사용되는 용어. 주로 영화에서 사용된다. (출처: 위키피디아, https://en.wikipedia.org/wiki/Alternate_ending) – 옮긴이

토리 요소에 포함된다. 본질적으로 작가는 마음을 사로잡는 스토리로 더 많은 것을 원하도록 유도해 이탈을 방지할 뿐만 아니라 분위기를 조성하고 게임 전반에 걸친 경험을 향상시킬 책임이 있다. 또한 작가는 스토리가 타당하고 논리적으로 진행돼 설명이 가능하도록 해야 한다. 마지막으로 게임을 쓴다는 것은 게임이 상호작용하는 것이기 때문에 영화나 책을 쓰는 것과는 다른 접근 방식이 필요하다는 점을 기억해야 한다.

공동의 비전 공유

팀에서 작업할 때는 공통의 목표와 관심사를 공유하는 것이 중요하다. 팀 프로젝트 작업에 있어 팀의 사기를 높이는 것이 얼마나 중요한지는 말하지 않아도 알 것이다. 프로젝트를 진행하다 보면, 야근과 높아지는 스트레스로 어려움을 겪을 때가 있을 것이다. 그러나 이럴 때 다른 사람들이 버팀목이 돼준다면 모든 사람들이 어려움을 전부 극복할 수 있는 길이 열릴 수도 있다. 바쁘거나 할 수 없거나 자신의 능력 이상으로 과부하가 걸리는 순간이 있을 것이다. 물론 게으름을 피운 탓에 그리 된 것이라면 전혀 다른 상황이지만 그런 경우가 아니라면, 언제나 가능한 한 빨리 다른 팀원들과 그 어떤 어려움이라도 나눠야 한다. 이 점을 실제로 설명하기 위해 나비 효과$^{Butterfly\ Effect}$(브라질에서 날개짓하는 나비의 작은 움직임이 텍사스의 토네이도를 일으켰는가?)라는 낭만적인 개념에 주의를 기울이자. 처음에는 작은 (해결되지 않은) 문제가 나중에 더 큰 문제가 된다.

기대치 관리

공통의 비전을 갖는다는 것이 언제나 같은 기대치를 갖는 것은 아니다. 예를 들어 여러분과 여러분 팀은 높은 매출과 인기를 누리는 애플리케이션을 만들고 싶겠지만 각 팀원이 할애하게 될 시간과 노력의 양은 다를 수 있다. 따라서 초기에 기대치 역시 설정해두는 것이 여러 가지 이유로 중요하다.

기대치 외에도 제대로 게임 개발을 계획하기 위해서는 충분한 시간을 투자해야 한다. 시간이 별로 없거나 게임에 필요한 구성 요소가 포함돼 있다면, 의도한 것을 너무 세세하게 들여다보며 너무 많은 경우의 수를 생각해서 계획over-planning하지 않는 것이 좋다. 같은 맥락에서 볼 때, 충분한 고려 없이 세워진 계획under-planning도 마찬가지다. 게임의 디자인을 결정함에 있어 그것을 완성하기 위한 충분한 시간을 허용하지 않는 것은 큰 문제를 야기한다. 여러분의 팀은 목표를 달성하기 위해서 일부를 줄이기 시작하는 시점에 이르게 될 것이다. 결국, 플레이어가 여러분이 만든 것에 지속적으로 관심을 보이게 하기 위한 흥미로운 풀 버전이 아닌 게임의 데모 버전과 진배없는 것에 그칠지도 모른다. 더 심하면 게임을 완성하지 못할 수도 있다.

마지막으로 무엇이든 절대 가정하지 마라. 가정은 훗날 재난을 초래할 수 있다. 멋지게 계획된 해야 할 일들의 간트 차트Gantt chart4를 보면, 지금 이 단계에서 아티스들은 에셋을 모델링해야 하지만 실제로는 그렇지 않거나 적어도 한 명은 안 하고 있다. 다른 아티스트가 하고 있을 것이라 생각했기 때문이다. 정기적인 회의와 좋은 프로젝트 매니저, 프로듀서가 있으면 이런 상황이 일어나지 않도록 미연에 방지하겠지만 반드시 프로젝트 멤버들이 무엇을 하고 있는지 항상 최신 상태로 유지하라.

협업과 의사소통은 핵심이다

그룹 내에서 일어날 수 있는 최악의 상황은 팀원들이 말하는 것을 멈추는 것이다. 어쩌면 일들이 소강 상태로 들어가거나 사람들이 바빠진 것일 지도 모르고, 어쩌면 팀원 사생활에 어떤 일이 일어난 것일 수도 있다. 어쨌든 우리의 주의를 다른 곳으로 돌리는 일은 일어나기 마련이다. 그것이 결국 인생이지만 말이다. 그렇지만 이것이 팀의 대화가 멈추는 이유가 되지 않는다. 의사소통이 무너지면 왜 그런지 알아내고, 미리 그에 대해 조치를 취하라. 어쩌면 그 문제는 사소하고 쉽게 처리할 수 있는 것일지도 모른다. 그러나 팀

---

4 프로젝트 일정 관리를 위한 바(bar) 형태의 도구 - 옮긴이

멤버가 맡은 일을 끝내지 못한 것을 말하기 너무 창피해서 또는 너무 바빴던 탓에 작업이 완료되지 않은 상태로 있는데 이를 마지막 순간까지 아무에게도 알리지 않는 경우라면, 성공적인 프로젝트가 되기 어려울 수 있다. 이러한 문제에 직면하기 않기 위한 한 가지 방법은 그룹 내에서 편하게 의사소통할 수 있는 분위기를 조성하고 자주 소통하는 것이다.

의사소통하는 방법

모두 알고 있겠지만, 비교적 간단하게 소통하는 방법은 다음과 같다.

- **e-메일**: e-메일은 대화를 이어가는 훌륭한 방법이지만, 관리하기 어려울 수 있다. 이러한 상황에서는 정기적으로(예: 매주 또는 매월) 진행 상황을 업데이트하는 것이 이상적이다. 메일에 마감일과 템플릿을 지정하라. 예를 들어 현재 진행 중인 작업, 문제점, 앞으로의 작업과 같이 팀원들이 다루어야 할 것들을 리스트로 만든다. 이런 식으로 진행하면 모든 팀원들이 서로 어떻게 움직이는지 최신 상태로 유지할 수 있다. 전체 프로세스를 조금 더 쉽게 관리하기 위해 대부분의 e-메일 소프트웨어에 있는 태그 지정 및 필터링 기능을 사용한다. 이때 e-메일 주소나 제목과 같은 지정된 기준과 관련된 e-메일을 특정 폴더로 보내거나 태그를 지정하면 나중에 쉽게 검색할 수 있다.
- **왓츠앱**Whatsapp: 여러분은 개인용이든 비즈니스용이든 팀 멤버의 전화번호를 가지고 있을 가능성이 크다. 따라서 왓츠앱과 같은 핸드폰 메시징 서비스를 사용하면 전 세계 어디에 있든 계속 연락하고 전화를 걸 수 있다.
- **페이스북**Facebook **같은 소셜 미디어 그룹과 채팅**: 페이스북을 사용하면 여러 가지 방법으로 통신 회선을 열어둘 수 있다. 메시지 그룹 또는 개인 그룹을 만들 수 있으며, 문서를 업로드하고 토론할 수 있다. 이 둘은 대체로 같은 방식으로 작동하기 때문에 차이점은 거의 없지만, 그룹은 페이스북 페이지와 매우 흡사한 방식으로 작동한다. 따라서 이미지를 업로드하면 채팅과는 대조적으로 별도의 포스

트(게시물)가 만들어지고 대화의 다음 대화 부분에 추가된다. 페이스북 그룹의 좋은 점은 특정 항목 찾기와 포스트(또는 주제)로 더 구체적인 대화를 유지하는 면에서 관리하기가 더 쉽다는 것이다.

- **스카이프**^{Skype}/**구글 행아웃**^{Google Hangouts} **등**: 타이핑하는 시간을 절약하고 누군가에게 전화를 걸 수 있다. 음성/화상 통화의 힘을 절대 과소평가하지 마라. 때로는, 특히 멀리 떨어진 곳에서 일하는 경우 텍스트로 커뮤니케이션하는 것 이상의 연락을 유지하는 것이 중요하다. 이 방법을 통해 여러분은 업무적인 관계에 더 개인적인 면을 더할 수 있으며, 행간을 읽어보려 애쓰는 것보다 다른 사람을 더 잘 이해하게 될 것이다.

버전 관리

아티스트끼리 텍스처와 메쉬와 같은 파일을 공유하는 데 효과적인 솔루션은 (나중에 설명하겠지만 구글 드라이브 또는 드롭박스^{Dropbox} 같은) 클라우드 스토리지 서비스를 사용하는 것이다. 그러나 프로그래머와 개발자의 파일 공유는 전혀 다른 얘기가 된다. 게임 개발 중에 프로그래머는 코드 및 스크립트 파일을 사용해 공동 작업하는 경우가 많다. 따라서 고려해야 할 몇 가지 중요한 니즈가 있다.

1. 프로그래머는 같은 소스 코드에서 함께 작업한다. 여기에는 프로젝트 내의 서로 다른 영역에 대한 공동 작업(단, 이에 국한되지 않음)이 포함될 수 있으며, 파일의 경우도 마찬가지다. 결과적으로, 일종의 파일 제어가 없다면 수정된 내용을 추적할 수 있는 방법이 없어져 정말 엉망이 될 수 있다.

2. 일반적으로 프로젝트에서 프로그래밍한다는 것은 본디 다양한 기술을 활용하고 프로젝트에 발생하는 다양한 문제를 여러 각도에서 시도해 프로젝트에 가장 적합한 솔루션을 찾아내는 것이다. 따라서 큰 변경이 이루어지거나 변경이 반드시 필요한 솔루션이 아니라면 프로그래머는 이전 버전으로 돌아갈 수 있는 방법이 필요하다.

3. 라이브러리와 소스 파일과 같이, 연관된 다른 소스의 코드 전체나 일부를 재사용하면 나중에 시간을 많이 절약할 수 있다. 이렇게 하면 기존 프로젝트와 비슷한 엘리먼트를 가진 프로젝트 부분에서 시간을 절약할 수 있게 되므로 더 복잡한 부분에 더 많은 시간을 할애할 수 있다.

버전 관리를 통해 코더coders는 파일 변경을 식별하고 추적할 수 있을 뿐만 아니라 프로그래머가 이를 되돌릴 수 있도록 파일 시스템을 활용할 수 있다. 또한 버전 관리를 통해 프로그래머가 코드 양식 외부 소스 및/또는 프로젝트를 재사용하고 통합할 수 있다. 이러한 기능 등은 버전 관리 소프트웨어에서 지원된다.

Git은 무료로 사용할 수 있는 버전 관리용 오픈 소스 프로그램이다. Git 홈페이지 www.git-scm.com에서 다운로드할 수 있다. 일단 설치되고 제대로 구성되면 여러분이 작성한 파일에 버전 관리를 적용해 사용할 수 있으므로 여러분의 워크플로우에 큰 보탬이 될 것이다.

Git을 더 쉽게 눈으로 보면서 관리할 수 있는 몇 가지 툴이 있다. 가장 완성도가 높은 것은 애틀래시안(Atlassian)에서 만든 소스트리(SourceTree)(www.sourcetreeapp.com)다. 하지만 초보자라면 Axosoft의 깃크라켄(GitKraken)(www.gitkraken.com)을 사용하는 것이 더 쉬울 것이다. 더 나아가 Git을 배우고 싶은 분을 위해 빠르고 좋은 인터렉티브 튜토리얼을 여기에 남긴다. https://try.github.io

GDD를 만들고 이를 고수하라

게임을 시작할 때, 모든 사람이 게임 개발 전반에 걸쳐 추가할 아이디어, 콘셉트 또는 무언가를 갖게 될 것이다. 이 단계에서 이런 모습은 환상적이다. 게임을 개선한다는 것에 관한 한 깊이 숙고하고 선택할 수 있는 다양한 옵션을 주기 때문이다.

게임 디자인 문서^{Game Design Document}(GDD)는 게임의 현 상태와 추후 진행될 것에 대한 현재 버전을 가질 수 있는 깔끔한 방법이다. GDD를 여러분이 정의하는 미적 기준, 오디오, 명명 규칙, 스토리, 캐릭터 및 게임의 다른 부분의 매뉴얼로 생각하라. 말하자면 이것은 평가 기준이며 게임 바이블이다. GDD의 구조는 다양하며, 여러분의 게임에 따라 달라지므로 정답이 없다. 그러나 게임의 내용을 정의하는 몇 가지 부분은 있다. 예를 들면 다음과 같다.

1. 도입부
   - 여러분이 만드는 게임은 어떤 것인가? 이것을 엘리베이터 피치[5]라고 생각하라. 짧고 날카롭게 요점만 짚어라. 세부 사항에 너무 매달리지 않지만 게임의 전반적인 요지를 제공하기에는 충분해야 한다. 우리 게임 〈슈거 마운틴 ^{Sugar Mountain}〉을 예로 들자면, 판다의 침공은 2D 실시간 타워 디펜스 게임으로, 판다를 다양한 식용 발사체로 물리쳐야 하는 게임이다.
   - 여러분이 만드는 게임은 누구를 위한 것인가? 어린이, 어른, 어쩌면 둘 다인가? 여기서 여러분의 게임에 끌어들이고 싶은 대상에 대한 통계 자료를 검토할 수 있는 것이 이상적이다.
   - 게임은 어디에, 어떤 디바이스에 배포될 것인가? 안드로이드, iOS, 윈도우, 맥, 리눅스는 모두 각기 다른 난제를 가지고 있으며 고려해야 하는 사항이 서로 다르므로 나중에 골치 아픈 상황에 직면하지 않기 위해서는 이 사실을 명심하고 일찌감치 정해둬라.

2. 아트
   - **무드 보드**^{Mood boards}: 이루고자 하는 미적 스타일을 정의하는 것으로, 캐릭터 또는 레벨에 대해 일반적이거나 특정한 것일 수 있다. 그것은 콘셉트 아트를

---

5 어떤 상품, 서비스 혹은 기업과 그 가치에 대한 빠르고 간단한 요약 설명. 로켓 피치라고도 한다. 엘리베이터 피치라는 이름은 엘리베이터에서 중요한 사람을 만났을 때 자신의 생각을 요약해 20초라는 3분이라는 짧은 시간에 전달할 수 있어야 한다는 의미로 지어졌다. (출처: 위키피디아 https://ko.wikipedia.org/wiki/%EC%97%98%EB%A6%AC%EB%B2%A0%EC%9D%B4%ED%84%B0_%ED%94%BC%EC%B9%98) - 옮긴이

만들어 낼 때 아트 디렉팅의 방향을 이끄는 데 도움이 된다.

- **콘셉트 아트**^{concept art}: 게임의 현재 상태를 정의하는 모든 것을 포함한다. 이전에 만들었던 아트를 GDD에 보관할 수는 있지만, 문서의 관련성을 유지하려면 부록으로 옮기거나 섹션을 분리시키는 것이 이상적이다.

- **UI/GUI/HUD**: 전부 상호작용 엘리먼트가 어떻게 보이는지, 기본적으로 게임에 포함되지 않는 다른 모든 것이 보여지는 방식과 관련이 있다. 이를테면 HUD(헤드-업 디스플레이^{heads-up display})를 사용하는 경우 게임을 풀 스크린 상태에서 실행하면 어떻게 보이는가, 화면을 얼마나 많이 차지하는가, 그리고 현재의 미적 스타일과는 어떻게 조화를 이루는가?

- **캐릭터 일러스트**: 모습에 대한 아이디어를 제공하기 위해 캐릭터는 일러스트로 표현돼야 한다. 그런 다음 이 일러스트는 모델링(2D의 경우 드로잉)을 거쳐 애니메이션된다. 다양한 포즈와 환경 및 상황에서의 캐릭터를 그리면 캐릭터의 개성과 전반적인 모습이 더 잘 보일 것이다.

- **에셋**: 나중에 생성(드로잉되거나 모델링)될 게임 환경을 채우는 것이다.

3. 오디오

- **배경 음악**: 게임 분위기를 조성한다. 또한 플레이어가 레벨의 중요한 부분에 다가갔을 때 환경을 세밀하게 살피는 엠비언트 뮤직이나, 오디오 신호로서의 역할을 하는 매우 심플한 것일 수 있다.

- **사운드 이펙트**: 오브젝트가 표면과 접촉했을 때 뿐만 아니라 플레이어가 이기거나 지는 것 같은 이벤트가 발생할 때 같은 액션에 대한 피드백 소스를 제공한다.

4. 스토리

- **캐릭터의 일대기**: 일반 정보(나이 및 모습), 배경 스토리, 성격 및 게임 내 다른 캐릭터와의 관계로부터 알 수 있는 각 캐릭터와 관련된 정보를 포함한다. 여러분이 만드는 게임 종류에 따라 대략적이거나 (롤플레잉 게임처럼) 매우 자세하게 묘사될 것이다.

- **게임의 일반적인 플롯**plot: 모든 사람들에게 게임에 대한 정보를 제공한다. 캐릭터의 일대기와 마찬가지로 디테일 수준은 게임 유형에 따라 다르다. 예를 들어 〈스도쿠Sudoku〉 같은 게임이라면 스토리가 없을 수도 있다(물론 공주를 구출하기 위해 열어야 하는 문이 스도쿠 문제라는 설정이 아니라면 말이다).

- **이야기의 흐름**Narrative flow: 게임이 진행됨에 따라 이야기가 어떻게 드러나는지를 설명한다. 일종의 지도와 같다고 생각하라. 이 지도는 언제 어떻게 이야기의 일부가 플레이어에게 드러나고, 게임의 각 부분이 이야기와 어떻게 관련돼 있는지를 가리킨다. 예를 들어 플레이어가 지하 동굴을 통과해야 하는 것은 지도 다른 편에 있는 성에 갇힌 공주를 구하기 위한 것이다. 이곳이 성의 비밀 통로와 연결돼 있지 않다면 지나갈 이유가 없다. 게임 플레이와 마찬가지로 이야기는 게임에서 하고 있는 것과 관련이 있어야 하며 그 반대도 마찬가지다.

5. 기술

- **파이프라인 개요**: 게임을 빌드하는 데 사용할 소프트웨어(게임 엔진, 타사 플러그인 등)와 이들을 연결하는 방법에 대해 간략하게 설명한다. 또한 아트와 소프트웨어 사이의 연결과 통신 방법(예: 그래픽을 사용하기 위해 어떻게 패킹해야 하는지 등)을 정한다.

- **기술 설계**: 게임의 서로 다른 부분이 어떻게 연결될지를 설명하고 규약을 정한다. 또한 프로젝트 내에서 일관성을 유지하기 위해 인터페이스가 어떻게 구현돼야 하는지, 그리고 (다른 사람이 수행할 수 있는) 업무를 캡슐화하는 방법과 이를 통합하는 방법이 포함돼 있다. 기술 설계는 프로그래머만 사용하기 때문에 종종 게임 설계와는 별도로 기술 설계 문서에 포함된다.

- **시스템 제한 사항**: 사용된 기술의 제한 사항을 프로그래머가 아닌 팀의 다른 구성원에게 설명한다(사실 더 자세한 제한 사항은 기술 디자인 문서에 있다). 파이프라인 개요와 마찬가지로 이 문서는 프로그래머, 디자이너 및 아티스트 간의 다리 역할을 한다.

6. 게임 플로우

게임이 하나의 레벨/컷씬 등에서 다음 레벨로 어떻게 진행되는지 설명한다. 이야기의 흐름과 마찬가지로 게임 플로우^{Game flow}는 플레이어가 게임 내에서 이야기를 따라 진행하면서 무엇을 할 것인지를 설명한다. 예를 들어 지도의 A 부분으로 이동해 20마리의 용을 죽인 다음 마법의 영약을 발견하면 그의 아버지에 대한 진실이 밝혀지는 컷씬이 시작된다. 그런 다음 플레이어는 가문의 기록물을 찾는 탐험을 떠나기 위해 불가사의한 섬으로 이송된다. 이렇게 해보면, 여러분은 게임 플레이 및/또는 스토리에 구멍이 보이기 시작한다. 그리고 여러분은 이것이 앞뒤가 맞는지 뿐만 아니라 플레이어가 플레이하게 될 페이스로 진행되는 것도 확인할 수 있다. 즉, 게임을 너무 빠르지도 않고 지루하거나 혼란스럽지도 않게 만들 수 있다.

7. 타임라인

게임이 시작될 때부터 끝날 때까지 걸리는 시간과 진행에 따른 마일스톤^{milestone}과 데드라인^{deadline}을 참조해 게임이 출시 날짜에 나올 수 있는지를 확인한다.

- **마일스톤**: 프로젝트를 한 걸음 더 진척시키기 위한 디딤돌 같은 것이다. 일반적으로 게임이 아트 에셋의 완료, 멋진 기능 구현, 첫 구동되는 프로토타입 등과 같은 의미 있는 시점에 도달했을 때다. 마일스톤은 여러분이 원하는 만큼 빈번하게 또는 드물게 있을 수 있다. 하지만 마일스톤은 모든 사람이 할 수 있는 한 최선을 다할 수 있도록 하고, 다양한 프로젝트 목표에 도달하기 위해 일정 기간 내에 반드시 결과물이 나오도록 하는 한 가지 방법이다.

- **데드라인**: 데드라인의 영향력은 막강하다. 프로젝트가 파탄에 이를 수 있으며 결국 대가(비록 돈과 시간이긴 하지만)를 치뤄야 하는 사태가 생길 수 있으므로 문자 그대로 위압적일 수 있다.

- **주요 일자**: 매우 중요하다. 이날에는 모두가 현장(물리적인 장소가 있는 경우)이나 온라인상(가상의 장소가 있는 경우)에 참석해야 하는 날이다. 또는 다른 어떤

형태나 형식을 빌어서라도 참석해야 하는 날이다. 이해관계자, 고객 및 심지어 잠재적인 고용주 미팅 등 여러 가지 이유로 주요 일자가 잡힐 수 있다. 팀 구성원은 이러한 미팅의 심각성을 인지해 제시간에 도착해 준비해야 한다. 어떤 일이 일어나는지 로그를 남기기 위해서는 회의록을 작성해둬야 한다.

프로젝트 관리 툴로 정리하기

누구도 복잡한 작업 공간을 좋아하지 않는다. 심지어 문서 하나를 찾을 때 정돈된 카오스 organized chaos 6일지라도 그 한계가 있다. 이는 파일이 많이 요구되는 게임 개발 시에도 마찬가지다. 따라서 우리는 파일을 관리할뿐만 아니라 팀원들도 파일이 어디에 있는 알 수 있도록 다른 이들과 커뮤니케이션할 수 있는 방법을 찾아야 한다. 팀과 파일 관리를 위한 프로그램은 많으며, 이들 중 가장 많이 사용되고 유용한 것들에 대해 알아보도록 하자.

슬랙

슬랙Slack(www.slack.com)은 가장 효과적인 팀 관리 도구 중 하나다. 모든 대화와 주제, 할일 리스트(to-do lists), 메모 및 프로젝트의 여러 가지 것들을 모두 한곳에서 보관할 수 있다.

슬랙에 있는 기능 가운데 몇 가지를 살펴보자.

- 채널은 주제를 분리하고 토론에 초점을 맞춘다. 채널을 특정 토론 주제가 있는 방처럼 생각하라. 예를 들어 프로젝트의 아트에 전적으로 초점을 맞춘 아트 채널이 있을 수 있다. 또한 채널은 다른 팀 구성원이 요청을 넣거나 특정 항목의

---

6 보기에는 엉망진창이지만, 소유자나 관련된 사람은 어디에 무엇이 있는지 정확히 알 수 있도록 나름의 패턴과 정리가 된 상황이나 장소를 일컫는 용어 - 옮긴이

진행을 확인할 수 있는 장소를 제공한다. 채널은 원하는 만큼 폭넓게도 한정되게도 할 수 있다.

- 슬랙 앱은 이동 중에도 손쉽게 관리할 수 있게 해준다. 그룹 멤버가 어떤 것을 업로드하거나 포스트할 때 실시간 업데이트를 받을 수 있다. 또한 언제 어디서나 슬랙과 상호작용할 수 있다. 예를 들어 훌륭한 아이디어를 얻었거나, 개발 중인 콘셉트에 유용한 것을 봤을 때, 슬랙 앱으로 아이디어를 포스트하거나 스냅해 채널에 제출하기만 하면 된다. 채널을 그룹처럼 생각할 수 있다.

- 슬랙의 앱 디렉터리는 궁극적인 프로젝트 관리 소프트웨어로 만들기 위해 다른 애플리케이션(일부는 나중에 살펴볼 것이다)을 슬랙으로 통합할 수 있게 해준다. 앱 디렉터리는 https://slack.com/apps에서 찾을 수 있다.

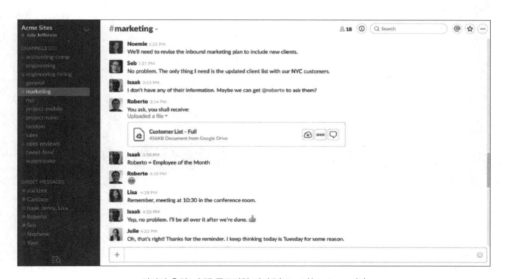

이미지 출처: 슬랙 튜토리얼 비디오(https://slack.com/is)

핵앤플랜

슬랙과 마찬가지로, 핵앤플랜HacknPlan(www.hacknplan.com)도 팀 관리 소프트웨어다. 하지만 게임 개발쪽에 더 맞춰져 있다. 예를 들어 진행 중인 업무에 대한 타임라인을 제공할 수 있으며, 각 태스크에 시점과 분량을 할당할 수 있다. 이는 게임의 특정 부분 및/또는 크리에이터의 기여도에 따른 지불금을 결정하는 데 사용될 수 있다. 이 툴을 사용하면 비교적 상세하게 설명된 프로젝트의 가장 최신 상태를 한눈에 파악할 수 있다. 다음 스크린샷을 보면, Planned의 시작하지 않은 것부터 Completed의 마무리되고 있는 것까지 다양한 보드를 볼 수 있을 것이다. 각 보드는 프로덕션 파이프라인의 서로 다른 부분을 가리킨다. 내가 즐겨 쓰는 툴 중 하나이기 때문에 여러분도 한번 사용해보기를 적극 권한다!

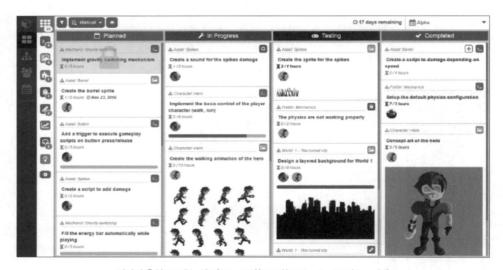

이미지 출처: 프레스 키트(Press Kit)(http://hacknplan.com/press/#!)

드라이브

구글 드라이브^{Google Drive}(https://drive.google.com)는 모든 프로그램 제품군과 함께 공용 리소스로 사용하기에 매우 다재다능하고 유용하다. 잘 알려진 판매용 제품과 같은 프로그램을 제공할뿐만 아니라 전체 프로세스를 훨씬 쉽게 만들어주는 공유 기능을 제공한다. 문서나 파일, 폴더를 손쉽게 생성하고 많은 사람들과 공유하거나 허가/비공개 링크를 통해 원하는 몇몇 사람에게만 공유할 수 있다. 파일에 대한 접근(편집에서 읽기 전용까지)을 제어할 수 있는 여러 가지 방법이 있으며 처음부터 공유할 목적으로 사용된다.

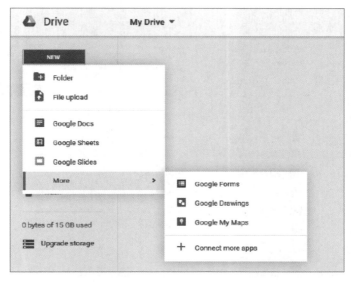

이미지 출처: 구글 드라이브

 TIP 파일과 문서 생성이라는 측면에서 볼 때 드라이브의 대안이 될 수 있는 것은 아파치 오픈오피스(Apache OpenOffice)(www.openoffice.org)와 온리오피스(ONLYOFFICE) (www.onlyoffice.com)가 있다.

드롭박스

드롭박스Dropbox(www.dropbox.com)는 다른 소프트웨어의 추가를 제외하고는 구글 드라이브와 마찬가지로 프로젝트 파일 관리를 위한 다양한 기능을 제공한다. 파일을 업로드하고, 폴더를 만들고, 그 안에 파일을 공유할 수 있다. 결과적으로 파일 공유에 관해서는 구글 드라이브를 대체할 수 있다. 또한 MS 워드Word 파일과 같은 문서의 경우, 다른 팀원과 함께 실시간으로 편집할 수 있으며 무엇이 편집됐거나 편집되고 있는지 확인할 수 있다.

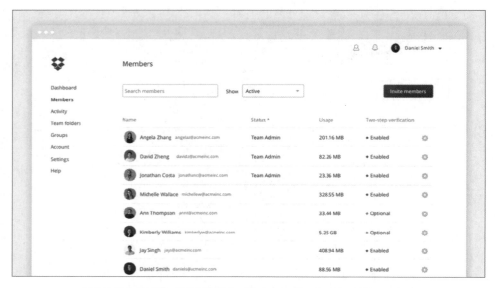

트렐로

트렐로^{Trello}(www.trello.com)는 태스크 관리를 위한 가상의 핀 보드와 비슷하다. 모든 태스크는 여러분이 생성한 보드에 보관된다. 각 보드에는 태스크가 담긴 여러 카드가 있다. 물론 트렐로를 사용해 관리하고자 하는 프로세스의 종류에 따라 여러분이 원하는 대로 정할 수 있다. 예를 들어 파이프라인 스타일의 트렐로 보드를 전개한다면 아트, 디자인, 프로그래밍 및 오디오와 같은 다양한 영역으로 보드를 만들 수 있다. 그런 다음 여기에 해당 영역의 태스크를 할당한다. 예를 들어 아트 보드에는 메인 메뉴용 콘셉트이나 공주가 갇힌 타워에 대한 콘셉트 등과 같은 태스크를 카드로 만들 수 있다. 그런 다음 각 태스크를 특정 유저에게 할당하거나 그룹의 모든 사람이 관여할 수 있도록 공개할 수도 있다. 태스크가 일단 완료되면 그에 걸맞는 이름의 다른 보드로 옮기거나, 그냥 놔두거나, 리스트 하단으로 옮길 수 있다. 트렐로를 사용하는 방법은 전적으로 여러분에게 달려 있지만, 프로세스를 능률적으로 유지하는 데는 확실히 도움이 된다.

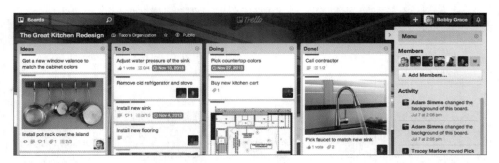

이미지 출처: 트렐로 투어(https://trello.com/tour)

레드부스

레드부스^{Redbooth}(https://redbooth.com)는 트렐로와 드롭박스가 혼합된 것으로 팀박스^{Teambox}라고도 한다. 레드부스를 사용하면 사용자가 파일을 공유하고, 팀원에게 태스크를 할당하고, 직접 메시지를 보낼 수 있다. 여기에서 살펴본 다른 여러 응용프로그램과 마찬가지로 프로젝트 상태가 업데이트될 때마다 알려준다.

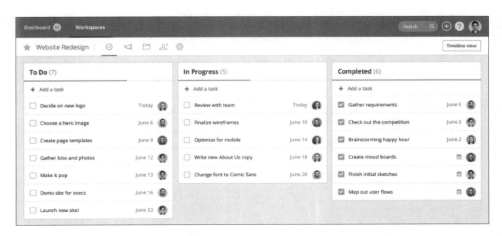

이미지 출처: 레드부스(https://redbooth.com/?ref=teambox#!/dash)

깃허브

앞서 우리는 버전 제어에 대해 이야기했다. 그러나 저장소를 유지할 수 있는 공간은 여전히 필요하다. 깃허브^{GitHub}(www.github.com)는 Git 저장소를 호스팅한다. 누구나 업로드한 내용을 볼 수 있는 공용 저장소는 무료다(이렇게 결정한 이유는 오픈 소스 소프트웨어를 장려하기 위한 것이었다). 오픈을 원치 않는 경우, 저장소에 대한 유료 호스팅도 제공한다.

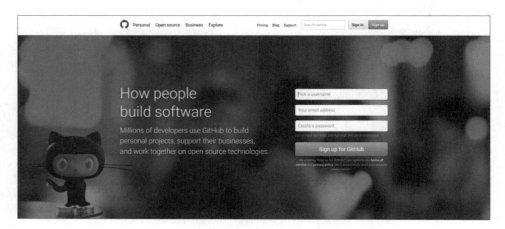

이미지 출처: 깃허브

524

비트버킷

비트버킷^{BitBucket}(https://bitbucket.org)은 Git 저장소를 호스팅하는 깃허브와 매우 유사한
서비스다. 여기에서는 무료로 개인 저장소를 가질 수 있지만 사용자 수가 제한된다. 최대
5명의 사용자가 무료다(소규모 팀에게 적합). 그렇지 않으면 유료 서비스로 전환해야 한다.

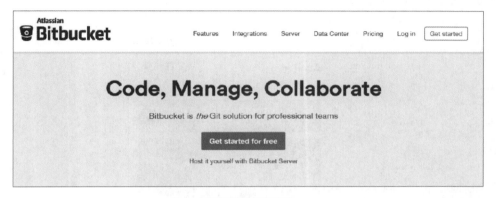

이미지 출처: 비트버킷

캘린더

또 다른 직관적인 소프트웨어(또는 하드웨어일지라도)는 캘린더지만, 그보다 더 중요한 것은 그룹 간에 공유되는 캘린더다. 데드라인을 정하는 것은 중요하지만 모든 사람들이 데드라인을 굳게 지키도록 하려면 공동 캘린더를 사용하라. 이것은 다가오는 이벤트, 회의 및 마일스톤이 가까워지면 모든 사람에게 알림을 보낸다.

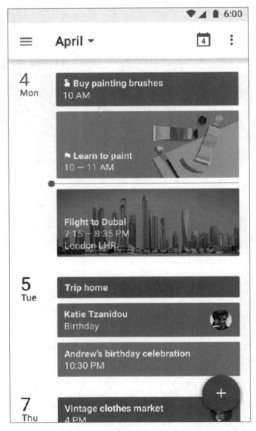

이미지 출처: 구글 캘린더(https://play.google.com/store/apps/details?id=com.google.android.calendar&hl=en)

핀터레스트

아이디어(들)의 미적 부분을 전달하는 가장 좋은 방법은 무드 보드다. 핀터레스트 Pinterest(www.pinterest.com)는 이 부분을 해결할 수 있는 가히 경탄할 만한 툴이다. 이미지를 고정할 수 있는 다양한 보드를 만들 수 있을 뿐만 아니라 팀원 간에 공유하거나 비공개로 만들 수도 있다.

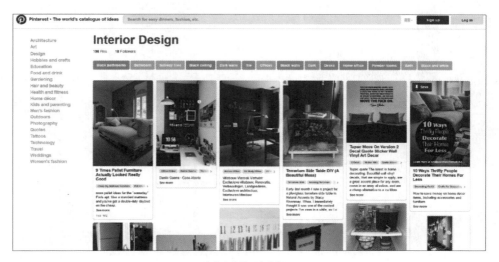

이미지 출처: 핀터레스트

훗스위트

한곳에서 여러 소셜 미디어 채널을 관리하는 간단한 방법은 훗스위트Hootsuite(www.hootsuite.com)를 사용하는 것이다. 다양한 플랫폼(페이스북, 인스타그램, 트위터 등, 나중에 살펴볼 것이다)에 포스팅을 예약할 수 있어서 나중에 다른 중요한 사항에 집중할 수 있다.

또한 Likes, Tweets 및 Favorites와 같은 각 포스트가 어떤 상호작용을 갖는지 한눈에 볼 수 있다.

이미지 출처: 훗스위트(http://signupnow.hootsuite.com)

▌ 게임을 빛나게

지금까지 우리는 게임을 걸작으로 만들기 위해 문서화하고 다듬어 왔으니 이제는 여기에 광택을 더할 때다. 우리의 보석이 빛을 발하기 위해서는 우리의 의도대로 확실하게 작동하는 것뿐만 아니라 더 나아지기 위해 몇 가지 방법을 거쳐 이를 연마해야 한다. 지금까지 여러 번에 걸쳐 테스트를 했을 테니 래그^{lag}와 같은 개선해야 할 점이 몇 가지 있을 것이다. 이어지는 절에서는 게임의 여러 부분을 최적화하는 방법을 모색해 게임이 런칭될 때까지 원활하고 효과적으로 진행되도록 할 것이다.

528

전원 처리

여러분이 게임 개발에 본격적으로 착수하기 전에 해야 할 일 중 하나는 자신이 타깃으로 삼고 있는·디바이스(들)에 최적화돼 있는지 알아내는 것이다. 종종 최적화는 게임 개발의 마지막 단계로 간주되지만 사실이 아니다. 개발 워크플로우에서 최적화를 빨리 고려할수록 나중에 게임을 최적화하는 데 필요한 노력이 줄어든다.

 유니티는 모바일 플랫폼을 최적화하기 위한 훌륭한 리소스를 제공한다. 스크립트나 그래픽과 같은 특정 최적화를 들 수 있다. 이에 관해서는 다음 링크를 참고하기 바란다. https://docs.unity3d.com/Manual/MobileOptimizationPracticalGuide.html

디바이스에 따라 여러분이 해결해야 하는 문제가 각기 다르다. 우리의 두뇌처럼, 모바일 디바이스(그리고 일반적으로 컴퓨터)는 한 번에 많은 것을 처리할 때가 있다. 이는 결과적으로 여러분이 만든 게임의 전반적인 퍼포먼스에 영향을 미치게 된다. 예를 들어 그래픽(2D 및 3D 모두) 같은 특정 부분이나 비효율적인 코드는 엄청난 누수의 원인이 되기도 한다. 이는 결국 게임 실행에 강한 충격을 주게 돼 래그를 유발한다. 디바이스 외에도 여러분이 디자인한 차원(2D 또는 3D)에 따라 고려해야 하는 사항이 달라지며 이에 관해서는 다음 절에서 살펴볼 것이다.

빌드 사이즈 체크

여러분이 고려해야 하는 많은 것 가운데 하나는 게임의 크기다. 특히 이것은 게임의 유통이나 릴리즈 방법에 영향을 미친다. 따라서 빌드 사이즈가 얼마나 큰지 확인하는 것은 게임의 크기를 이해하는 데 핵심이 된다. 일단 게임을 빌드(빌드 방법에 대해서는 나중에 설명한다)하고 그 사이즈를 확인하라. 하지만 이를 통해서 무엇을 줄일 수 있는지에 대한 정보는 그다지 얻을 수 없다.

게임을 빌드한 후에 Console 창을 우클릭하면 다음 스크린샷과 같이 Open Editor Log를 선택할 수 있다.

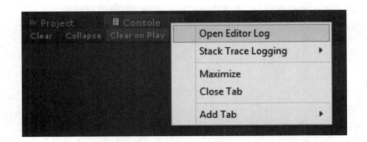

여러분이 사용하고 있는 운영체제는 디폴트 텍스트 편집기로 Editor.txt 파일을 열 것이다. 거의 끝부분에 보면 마지막 빌드에 대한 통계가 있으며, 사이즈를 게임의 각 엘리먼트별로 나눈 값들이 보일 것이다. 아마도 다음 스크린샷과 비슷할 것이다.

Textures	81.1 mb	94.7%
Meshes	0.0 kb	0.0%
Animations	9.1 kb	0.0%
Sounds	0.0 kb	0.0%
Shaders	9.0 kb	0.0%
Other Assets	28.4 kb	0.0%
Levels	14.3 kb	0.0%
Scripts	542.9 kb	0.6%
Included DLLs	3.9 mb	4.6%
File headers	9.2 kb	0.0%
Complete size	85.6 mb	100.0%

다음과 같이 각 파일과 관련된 세부 사항이 있다(여기에서는 일부만 표시한다).

```
Used Assets and files from the Resources folder, sorted by uncompressed size:
 16.8 mb        19.6% Assets/Graphics/towers/cupcake_tower_sheet-01.png
 14.3 mb        16.7% Assets/Graphics/enemies/animation_panda_sprite_sheet.png
 12.0 mb        14.0% Assets/Graphics/maps/candy_mountain_asset_overaly-01.png
 12.0 mb        14.0% Assets/Graphics/maps/candy_mountain_without_bar-01.png
 12.0 mb        14.0% Assets/Graphics/maps/candy_mountain-01.png
 7.0 mb   8.1% Assets/Graphics/projetiles/projectiles_sheet_01.png
 2.0 mb   2.3% Assets/Graphics/UI/map_complete.png
 1.9 mb   2.2% Assets/Graphics/UI/ui_health_bar_frame.png
 1.7 mb   2.0% Assets/Graphics/UI/ui_blue_top_with_text.png
 1.2 mb   1.3% Assets/Graphics/UI/ui_health_bar_filling.png
 346.9 kb       0.4% Assets/Graphics/UI/ui_sugar_meter.png
 9.2 kb   0.0% Resources/unity_builtin_extra
 4.1 kb   0.0% Assets/Animations/PandaAnimatorController.controller
 4.1 kb   0.0% C:/Program Files/Unity
5.5.0f3/Editor/Data/UnityExtensions/Unity/GUISystem/UnityEngine.UI.dll
 4.1 kb   0.0% C:/Program Files/Unity
5.5.0f3/Editor/Data/UnityExtensions/Unity/GUISystem/Standalone/UnityEngine.UI.dll
 2.5 kb   0.0% Assets/Animations/Panda_Eat_Animation.anim
 2.3 kb   0.0% Assets/Animations/Panda_Walk_Animation.anim
 2.3 kb   0.0% Assets/Animations/Panda_Die_Animation.anim
 2.1 kb   0.0% Assets/Animations/Panda_Hit_Animation.anim
```

보다시피 우리 게임 크기의 대부분은 2D 게임에서 많이 사용되는 텍스처^{Textures}가 차지하고 있다. 다음 절에서는 이 텍스처 크기를 줄이는 방법을 살펴보겠다.

텍스처 최적화

일부 이미지 포맷은 파일 크기와 같은 문제를 안고 있다. 고맙게도 유니티에는 파일 크기를 줄일 수 있는 몇 가지 방법이 있다.

1. 이미지 해상도 변경
2. 유니티가 특정 이미지를 처리하는 방법 변경

유니티에서는 임포팅 세팅$^{importing\ settings}$에서 위의 변경을 할 수 있다. 여러분의 Project 폴더에서 Asset을 선택하면 다음과 같은 화면이 뜰 것이다.

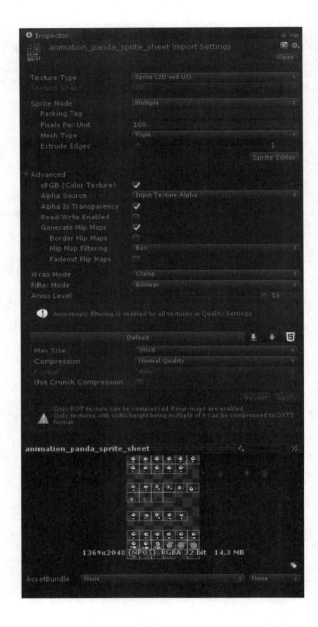

7장에서는 이 세팅 중 주로 게임과 관련된 것에 대해 설명했다. 하지만 위의 스크린샷에서 볼 수 있듯이, 텍스처를 게임에 완벽한 조건으로 설정하는 다른 옵션이 많이 있다.

이전 스크린샷에는 POT 텍스처에 대한 경고가 있다. 이것은 대체 무엇일까? POT(Power Of Two) 텍스처는 가로, 세로의 길이가 2의 거듭제곱(2의 n승)인 이미지다(예를 들어 2, 4, 8, 16, 32, 64, 128, 256, 512, 1024, 2048, 4092). 우리가 가지고 있는 하드웨어는 바이너리 시스템으로 실행되므로 2의 거듭제곱은 매우 중요하다. 특정 기술을 특정 방식으로 처리할 수 있기 때문이다. 결과적으로 퍼포먼스가 향상될 수 있다. 앞서 나온 경고는 DXT5 포맷으로 압축되려면 POT 텍스처여야 하기 때문에 나온 것이다. 따라서 게임의 모든 텍스처를 POT 텍스처로 만드는 것은 어렵지만 가능한 한 많아지도록 숙고해야 한다. 이전 스크린샷에서 볼 수 있듯이, 판다 스프라이트 시트는 NPOT(Non-Power-Of-Two) 텍스처로 4장, '더는 혼자가 아니다—단 걸 좋아하는 판다의 습격'에서 애니메이션을 배우기 위해 디자인된 것이기 때문에 최적화돼 있지 않다.

게임의 퍼포먼스를 향상시키기 위한 가장 중요한 파라미터는 Generate Mip Maps와 Filter Mode, Max Size, Compression, Format이다.

- Generate Mip Maps: 이 옵션을 선택하면 더 작은 버전의 텍스처/스프라이트가 생성된다. 따라서 스프라이트가 카메라 대비 멀리 있거나 작으면 더 작은 버전이 렌더링된다. 결과적으로 런타임에서의 퍼포먼스는 향상되지만 빌드 사이즈가 커질 수 있다.

- Filter Mode: 이미지에 필터를 적용한다. 특히 테두리를 약간 흐리게 만든다. 픽셀 아트로 작업할 때 필터를 사용하면 유용할 수 있다. 필터는 에셋을 덜 픽셀화되게 만들기 때문이다. 필터 모드는 텍스처가 변환에 의해 늘어날 때 어떻게 필터가 적용되는지 선택한다.

  - Point: 가까이에서 텍스처에 얼룩이 생긴다.

  - Bilinear: 가까이에서 텍스처가 블러 처리된다.

  - Trilinear: Bilinear와 비슷하지만 서로 다른 밉 수준$^{mip\ level}$ 사이도 블러 처리한다.

- Max Size: 이름에서 알 수 있듯이 특정 플랫폼 내에서 가질 수 있는 최대 사이즈에는 제한이 있다. 사실 경험을 향상시키기 위해서는 고화질의 사진이나 그래픽

을 사용하는 것이 이상적이기는 하지만 퍼포먼스면에서 볼 때 애플리케이션에는 적합하지 않다. 이 옵션을 사용하면 빌드 크기에 문제가 있을 경우 퀄리티를 희생시켜 빌드 크기를 과감하게 줄인다.

- **Compression과 Format**: 게임을 컴파일/빌드할 때 이미지를 압축할지 여부를 지정한다. 타깃 디바이스가 특정 플랫폼이거나 아주 오래된 것일 때 일부 압축 포맷이 지원되지 않을 수도 있음을 꼭 기억해두길 바란다. 다시 말하지만 퀄리티와 퍼포먼스 사이에는 타협을 위한 거래가 요구된다.

스탯과 프로파일링

게임을 만들 때 최적화는 어려운 과정으로, 마지막 순간까지 마음을 놓을 수 없다. (적어도 3D 게임에서) 가장 주된 이슈 중 하나는 3D 에셋이 지닌 폴리카운트[polycount](폴리곤 개수)다. 예를 들어 정육면체를 생각하면 각 면이 폴리곤이므로 큐브는 총 6개의 폴리곤을 갖는다(일부 그래픽 카드는 사각형을 지원하지 않으므로 큐브의 여섯 면을 각각 두 개로 분할해야 한다. 따라서 총 12개의 폴리곤이 된다). 이 말은 누적 합계를 고려해야 한다는 것이다. 너무 낮게 잡으면 상대적으로 게임이 거칠어 보이게 된다. 너무 많으면 (특히 모바일 디바이스의 경우) 래그가 발생될 가능성이 크다. 유니티 씬 안의 폴리카운트를 확인하려면 다음 이미지에서 강조 표시해둔대로 **Game** 뷰의 상단 오른쪽에 있는 **Stats** 옵션을 체크하라.

534

모델링을 더 잘하는 방법에 대한 아이디어를 얻고 싶다면 유니티용 사용자 매뉴얼에 있는 에셋과 캐릭터의 최적화를 위한 모델링 방법을 읽어보기 바란다. http://polycount.com/discussion/130371/polygon-count-for-smartphone-applications

스탯을 클릭하면 다음의 스크린샷과 같은 팝업이 나타난다. 이 팝업에 적힌 통계에는 드로 콜draw calls과 같은 여러 가지 작업의 성능과 관련 정보가 표시된다. 또한 씬의 현재 뷰에 몇 개의 폴리곤이 있는지도 나타난다. 실제로 이 스탯 화면의 가장 큰 장점 중 하나는 플레이 버튼을 누른 리얼타임으로 사용할 수 있어서 게임의 어느 부분이 다른 곳에 비해 더 많은 리소스를 차지하는지 확인할 수 있다는 것이다(2장, '컵케이크 타워 굽기'에서 이에 대한 언급을 한 적이 있다).

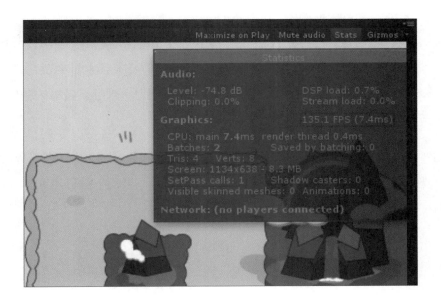

확인해야 할 가장 중요한 파라미터(스크린샷에서 강조 표시한 것)는 다음과 같다.

- FPS^{Frames-Per-Seconds}: 이름에서 알 수 있듯이, 게임에서 초당 생성할 수 있는 프레임 수를 나타낸다. 물론이 이 값은 디바이스 또는 컴퓨터의 하드웨어에 따라 크게 바뀔 수 있다. 각 타깃 플랫폼에서 게임이 돌아갈 때 적어도 50/60FPS는 나와야 한다.

 다음 두 가지 이유로 FPS의 최대 크기를 제한하는 경우가 있다.
- 일부 모니터의 재생 빈도(refresh rate)는 제한돼 있다.
- 사람 눈의 재생 빈도는 제한돼 있다.

따라서 실제로 필요한 것보다 더 많은 프레임을 생성해 연산 리소스가 낭비되지 않도록 하는 것도 방법이다.

- Tris(삼각형) 및 Verts(꼭짓점): 활성화된 카메라에서 현재 프레임에 몇 개의 삼각형 및 꼭짓점이 렌더링되는지 나타낸다(둘 이상의 카메라가 활성화돼 있을 수도 있음). 이 것은 3D 게임에서는 특히 중요하다. Tris와 Verts가 많을수록 더 디테일하게 표현할 수 있지만 퍼포먼스는 저하된다.
- SetPass 호출: 이 특정 프레임을 렌더링하기 위해 유니티가 얼마나 많이 반복^{iterations}을 거쳐야 하는지를 나타낸다. 이 숫자를 줄이기 위해 할 수 있는 모든 일을 해야 한다. 반복 횟수가 적을수록 유니티가 특정 프레임을 더 빨리 렌더링하므로 FPS가 증가한다.

게임에서의 리소스 사용에 대한 더 정밀한 통계가 필요한 경우, 상단 메뉴 바에서 Window ▶ Profiler를 차례로 선택하면 Profiler에 액세스할 수 있다. 다음과 같은 화면이 나와야 한다.

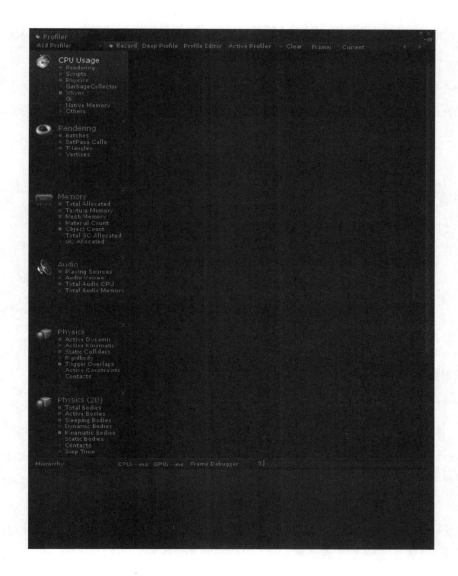

이 화면은 가능한 한 많은 카테고리를 보여주기 위해 창을 세로로 늘린 것이다. 그러나 빈 공간은 그래프와 게임의 여러 가지 부분으로 채워지므로 가능한 한 프로파일링 창을 확장해야 한다. 모니터를 두 대 사용하도록 설정한 경우, 두 번째 모니터에 프로파일링 창을 배치하는 것이 좋다.

이 강력한 툴을 사용하면 게임의 여러 컴포넌트가 리소스를 어떻게 사용하는지 자세히 모니터링할 수 있다. 프로파일러를 사용하면 GPU, CPU, 메모리, 렌더링 및 오디오의 성능을 분석해 게임을 최적화하는 데 도움이 된다. 즉, 게임의 여러 영역에서 얼마나 많은 연산 능력이 소비되는지 파악할 수 있다. 렌더링, 애니메이션, 심지어 게임 로직에서 소비된 시간의 백분율을 알 수 있다.

 프로파일러에 대한 자세한 내용은 공식 문서(https://docs.unity3d.com/Manual/Profiler.html) 또는 공식 웹사이트의 비디오 튜토리얼(https://unity3d.com/kr/learn/tutorials/topics/interface-essentials/introduction-profiler)에서 확인할 수 있다. 또한 원격 프로파링(remote profiling)을 수행할 수도 있다. https://docs.unity3d.com/Manual/ProfilerWindow.html의 끝부분으로 내려가면 '원격 프로파일링' 절을 찾을 수 있을 것이다. 여기에 원격 프로파일에 추가할 플랫폼을 기반으로 이 작업을 수행하는 방법에 대한 설명이 있다.

최적화를 위한 다른 팁

게임을 최적화하는 또 다른 옵션은 3D 에셋에서 머티리얼materials(유니티가 게임 오브젝트에 셰이더를 적용하는 방법)의 양을 제한하는 것이다. 예를 들어 때로는 오브젝트에 다양한 머티리얼(및 맵)을 적용해 멋진 효과를 낼 수 있지만 적을수록 좋다. 컴퓨터 또는 콘솔에서 실행되는 게임이라면 큰 문제는 아니지만 그래도 여전히 고려해야 할 사항이다. 모바일 디바이스 게임의 경우라면 멋진 효과를 처리할 수 있다는 점은 기억해야 하겠지만 모든 것에는 한계가 있다. 게임 개발의 초기 단계에서 이를 염두에 둔다면 나중에 게임의 일부 컴포넌트를 조정해야 할 때 스트레스와 작업량을 줄일 수 있을 것이다. 일부 머티리얼은 연산 측면에서 볼 때 실제로 많은 비용이 들 수 있다. 근사치이기는 하지만 멋진 효과를 모사한 모바일에 최적화된 셰이더가 있다.

이 작은 단락에서 살펴본 내용은 여러분이 만드는 애플리케이션을 최적화할 때 그래픽에 관점을 맞춰 수박 겉핥기식으로 알아본 것에 불과하다. 자세한 내용은 다음의 링크를 확인해보기 바란다. https://docs.unity3d.com/Manual/OptimizingGraphics Performance.html

게임 최적화를 위한 또 다른 방법은 코드에 주목하는 것이다.

유니티 버전 5 이전에서는 Transform 컴포넌트를 캐시해야만 했다. https://blogs. unity3d.com/2014/06/23/unity5-api-changes-automatic-script-updating 기사 후미에서 언급했듯이 더는 캐시하지 않아도 된다. 하지만 여전히 이를 사용하는 개발자가 있다. 이 방법은 코드의 가독성을 많이 떨어뜨려 개발 프로세스에도 좋지 않은 영향을 미치므로 이제는 사용하지 말아야 한다. 어떤 경우에도 3장, '플레이어와의 대화-유저 인터페이스'에서 UI에 했던 것처럼 다른 컴포넌트를 변수에 캐시해야 한다.

 유니티의 예전 버전을 사용하고 있거나 Transform 컴포넌트의 캐싱이 무엇인지 알고 싶다면 다음의 코드 라인을 보라.

```
transform.position = Vector3.zero;
```

(유니티의 지난 버전에서) 이 코드 라인을 컴파일하면 다음과 같다.

```
GetComponent<Transform>().position = Vector3.zero;
```

그리고 이미 앞에서 여러 번 언급했듯이, GetComponent() 함수는 느리고 가능하면 피해야 한다. 따라서 Transform 컴포넌트를 변수로 캐시해야 했다(3장, '플레이어와의 대화-유저 인터페이스'에서 UI 컴포넌트에 대한 참조를 변수에 저장했던 것처럼). 따라서 Transform의 경우, 다음 코드 라인을 사용해 Start() 또는 Awake() 함수 내에서 다음의 코드 라인으로 이 작업을 수행할 수 있었다(물론 Transform 타입의 변수인 thisTransform을 선언한 후에).

```
thisTransform = GetComponent<Transform>();
```

다른 팁은 유니티 어디에서나 사용되는 문자열 처리다. 하지만 특정 인텐스 스트링^{intense} string을 다루지 않는 한, 여기에 제시된 스트링용 최적화를 하지 말아야 한다. 퍼포먼스는 향상될 수 있으나 코드의 가독성이 떨어져 시간을 허비할 수 있기 때문이다. 다음은 이에 대한 팁이다.

- 한 번의 호출에서 여러 개의 문자열을 연결하는 경우(예를 들어 코루틴에 있는 것이 아니어서 하나의 프레임 안에서 전부 연산되는 while문에서의 처리), 가비지 콜렉터 garbage collector가 처리할 틈도 없이 사용되지 않는 스트링 오브젝트로 메모리가 순식간에 가득 찰 수 있다. 따라서 약간 더 속도를 높일 수 있는 StringBuilder 클래스를 사용하자.

- 서로 다른 스트링을 비교하는 방법에는 여러 가지가 있다. 그러나 가장 빠른 방법은 다음과 같다.

```
firstString.Equals(secondString, StringComparison.Ordinal);
```

- 그 이유는 두 개의 스트링에 차이가 있는지를 확인하기 위해 각 문자 하나씩 비교하기만 하면 되는 알고리즘이기 때문이다(단일 문자는 숫자로 간주되므로 이 메소드는 대/소문자를 구분한다).

플레이 테스팅

테스트, 테스트, 테스트! 타깃 디바이스 및 대상을 테스트하지만 말고, 그들을 테스트하고, 테스트하고, 또 다시 테스트하라! 이것은 게임 개발 프로세스의 누가 봐도 뻔한 부분처럼 보일지 모르지만, 이 단계는 혼자 하거나 다른 팀원과 함께할 때조차도 절대적으로 중요하다. 게임이 디자인 명세서 범위 내에 있는 고사양 및 저사양 디바이스 모두에서 제대로 돌아가는지 확인하라. 이 프로세스에 대한 개요를 볼 수 있는 최상의 동영상은 다음 링크에 있는 플레이 테스트에 대한 추가 크레딧 비디오다.

http://tinyurl.com/PlaytestingExtraCredits

여러분이나 여러분의 친구가 갖고 있는 디바이스에서 게임이 작동한다고 모든 사람들의 디바이스에서 돌아갈 것이라고 가정하지 마라. 특정 핸드폰 모델에서 게임이 실행되지 않는 경우가 있다. 이 점을 감안할 때 가능한 한 많이 테스트하라. 다행히도 다양한 디바이스를 입수할 수 없다면 특정 디바이스에서 실행되는 것을 시뮬레이션할 수 있는 에뮬레이터를 사용할 수 있다. 제니모션^{Genymotion}(www.genymotion.com)은 다양한 디바이스를 에뮬레이션할 수 있는 제품이다.

왜 플레이 테스트를 하는 것인가?

'여러분은 왜 자신의 애플리케이션을 플레이 테스트하는가?'라는 질문은 플레이 테스트에 대한 근본적인 질문이다. 물론 답은 명백하다. 피드백을 받기 위해서이다. 하지만 왜? 추가 기능이 필요한지 확인하고 싶어서 하는 것일 수도 있다. 어쩌면 사운드 이펙트가 너무 자주 나오고 자극적인지 아니면 충분하지 않은지를 알아내려고 하는 것일 수도 있다.

연습

팀 미팅을 소집해 모두 함께 앉아 애플리케이션에 있는 기능 중 작동시키기 어려웠던 것은 무엇이며, 어떤 것이 새롭거나 실험적인 것인지, 또는 제거해야 하는 기능은 무엇인지 하나씩 짚어보라. 게임에 대한 또 다른 시각을 제시하는 비공식 테스트는 있었는가? 프로젝트를 다시 정의해야 하는가? 모든 사람의 머릿속에 있는 게임에 대한 콘셉트가 같은가? 수차례 해봤을 수도 있지만, 그렇지 않은 경우 게임 및 개발에 대해 지속적으로 검토하는 것이 좋다.

플레이 테스트는 누가 하는가?

누구에게 게임의 플레이 테스트를 맡기고 싶고, 맡겨야 하는가? 게임은 멀티 플레이어용인가 싱글 플레이어용인가 아니면 협동 게임인가? 타깃 그룹에 속한 사람들이 플레이 테스트를 하는 것이 이상적이라 생각할 것이다. 그들이 플레이 테스트를 하는 동안, 여러분은 그들에게 다음 세 가지를 적도록 하는 것이 좋다. 플레이 테스트 이전 (기대하는 바는 무엇인가?), 플레이 테스트 중 (플레이를 하면서 드는 생각/느낌은 무엇인가?), 그리고 플레이 테스트 후 (게임에 대한 좋은 점/나쁜 점, 빠진 점 등).

단독 테스트 진행

그룹 외부인에게 테스트를 부탁하기 전에 게임을 테스트하는 것이 좋다. 너무 빤해 보일수 있지만, 게임에 절대 오류가 없다고 생각할지라도 게임이 의도했던 대로 작동하지 않을 가능성이 있다. 버그와 결함이 생기면 플레이어는 게임하는 데 시간을 덜 들이게 되고, 유용한 피드백을 여러분에게 주기 위해서는 더 많이 게임을 해야 하기 때문에 여러분 자신 그리고/또는 팀이 플레이 테스트하는 것이 중요하다. 덧붙여 말하면 실제 플레이 테스트 활동을 진행하기 전에 소그룹으로, 사람들과 함께 플레이 테스트하는 것이 좋다. 이상적으로는 여러분의 팀 자체 내에서 수월하게 진행할 수 있을 것이다. 이 작업을 하는 동안, 다른 사람과 함께 애플리케이션을 테스트하는 더 좋은 방법을 얻을 수 있을 뿐만 아니라 실제 경험에 대한 질문을 구체화할 수 있을 것이다.

사회적 행사로 만들기

사람이 많을수록 더 즐거운 것은 플레이 테스트도 마찬가지다. 하지만 이와 동시에 사용할 수 있는 리소스로 관리할 수 있는지 반드시 점검해야 한다. 그룹 테스트를 조직할 때는 여러분이 염두에 두고 있는 타깃층과 이에 속하지 않은 사람들 모두를 섞어 대상으로 삼는 것이 중요하다. 이렇게 하는 이유는 서로 다른 관점에서 피드백을 받을 수 있기 때문이다. 게임이 사람들에게 호응을 불러일으킬지 아닐지에 대한 통찰력을 줄 것이다.

경계 내에 두기

여러분이 플레이 테스트를 공개적으로 할 것인지 아니면 비공개로 할지를 묻는 것과 같다. 이 단계에서는 게임 출시에 영향을 줄 수 있는 민감한 컴포넌트가 있는지 여부를 자문해봐야 한다. 그 결과에 따라, 플레이어는 비공개 계약NDA, non-disclosure agreement에 서명해야 할 수도 있다. 비공개 계약은 공개적인 게임에 대한 논의, 스크린샷 공유, 그리고 그로 인한 법적 결과를 방지한다. 반대로 플레이한 후에 누구든지 자유롭고 공개적으로 게임에 대해 이야기하는 것이 좋을 수도 있다.

플레이 테스터에게 처음부터, 아니 처음 플레이 테스터로 참가하겠다고 서명하기 전부터 이를 명확하게 알리는 것이 매우 중요하다. 아직 개발 중인 앱에 대한 스크린샷이 페이스북 또는 트위터에 돌아다니게 하고 싶지는 않을 것이다. 셀카, 체크인 및 소셜 미디어 게시를 포함해 실제 테스트 중에는 비디오나 사진을 찍지 말 것을 플레이 테스터에게 요구할 수도 있다. 때에 따라서는 이 목적을 위해 프린트 스크린 옵션을 사용할 수 없게 한다. 물론 사람들은 똑똑하고 어떻게든 이를 피해 갈 방법을 많이 찾아낼 것이다. 그러나 여러분이 확실한 방안과 결과를 적절하게 준비해둔다면, 플레이 테스트에 앞서 일련의 규칙을 마련하고 참가자가 이에 동의(예: 계약서 서명)하면 나중에 불필요한 언론의 관심을 피할 수 있다.

가족과 친구에게 다가가기

이제 친구와 가족, 다른 가까운 동료와 함께 플레이 테스트를 시작할 수 있다. 이 시간은 내비게이션 기능이나 제대로 작동하지 않는 특정 상황 등과 같이 피상적인 문제를 해결하기 위한 것으로 제한한다. 테스트에 응한 분들이 여러분 자신이 듣고 싶어하는 말을 하는 것은 아닌지 확인해야 한다. 가족과 친구들은 여러분을 개인적으로 더 잘 알고 있어서 여러분이 얻고자 하는 것을 알게 될 것이므로 그들이 정직하게 피드백을 주었는지, 비평과 함께 건설적인 것인지 확인하라.

낯선 사람들

알고 있는 사람들로부터 의견을 듣는 것은 멋진 방법 중 하나다. 정말 (서로에 대해) 모르는 것이 없기 때문에 여러분은 그들과 편하게 의사소통할 수 있다. 그러나 전에 말한 것처럼 여러분은 모르는 사람의 객관적인 견해와 테스트 이전에 준 시놉시스 말고는 게임에 대해 아무것도 모르는 사람이 필요하다.

게임을 하고 싶어하는 사람들

사람들에 관한 이 모든 이야기를 감안할 때, 당신이 염두에 두고 있는 타깃층을 잊지 않도록 유념하라. 이 유저 그룹의 경우, 타깃이 되는 고객을 (연령과 위치, 경험 수준으로) 정의해야 한다. 초기 단계에 유저 프로파일을 충분히 검토해두면 유저가 가진 특성 및 그에 부응하기 위해 무엇이 필요한지 정의할 수 있다. 이렇게 되면 게임의 디자인(설계)을 개선하는 데 도움이 될 뿐만 아니라 플레이 테스트 수행 방법을 정의하는 데 도움이 된다. 이를 통해 독자 여러분은 응용프로그램과 관련된 질문과 해당 질문에 초점을 맞춰 문제가 무엇인지 파악해 더 관련성 높은 내용을 찾아낼 수 있을 것이다.

이 그룹의 사람들을 세심하게 추릴 수 있는 간단한 단계는 다음과 같다.

- 여러분이 만들었던 게임이 둘 이상인 경우, 이미 해본 적이 있는 사람인지 확인하라. 아직 유저 기반이 없다면 가장 이상적인 사람을 리스트로 정리하라. 처음에는 폭넓게 잡고 점차 구체적으로 만들려고 노력하라. 나중에 게임을 시장에 내놓기 위한 방안을 향상시키는 데도 도움이 될 것이다. 더 나은 결과를 이끌어내는 데 도움이 되는 연령대, 성별, 위치 등을 확인하라.
- 여러분과 비슷한 것을 만드는 다른 사람들은 무엇을 하는지 보라. 타깃 고객을 구체화(또는 재정의)하는 데 도움이 된다. 여러분이 만든 게임과 비슷한 게임을 리스트로 만들고 잠재 고객이 어떻게 타깃팅되는지 확인하라.
- 이미 여러분이 출시했던 사용 가능한 제품이나 서비스를 분석하라. 성공적이었는가? 그렇다면 왜 그런 것인가? 실패했다면 왜 그런 것인가?
- 집중할 잠재 고객의 구체적인 특징을 골라라. 이를테면 모두가 게이머일지도 모르지만 그 가운데 일부는 다른 사람들보다 캐주얼할 수 있다. 어쩌면 여러분의 게임은 아이들보다 어른들을 타깃으로 삼는 것이 나을지도 모른다. 우리는 모두

를 즐겁게 하는 것을 목표로 삼고 있지만 그렇게 할 수는 없으므로 잠재 고객에게 더 집중하는 것이 좋다.

- 한발 뒤로 물러나서 타깃 고객을 평가하라. 개선이나 구체화하는 데 도움이 될 만한 추가 사항이 있는가?

위 내용은 타깃 고객을 정의할 때 고려해야 할 사항 중 일부에 지나지 않으므로 여러분의 게임과 관련성이 높은 다른 글(웹에서나 서적) 등을 꼭 체크하기 바란다.

언제

플레이 테스트를 하겠다고 결정한 이상, 그 시점 또한 중요한 고려 사항이다. 테스터들이 물리적인 공간에 있어야 한다면 더욱 그렇다. 시점을 정할 때 그 시간에 여러분의 그룹이 무엇을 하고 있는지 생각하라. 타깃 그룹이 학생이라면 거의 하루 종일 학교에 있을 가능성이 높기 때문에 주말에 테스트 모임을 개최하는 것이 더 적합할 것이다. 반면 타깃 그룹이 직장인인 경우에는 이른 아침 또는 일이 끝난 시간으로 잡는 것이 나을 것이다. 물론 이것은 여러분이 만드는 게임의 종류에 달려 있다. 여러분이 만든 게임이 더 많은 시간을 필요로 한다면, 게임을 즐기는 데 더 오랜 시간을 할애할 수 있도록 조정하는 것이 그들의 라이프 스타일에 더 잘 맞을 것이다. 그들은 여러분을 돕고 있으므로 융통성이 중요함을 잊지 마라.

 사람들이 테스트 그룹에 시간을 할애할 수 있게 하는 좋은 방법은 일정에 그들을 추가하거나 정해진 플레이 테스트 날짜 며칠 전에 전화나 알림을 하는 것이다.

어디서

플레이 테스트가 다운로드 및 실행 파일 또는 웹사이트 로그인을 통한 가상의 공간에서 모두 진행된다면 이 절을 건너뛰어도 좋다. 그러나 참가자가 실제 테스트 장소에 와야 하는 경우라면 가능한 한 접근성이 높은 곳을 택하는 것이 바람직하다. 교통편이 잘 갖춰지고 사람들이 많이 모이는 중심지가 될 만한 곳이 좋다. 도심부는 일반적으로 대중교통을 쉽게 이용할 수 있으며 일터나 학교와 가깝다.

무엇을

여러분이 플레이 테스트에서 기대하고 있는 것은 무엇이며, 플레이 테스터가 기대하는 바는 무엇인지가 고려해야 할 두 가지 질문이다. 여러분은 튜토리얼을 틀어주고 서면이나 구두로 의견을 받고 싶을지 모르겠으나, 플레이 테스터는 어쩌면 게임 전체를 플레이해야 한다고 생각할지도 모른다. 여러분이 진행하려는 플레이 테스트가 어떤 것인지 플레이 테스터에게 확실하게 알려주는 것은 필수다. 그래야 그들이 시간을 낭비하게 하지 않고, 여러분도 애플리케이션과 관련 없는 부분에 대한 피드백을 받는 일이 없을 것이다.

작은 배려가 먼 길을 가게 한다

플레이 테스트 중에 플레이 테스터에게 무엇을 제공할 것인가? 그리고 그들이 할애하는 시간에 대해서는 어떠한가? 테스트 비용을 줄 수 없다면 음식과 음료라도 제공하라. 케이크와 샌드위치를 제공하는 연회 담당자가 필요하다고 말하는 것은 아니지만 차와 커피를 몇 가지 간식(과일은 잘라 두고, 칩, 사탕, 비스킷, 샌드위치를 만들어두면 된다)과 함께 마련해두면 테스터가 둔해지는 것을 막는 데 도움이 된다. 그들이 오랫동안 거기에 머물러야 한다면 특히 더 신경 써라. 장시간에 걸친 플레이 테스트 중에 휴식을 취할 수 있는 시간을 미리 정해두는 것도 중요하다. 그들을 몇 시간 동안이나 그곳에 앉혀두기를 원하는 것은 아닐 테니 말이다. 45분마다 휴식을 취하는 것도 함께 들어가 상황이 어떻게 진행되는지 볼 수 있는 좋은 방법이다.

어떻게

어떻게 플레이 테스터가 잘 플레이할 수 있도록 하고, 어떻게 이를 관리할 것인가? 테스터의 피드백을 어떻게 받을 것인가? 어떤 종류의 장비(녹음 장치나 컴퓨터)와 소프트웨어(설문지)가 필요한가? 테스트를 시작하기 전에 제대로 작동하는지, 배터리는 충전돼 있는지, 필요한 모든 장비(케이블 및 어댑터)는 사용할 수 있는지 확인하라. 또한 언제, 어떤 이유로든 잘못될 경우—일어나기 마련이다—에 대비하는 백업 계획을 세워라.

플레이 테스트 방법

플레이 테스트 방법에는 여러 가지가 있다. (약간의 맥락을 알려준 뒤) 플레이어가 스스로 알아서 하게 두거나 규칙을 통해 가이드할 수 있다. 각각의 접근 방법에 따라 플레이 테스트 중에 피드백을 받는 방식이 달라진다. 여러분의 게임을 플레이 테스트하는 몇 가지 방법을 다음에 정리한다.

관찰

테스터가 어떻게 플레이하는지 관찰하라. 그들이 특정한 방식이나 기대하지 않은 방식으로 게임을 하는가? 이것은 어쩌면 결함에 의한 것이거나 게임과 관련된 다른 경험으로 인해 그때와 같은 방식으로 특정 기능을 사용(시도)하는 것일 수 있다. 이와 같은 일이 거꾸로 일어날 수 있다. 예를 들어 플레이어는 무언가를 얻거나 어떤 것을 하기로 돼 있는데, 그들이 하지 않거나 게임이 이를 허용하지 않는다면 이는 고쳐져야 한다. 이 시점에서 미래의 플레이어는 게임에 기술적인 문제가 있어 사용하기 어렵다고 생각해 언인스톨(삭제) 버튼으로 향할 것이기 때문이다.

질문 및 설명

무엇인가에 대한 이해를 확인하는 가장 좋은 방법은 다른 사람에게 설명하는 것이다. 따라서 플레이 테스터로부터 피드백을 얻는 한 가지 방법은 게임을 설명해 달라고 요청하는 것이다. 플레이 테스터가 여러분의 게임과 뭔가 다른 것을 설명하는가. 아니면 그들이 여러분의 의도대로 게임을 설명하는가? 그들이 게임을 설명하는 동안 게임이 어떻게 될수 있는지가 아닌 어떤지에 관해 대화를 유지하도록 하라. 물론 모든 개선 사항은 좋은 제안이지만 그들이 여러분에게 설명하는 목적은 방금 경험한 것을 듣기 위함이다.

반성 및 후속 조치

이때쯤이면 여러분은 텅 빈 테스트 공간에 수없이 많은 메모와 아이디어, 그리고 머릿속을 맴도는 여러 가지 생각들과 함께 남게 될 것이다. 이제 그것들을 꺼내어 문서화해야할 때다. 그룹 회의를 하라. 화이트보드, 종이, 문서 또는 나중에 쉽게 접근할 수 있는 어딘가에 적어라. 이것은 매우 중요한 과정으로, 여기서 일어나는 일이 게임을 출시할 때게임에 큰 영향을 줄 수 있기 때문이다.

이제 플레이 테스트가 끝났으므로 그에 따른 적절한 조치를 취하자. 이것은 마치 회의에 참석하는 것과 비슷해서 끝난 후에나 도움이 되는 것들이 생각난다. 테스트도 마찬가지다. 플레이 테스트 끝난 후 일주일 정도 지나 메일로 참여했던 테스터들에게 다시 한번 감사하다는 말을 전하고, 플레이 테스트 이후에 떠오른 다른 생각은 없는지 묻는 것도좋은 방법일 수 있다. 중요한 포인트는 스팸 메일처럼 메일과 질문을 보내지 말고 제안할수 있는 기회를 제공하는 것이다. 온라인 (및 익명) 설문지를 제공하는 것도 한 방법이다.

■ 온라인에서의 존재감 만들기

요즘 같은 세상에서는 인터넷에 올라와 있지 않으면 존재하지 않는 것과 같다. 여러분이사교적이지 않다면, 사람들은 여러분이 무엇을 하고 있는지 알기 어려울 것이다. 게임을만들고 있다는 것을 혼자만 알고 있어서는 안 된다! 여러분은 아무도 축하해주지 않는 것을 개발하느라 몇 달이고 몇 년을 보내지 않을 것이다. 그러나 이는 고칠 수 있고 준비하려면 약간의 계획과 시간이 필요하다. 약속컨대, 결국에는 그럴 만한 가치가 있다.

리서치

취업 면접을 가려 할 때 고용주가 될지도 모르는 회사나 사람에 대한 조사를 하지 않고 가지 않는 것처럼, 이름을 알리는 것도 마찬가지다. 모든 이의 주목을 끌면 좋겠지만, 원하는 사람들의 주의를 끌고 싶을 것이다. 이를 위한 한 가지 방법은 여러분과 같은 시장에 있는 회사나 제품, 개인에게까지도 세심한 주의를 기울이는 것이다. 그리고 그들이 상호작용하는 사람이나 그들이 사용하는 소셜 미디어 태깅이 어떤 것인지 관찰하라. 예를 들어 #안드로이드, #게임, #앱스토어 같은 특정 해시태그를 사용하는가? 어쩌면 지역적인, 국제적인, 대기업 및 중소기업, 심지어 지역 내의 특정 핵심 인물로부터 타깃팅하는 특정 그룹이 있을 수 있다. 이렇게 하는 목적은 상호작용을 모방하는 것이 아니라 관찰하는 것이다. 관찰을 시작하면 여러분은 타깃으로 삼고 있는 시장, 주요 플레이어들에 대해 더 많이 배우게 될 것이며 어쩌면 그들과 조우하거나 함께할 기회를 얻게 될 것이다. 이러한 기회는 컨퍼런스에서부터 엑스포, 어쩌면 미팅이나 특정 런칭을 축하하는 자리 등에 이르기까지 그 범위가 다양하다. 시간과 장소가 전부라는 것을 꼭 기억하라.

오디트 실시

로고에서 배너, 링크 및 기업이나 조직의 강령에 이르기까지 소셜 미디어 오디트[7]를 통해 모든 것이 최신 상태인지 확인할 수 있다. 소셜 미디어 계정을 처음으로 설정할 때와 게임 출시와 같은 큰 발표를 하기 전에 이 작업을 수행하라. 물론 이러한 검증은 정기적으로 하는 것이 중요하지만 검증할 예정이라면 이러한 작업은 모든 것이 제대로 돼 있는지 검사하는 시간이 될 것이다. 여러분의 채널로 트래픽이 많이 유입될 가능성이 있기 때문이다.

---

7 광고 매체 비용에 대한 감사, 감리, 검증 서비스로 광고가 당초 계획한대로 잘 집행됐는지, 적절한 장소에 배치됐는지, 적정 금액으로 책정됐는지 등을 검증하는 것이다. – 옮긴이

고객과의 소통

프로세스를 문서화하고 있다면 콘텐츠에 관심을 보이는 사람들에게 의견을 물어라. 여론 조사를 만들고, 질문을 게시하고, 그들에게 응답을 요청하라. 참여를 유지하고 잠재 고객과 정기적으로 상호작용하고 있는지 확인하라. 그것이 비록 사무실에서 그날의 업데이트를 게시하거나 게임 개발 과정에서 일어난 재미있는 일을 게시하는 것일지라도 사용자의 흥미를 지속적으로 끌 수 있다. 글을 게시하는 것은 좋지만, 어떻게든 그 내용이 게임이나 개발 스튜디오와 연관되도록 하라.

참여에 대한 보상

킥스타터^{Kickstarter}, 인디에고고^{Indiegogo} 같은 사이트나 기타 크라우드 펀딩 플랫폼은 자신의 프로젝트 후원자에게 특정 수준의 보상을 제공한다. 이러한 플랫폼 중 하나에 참여하지 않더라도 게임 개발 및 최종 릴리스에 유사한 방식을 적용할 수 있다.

- **경합**: 시합은 사람들을 참여시킬 수 있는 좋은 방법이다. 게임을 만들 자금이 없으면 할인, 조기 액세스 또는 (무료) 정식 버전을 제안하라. 다른 옵션으로는 한정판 삽화/배경 화면을 만들고 가능하다면 인쇄해 팀의 사인이 들어간 것을 받을 수 있게 하라.

- **군중의 힘**: 경합은 사람들과 회사 및 제품 간의 상호작용을 이끌어낼 수 있는 좋은 방법이다. 따라서 사람들을 참여시키려 할 때 질문이나 경합에 대한 의견을 쓰도록 요청하는 대신, 그들에게 좋아요(like)를 누르거나 공유(share)를 부탁하고, 더 나아가 친구를 태그해 경합에 참여할 수 있게 하라. 태그가 붙은 친구는 각자 추가 참가자로 들여보낼 수도 있을 것이다. 어쨌든 그들은 (그리고 심지어 친구들도) 뭔가를 얻을 수 있기 때문에 서로 윈-윈할 수 있는 상황이며, 여러분은 홍보의 기회를 덤으로 얻게 된다.

- **피드백**: 플레이 테스트 중이거나 게임이 런칭된 뒤라도 여러분이 만든 게임을 사용하는 사람들로부터 피드백을 얻기 위해서는 게임이 최대한 잘 돌아가야 한다.

시간을 내어 자세한 피드백을 준다는 것은 그들이 여러분과 여러분의 제품을 돕는 데 시간을 들인다는 것임을 명심해야 할 것이다. 모든 피드백이 낙관적이거나 희망적이지는 않을 것이다. 부정적인 의견을 받은 경우라도 그것이 건설적일 때는 미래의 게임 업데이트에 대한 아이디어가 될 수 있다. 따라서 피드백은 이타적 성향을 띄지만 애쓴 사람들에게 보상하라. 보상은 할인과 같이 심플한 것으로 하거나 게임의 무료 증정 (또는 우승 기회) 같은 큰 것일 수도 있다.

소셜 미디어 마케팅

눈팅족^{lurker}으로 머물러 있지 말고 참여하라! 방관자로서 머물기는 쉽지만, 안으로 들어가 그 속에 섞이는 것이 좋다. 여러분 중 일부는 소셜 네트워크에 익숙하지 않을 수도 있지만, 업계는 이에 통합돼 있으며, 모든 면에서 주요 역할을 담당하고 있다. 그러나 시작하기에 앞서, 여러분이 해낸 것을 온 세상 사람들이 다 듣게 외치기 전에 고려해야 할 몇 가지 사항이 있다.

블로그

지금쯤 여러분은 타깃 고객에 대해 조금 더 자세히 알게 됐으니, 이제는 온라인에서 자신만의 존재감을 셋업할 때다. 처음에는 블로그로 시작하자. 블로그는 여러분 자신이 하는 일에 대한 자세한 정보를 전달하기 위한 다양한 방법을 제공한다. 비록 내가 아닌 회사로서 대표되거나 제품 개발이 이뤄지는 동안일지라도 말이다. 블로그는 팔로어 followers를 모으고 그들과 함께 여러분의 일상을 공유하는 한 가지 방법이다. 이 방식으로 여러분은 고객과 더 의미 있는 관계로 발전하기 시작한다. 선택할 수 있는 블로그 플랫폼은 다양하다. 가장 인기 있는 것으로는 텀블러^{Tumblr}(www.tumblr.com), 워드프레스 WordPress(www.wordpress.com), 블로거^{Blogger}(www.blogger.com)가 있다. 그 밖에도 많지만 이 세 가지는 전부 자신만의 블로그를 만들 수 있는 훌륭한 플랫폼을 제공한다.

트위터

더 많이 읽고 싶어지는, 눈에 확 들어오는 헤드라인을 읽은 적이 있는가? 마이크로 블로깅 플랫폼은 고객을 이와 매우 비슷한 방식으로 연결하는 훌륭한 방법이다. 트위터 twitter(www.twitter.com)는 140자 이하로 제한돼 있기 때문에 이에 대한 완벽한 예다. 그래서 본론으로 바로 들어가야지 그렇지 않으면 여러분의 글은 잘릴 것이고 아무도 좋아하지 않을 거…

애플리케이션에 대한 업데이트를 트윗할 때 염두에 두어야 할 몇 가지 사항이 있다. 시간대time zone 같은 것이 이에 속한다. 그러나 트위터는 다음과 같은 몇 가지 주요한 상호작용 방식을 사용한다.

- **답글하기**Reply: 이름에서 알 수 있듯이 유저가 게시한 내용에 회신할 수 있다. 이를 통해 여러분이 말한 것에 관심을 보인 사람들과 상호작용할 수 있다.
- **리트윗**Retweet: 트위터의 공유 버전이다. 누군가가 좋아하는 것을 트윗한 경우, 팔로어가 그것을 볼 수 있도록 리트윗할 수 있다.
- **마음에 들어요**Favorite: 페이스북의 좋아요(Like) 또는 유튜브YouTube의 엄지손가락과 비슷하다.
- **해시태그**Hashtags: 콘텐츠를 공유할 때 염두에 두어야 할 가장 기본적인 것 중 하나다. 해시태그는 정보를 범주화하는 측면에서 볼 때 필터링 시스템과 같다. 고유한 해시태그를 사용하면 게임과 관련된 콘텐츠 배포를 추적할 수 있을 뿐만 아니라 다른 트윗 중에서도 쉽게 찾을 수 있다.

 고유 해시태그가 있는지 확인하는 가장 좋은 방법은 사용하기 전에 검색하는 것이다.

트위터에서 광고할 수 있는 유용한 링크는 다음과 같다.

- https://business.twitter.com/en/advertising.html
- https://marketing.twitter.com/na/en.html
- https://business.twitter.com/en/help/troubleshooting/how-twitter-ads-work.html
- https://business.twitter.com/en/advertising/campaign-types.html

연습

짧은 버전으로 무언가 응축하는 데 어려움이 있다면 자신에게 제한을 가해보라. 처음에는 전체 아이디어를 말하고 그 다음에는 그것을 15, 10, 5초 안에 말하라. 아이디어를 말하려고 할 때마다 핵심 개념이 더욱 분명해지고 시간이 짧을수록 설명이 더 효율적이고 간소해지는 것을 느낄 수 있을 것이다. 우리는 종종 하나의 정보가 다음 정보만큼 중요하다고 여겨 모든 정보를 포함해야 한다고 생각하지만 실제로는 그 개념에 불필요한 군더더기가 된다.

인스타그램

트위터가 마이크로 블로깅 플랫폼인 반면 인스타그램^{Instagram}(www.instagram.com)은 하나의 심플한 사진(및 캡션)으로 천 개의 단어를 말한다. 해시태그를 추가하고, 더 많은 고객과 연결하고 일부 주요 플레이어(선택 사항)를 팔로우할 수 있다는 점에서 트위터와 비슷한 방식으로 작동한다.

페이스북

페이스북^{Facebook}(www.facebook.com)은 게임을 광고하고 잠재 고객과 연결될 수 있는 장소를 만드는 데 있어 다양한 옵션을 제공한다.

- **페이지**: 페이지를 생성하고 공개하기 전에 콘텐츠로 채워서 온라인 인지도가 어느 정도 확립되도록 하라. 콘텐츠가 있는 곳에 방문자가 머물기 마련이다. 그

들이 방문하는 동안, 조금 더 오래 있도록 지킬 수 있어야 한다. 방문자와의 연대를 높이는 방법에는 여러 가지가 있는데, 최근 업데이트에 대한 흥미로운 블로그 포스트를 올린다던가 기능에 대한 호기심을 자극하는 사진을 올리는 등이 있다.

- **포스트**: 다목적으로 사용할 수 있는 기능이다. 예를 들어 다음 버전에 포함시킬 기능과 같이 게임에 들어가는 특정 컴포넌트에 대해 묻는 경우, 세 가지 옵션으로 대답을 요청할 수 있다. 첫 번째는 좋아요(Like)이며, 두 번째는 댓글 달기(Comment), 세 번째로는 공유하기(Share)다. 좋아요는 8장의 경합에 대해 논의할 때 다뤘으며, 두 번째 옵션은 프로세스의 일부로써 친구를 태그하도록 권장하는 데 사용할 수 있다. 그들은 여러분의 포스트와 상호작용하는 것이지만 친구들의 네트워크에 도착하기까지 그 사이에 여러분은 결과적으로 약간의 홍보를 할 수 있게 된다.

- **설문 조사**: 사용자의 의견을 신속하게 파악하고 일반적인 합의가 무엇인지 확인할 수 있는 방법으로 사용할 수 있다. 댓글을 게시하는 것보다 조금 더 선형적(이 기능은 설문 조사에 일반적으로 제공됨)이지만 더 빠르다. 물론 설문 조사를 가장 많이 득표한 기능이 다음 업데이트에 포함되니 '지금 투표하기'와 같은 경쟁적인 행동을 이끌어 내기 위한 방법으로 사용할 수 있다. 이런 식으로 하면 플레이어는 자신의 의견도 중요하게 여겨지고 개발 프로세스의 일부가 된다는 느낌을 받게 될 것이다.

- **라이브**: 라이브 기능을 사용하면 실시간으로 이벤트를 스트리밍하고 사람들이 볼 수 있도록 할 수 있다. 이것은 라이브 게임 개발이나 Q&A와 같은 것을 스트리밍할 수 있는 좋은 기회를 제공한다. 가장 중요한 부분은 사람들이 그것을 놓치더라도 나중에 볼 수 있고 댓글 달기, 좋아요, 공유하기 등을 통해 상호작용할 수 있다는 것이다.

메일침프

아직 준비가 돼 있지 않더라도 잠재 고객과 계속 연락을 주고받을 수 있는 장소가 필요하며 이를 메일링 리스트로 관리하는 것이 가장 좋은 방법이다. 메일침프^{MailChimp}(www.mailchimp.com)를 사용하면 많은 사람들과 함께 메일링 리스트를 정리할 수 있을 뿐만 아니라 제품 출시 및 기타 여러 특별 이벤트에 대해 즉시 알려줄 수 있다.

▌ 퍼블리싱 준비하기

소중한 보석을 마침내 세상에 공개하기 전에 신경 써야 하는 것은 게임이나 애플리케이션을 만드는 것 외에도 많다. 이어지는 절에서는 팀과 최종 제품 모두에 대한 여러 가지 고려 사항을 검토해 이 프로세스의 마지막 부분이 가능한 한 원활하게 진행되도록 할 것이다.

크라우드펀딩 캠페인

크라우드펀딩 캠페인을 벌이기 위한 플랫폼은 다양하며 각 플랫폼에는 저마다의 기능이 있다. 그러나 그들 모두는 근본적으로 여러분에게 후원자와 무엇보다 매우 필요한 자금을 모으거나 여러분의 창조물을 빛내 줄 장소를 제공하기 위해 존재한다. 다양한 크라우드펀딩 플랫폼은 각기 다른 목적을 위해 운용된다. 예를 들어 어떤 것은 대의(자연, 인권 또는 빈곤)에 관한 것이며, 어떤 것은 특정 유형의 제품(의류, 음악)이나 창의적인 활동(제품이나 가상의 물품) 및 개인(의학적 치료)에 관한 것이다. 게임은 둘 이상의 기준(특히 창의적인 활동)을 충족할 수 있으므로 여러분의 게임에 가장 관심을 보일 사람들을 어디에서 만날 수 있을지 확인하는 데 시간을 어느 정도 할애하는 것이 좋다.

크라우드펀딩 플랫폼은 아이디어를 제시하는 개발자(또는 어떤 제품이나 아이디어 작성자)와 그들이 무엇 때문에 자금이 필요한지, 자금은 어떻게 할당되는지, 궁극적으로 돈을 줄 수 있는 후원자를 위한 것은 무엇인지에 의해 운용된다. 일반적으로 여러분은 자신의 제품 (이 경우, 게임)을 후원하는 사람에게 자신이 정한 다양한 레벨의 지원 기회를 제시하고 후원자는 그 안에서 고르는 방식으로 지원이 이루어진다. 예를 들어 후원자가 1달러를 지원하면 게임 웹사이트 또는 게임 내 크레딧에 후원자의 이름이 오르게 된다. 50달러라면 게임에 사인이 들어간 사본을 얻을 수 있고, 800달러는 두 장의 사본과 감사의 손편지를 받게 된다. 각 레벨의 금액을 설정할 때는 주의하라. 금액이 너무 높으면 후원자를 얻지 못할 것이다. 너무 낮으면 예산이 엉망이 될 것이다. 마지막으로 고려해야 할 사항은 경우에 따라 크라우드펀딩 플랫폼은 기금의 총 금액에서 일정 비율을 가져갈 뿐만 아니라 후원자의 기부금에 수수료를 추가한다는 것이다.

그러므로 크라우드펀딩 플랫폼을 정하기 전에 모금하고자 하는 자금에 적합한 플랫폼인지 꼼꼼하게 따져봐야 한다.

가장 중요한 것 중 하나는 (펀딩을 받던 안 받던) 프로젝트 진행 중 발생할 수 있는 다양한 리스크를 잊으면 안 된다는 것이다. 특히 펀딩을 받는 경우, 펀딩된 자금은 적절하게 관리하고 후원자들에게 약속한 계획에 맞게 사용돼야 한다. 그러므로 예산은 철저히 계획하고 발생될 수 있는 사건(지연, 예상치 못한 하드웨어 비용 및 추가 인건비)을 고려해 세워야 한다.

우리는 크라우드펀딩 플랫폼을 개발하고 운용하는 것이 의미하는 바에 대해서는 거의 다루지 않았지만, 이것은 심약한 사람들에게 주어지는 일이 아니다. 후원자에 대한 보상 수준을 결정할 때는 상당한 고심이 필요하며, 그들에게서 받은 금액을 반드시 고려해야 하며, 이는 어떻든지 간에 여러분이 세운 예산에 영향을 미칠 것이다. 예를 들어 게임을 디지털로 다운로드하는 것은 디스크에 구운 다음 예쁘게 꾸며진 케이스에 넣어 보내야 할 곳으로 배송하는 것보다 훨씬 경제적이다. 후원자가 지불해야 하는 금액에 우편 요금을 포함시키거나 별도로 지불하도록 요청할 수 있다. 어쨌든 크라우드펀딩 캠페인은 성공적으로 운영되기까지 많은 시간과 노력이 필요하다. 또한 항상 자금을 확보할 수 있는 확실한 방법은 아니므로 게임과 그 미래를 계획할 때 이를 반드시 명심하라.

다음은 체크해 볼만한 크라우드펀딩 사이트다.

- 피그^{Fig}: www.fig.co
- 킥스타터^{Kickstarter}: www.kickstarter.com
- 인디고고^{Indiegogo}: www.indiegogo.com
- 로켓허브^{RocketHub}: www.rockethub.com
- 고펀드미^{GoFundMe}: www.gofundme.com
- 라주^{Razoo}: www.razoo.com
- 크라우드라이즈^{CrowdRise}: www.crowdrise.com

유니티에서 빌드하기

가장 먼저 할 일은 실제로 게임을 컴파일하는 것이다. 그렇지 않으면 어디에도 둘 수 없다!

유니티에서 게임을 만들려면, 상단 바 메뉴에서 File ❯ Build Settings...를 차례대로 선택하자. 그러면 화면이 다음 스크린샷과 같을 것이다. 여기에서 타깃 플랫폼(및 포함하려는 씬)을 선택할 수 있다.

Player Settings... 버튼을 클릭하면 빌드용 특정 옵션으로 들어가게 될 것이다. 이에 관한 더 자세한 내용은 다음을 참고하기 바란다.

https://docs.unity3d.com/Manual/class-PlayerSettings.html

Build 버튼을 클릭하면 유니티가 정말로 게임을 빌드할 테니 잠깐 숨을 돌리거나 쉬어도 된다. 하지만 이 부분은 실제로 게임을 퍼블리싱하고 마케팅해야 하는 두 번째 단계의 시작일 뿐이다!

주의 환기시키기

여러분은 흥분되고 결승선에 거의 다다르지만, 이때는 게임에 관련된 모든 사람들이 다음에 무슨 일이 일어날지를 깨달아야 하는 중요한 시점이다. 더 중요한 것은 모두에게 설명해줬는지 확인하는 것이다. 예를 들어 로열티는 어떻게 배분되며 그들의 책무는 게임 출시를 완수한다 등등. 물론 이것은 계약 초기에 사인한 계약서에 명시돼 있었을 것이다. 그러나 사실 우리 모두는 계약서를 읽지 않고도 계약 조건에 동의를 하니 문제인 것이다. 이 단계에서 모든 사람들에게 계약 내용을 상기시키는 것은 그만한 가치가 있다.

▌ 현지화

전 세계로 게임을 출시한다면 현지화해야 한다. 많은 개발자들은 게이머라면 대부분 이해하기 때문에 영어로만 퍼블리싱해도 충분하다고 생각한다. 그러나 마케팅 및 다운로드 그래프를 보면 영어는 전체 시장의 20%에 불과하다는 것이 명확하다. 따라서 다른 언어 사용자를 위해 현지화하는 것을 고려해야 한다. 그러나 현지화는 단순히 게임을 번역하거나 다른 언어로 자막을 추가하는 것 이상의 의미가 있다. 고려해야 할 것들이 너무나 많다. 여러 가지 이유 중 일부는 다음과 같다.

- 독일어와 같은 일부 언어에서 어떤 단어는 너무 길어서 UI에서 잘리거나 오버플로우될 수 있다.
- 아랍어와 같은 일부 언어는 쓰는 방향이 다르다. 오른쪽에서 왼쪽으로 또는 위에서 아래로 쓴다. 따라서 인터페이스가 가지게 될 시각적 효과를 지원하기 위해 UI 디자인을 조정해야 할 수도 있다.
- 대화dialogue 시스템이 있거나 코드 내에서 특정 방식으로 문자열 접합을 사용하는 UI가 있는 경우, 더 주의를 기울여 다른 언어를 사용해야 한다. 충분히 유연하지 않으면 다시 작성해야 한다! 일례로 단어 앞에 형용사를 넣고 싶을 때가 있을 것이다. 이때 다른 언어에서는 순서가 반대일 수 있다. 영어 문장 "the red hat"은 이탈리아어로 하면 "il cappello rosso"가 되고, 여기서 rosso는 빨간색인 red를 의미한다. 형용사가 영어와 달리 명사 이전이 아닌 이후에 나온다. 또 다른 (현실

적인) 예를 들면 다음과 같다. 영어에서는 어떤 단어에 문자 s를 추가하면 복수형으로 만들 수 있다(potion의 복수형은 potions가 된다). 이탈리아어에서는 추가 문자가 필요하지 않지만 마지막 문자가 변형된다(pozione의 복수형은 pozioni가 된다). 더욱이 이탈리아어에서는 개체가 여성인지 남성인지(영어에서는 개체에 성별이 없기 때문에 존재하지 않는 개념)에 따라 변경되는 마지막 문자가 달라진다. 따라서 이 책을 읽는 여러분이 만든 문자를 비축하는 솔루션은 이탈리아어를 지원할 만큼 충분히 구조화돼 있지 않을 수 있다. 이것을 다른 모든 언어에 적용한다고 상상해보라. 그저 몇 가지 변수를 추가하는 것으로 게임의 현지화가 끝나는 것이 아님을 깨닫게 될 것이다.

- 일부 문화권에서는 ,(콤마)의 역할과 .(마침표)가 숫자 안에서 거꾸로 사용된다(예를 들어 숫자 3,218은 3천 2백 18로 해석될 수 있는데[8] 이탈리아어로는 3점 2 1 8로 해석될 수 있다).

- 일부 문화권에서는 특정 콘셉트가 잘 받아들여지지 않으므로 비난받거나 삭제해야만 한다. 폭력적이거나 특정 유형의 성인용 콘텐츠가 포함된 게임이 이에 해당되는 전형적인 예다.

이러한 모든 문제는 번역할 때 고려돼야 한다. 텍스트를 문자 그대로 번역하는 것만큼 간단한 문제가 아니기 때문이다. 다음은 예제 리스트지만 결코 완전한 것이 아니다.

- 번역가는 게임의 문맥을 읽을 수 있어야 한다. 다른 언어에서는 직역하면 미묘한 느낌의 차이가 많이 손실되는데 어떻게 해서든지 가능한 그 느낌이 살아야 한다.

- 캐릭터 일대기는 공동 작업자가 다른 언어로의 목소리 캐스팅을 할 때 유용하다.

- 어떤 은유나 말은 다른 언어에서는 의미가 없을 수도 있다.

---

8   영어 기준이다. - 옮긴이

따라서 개발 초기부터 현지화를 고려해야 한다. 그러나 이것은 종종 시간과 경제적 제약으로 인해 어려울 수 있다. 어떤 경우라도 현지화에 주의를 빨리 기울일수록 장기적으로는 더 쉬워질 것이다.

▌ 윤리적인 고려 사항

비디오 게임은 기술이며 모든 기술과 마찬가지로 위험할 수 있으며 사람들에게 유해할 수 있다. 사람들을 해치는 무기로 사용될 수 있다. 불행히도 게임에서 이러한 윤리적 측면은 종종 잊혀진다. 따라서 나는 제시 셸Jesse Schell의 저서 『The Art of Game Design: a book of lenses』(CRC Press, 2008)에서 다음 글을 인용하고 싶다.

> "낯선 사람들이 얽혀 서로 대화하는 게임을 디자인하는 경우, 그 사람들이 야기시킬 수 있는 일에 대해 책임을 져야 한다. 이것은 게임 디자인 시 여러분이 내린 선택에 따라 생명을 구하거나 잃을 수 있는 아주 드문 경우 중 하나다. 여러분이 만든 게임에서 위험한 일이 벌어질 가능성은 백만분의 일이라고 생각할지도 모른다. 그러나 그것이 사실이고 여러분의 게임이 큰 성공을 거둬 오백만 명이 게임을 즐긴다면 위험한 일은 다섯 번 발생할 것이다."

게임 개발자로서, 여러분은 결코 이런 일이 일어나지 않도록 모든 일을 할 책임이 있다. 그러한 책임을 기꺼이 감내하지 않겠다면 차라리 게임을 만들지 않는 것이 나을지도 모른다.

제시 셸의 저서에서도 나와 있지만, 내 개인적인 견해로는 여러분에게는 좋은 일을 할 수 있는 잠재력이 있으며 비디오 게임을 인간의 삶을 향상시키는 도구로 사용했으면 좋겠다. 여러분은 다음과 같은 질문에 고무돼야 한다. "내가 개발 중인 게임이 좋은 일을 하고 있는가?" "내 게임이 어떤 방식으로든 플레이어의 삶을 향상시킬 수 있을까?" 물론 이러한 질문은 게임 회사들이 신경 써야 하는 것이 아니라 게임 개발자로서 여러분이 스스로에게 묻고 대답해야 하는 것이다. 그러니까 여러분이 만드는 게임이 사람들을 좋은 방향으로 이끌 수 있는 더 나은 게임이 되도록 노력해주길 바란다.

 같은 논점의 더 자세한 내용은 제시 셸의 책 중 헌정의 글에 있다.

제발, 여러분만의 방식으로 이 세상을 더 나은 곳으로 만들어주길!

▌ 요약

8장에서는 많은 주제를 마주하고 다양한 분야를 탐구했으므로 아이디어를 재구성해보자.

처음에는 우리의 타워 디펜스 게임이 가진 잠재적인 개선 사항과 구현에 대한 몇 가지 힌트에 대해 논의했다. 거기에서 우리는 시간적인 여유가 없어서 세부적으로 다루지 못했던 더 많은 게임 개발 영역을 살펴봄으로써 유니티에 대한 개선 사항을 전반적으로 확장시켰다. 그러나 여러분이 자신의 기술을 향상시키고자 한다면 이에 주의를 기울여야한다.

게임 개발은 종종 여러분 혼자가 아닌 팀의 한 멤버로서 함께하게 되며, 팀의 각 파트는마치 (인체처럼) 하나인 것처럼 움직이는 것이 중요하다. 그래야 최고의 결과를 얻는다. 그래서 일부 공동 작업을 위한 툴을 부각시켰다. 따라서 자유롭게 툴을 시험해보고 여러분의 팀에 가장 적합한 도구를 선택하길 바란다.

그런 다음 게임 개발 파이프라인의 마지막 단계로 잘못 인식되고 있는 최적화 및 플레이테스트에 중점을 두기 위해 우리 게임으로 돌아왔다. 그러나 우리가 알아낸 바와 같이 최적화 및 플레이 테스트는 마지막 단계가 아니다. 이 단계에 대한 반복 작업이 이르면 이를수록 게임이 향상된다. 게임을 효율적으로 실행하려면 최적화가 필요하지만 플레이어의 경험을 원활하게 하려면 플레이 테스트가 필요하다.

우리는 여기에 그치지 않았고, 게임이 완성된 이후 거쳐야 하는 관문을 하나하나 살펴봤다. 그리고 게임 마케팅은 물론 게임을 퍼블리싱하기 위해 온라인 인지도를 만들고, 그 안에서 수익을 얻으려는 희망을 품어 보는 등, 다양한 주제에 대해 논의했다. 이와 같이 우리는 가장 대중적인 소셜 미디어 플랫폼을 타깃 고객의 참여를 이끌어냄으로써 여러분의 이미지와 게임을 홍보하고 타깃 고객을 확장하는 도구로 사용하는 방법에 대한 다양한 정보를 살펴봤다.

마지막으로 우리는 현지화의 이면에 무엇이 있는지 더 잘 이해하기 위해 표면적인 부분만을 잠시 살펴봤다. 이 주제를 제대로 다루기에는 시간이 없었기 때문이었지만 그래도 언급할 만한 가치는 충분히 있었다고 생각한다.

▌ 마지막 노트와 작별 인사

아쉽게도 게임 개발 세계에서의 여행의 끝이 찾아왔다(그럼에도 불구하고 여러분은 이 마지막 장이 각자 떠나야 하는 여행의 시작에 불과하다는 것을 깨달았을 것이다). 시간은 유수같이 흘러갔고, 나는 방금 한 권의 책을 전부 채웠다는 것을 깨달았다! 나는 정말로 여러분 모두에게 감사드리고 싶다. 여러분은 개인적으로 만날 기회가 없는 독자이지만 밤 늦게까지 이 책을 쓸 때면 어떤 식으로든 여러분 모두와 연결돼 있다고 느꼈다. 나에게도, 이 모든 것은 놀라운 여행이었다(때때로 피곤하고 스트레스가 많았지만 말이다).

이 책을 불법적으로 다운로드했더라도 정말 마음에 든다면 구매를 고려해주기 바란다. 나는 고품질 콘텐츠를 제공하기 위해 열심히 노력했으며 이 과정은 오랜 시간이 든다. 이 책을 구입할 수 없는 경우라면 언제든지 나에게 커피 한 잔(www.francescosapio.com/BuyMeACoffee)을 선사해주거나 소셜 미디어에서 (토렌트가 아닌 다운로드용) 구매 링크를 공유해주기 바란다.

내가 쓴 다른 책들이 여러분에게 도움이 될 수 있을 것이다. 모두 팩트출판사에서 출간됐으며 다음과 같다.

- 『Unity UI Cookbook』(2015)(www.packtpub.com/game-development/unity-u-cookbook)
- 『Unity 5.x 2D Game Development Blueprints』(2016)(www.packtpub.com/game-development/unity-5x-2d-game-development-blueprints).
- 『What you need to know about Unity 5 - Free eBook』(2016)(https://www.packtpub.com/packt/free-ebook/what-you-need-know-about-unity-5)

마지막으로 인맥, 다른 사람들과의 만남, 아이디어 공유 등은 지식과 기술을 확장하는 좋은 방법이다. 그러니 주저 말고 연락 주시기 바란다.

| 찾아보기 |

에이콘출판의 기틀을 마련하신 故 정완재 선생님 (1935-2004)

유니티 2D 디펜스 게임은 이렇게 만든다

올인원 프로젝트와 연습 문제로 나만의 게임을 만들어보자

발 행 | 2018년 4월 2일

지은이 | 프란세스코 사피오
옮긴이 | 송 지 연

펴낸이 | 권 성 준
편집장 | 황 영 주
편 집 | 조 유 나
디자인 | 박 주 란

에이콘출판주식회사
서울특별시 양천구 국회대로 287 (목동)
전화 02-2653-7600, 팩스 02-2653-0433
www.acornpub.co.kr / editor@acornpub.co.kr

한국어판 © 에이콘출판주식회사, 2018, Printed in Korea.
ISBN 979-11-6175-130-6
ISBN 978-89-6077-210-6 (세트)
http://www.acornpub.co.kr/book/start-unity5-2d-game

이 도서의 국립중앙도서관 출판시도서목록(CIP)은 서지정보유통지원시스템 홈페이지(http://seoji.nl.go.kr)와
국가자료공동목록시스템(http://www.nl.go.kr/kolisnet)에서 이용하실 수 있습니다.(CIP제어번호: CIP2018008541)

책값은 뒤표지에 있습니다.